Karl Kassenbrock
Konzentrationslager auf Schienen

SCHRIFTENREIHE DER
STIFTUNG NIEDERSÄCHSISCHE GEDENKSTÄTTEN

Band 5

Karl Kassenbrock

Konzentrationslager auf Schienen

Die Geschichte der 5. SS-Eisenbahnbaubrigade

WALLSTEIN VERLAG

Diese Veröffentlichung wurde gefördert
vom Beauftragten der Bundesregierung für Kultur und Medien
aufgrund eines Beschlusses des Deutschen Bundestages

Die Beauftragte der Bundesregierung
für Kultur und Medien

Bibliografische Information der Deutschen Nationalbibliothek

Die Deutsche Nationalbibliothek verzeichnet diese Publikation in der Deutschen Nationalbibliografie; detaillierte bibliografische Daten sind im Internet über http://dnb.d-nb.de abrufbar.

www.wallstein-verlag.de
Vom Verlag gesetzt aus der Adobe Garamond
Umschlaggestaltung: Susanne Gerhards, Düsseldorf
Umschlagfoto: Güterlok am Bahnhof Osnabrück 1944,
Sammlung Eisenbahnstiftung Joachim Schmidt, Bildarchiv.
Lithografie: SchwabScantechnik, Göttingen
Druck und Verarbeitung: Hubert & Co, Göttingen
ISBN 978-3-8353-3419-9

Inhalt

1. Einleitung

Die Geschichte der 5. SS-Eisenbahnbaubrigade (5. SS-EbBB) war bisher weitgehend unbekannt. Ab Herbst 1944 gründete die SS insgesamt acht Eisenbahnbaubrigaden als KZ-Außenlager. Sie hatten die Aufgabe, die durch alliierte Bombenangriffe verursachten Schäden an den Einrichtungen der Reichsbahn in West- und Südwestdeutschland zu beseitigen. So sollte der militärische Nachschub zur Westfront gesichert werden. Die Aufstellung der Eisenbahnbaubrigaden 5, 6 und 7 stand dabei im Zusammenhang mit den sogenannten Vergeltungswaffen. Das Einsatzgebiet der 5. SS-EbBB war das Streckennetz um die Eisenbahnknotenpunkte Osnabrück und Rheine. KZ-Häftlinge aus den Lagern Buchenwald beziehungsweise Mittelbau-Dora und Neuengamme bildeten die Arbeitsmannschaft der Brigade. Sie wurden von Angehörigen der Lager-SS und von zur SS kommandierten Wehrmachtssoldaten bewacht. Das Amt Bauwesen des SS-Wirtschafts-Verwaltungshauptamtes stellte das technische Führungspersonal. Neben der Reparatur der Schienenwege waren die KZ-Häftlinge der 5. SS-EbBB am Bau einer Umgehungsbahn um Osnabrück, an Aufräumarbeiten im Stadtgebiet, an der Bombenentschärfung und an der Errichtung von Behelfsheimen beteiligt. Nach dem Rückzug aus Osnabrück wurden sie zu Ladearbeiten in den Häfen Nordenham und Wesermünde eingesetzt. Anfang Mai 1945 ließ die SS die Häftlinge über den Nord-Ostsee-Kanal in die Flensburger Förde transportieren, wo sie bis zu ihrer Befreiung auf einem KZ-Schiff untergebracht waren.

In ihrem Grundlagenwerk über die SS-Baubrigaden gab Karola Fings 2005 erstmals einen allgemeinen Überblick über deren Aufgabe, Aufbau und Einsatz.[1] Gleichzeitig regte sie zu vertiefenden Lokalstudien an den ehemaligen Standorten an. Die vorliegende Arbeit ist die erste umfangreichere Darstellung der Geschichte einer einzelnen SS-Eisenbahnbaubrigade. Zahlreiche bisher unbeachtet gebliebene oder jetzt wiederentdeckte Quellen gewähren konkrete Einblicke in die Geschichte der 5. SS-EbBB, vor allem in die Lebensbedingungen der Gefangenen. Es handelt sich unter anderem um Berichte ehemaliger Häftlinge aus Dänemark, Polen, Frankreich und den Niederlanden. Diese Texte entstanden unmittelbar nach der Befreiung oder viele Jahre später als Briefe, Erinnerungsschriften und Beiträge für Zeitungen und andere Publikationen. Die Gefangenen schildern darin ihr Leben, ihre Erlebnisse und Empfindungen in der Brigade auf zum Teil sehr detaillierte und persönliche Weise. In der Außenstelle des Bundesarchivs in

1 Karola Fings: Krieg, Gesellschaft und KZ. Himmlers SS-Baubrigaden, Paderborn 2005.

Ludwigsburg fand sich Aktenmaterial im Zusammenhang mit staatsanwaltschaftlichen Ermittlungen zur 5. SS-EbBB aus den 1970er Jahren.[2] Hier sind die Niederschriften von Aussagen ehemaliger Häftlinge und eines Teils des SS-Führungs- und Bewachungspersonals von besonderer Bedeutung. Weitere Hinweise und Erkenntnisse zu individuellen Häftlingsschicksalen erbrachte die Auswertung von Dokumenten des Archivs des Internationalen Suchdienstes (ITS) in Bad Arolsen.[3] Eine besonders bedeutsame Quelle lagerte seit Jahrzehnten unentdeckt in der Sammlung des Polnischen Forschungsinstituts (PIZ) in Lund in Schweden.[4] Es handelt sich um das Häftlingseinsatztagebuch der 5. SS-EbBB. Zeitnah zu den Ereignissen entstanden auch die im PIZ aufbewahrten Protokolle der Zeugenbefragungen mehrerer polnischer KZ-Gefangener der Brigade. Besuche in ehemaligen Konzentrationslagern und an den Standorten von Außenlagern, Kontakte mit öffentlichen und privaten Einrichtungen wie Standesämtern, Gedenkstätten, Museen und Archiven im In- und Ausland sowie die Suche im Internet erbrachten zusätzliche Hinweise und Informationen. Das für diese Arbeit zur Verfügung stehende Text- und Bildmaterial wurde quellenkritisch untersucht und ausgewertet. Dennoch gilt es zu akzeptieren, dass Ungewissheiten bestehen bleiben und vieles noch nicht zweifelsfrei ermittelt ist. Die Erforschung des »Konzentrationslagers auf Schienen« ist also noch nicht abgeschlossen.

2 Die Außenstelle Ludwigsburg des Bundesarchivs bewahrt Archivgut aus den Beständen der 1958 gegründeten »Zentralen Stelle der Landesjustizverwaltungen zur Aufklärung nationalsozialistischer Verbrechen«.

3 Die Dokumente des ITS sind mit Bedacht zu nutzen. Wissenschaftlich ausgewertet ist nur ein Teil von ihnen. Nicht selten sind widersprüchliche oder unzutreffende Informationen archiviert, die zu falschen Schlüssen führen könnten.

4 Universitätsbibliothek der Lund Universität, Lund/Schweden, Polski Instytut Źródłowy w Lund (PIZ), Lakocinski Collection, vol. 30:2.

2. Die 5. SS-Eisenbahnbaubrigade

2.1 Entstehung, Aufgabe und Unterstellung der SS-Eisenbahnbaubrigaden

Ab 1942 machte sich in den deutschen Industriebetrieben immer mehr das Fehlen der Männer bemerkbar, die als Soldaten an der Front kämpften. Um den Arbeitskräftemangel zu beseitigen, setzte die SS verstärkt Häftlinge der Konzentrationslager zur Zwangsarbeit in der Rüstungsindustrie ein. Zu Tausenden wurden sie in Außenlager verschleppt und dort ausgebeutet oder gegen Bezahlung an Privatunternehmen »verliehen«. Spätestens mit der Gründung des SS-Wirtschafts-Verwaltungshauptamtes (WVHA) im März 1942 entwickelte sich das KZ-System zu einem bedeutenden Wirtschaftsfaktor.[1] Im WVHA fasste die SS ihre Verwaltungs-, Wirtschafts- und Bauangelegenheiten in fünf Amtsgruppen zusammen. Leiter des WVHA war der SS-Obergruppenführer Oswald Pohl. Die bereits 1935 gegründete »Inspektion der Konzentrationslager« (IKL) unter SS-Gruppenführer Glücks wurde ihm als »Amtsgruppe D Konzentrationslager« unterstellt.[2] Die »Verwendung« der Häftlinge im Bauwesen organisierte die zuständige Amtsgruppe C des WVHA. Ihrem Leiter, dem SS-Gruppenführer Dr. Hans Kammler, unterstanden auch die SS-Baubrigaden (SS-BB). Mit den im Herbst 1942 aufgestellten SS-Baubrigaden I bis III[3] wurden erstmals Häftlinge in großer Zahl außerhalb geschlossener Lager in den von alliierten Bombenangriffen zerstörten deutschen Städten, also für die Zivilbevölkerung sichtbar, im öffentlichen Raum eingesetzt. Zu den Aufgaben der jeweils etwa 1.000 Häftlinge starken Kommandos gehörten Räum- und Bergungsarbeiten und die Entschärfung von Blindgängern. In den folgenden Jahren erweiterte sich Kammlers Tätigkeitsfeld mit der Übernahme von Sonderaufgaben der Rüstungsindustrie stetig. Als »Bevollmächtiger des Reichsführers SS« wurde er in den »Jägerstab« berufen, der dem Rüstungsministerium unterstand und den Bau unterirdischer Produktionsanlagen planen und durchführen sollte.[4]

1 Vgl. Jan Erik Schulte: Zwangsarbeit und Vernichtung. Das Wirtschaftsimperium der SS. Oswald Pohl und das SS-Wirtschaftsverwaltungshauptamt 1933-1945, Paderborn 2001.

2 Innerhalb der Amtsgruppe D war das Amt D II für die Bereitstellung von KZ-Häftlingen zur wirtschaftlichen Nutzung als Arbeitskräfte zuständig.

3 Die SS-Baubrigade IV entstand erst im August 1943, die SS-Baubrigade V im März 1944.

4 Mit der Umorganisation des »Jägerstabes« zum »Rüstungsstab« wurden ab August 1944 alle für die Rüstung und Kriegsproduktion wichtigen Programme von Luftwaffe, Heer und Marine sowie das Lokomotivprogramm zentral geleitet. Vgl. Dieter Eichholtz: Geschichte der deutschen Kriegswirtschaft 1939-1945, Bd. I, München 2003, S. 49 ff.

Die SS war Träger der größten Projekte dieser sogenannten Untertageverlagerungen (U-Verlagerungen). Ein »Sonderstab Kammler« organisierte und koordinierte die Arbeiten im Auftrag des Rüstungsministeriums. Er richtete über das Reichsgebiet verteilt Inspektions- und Führungsstäbe (SS-Bauinspektionen) ein, die von der Amtsgruppe C des SS-WVHA gelenkt wurden.[5] Ende 1944 arbeiteten mehr als 200.000 KZ-Häftlinge in Kammlers Zuständigkeitsbereich außerhalb der KZ-Stammlager.[6] Als »Sonderbeauftragter des Reichsführers SS« war Kammler seit September 1943 auch für die Produktion der Großrakete »V2« zuständig. Die Arbeitskräfte und das Wachpersonal für den Aufbau und Betrieb der Fertigung von V1- und V2-Waffen im Raum Nordhausen am Südrand des Harzes stellte das eigens dafür errichtete Konzentrationslager Mittelbau-Dora.[7] Obwohl das Lager formal der Amtsgruppe D des WVHA unterstand, hatte Kammler aufgrund seiner Sonderbefugnisse faktisch die Alleinverfügung über den Häftlingseinsatz. Im März 1944 verlegte die SS die kurz zuvor in Köln aufgestellte ca. 2.500 Mann starke SS-Baubrigade V (V. SS-BB) mit der Bahn nach Nordfrankreich. Vor ihrer Abreise mussten die Häftlinge in Köln Güterwaggons als Unterkünfte herrichten. Die V. SS-BB war das erste KZ-Außenkommando, das explizit im Zusammenhang mit den sogenannten Vergeltungswaffen eingerichtet wurde. Die Gefangenen bauten V1- und V2-Stellungen und Nachschubbunker. Daneben wurden sie zur Wiederherstellung bombenzerstörter Bahnstrecken und Straßen eingesetzt. Obwohl die Häftlinge während ihrer Stationierung in Frankreich überwiegend in Lagern außerhalb des Bahngeländes untergebracht waren, kann die V. SS-BB als eine Vorläuferin der späteren SS-Eisenbahnbaubrigaden betrachtet werden.[8] Nach der Landung der Alliierten in der Normandie im Juni 1944 wurde die V. SS-BB im September in den Lagerkomplex Mittelbau-Dora zurückgezogen. Die V-Waffen-Stellungen, die die Häftlinge in Nordfrankreich errichtet hatten, kamen nie zum Einsatz. In der Folge des missglückten Attentats vom 20.7.1944 auf Adolf Hitler wurde der Reichsführer SS, Heinrich Himmler,

5 Vgl. Schulte: Zwangsarbeit und Vernichtung, S. 409-412.

6 Nikolaus Wachsmann: KL. Die Geschichte der nationalsozialistischen Konzentrationslager, München 2015, S. 854 f., Anm. 22.

7 Bereits seit März 1944 wurden in einer Abteilung des Volkswagenwerkes bei Fallersleben V1-Waffen in Serie gebaut.

8 Eine weitere Vorläuferin der SS-EbBB war die I. SS-BB, die bis Ende Juni 1944 auf der Kanalinsel Alderney stationiert war. Während des mehrwöchigen Rückzugs von der französischen Kanalküste nach Sollstedt in Thüringen im Juli und August 1944 waren die Häftlinge in einem Zugverband aus Güterwaggons untergebracht und bauten aus diesem mobilen Lager heraus an V1-Waffenstellungen in Belgien. 514 Häftlinge der I. SS-BB wurden im September 1944 als Stammmannschaft zur 1. SS-EbBB (später 6. SS-EbBB) abgestellt. Bundesarchiv Ludwigsburg (BArch) B 162/15362, S. 491510 (120), Schlussvermerk 5. SS-EbBB.

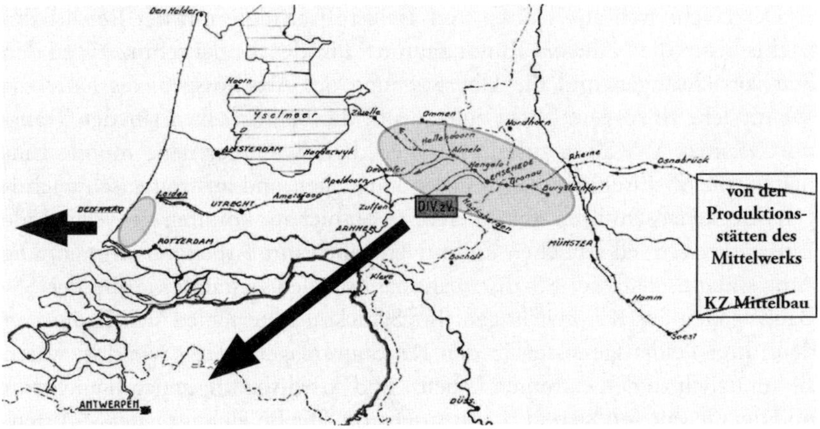

Abb. 1: V-Waffen-Einsatzräume und Nachschubwege im Winter 1944/45.

Einsatzräume V1 und V2 — **Frontverlauf** — DIV z.V. **Hauptquartier Division z.V.**

Nachschubbahnlinien — **Angriffsziele London und Antwerpen**

zum Chef der Heeresrüstung und zum Befehlshaber des Ersatzheeres ernannt.[9] Damit unterstanden ihm auch die V-Waffen. Himmler übertrug Kammler zusätzlich zur Zuständigkeit für die Produktion schrittweise die militärische Befehlsgewalt über deren Einsatz. Zu diesem Zweck wurde Kammler die neu gegründete »Division zur Vergeltung« (Division z.V.) unterstellt, die aus Soldaten der Wehrmacht und der Waffen-SS sowie zivilen Technikern bestand.[10] Mit der Bildung des »Armeekorps zur Vergeltung« waren ab Februar 1945 schließlich alle Fernwaffeneinheiten unter Kammlers Kommando. Die Stellungsräume der Gruppe Nord der Division z.V. befanden sich in den Niederlanden und im Raum Steinfurt im westlichen Münsterland. Die Gruppe Süd war im Herbst 1944 im Hunsrück stationiert, bevor sie Ende November auf die östliche Rheinseite verlegt werden musste.[11] Hauptziele der V-Waffen waren London und Antwerpen.[12]

9 Das Ersatzheer war ein Teil des deutschen Heeres. Es hatte insbesondere die Aufgabe, die Soldaten der Wehrmacht auszubilden und technische Neuerungen zu entwickeln. Gegen Ende des Krieges bildete das Ersatzheer das letzte Aufgebot der Wehrmacht.

10 Die Bedeutung des Zusatzes »z.V.« ist hier eine andere als bei der Bezeichnung »z.V.« oder »z.b.V.« für Einheiten zur besonderen Verwendung.

11 Die Gruppe Süd bestand aus den V2-Batterien der Artillerie-Abteilung 836. Bis November 1944 waren sie bei Hermeskeil im Hunsrück stationiert, ab Dezember bei Hillscheid und Hachenburg im Westerwald. Die III. Abteilung des Flak-Regiments 155 operierte mit V1-Waffen aus Stellungen in der Eifel.

12 Während das Ziel London zu Terrorzwecken ausgewählt wurde, war der Hafen von Antwerpen als Hauptnachschubbasis der Amerikaner und Briten ein militärisch wichtiges Ziel.

Der Nachschub an Geräten und Treibstoff erfolgte mit der Reichsbahn nachts bis in die Nähe der Einsatzräume.[13] Für den Begleitschutz bis zu den Startvorrichtungen und die Überwachung des Abschussgebietes hatte die Wehrmacht zu sorgen. Nicht zuletzt, um die Bahnstrecken für den Transport »seiner« V-Waffen offen zu halten, ließ Kammler neue mobile Einheiten, die SS-Eisenbahnbaubrigaden, aufstellen und an strategisch wichtigen Streckenabschnitten stationieren.[14] Von hier aus konnten sie wechselnde Einsatzorte schnell erreichen und unverzüglich ihre Arbeit aufnehmen. Die Arbeitsmannschaft der SS-Eisenbahnbaubrigaden bestand wie die der SS-Baubrigaden aus KZ-Häftlingen. Ihr Schicksal unterschied sich kaum von dem ihrer Leidensgenossen in den KZ-Stammlagern. Hier wie dort waren sie zusätzlich zu den extremen Lebens- und Arbeitsbedingungen dem Terror und der Gewalt von SS und Kapos ausgesetzt. Die Bezeichnung der SS-Eisenbahnbaubrigaden als »Konzentrationslager auf Schienen« beziehungsweise »reisende KL« scheint insofern gerechtfertigt.[15] Von September 1944 bis Januar 1945 wurden insgesamt acht SS-Eisenbahnbaubrigaden in Dienst gestellt. Zu deren oberstem Führer bestimmte Kammler den »Inspekteur der SS-Frontarbeiter und SS-Baubrigaden«, SS-Sturmbannführer Gerhard Weigel, der ihm direkt unterstand.[16] Während die bereits bestehenden fünf SS-Baubrigaden mit den römischen Ziffern I-V bezeichnet worden waren, erhielten die neuen SS-Eisenbahnbaubrigaden – zum Teil nach mehrmaligen Umbenennungen – schließlich die arabischen Ziffern 5-13.[17]

Offensichtlich wurden die Planungen der Amtsgruppe C des SS-WVHA zur Aufstellung der SS-Eisenbahnbaubrigaden nicht immer ausreichend mit den die Häftlinge entsendenden Konzentrationslagern kommuniziert. Das legt ein Schreiben der zentralen Arbeitseinsatzleitung des KZ Buchenwald

13 Da das Personal der niederländischen Eisenbahngesellschaft seit dem 17.9.1944 im Streik stand, hatte die Reichsbahn auch den Transport durch die Niederlande zu bewerkstelligen.

14 Vgl. Fings: Krieg, Gesellschaft und KZ, S. 249 f.

15 Vgl. Bernd Boll: Konzentrationslager auf Schienen. Eisenbahn-Baubrigaden der SS in Offenburg 1944/45, in: Die Ortenau. Zeitschrift des Historischen Vereins für Mittelbaden, 73/1993, S. 480-514, und Wachsmann: KL, S. 536. Da alle SS-Eisenbahnbaubrigaden einem KZ-Stammlager unterstellt waren, wären die Bezeichnungen »KZ-Außenlager auf Schienen« beziehungsweise »reisendes KL-Außenlager« zutreffender, aber weniger prägnant.

16 Vgl. Stellenbesetzungsplan des SS-WVHA, in: Schulte: Zwangsarbeit und Vernichtung, S. 484 f.

17 Wegen der teilweisen Übereinstimmung römischer und arabischer Ziffern und der späteren Umbenennungen kam es im Schriftverkehr von Beginn an immer wieder zu Verwechslungen. So gibt es bezüglich der 5. SS-EbBB Verwechslungen mit der I., III., IV. und V. SS-BB, der 3. SS-EbBB und der 1. beziehungsweise 6. SS-EbBB. Eine 3., 4. oder 9. SS-EbBB wurde nie aufgestellt.

Abb. 2: Lokomotive der 24er Baureihe am Bahnhof Osnabrück nach dem Luftangriff vom 13. 9. 1944. Aufschrift auf dem Tender: »Räder müssen rollen für den Sieg«.

vom 8. 10. 1944 nahe. Darin wird die Abteilung Arbeitseinsatz beim »Standortältesten Mittelwerk« um Auskunft darüber gebeten, wie viele Häftlinge der I. und V. Baubrigade in den dortigen Standortbereich verlegt wurden und »ob es zutrifft, dass diese Häftlinge für Eisenbahnbaubrigaden verwandt werden. Gegebenenfalls bitte ich um Mitteilung, ob und wo die neuen Standorte dieser Eisenbahnbaubrigaden sind.«[18] Trotz solcher Kommunikationsprobleme war bereits am 12. 9. 1944 die SS-Eisenbahnbaubrigade 1 unter der Leitung von SS-Obersturmführer Walter Fikeis »verladebereit«.[19] Eine SS-Eisenbahnbaubrigade 2 unter der Leitung von SS-Obersturmführer Kurt Schäfer war im KZ Auschwitz zusammengestellt worden.[20] In Berga-Kelbra bei Nordhausen am Südharz sollte unter der Leitung des SS-Untersturmführers Erhard Taubert eine 3. SS-Eisenbahnbaubrigade aufgestellt werden.[21]

18 Dokumentationsstelle der KZ-Gedenkstätte Mittelbau-Dora, DMD 010101 0003 Lagerbefehle, Schreiben der Arbeitseinsatzleitung des KZ Buchenwald vom 8. 10. 1944.

19 Fings: Krieg, Gesellschaft und KZ, S. 249. Die Brigade erhielt später die Bezeichnung 6. SS-Eisenbahnbaubrigade.

20 Die 2. SS-EbBB wurde am 13. 10. 1944 ebenfalls dem KZ Buchenwald unterstellt. Sie erhielt später die Bezeichnung 7. SS-Eisenbahnbaubrigade.

21 DMD 010101 0003, Antwortschreiben der Arbeitseinsatzleitung des KZ Mittelbau vom 11. 10. 1944. Taubert erkrankte allerdings nach eigenen Angaben ab September

Der Bauzug für die Brigade wurde jedoch nicht fertiggestellt, weil die für den Umbau der Waggons benötigten Produktionsanlagen der Deutschen Ausrüstungswerke (DAW) bei einem Bombenangriff im August 1944 zerstört worden waren. Möglicherweise ist aus diesem Grund schließlich ganz auf die Einrichtung einer 3. SS-EbBB verzichtet worden. Stattdessen wurde »augenscheinlich relativ kurzfristig«[22] eine 5. SS-EbBB aufgestellt. Die Arbeit der drei ersten SS-Eisenbahnbaubrigaden »stand deutlich im Kontext des V-Waffen-Einsatzes«.[23] An den Einsatzorten der SS-Eisenbahnbaubrigaden gab es zunächst keine klare Kompetenzabgrenzung zwischen den verschiedenen Organisationen, die Arbeitskräfte zur Beseitigung von Schäden an Bahnverkehrsanlagen bereitstellten. Das Reichsverkehrsministerium war für das Personal der Reichsbahn zuständig, dem Rüstungsministerium unterstand die Organisation Todt (OT), die als Reichsverteidigungskommissare agierenden Gauleiter stellten lokale Hilfskräfte und die SS die Häftlinge aus den Konzentrationslagern. Es war daher nicht immer deutlich, wer die Befugnis hatte, die Aktivitäten der Organisationen aufeinander abzustimmen und Weisungen zu erteilen. Dieser Kompetenzwirrwarr endete etwa zeitgleich mit der Aufstellung der SS-Eisenbahnbaubrigaden. Im Oktober 1944 fiel Rüstungsminister Speer das alleinige Bestimmungsrecht über den Einsatz von KZ-Häftlingen zu.[24] Im Februar 1945 übernahm er zudem die kommissarische Geschäftsführung der Reichsbahn. Um die Maßnahmen zur Schadenbeseitigung am Schienennetz besser koordinieren zu können, ließ Speer im Reichsverkehrsministerium einen Verkehrsstab einrichten,[25] an dessen Spitze ein Hauptbaukommandostab stand. Zu diesem Gremium wurde der Leiter der SS-Eisenbahnbaubrigaden, SS-Sturmbannführer Gerhard Weigel, abgeordnet.[26] Die Berufung Weigels in den Verkehrsstab und die zusätzlichen Befugnisse seines Dienstvorgesetzten im Amt C des SS-WVHA, SS-Gruppenführer Hans Kammler, die sich aus dessen Aufgaben im Rüstungsstab und beim V-Waffeneinsatz ergaben, führten dazu, dass nun die SS bei der Organisation der Sondereinsätze auf den Bahnstrecken zum ent-

1944 für längere Zeit und fiel darum als Leiter einer Eisenbahnbaubrigade aus. Vgl. Fings: Krieg, Gesellschaft und KZ, S. 331.

22 Ebd., S. 249.

23 Ebd.

24 Vgl. Schulte: Zwangsarbeit und Vernichtung, S. 402 f. Zuvor hatte die Amtsgruppe D des SS-WVHA über die Zuweisung von KZ-Häftlingen zu bestimmen.

25 Rechtsgrundlage für die Einrichtung des Verkehrsstabes war der Führererlass Nr. 388, in: Martin Moll: Führer-Erlasse 1939-1945. Edition sämtlicher überlieferter, nicht im Reichsgesetzblatt abgedruckter, von Hitler während des Zweiten Weltkriegs schriftlich erteilter Direktiven aus dem Bereichen Staat, Partei, Wirtschaft, Besatzungspolitik und Militärverwaltung, Stuttgart 1997, S. 482.

26 Vgl. Fings: Krieg, Gesellschaft und KZ, S. 332.

Abb. 3: Güterbahnhof Osnabrück nach dem Luftangriff vom 13. 9. 1944.

scheidenden Faktor wurde. Die Tatsache, dass Rüstungsminister Speer noch Mitte März 1945 den OT-Einsatzleiter Eckhard Bürger als zuständigen Generalkommissar für die Wiederherstellung der Reichsbahnanlagen bestimmte,[27] änderte daran nichts.

Innerhalb der SS-Eisenbahnbaubrigaden war die Befehlsgewalt zwischen technischer Leitung und Häftlingsführung formal getrennt. Dem für das jeweilige Bauvorhaben zuständigen und zur Amtsgruppe C des SS-WVHA gehörenden technischen Leiter der Eisenbahnbaubrigade war »stets ein in KL-Angelegenheiten erfahrener Rapportführer beigegeben.«[28] Der Rapportführer war mit seiner Wachmannschaft der »Amtsgruppe D Konzentrationslager« unterstellt. Die formale Trennung der Befehlsgewalt gab den »wenigen Köpfen des technischen Personals«[29] der Amtsgruppe C nach dem Krieg die Gelegenheit, sich bezüglich der Verbrechen an den KZ-Häftlingen für nicht verantwortlich zu erklären. Das ermittelnde Landeskriminalamt Nordrhein-Westfalen schloss sich dieser Auffassung sprachlich ungelenk und kritiklos an. Über

27 Bundesarchiv Berlin (BA) R3/1623a, Erlass des Reichsministers für Rüstung und Kriegsproduktion vom 18. 3. 1945.

28 BArch B 162/30086, S. 5, »Vermerk Betr.: Hiesige Erkenntnisse über die mobilen und stationären SS-Baubrigaden und SS-Eisenbahn-Baubrigaden, auch SS-Baubrigaden (E) genannt«, Landeskriminalamt Nordrhein-Westfalen, vom 28. 1. 1975.

29 Ebd., S. 48.

> »vorsätzliche Tötungen von Häftlingen an ihren Arbeitsstellen beziehungsweise auf dem sogenannten Evakuierungsmarsch sind nur die Angehörigen der letzten Gruppe [Amtsgruppe D, d. Verf.] eher in der Lage, sachaufklärende Angaben machen oder entsprechende Hinweise geben zu können. Dies schließt allerdings nicht aus, daß das eine oder andere Vorkommnis zwangsläufig doch einem Angehörigen des Baustabes zu Ohren gekommen ist.«[30]

Aufgabe der technischen Leitung sei es hingegen gewesen,

> »mannigfache und große kriegswichtige Aufgaben zu erfüllen. Sie konnte es sich schon deshalb gar nicht leisten, auf eine Arbeitskraft zu verzichten und ein Menschenleben als gering zu betrachten, [da] ansonsten die gesamte Aufgabe gefährdet war. Das Ziel einer solchen Brigade konnte eher die Erhaltung der menschlichen Arbeitskraft zwecks Erfüllung der übertragenen Aufgaben und des gesteckten Zieles sein und nicht der sinnlose Tod eines Menschen.«[31]

Allerdings hob die Dominanz des technischen Leiters, der über die Aufgaben und den Einsatz der jeweiligen SS-Eisenbahnbaubrigade und ihrer KZ-Häftlinge bestimmte, sowie die faktische Unterordnung des »beigegebenen« Rapportführers die formale Trennung von technischer und disziplinarischer Befehlsgewalt auf. Unabhängig von formalen Zuständigkeiten oder Fragen der juristischen Relevanz einer geteilten Befehlsgewalt dürften die Beteiligten beider Amtsgruppen darin übereingestimmt haben, dass die Arbeitskraft der KZ-Häftlinge in den Bau- und Eisenbahnbaubrigaden wie in anderen Außenkommandos der Konzentrationslager bis zu deren – zumindest billigend in Kauf genommenem – Tod möglichst »erschöpfend« genutzt werden sollte.

Ab Januar 1945 kamen alle acht SS-EbBB, die zuvor verschiedenen Konzentrationslagern unterstellt waren, unter das Kommando des KZ Sachsenhausen.[32] Diese Zuordnung war offenbar eine verwaltungstechnische Angelegenheit, ohne dass sich daraus erkennbare personelle Veränderungen beim SS-Wachpersonal oder bei den Gefangenen an den Standorten der Brigaden ergaben. Das KZ Sachsenhausen registrierte lediglich die Verände-

30 Ebd.

31 Ebd. Dieser Schluss des Ermittlers deckt sich mit der Erklärung des ehemaligen Führers der 5. SS-EbBB, SS-Obersturmführer Landau: »Insgesamt dürfte es auch so gewesen sein, dass wir ja eine bestimmte Aufgabe durchzuführen hatten und es nur im Sinne der Sache sein konnte, wenn die Einsatzkräfte vollständig waren.« BArch B 162/15439, S. 639, Zeugenvernehmung Helmut Landau vom 28.2.1973.

32 Archiv der Gedenkstätte Sachsenhausen, JSU 1/101, Bl. 29, Veränderungsmeldung vom 26.1.1945. Das KZ Sachsenhausen vermerkte den Zugang von insgesamt 5216 überstellten Häftlingen der Baubrigaden.

rungen im Häftlingsbestand. Häftlings-Austauschtransporte erfolgten nach wie vor auch mit anderen Konzentrationslagern.

2.2 Aufstellung und Auftrag der 5. SS-Eisenbahnbaubrigade

Die Ordnungszahl 5 deutet die enge organisatorische und personelle Verflechtung der 5. SS-EbBB mit der V. SS-BB an. Aus deren Personal wurden die Brigadeleitung, die Wachmannschaft und die überwiegende Zahl der Funktionshäftlinge für die 5. SS-EbBB übernommen. Von ihr stammt wohl auch ein Teil der sächlichen Ausstattung. So könnten einige der im Frühjahr 1944 in Köln für die V. SS-BB umgebauten Waggons in der sehr kurzfristig zusammengestellten neuen Eisenbahnbaubrigade weiterverwendet worden sein. Die Feldpostnummer 15566 der V. SS-BB wurde ebenfalls für die 5. SS-EbBB weiter benutzt.[33] Vermutlich am 26.9.1944 nahm die 5. SS-EbBB mit zunächst 19 Häftlingen ihre Arbeit auf.[34] An diesem Tag wurde sie im Gleisbau bei Heringen eingesetzt. Haupteinsatzort in den folgenden zwei Wochen war der Bereich um den etwa dreißig Kilometer von Heringen entfernt gelegenen Trennungsbahnhof Sangerhausen.[35] Während dieser Zeit stockte die SS das Häftlingspersonal schrittweise auf 498 Mann auf.[36] Der letzte Häftlingszugang vor der Verlegung nach Osnabrück erfolgte am

33 Die fünfstellige Feldpostnummer war eine Art Postleitzahl. Sie blieb bei der jeweiligen Einheit bis zu deren Auflösung. Die Feldpostnummer 15566 hatte bis zur Vergabe an die V. SS-BB zunächst einer Schlächterei-Kompanie und dann einer 1943 in Stalingrad eingesetzten Einheit zugehört.

34 Das Journal der Häftlingsbuchhaltung weist für den Morgenappell am 26.9.1944, 7.00 Uhr, 19 Häftlinge aus: Work Journal of the 5. SS-Railway-Building-Brigade (Einsatztagebuch der 5. SS-Eisenbahnbaubrigade, in: Alvin. Platform för digitala samlingar och digitaliserat kulturarv, https://www.alvin-portal.org/alvin/view.jsf?dswid=-6484&searchType=EXTENDED&query=Work+Journal&aq=%5B%5B%7B%22A_FQ%22%3A%22Work+Journal%22%7D%5D%5D&aqe=%5B%5D&af=%5B%5D&pid=alvin-record%3A156427&c=3#alvin-record%3A156427 (letzter Aufruf 24.4.2019). PIZ, Lakocinski Collection, Vol. 30:2, S. 1. In einem Führungszeugnis für den ehemaligen Häftling Karl J. wurde ebenfalls der 26.9.1944 als Einsatzbeginn vermerkt: BArch B 162/30086, Bl. 253 (28), Führungszeugnis Karl J. (Kopie).

35 Am Bahnhof Sangerhausen zweigt die Bahnlinie Magdeburg-Erfurt von der Linie Halle-Kassel ab.

36 Journal, S. 6, 12 und 14. Am 1.10.1944 kamen 103 Häftlinge aus dem Lagerkomplex Mittelbau, am 7.10. 200 Häftlinge und am 9.10. erneut 179 Häftlinge hinzu. Drei Häftlinge wurden am 8.10.1944 nach Mittelbau rücküberstellt. Vermutlich war für alle SS-Eisenbahnbaubrigaden eine Sollstärke von 504 Mann vorgesehen.

9.10.1944.[37] Dabei handelte es sich um die 179 Gefangenen, die ursprünglich den Grundstock für eine 3. SS-EbBB bilden sollten.[38] Am 12.10.1944 mussten bereits 30 Häftlinge »krankheitshalber« in das Lager Mittelbau rücküberstellt werden.[39] Am Sonntag, dem 15.10.1944, stand die Brigade mit 471 Häftlingen für den Transport nach Osnabrück am Bahnhof Berga-Kelbra bereit.[40] Im Verlauf des folgenden Tages erreichte der Verband den Betriebsbahnhof Osnabrück-Hörne.[41] Den Operationsraum und den Auftrag der Brigade beschrieb ihr damaliger Leiter, SS-Obersturmführer Helmut Landau, in einer Zeugenvernehmung nach dem Krieg mit den Worten:

> »Das Einsatzgebiet lag im Raume Münster-Osnabrück-Rheine. Die Brigade hatte die Aufgabe[,] die Bombenschäden an den Eisenbahnanlagen in diesem Gebiet so zu beseitigen, dass über Nacht die Strecken jeweils zumindest eingleisig wieder befahren werden konnten. Das wurde erforderlich, um die V 1-Waffen entsprechend transportieren zu können.«[42]

Im September 1944, also unmittelbar vor der Stationierung der 5. SS-EbBB in Osnabrück, hatte der Präsident der Reichsbahndirektion Münster, Dr. Wilhelm Schell, ebenfalls die Bedeutung eines funktionierenden Schienennetzes für den V-Waffen-Nachschub hervorgehoben: »In der Zeit, in der die Entscheidung reift, kommt es auf Zeitgewinn an, um unsere neuen Waffen nur zur rechten Stunde einsetzen zu können.«[43] Tatsächlich ist die Wahl des Streckenabschnittes Osnabrück-Rheine im Gebiet der RBD Münster ein

37 Journal, S. 14.

38 ITS 1.1.27.1/0018/0072-0075, Transportliste der am 8.10.44 vom Arbeitslager Mittelbau der Eisenbahnbaubrigade 3 – Heeringen – überstellten Häftlinge. Von der ursprünglich 180 Personen umfassenden Liste wurde ein Häftling gestrichen. Der Ortsname ist auf der Transportliste mit »ee« geschrieben, lautet aber »Heringen«.

39 Journal, S. 17. Im Gegenzug kamen lediglich drei Häftlinge neu zur 5. SS-EbBB.

40 Journal, S. 20. Der Keilbahnhof Berga-Kelbra liegt etwa acht Kilometer von Heringen entfernt an der Bahnstrecke nach Sangerhausen. Er bot durch den mehrgleisigen Ausbau, die Gabelung zur abzweigenden Stichstrecke nach Rottleberode und Stolberg, die relativ geschützte Lage am Südrand des Harzes und seine unmittelbare Nähe zum Lagerkomplex Mittelbau ideale Voraussetzungen für die Zusammenstellung des Zugverbandes. Die 1. SS-EbBB (später 6. SS-EbBB) stand ebenfalls zunächst am Bahnhof Berga-Kelbra.

41 Journal, S. 21.

42 BArch B 162/15439, Bl. 639, Zeugenvernehmung Helmut Landau vom 28.2.1973.

43 Niedersächsisches Landesarchiv, Standort Osnabrück (NLAOS) Rep 980 – 1912 Nr. 37369, Entnazifizierungsakte Dr. Wilhelm Schell. Der promovierte Jurist Schell war schon vor 1933 Mitglied der NSDAP im Saarland. 1942 wurde er Reichsbahnpräsident in Münster. Auf Betriebsbesprechungen forderte er bis in die letzten Kriegswochen »festes Auftreten« und den »Willen zum Durchhalten«. Am 20.2.1945 erhielt er das Ritterkreuz zum Kriegsverdienstkreuz mit Schwertern, eine der höchsten Auszeichnungen des NS-Regimes. Nach Kriegsende wurde Schell von einem

weiteres Indiz dafür, dass die Stationierung der 5. SS-EbBB im Zusammenhang mit dem Einsatz der V-Waffen erfolgte. Ab Herbst 1944 befanden sich die Anlieferungsbahnhöfe und Waffenstellungen für nahezu alle V1- und V2-Waffen der Nordgruppe der Division z. V. in einem schmalen Streifen entlang der Ost-West-Bahnstrecke, die aus Mitteldeutschland kommend über Osnabrück und Rheine in die Niederlande führte. Der Stab der Division z. V. hatte seinen Sitz im nahe gelegenen Haaksbergen, unmittelbar an der deutsch-niederländischen Grenze.[44] In den Erinnerungen des dänischen Kapitänleutnants Morten Vesterdal, der von Januar bis März 1945 als KZ-Gefangener im 1. Bauzug der 5. SS-EbBB Bahnarbeiten auf Strecken im deutsch-niederländischen Grenzgebiet verrichten musste, werden die V-Waffen sogar ausdrücklich erwähnt:

> »Als wir nach langer Zeit das Gebiet um Rheine erreichten, gab es einen Luftalarm. [...] Vielleicht war das genau an dem Tag, an dem ich einige deutsche Vergeltungswaffen, V1 oder V2, sehen konnte, die von Rampen, die wenige Kilometer von uns entfernt waren, abgefeuert wurden. Es war seltsam, dass die Rauchfahne, die nach dem Abfeuern der Bomben entstand, fast eine Zick-Zack-Linie bildete.«[45]

In dem Bericht des SS-Sturmbannführers Weigel über seine im Februar 1945 durchgeführte Inspektionsfahrt zu den SS-Eisenbahnbaubrigaden ist lediglich allgemein vom Einsatz der Brigaden »bei Fliegerschäden auf Verkehrsstrecken der Reichsbahn« und von der »Sicherung von Nachschub für die kämpfende Truppe« die Rede, ohne dass die V-Waffen ausdrücklich erwähnt werden.[46]

In der Praxis beschränkte sich die Tätigkeit der 5. SS-EbBB nicht auf Arbeiten an der für den V-Waffennachschub wichtigen Ost-West-Strecke. Täglich waren Häftlingskommandos über viele Kilometer auch auf der als Nord-Süd-Verbindung sehr bedeutsamen sogenannten Rollbahn, der Hauptstrecke von Hamburg und Bremen ins Ruhrgebiet und ins Rheinland, im

Entnazifizierungsausschuss in 2. Instanz der Kategorie IV (Mitläufer) zugeordnet und in das Amt eines Reichsbahnoberrats zurückversetzt.

44 Später befand sich der Stab kurzzeitig in Schloss Darfeld, bevor er zum Schluss ins sauerländische Suttrop bei Warstein verlegt wurde. SS-Gruppenführer Kammler besuchte die Raketenstellungen im Raum Steinfurt wiederholt in Begleitung von Rüstungsminister Speer. Vgl. Reinhard Brahm: Die Fernrakete V2 und ihre Starträume in den Kreisen Borken, Coesfeld und Steinfurt. Ein Beitrag zur Militärgeschichte, zugleich ein Beitrag zur lokalen und regionalen Geschichte, Metelen 2007, S. 24.

45 Morten Vesterdal: Mit ophold i tysk koncentrationslejr [Mein Aufenthalt in deutschen Konzentrationslagern] (maschinenschriftl. Bericht), o. O., o. J., S. 36 f. Es ist der bisher einzige direkte Hinweis eines ehemaligen Häftlings der 5. SS-EbBB auf die V-Waffen.

46 BA, NS 19/771, Inspektionsbericht Weigel vom 2. 3. 1945.

Einsatz. Die Beseitigung von Schäden an den Bahnanlagen rund um Osnabrück und Rheine erfolgte jedoch nicht allein durch die 5. SS-EbBB und Kräfte der Reichsbahn.[47] Der Inspektionsbericht Weigels über seine Fahrt zu den Reichsbahndirektionen und SS-Eisenbahnbaubrigaden vom Februar 1945 erwähnt ebenfalls die Organisation Todt (OT), die zeitweise im gleichen Streckenabschnitt eingesetzt war wie die 5. SS-EbBB. Auch auf Einsätze von KZ-Häftlingen gemeinsam mit Kriegsgefangenen wird hingewiesen.[48] Unter dem Datum 12. 2. 1945 vermerkt Weigel: »Besprechung mit Einsatzleitung des B. A. Osnabrück.[49] Gleichzeitig Besprechung betr. Mob.-Einsatz mit Kriegsgefangenenlager Osnabrück.«[50] Für die Koordination der Arbeitseinsätze war der Baukommandostab der RBD Münster zuständig, dem der Präsident der RBD Münster, Dr. Schell, und der »Beauftragte der zuständigen Gauleitung«,[51] Oberbaudirektor Karl Weiss von der Organisation Todt (OT),[52] angehörten. Als Vertreter der SS war der

47 Im Kriegsverlauf setzte die Reichsbahn neben eigenem Personal Hunderttausende Fremd- beziehungsweise Zwangsarbeiter ein. Allein im Stadtgebiet Osnabrück sollen es, verteilt auf elf Gemeinschaftslager, mindestens 1.800 Arbeiter gewesen sein. Vgl. Thorsten Heese (Hrsg.): Topografien des Terrors. Nationalsozialismus in Osnabrück, Bramsche 2015, S. 333-352.

48 Seit Oktober 1944 oblag dem SS-Reichsführer Himmler als Befehlshaber des Ersatzherres auch die Zuständigkeit für das Kriegsgefangenenwesen, die er an das SS-WVHA delegierte.

49 Das Eisenbahnbetriebsamt (BA) Osnabrück war als Bezirksverwaltungsbehörde der RBD Münster untergeordnet.

50 BA, NS 19/771, Inspektionsbericht Weigel vom 2. 3. 1945, Eintrag 14. 2. 1945. Ob es bei der Besprechung »betr. Mob.-Einsatz« (Sondereinsatz) um grundsätzliche Fragen der Zusammenarbeit oder um einen konkreten Einsatz beziehungsweise ein konkretes Kriegsgefangenenlager geht, bleibt unklar.

51 Weigel bezeichnet ihn als »Gaubeauftragte(n) d. Gaues Hannover-Oldenburg«. Die RBD Münster lag auf Gebietsteilen der Gaue Westfalen-Nord (Hauptstadt Münster) und Weser-Ems (Hauptstadt Oldenburg).

52 Karl Weiss war bis Juni 1944 Einsatzgruppenleiter West der OT in Frankreich und gleichzeitig als Ingenieur im Generalsrang Mitglied des Oberkommandos der Heeresgruppe D. Er befehligte zeitweilig den Einsatz von mehr als 160.000 OT-Arbeitskräften, überwiegend Zwangsarbeitern und KZ-Häftlingen, beim Bau der Verteidigungsanlagen des Atlantikwalls. Mit dem Rückzug der deutschen Truppen engte sich sein Tätigkeitsbereich immer mehr ein. Als Chef der OT-Einsatzgruppe III (Hansa) war er noch für den gesamten nordwestdeutschen Raum zuständig, gegen Ende des Krieges für das Gebiet Weser-Ems. Vgl. MIRS London: Handbook of the Organisation Todt (OT), MIRS/MR-OT/5/45, Part 5, Order of Battle of OT Units (Handbuch der Organisation Todt, Teil 5, Einsatzkräftegliederung der OT-Einheiten), S. 8 (185), www.malselvhistorielag.no/documents/PDFFileListDiverseHistorisk/Handbook-of-the-organisation-TODT-O-T-UK-1945.pdf (letzter Aufruf 24. 4. 2019), und Franz W. Seidler: Die Organisation Todt. Bauen für Staat und Wehrmacht 1938-1945, Bonn 1998, S. 222.

-2-

3

12.2.45
Osnabrück:

Ich habe sofort veranlasst, dass die Kreisleitung mit Volksaufgebot Bombentrichter der RAB verfüllt. 7 Uhr früh sind bereits die ersten Kolonnen zur Beseitigung der Bombentrichter eingetroffen, sodass ein auf der RAB liegender Instandsetzungszug einer Pz-Abt. weiterrollen konnte.

Weiterfahrt nach Osnabrück. Besichtigung der 5. ᛋᛋ-BB., ᛋᛋ-Ostuf. L a n d a u , 5. ᛋᛋ-BB. bei verschiedenen Schadensstellen eingesetzt. Beanstandungen keine. Sehr gute Organisation. Innerhalb der ᛋᛋ-BB. sind sogenannte Bauzüge aufgestellt.

1) Bauzug Oberbau
2) " Weichenbau
3) " Hochbau
4) " Hilfskräfte (Verfüllen v.Bombentrichter).

Besprechung mit Einsatzleitung des B.A. Osnabrück. Gleichzeitig Besprechung betr. Mob.-Einsatz mit Kriegsgefangenenlager Osnabrück.
Arbeiten der ᛋᛋ-BB. werden gehindert durch heftige Nabo-Angriffe.

13.2.1945
Osnabrück:

Streckenbesichtigung der Umgehungsbahn Osnabrück und des Bahnhofs Rheine. Arbeitsleistung der ᛋᛋ-BB. sehr vorbildlich. Nach Aussagen der Einsatzleitung erreicht die Arbeitsleistung der dort eingesetzten OT nicht dieselbe Höhe.

14.2.1945
n.Münster:

Besprechung in Münster bei RBD
Anwesend: Präsident Dr. S c h e e l
Oberbaudirektor d.OT W e i s s ,
d. Gaubeauftragte d.Gaues Hannover-Oldenburg.
Zustimmung über Einsatz der ᛋᛋ-Führer wird gegeben und für ausserordentlich wertvoll erklärt.

Weiterfahrt (Nachtfahrt) nach Köln.

15.2.1945
n.Zündorf b.Köln!

Eintreffen in Zündorf b.Köln bei 6.ᛋᛋ-BB, ᛋᛋ-Ostuf. F i k e i s , Einweisung in neue Aufgaben anschliessend Besprechung mit RBD-Vizepräsident A n d r e s über Aufgabengebiet der eingesetzten ᛋᛋ-Führer.

16.2.45
Köln:

Besprechung des einberufenen Baukommandostabes.
Anwesend: OT
d.Beauftragte d.Gauleiters,
TN
TWH/OKW/E.u.M.St.
Einsatz wurde von allen Anwesenden anerkannt und begrüsst.
Abfahrt nach Bad-Kreuznach (Nachtfahrt).

17.2.45
Bad-Kreuznach:

Besichtigung der 12. ᛋᛋ-BB. ᛋᛋ-Hstuf. Dr. G o e t z e
anwesend: ᛋᛋ-Ostuf. V o g t , v.Baukommandostab Mainz,
Oberbahnrat Dr. K a m p f ,
nachmittags Besprechung mit
RBD-Vizepräsident Dr. S c h r a g ,
Oberbahnrat S t e i s s e n r e u t h e r ,
Oberbahnrat Dr. K a m p f , -3-

Abb. 4: Auszug aus dem Inspektionsbericht von SS-Sturmbannführer Weigel für SS-Gruppenführer Kammler vom 2. 3. 1945.

Leiter der 5. SS-EbBB, SS-Obersturmführer Helmut Landau, vermutlich ein weiteres Mitglied des Baukommandostabs. Obwohl Räum- und Bergungseinsätze in Städten, wie sie die SS-Baubrigaden seit 1942 vorrangig geleistet hatten,[53] nicht zu den primären Aufgaben einer Eisenbahnbaubrigade gehörten, hatte die Stadt Osnabrück einigen Erfolg bei ihren Bemühungen, auf die KZ-Häftlinge als Arbeitskräfte zurückzugreifen. Größere Teilkommandos wurden für Räumarbeiten nach Luftangriffen, beim Entschärfen von Blindgängern und für Bauarbeiten an einer städtischen Behelfsheimsiedlung eingesetzt. Der Versuch des Oberbürgermeisters, im November 1944 die Einsätze aller KZ-Häftlinge, Zwangsarbeiter und Kriegsgefangenen unter städtischer Regie zusammenzufassen, scheiterte jedoch.[54]

2.3 Stammlager, Außenkommandos und Austauschtransporte

Für die 5. SS-EbBB waren ursprünglich 504 KZ-Häftlinge vorgesehen. Das entsprach der üblichen Sollstärke einer SS-Eisenbahnbaubrigade.[55] Die Zahl wurde jedoch durch die »krankheitshalber« erfolgte Rückführung von Häftlingen in das Lager Mittelbau noch vor der Verlegung nach Osnabrück auf 470 Mann verringert.[56] Die ersten Gefangenen unterstanden zunächst alle dem zum Konzentrationslager Buchenwald gehörenden Lagerkomplex Mittelbau-Dora.[57] Die meisten von ihnen waren zuvor schon in anderen Konzentrationslagern inhaftiert gewesen. Ehemalige Häftlinge der V. SS-BB stellten im Oktober 1944 mit ca. 200 Mann einen großen Teil des Häftlingskontingents der 5. SS-Eisenbahnbaubrigade. Hinzu kamen die etwa 20 Funk-

53 Vom 17.10.1942 bis Anfang Mai 1943 waren 250 Gefangene einer Abteilung der II. SS-Baubrigade in Osnabrück für Bergungs- und Räumarbeiten im Auftrag der Stadt eingesetzt. Vgl. Pax Christi-Basisgruppe Osnabrück und Antifaschistischer Arbeitskreis Osnabrück (Hrsg.): Spurensuche Osnabrück 1933-1945. Ein Stadtrundgang zu den Orten von Verfolgung und Widerstand in Osnabrück 1933-1945, Osnabrück 1995.

54 NLAOS Dep 3b XIX Nr. 124, Gesprächsnotiz vom 10.11.1944. Ob in diesem Zusammenhang auch der Einsatz von Gefangenen der 5. SS-EbBB zur Sprache kam, geht aus der Gesprächsnotiz nicht hervor.

55 Vgl. Fings: Krieg, Gesellschaft und KZ, S. 254.

56 Journal, S. 17. Das Journal vermerkt für den 12.10.1944 die Überstellung von 30 kranken Häftlingen zum Lager Mittelbau. Im Häftlingsverzeichnis ist als Rückstellungsdatum für insgesamt 35 Häftlinge der 3.12.1944 handschriftlich vermerkt. ITS 1.1.27.1/2532050, Verzeichnis der Häftlinge der 5. SS-Baubrigade (E).

57 Nach einer Umstrukturierung im September 1944 wurden für die Lager Dora, Ellrich-Juliushütte und Harzungen die Bezeichnungen Mittelbau I, II und III verwendet.

tionshäftlinge, die zuvor ebenfalls der V. SS-BB angehört hatten und nach der Rückführung der Brigade von Nordfrankreich nach Mittelbau-Dora vorübergehend in Lagern im Raum Aachen beziehungsweise Düsseldorf untergebracht waren. Sie gelangten zum Teil direkt von dort zum Einsatzort der 5. SS-EbBB nach Osnabrück. Ein weiteres Kontingent von mindestens 200 Häftlingen stammte aus dem Außenlager Cochem, das zum Konzentrationslager Natzweiler gehörte.[58] Es befand sich in den Ortschaften Bruttig und Treis bei Cochem an der Mosel. Nach der Auflösung des Außenlagers am 15.9.1944 waren etwa 600 Häftlinge von dort aus in das KZ Buchenwald beziehungsweise unmittelbar in dessen »Außenkommando Dora« transportiert worden.[59] Von ihnen kamen etwa 120 Mann auf dem Weg über das Nebenlager Heringen[60] und etwa 80 Mann auf dem Weg über andere Buchenwald-Lager zur 5. SS-EbBB. Alle Häftlinge waren bereits durch die Strapazen im Außenlager Cochem stark geschwächt. Die übrigen 50 Häftlinge der ersten Häftlingsmannschaft der 5. SS-EbBB befanden sich zuvor ebenfalls in Außenlagern des KZ Buchenwald/Mittelbau.[61] Nachdem »Mittelbau-Dora« am 28.10.1944 zum eigenständigen Konzentrationslager Mittelbau erklärt worden war, ging die Zuständigkeit für die 5. SS-EbBB für zwei Monate auf dieses KZ über. Ab 1.1.1945 kam die Brigadewie alle SS-Bau- und Eisenbahnbaubrigaden unter das Kommando des KZ Sachsenhausen.[62]

58 In der Korrespondenz mit dem Hauptlager Natzweiler wird der Ortsname entsprechend der am 6.12.1935 amtlich festgelegten Schreibweise mit »K« geschrieben. Nach dem Krieg kehrte man zur vorherigen Schreibweise »Cochem« zurück. Die Mehrzahl der etwa 1.500 Häftlinge des Außenlagers Cochem war zuvor mit Transporten aus den Konzentrationslagern Lublin-Majdanek (6.4.1944) und Auschwitz (3.5.1944) in das KZ Natzweiler gekommen.

59 Der Transport aus dem KZ Natzweiler, der sein Ziel am 17.9.1944 erreichte, umfasste insgesamt 1.085 Häftlinge. Sie erhielten jeweils eine Buchenwald-Häftlingsnummer der 88000er oder 89000er Serie (88605-89679). Vermutlich im Zuge der geplanten Umorganisation des Außenlagers in ein selbstständiges Konzentrationslager wurde für sie kurz darauf eine fünfstellige, mit einer Null beginnende Mittelbau-Häftlingsnummer (01000-02077) ausgegeben. Unter dieser wurden sie im Häftlingsverzeichnis und, bis auf wenige Ausnahmen, im Journal der 5. SS-EbBB geführt.

60 ITS 1.1.27.1/0018/0072-0075, Transportliste der am 8.10.1944 vom Arbeitslager Mittelbau der Eisenbahnbrigade 3 – Heeringen – überstellten Häftlinge. Die Liste umfasst insgesamt 180 Gefangene.

61 Über das bereits erwähnte Lager Heringen kamen neben ehemaligen Häftlingen des Außenlagers Cochem ca. 45 weitere Häftlinge zur 5. SS-EbBB.

62 In der Veränderungsmeldung vom 26.1.1945 wird die 5. SS-EbBB mit 476 Häftlingen erstmals als Außenlager des KZ Sachsenhausen aufgeführt: Archiv der Gedenkstätte Sachsenhausen, JSU 1/101, Bl. 29. Die Häftlinge erhielten in Sachsenhausen offensichtlich neue Häftlingsnummern der 126000er Serie. Der Gebrauch dieser Nummern ist bisher nur in den noch vorhandenen Veränderungsmeldungen des KZ Sachsenhausen nachzuweisen.

Schon wenige Wochen nach der Verlegung der 5. SS-EbBB zum Einsatzort nach Osnabrück änderte sich die Zusammensetzung der Häftlingsmannschaft. Aufgrund von Todesfällen, Verletzungen oder Erkrankungen während des Einsatzes der Brigade fanden mehrere Austauschtransporte mit den Konzentrationslagern Mittelbau und Neuengamme statt. Am Mittwoch, dem 29.11.1944, wurden 49 Häftlinge in das KZ Mittelbau zurückgebracht.[63] Auf weitere Transporte von oder zu den Konzentrationslagern Buchenwald oder Mittelbau gibt es keine Hinweise. Ein erster Häftlingstransport aus dem KZ Neuengamme erreichte die 5. SS-EbBB am Mittwoch, dem 20.12.1944. Er umfasste 80 Häftlinge.[64] Mit diesem Transport kamen 40 »Russen« und Polen, 35 Dänen, drei Reichsdeutsche und je ein Niederländer und Jugoslawe neu zur Brigade.[65] Danach hat es weitere Austauschtransporte zwischen der 5. SS-EbBB und dem KZ Neuengamme gegeben. Am Freitag, dem 9.3.1945, kamen einhundert Häftlinge aus Neuengamme nach Osnabrück. Am Dienstag, dem 13.3.1945, wurden 130 Häftlinge »krankheitshalber nach KL Neuengamme überstellt.«[66] Insgesamt waren mindestens 680 Männer zeitweilig oder über die volle Einsatzdauer Häftlinge in der 5. SS-EbBB. Am Karsamstag, dem 31.3.1945, begann der Rückzug der kompletten 5. SS-EbBB aus Osnabrück.[67] Von der ersten Zwischenstation in Syke aus traten die noch in der Brigade verbliebenen 33 dänischen Gefangenen am Dienstag, dem 3.4.1945, den Rückweg in das KZ Neuengamme an.[68] Sie wurden dort im Rahmen der Rettungsaktion »Weiße Busse« des schwedischen Grafen Bernadotte gesammelt, dem es gelungen war, in Verhandlungen mit hohen SS-Funktionären die Freilassung der skandinavischen KZ-Häftlinge zu erwirken. Bis zur Auflösung der 5. SS-EbBB Anfang Mai 1945 gab es keine weiteren Austauschtransporte mehr. Auf das Schicksal der Häftlinge, die im Lauf der Stationierung der 5. SS-EbBB in Osnabrück mit Rückführungstransporten in Stammlager gebracht wurden, gibt es nur lückenhafte Hinweise. Schon ab Sommer 1944 hatte die SS frontnahe Konzentrationslager und Außenlager aufgelöst. Im Frühjahr 1945 mussten auch die Konzentrationslager Buchenwald und Mittelbau geräumt werden. Die nach Mittelbau

63 Journal, S. 65, und BArch B 162/15359, Aussagen Otto F. und Jakob L. vom 31.10.1972.

64 Journal, S. 86.

65 Vgl. Flemming B. Larsen: Osnabrück-Kommandoen [Kommando Osnabrück], in: Johannes Fosmark (Hrsg.): Danske i tyske koncentrationslejre [Dänen in deutschen Konzentrationslagern], Kopenhagen 1945, S. 141.

66 Journal, S. 169, und Archiv der Gedenkstätte Sachsenhausen, JSU 1/101, Bl. 65, Veränderungsmeldung des KZ Sachsenhausen vom 21.3.1945 betr. die Überstellung von 130 Häftlingen der 5. SS-EbBB in das KZ Neuengamme.

67 Die alliierten Truppen besetzten Osnabrück am folgenden Mittwoch, dem 4.4.1945.

68 Journal, S. 190. Zwei Dänen waren vermutlich schon mit dem Austauschtransport am 13.3.1945 nach Neuengamme zurückgekehrt. Vgl. Vesterdal: Mit ophold, S. 40.

zurückgekehrten Häftlinge der 5. SS-EbBB wurden, sofern sie das Kriegsende erlebten, nach ihrer »Evakuierung« am 15.4.1945 von britischen Truppen in Bergen-Belsen befreit.[69] Als »Auffanglager« nach der Räumung des KZ Neuengamme sind für ehemalige Gefangene der 5. SS-EbBB, die zuvor als arbeitsunfähig dorthin transportiert worden waren, unter anderem das Kriegsgefangenen-Mannschafts-Stammlager (Stalag) X B in Sandbostel bei Bremervörde[70] und das Männerlager des KZ Ravensbrück belegt.[71] Daneben fanden wiederholt Evakuierungstransporte von Neuengamme nach Bergen-Belsen statt, in denen sich weitere ehemalige Gefangene der Brigade befunden haben könnten.

2.4 Technischer Aufbau und Ausrüstung

Die gesamte 5. SS-EbBB, bestehend aus der Brigadeleitung, dem SS-Wachpersonal, den KZ-Gefangenen sowie den Material-, Magazin- und Versorgungseinrichtungen war in mehr als 50 Eisenbahn-Waggons untergebracht.[72] Dem Führungsstab im Osnabrücker Teil der Brigade stand ein umgebauter D-Zug-Wagen mit Schlaf- und Aufenthaltsabteilen zur Verfügung. Die Wachmannschaften wohnten in Personenwaggons.[73] Alle anderen Fahrzeuge waren gedeckte oder offene Güterwaggons. Der Güterwaggon oder Viehwaggon ist zu einem Symbolträger für nationalsozialistische Gräueltaten schlechthin geworden.[74] Alle europäischen Bahngesellschaften hatten zwi-

69 BArch B 162/15359, Aussage Jakob L. vom 31.10.1972.

70 BA B 162/15362, S. 473 (4), Aussage Salomon T. vom 4.1.1971 und ITS 3.1.1.1/68526175, Stepan Papez, D. P.2-Karte.

71 ITS 1.1.35.1/376845768505, Zugangslisten des KL Ravensbrück (Männerlager). Der Transport dauerte acht Tage. Unter den Deportierten befanden sich die ehemaligen Gefangenen der 5. SS-EbBB, Tadeusz Suchcicki, Mate Guina und vermutlich Joseph Moreau. Moreau verstarb in Watenstedt bei Salzgitter, einer Zwischenstation auf dem Evakuierungsweg zum KZ Ravensbrück.

72 Nach F. B. Larsen hat die 5. SS-EbBB aus insgesamt 70-80 Waggons bestanden: Larsen: Osnabrück-Kommandoen, S. 142. Dies entspricht dem Anschein, der sich aus der Betrachtung alliierter Luftaufnahmen des Betriebsbahnhofes aus dem Frühjahr 1945 ergibt. Andere Zeugen erwähnen nur 20-30 Waggons, was zum Teil mit der Kommandierung von Bauzügen an andere Einsatzorte erklärt werden kann.

73 BArch B 162/15362, S. 494 (4), Schlussvermerk betr. die 5. SS-Baubrigade (E) vom 16.8.1973.

74 Aus diesem Grund sind Güterwaggons in mehr als 30 Gedenkstätten auf der ganzen Welt zu finden, unter anderem in Yad Vashem/Israel, Auschwitz und Lodz/Polen, Drancy, Les Milles und Langeais/Frankreich sowie an den Gedenkstätten der ehemaligen Konzentrationslager Ravensbrück, Mittelbau-Dora und Neuengamme/Deutschland.

Abb. 5: Zugverband der 5. SS-EbBB auf den mittleren Gleisen des Betriebsbahnhofes Osnabrück-Hörne. Luftaufnahme vom 9. 3. 1945.

schen den beiden Weltkriegen Millionen dieser zweiachsigen Waggons mit hölzernen Aufbauten in ihrem Bestand. Sie wurden über Ländergrenzen hinweg im gesamten Eisenbahnnetz Kontinentaleuropas eingesetzt. Bei den Güterwaggons der 5. SS-EbBB handelte es sich um ältere französische Modelle.[75] Sie hatten wegen ihres Achsstandes von weniger als vier Metern einen entsprechend kurzen Wagenaufbau. Das könnte die geringen Innenmaße der Fahrzeuge der 5. SS-EbBB erklären. Der ehemalige dänische Häftling F. B. Larsen gibt für den Waggon, in dem er lebte, eine Länge von lediglich 6,90 Metern und eine Breite von 2,70 Metern an.[76] Eine weitere Besonderheit der französischen Güterwagen waren die Lüftungsklappen aus Blech und die seitliche Aufschrift »Hommes 40 Chevaux 8« (40 Menschen [oder] 8 Pferde).[77]

75 Larsen: Osnabrück-Kommandoen, S. 143. Bei der 6. und 7. SS-Eisenbahnbaubrigade waren ebenfalls französische geschlossene Güterwaggons im Einsatz: vgl. Fings: Krieg, Gesellschaft und KZ, S. 251, und Curt Letsche: Schnittpunkte 1945. Roman aus dem Nachlass des Autors, mit einem dokumentarischen Anhang herausgegeben von Lothar Letsche, Bonn 2013, S. 236.

76 Dies sind vermutlich die Innenmaße der Holzaufbauten. Vgl. Larsen: Osnabrück-Kommandoen, S. 142.

77 Die Lüftungsklappen und die Aufschrift finden sich auch auf dem Foto eines Waggons der 6. SS-Eisenbahnbaubrigade. Die Aufschrift »Hommes 40 Chevaux 8« war 1874 in Frankreich per Dekret verbindlich eingeführt worden, um im Kriegsfall die Verwendung der Fahrzeuge für den Truppentransport zu erleichtern.

Abb. 6: Gedeckter Güterwagen in der Gedenkstätte Les Milles/Südfrankreich.

Im Auftrag der Deutschen Ausrüstungswerke (DAW), einer Wirtschaftsfirma der SS, wurden die Waggons von KZ-Häftlingen in Buchenwald, Neuengamme, Auschwitz und Dachau für die Verwendung in den SS-Eisenbahnbaubrigaden hergerichtet. Der ehemalige französische Häftling Pierre Pichavant erinnerte sich in einem Interview in den 1980er Jahren an den Ausbau von Waggons für die 11. SS-EbBB, die später in Soest beziehungsweise Bad Sassendorf eingesetzt war:

> »Wir haben aber auch noch eine andere Arbeit gemacht, das waren Güterwagen, die isoliert werden mussten […]. Diese Wagen dienten als Unterkünfte für die Häftlinge, also die Wagen kamen fertig ins Lager und die Häftlinge haben zuerst die Wände mit Holzwolle isoliert und dann haben wir noch aus Holz in den DAW Betten eingerichtet, und wenn die Bahngleise von Bomben zerstört waren, mussten 20 bis 25 Häftlinge in diesen Wagen an diese Stellen gebracht werden, um die Gleise wieder instand zu setzen.«[78]

78 Pierre Pichavant, Interview 19./20.10.1984, in: Deutsche Ausrüstungswerke, Media.offenes-archiv.de/daw.pdf (letzter Aufruf 12.4.2019).

Ob alle Waggons der bereits seit September 1944 eingesetzten 5. SS-EbBB von den DAW ausgebaut wurden, ist allerdings zweifelhaft.[79] Ein Teil der Güterwagen könnte bereits fertig übernommen worden sein. Einen Hinweis darauf gibt der ehemalige Häftling Hans G., der zuvor mit der V. SS-BB von Köln aus in Frankreich im Einsatz war. Demnach hatte er im Frühjahr 1944 im Messelager Köln eine Woche lang an der Herrichtung von Güterwagen für die V. SS-BB gearbeitet: »Wir mussten Betten herstellen, die dann mit Stroh gefüllt wurden, bekamen einen eisernen Ofen und ab ging die Fahrt.«[80] Der ehemalige Häftling F. B. Larsen beschreibt die Inneneinrichtung des Waggons, in dem er während seines Aufenthaltes bei der Eisenbahnbaubrigade in Osnabrück von Dezember 1944 bis März 1945 mit 23 weiteren Personen untergebracht war, detailgenau:

> »An beiden Seiten waren Schlafplätze in 3 Etagen mit jeweils 4 Plätzen pro Etage eingerichtet, so dass jeder Mann zunächst seine eigene, wenn auch schmale Koje hatte, die mit einer Strohmatratze und 1-2 schlechten Decken ausgerüstet war. Die Unterkojen waren dunkel und kalt; die Oberkojen hatten mehr Licht von der in der Mitte an der Decke angebrachten Glühbirne. Andererseits war es hier unangenehm warm am Abend, wenn wir den Ofen befeuerten, und sehr kalt, nachdem der Ofen aus war. In der Wagenmitte befand sich der Ofen […]. Zwischen Ofen und Kojen waren jeweils Tischbretter und 2 Bänke angebracht, und damit Sitzplatz für je 12 von uns.«[81]

Schränke oder Regale werden nicht erwähnt. Die Räume unter den Kojen und Bänken und die Kojen selbst dienten als Stauraum. Die Skizze zeigt ferner nur eine Schiebetür.[82] Demnach müsste die gegenüberliegende Schiebetür entweder ausgebaut worden oder ungenutzt geblieben sein. Ein Waggon, in dem eine zweite Gruppe von elf Dänen gemeinsam mit »Russen« und zwei Deutschen lebte, war laut einem Zeugen ebenfalls mit insgesamt

79 Der Inspekteur der SS-Eisenbahnbaubrigaden, Weigel, erwähnt in seinem Inspektionsbericht über die erst im Januar 1945 zusammengestellte 13. SS-EbBB, dass er deren Bauzug zum »Musterzug betr. Ausbau« erklärte. Dieser sei bei den DAW »aufgrund der gesammelten Erfahrungen ausgebaut« worden: BA, NS 19/771, Inspektionsbericht Weigel vom 2. 3. 1945, Eintrag 11. 2. 45.

80 ITS 1. 1. 30.0/82134666, Bericht Hans G. vom 29. 2. 1964.

81 Larsen: Osnabrück-Kommandoen, S. 143. Tatsächlich reichte der Sitzplatz auf den vier jeweils ca. 1,40 Meter langen Bänken nicht für alle 24 Häftlinge aus. Einige mussten auf den unteren Kojen Platz nehmen.

82 Das Foto eines Waggons der 6. SS-Eisenbahnbaubrigade zeigt dagegen eine zweiflügelige Tür mit Mittelanschlag, Türgriffen und einer verglasten Fensteröffnung. Eine abnehmbare zweistufige Holztreppe erleichterte den Einstieg. Fings: Krieg, Gesellschaft und KZ, Bild 22, S. 251.

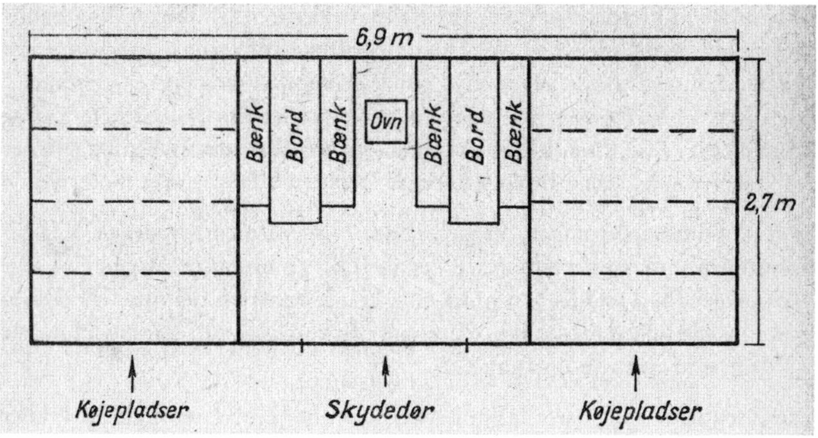

Abb. 7: Skizze der Inneneinrichtung eines Häftlingswaggons der 5. SS-EbBB.

24 Personen belegt.[83] Diese Belegungsstärke, die noch von weiteren Gefangenen erwähnt wird, dürfte der Regelfall gewesen sein.[84]

Die Funktionshäftlinge (Kapos, Vorarbeiter, Schreiber, Küchenpersonal) der Baubrigade waren wie die übrigen Gefangenen in Güterwaggons untergebracht. Diese waren jedoch weniger stark belegt und blieben unverschlossen. Der Lagerälteste wohnte mit dem Schreiber in einem gesonderten Waggon, in dem sich die »Häftlingsschreibstube«, das Büro der Brigade, befand. Drei weitere Güterwaggons dienten als Krankenstation beziehungsweise als Unterkunft für das medizinische Personal. Weiterhin gab es Proviantwagen und einen Küchenwagen. Für die verschiedenen Arbeits- und Räumeinsätze wurden Magazin- und Gerätewagen mitgeführt. Hinweise auf schweres Arbeitsgerät im Bauzug der 5. SS-EbBB gibt es nicht. Allerdings könnte die Brigade über einen oder mehrere Lastkraftwagen für Transportzwecke verfügt haben.[85] Möglicherweise hat es auch einen Pferdewaggon zur Unter-

83 Larsen: Osnabrück-Kommandoen, S. 143, und Johannes Fosmark: Bombekommandoens fanger fik julesnaps, in: Midtjyllands Avis, 21. 12. 1985, S. 17.

84 Vereinzelt geben Zeugen eine niedrigere oder höhere Belegungszahl an. Der Zeuge Otto F. erinnert sich an eine Belegung mit 10-15 Mann pro Waggon (BArch B 162/15361), der Zeuge Jakob L. an eine Belegung mit 40 Mann (BArch B 162/15359).

85 Felix L., ein Funktionshäftling, sagt aus, er sei als LKW-Fahrer eingesetzt gewesen. Er kam am 16. 9. 1944 von Düsseldorf aus auf direktem Wege zur 5. SS-EbBB nach Osnabrück. »Hier (in Düsseldorf, d.Verf.) blieben wir nur ein paar Tage, die LKWs wurden auf die Bahn verladen und wir kamen nach Osnabrück, wo wir auch wieder mit den inzwischen von Buchenwald zurückgebrachten Häftlingen zusammentrafen. Es war jetzt Oktober 1944.« BArch B 162/15400, S. 629 (2), Aussage Felix L. vom

bringung von Pferden für den Arbeitseinsatz gegeben.[86] Einigen Eisenbahnbaubrigaden war zum Schutz vor Fliegerangriffen ein Flugabwehr-Kommando beigeordnet, das meist aus zwei 2 cm-Vierlingsflak-Geschützen bestand.[87] Für die 5. SS-EbBB war das jedoch nicht erforderlich, weil sich in Osnabrück bereits eine Eisenbahn-Flak-Abteilung der Wehrmacht befand.[88] Über die Eisenbahnflak schreibt F. B. Larsen:

> »Die Bombardierungen, die sich fortsetzten, wurden gewaltiger und gewaltiger, und nachts hatten wir das Gefühl, als ob unser Waggon aus der Spur gehoben würde, wenn die Bomben relativ nah bei uns fielen oder wenn die schwere 120 mm Eisenbahnflak schoss, die einige Hundert Meter entfernt von uns stand.«[89]

Die Eisenbahn-Flak-Batterie am Betriebsbahnhof Hörne verfügte auch über Waggons mit leichter Flak, die zum Schutz gegen Tieffliegerangriffe an den beiden Enden des Verbandes stationiert waren.[90] Nur 800 Meter vom Stand-

6. 2. 1973. Im Journal wird im Zusammenhang mit dem Rückzug aus Osnabrück ebenfalls ein LKW erwähnt: Journal, S. 187.

86 Larsen: Osnabrück-Kommandoen, S. 142 u. 147. Larsen und sein Landsmann Vesterdal erwähnen die »6-8 Pferde des Lagers«, von denen eines verendet sei und als Nahrung gedient habe. Allgemein waren Pferde als Transport- und Arbeitsmittel während des Zweiten Weltkrieges noch weit verbreitet. Allein für Militärzwecke wurden auf deutscher Seite ca. 2,8 Millionen Pferde eingesetzt.

87 Im Schlussvermerk über die 5. SS-EbBB wird ausdrücklich erwähnt, dass ihr kein eigenes Flak-Kommando zugeordnet war: BArch B 162/15362, S. 494 (4), Schlussvermerk 5. SS-EbBB.

88 Dabei handelte es sich um die Schwere Eisenbahn-Flak-Abteilung 473, die mit ihrem Stab und vier Batterien im November 1944, also kurz nach dem Eintreffen der 5. SS-EbBB, von Duisburg nach Osnabrück verlegt worden war. Sie hatte ihren festen Standort auf den letzten beiden Gleisen des Betriebsbahnhofes Hörne, etwa auf gleicher Höhe wie die 5. SS-EbBB, und verfügte zunächst über vier schwere Geschütze des Kalibers 12,8 cm, die in Reihe seitlich versetzt auf dem Abschnitt vor der Bahnunterführung Limberger Straße standen. Eines der Geschütze wurde später bei einem Luftangriff zerstört. Spätestens ab 9. 3. 1945 befanden sich nur noch drei Geschütze dort.

89 Larsen: Osnabrück-Kommandoen, S. 151. Wenn Larsen schreibt, die Flak habe »einige Hundert Meter entfernt« gestanden, deutet das darauf hin, dass sich der Dänenwaggon relativ nah am Beginn oder Ende des Zugverbandes der 5. SS-EbBB befand.

90 Eine Eisenbahn-Flak-Batterie bestand in der Regel aus vier schweren Geschützen auf Eisenbahnlafetten, zwei Fahrzeugen mit leichter Flak (2 cm oder 3,7 cm), einem Entfernungsmesstrupp mit Würzburg-Radarmessgeräten, einem Leitstand und Suchscheinwerfern. Einige dieser Anlagen waren am Rand des Gleisgeländes und auf Feldern der Umgebung eingerichtet. Hinzu kamen diverse Waggons für Nachschub, Proviant und Unterkünfte der Mannschaft. Unklar ist, ob der Stab der Schweren Eisenbahn-Flak-Abteilung 473 seinen Standort ebenfalls am Betriebsbahnhof Hörne hatte.

platz der 5. SS-EbBB entfernt befand sich eine stationäre schwere Flak-Stellung mit vier Batterien auf dem Kalkhügel, in etwa 400 Metern Entfernung gab es eine weitere leichte Flakstellung.[91] Der 1. Bauzug der 5. SS-EbBB, der längere Zeit in der Nähe von Hasbergen stationiert war, könnte ebenfalls von Eisenbahnflak begleitet gewesen sein. Der dort eingesetzte ehemalige Gefangene Hans Groth erinnert sich: »Hinter unserem Zug waren zwei schwere Eisenbahnflaks. Was für uns sehr kritisch war. [...] Wir hatten viele Bombenangriffe zu überstehen, etliche Verluste, auch bei der SS.«[92]

2.5 Organisatorischer Aufbau

Wie bereits erwähnt unterstand die 5. SS-EbBB, wie alle SS-Bau- und Eisenbahnbaubrigaden, dem Inspekteur sämtlicher SS-Baubrigaden beim Stab der Amtsgruppe C des SS-WVHA in Berlin, SS-Sturmbannführer Gerhard Weigel. Weigel war seit 1934 in verschiedenen Funktionen in Konzentrationslagern tätig gewesen. Im Oktober 1942 wurde er Leiter der II. SS-Baubrigade, die dem KZ Neuengamme zugeordnet war.[93] Ab März 1944 leitete er die vom KZ Buchenwald aufgestellte V. SS-Baubrigade, die zunächst in Köln und später in Frankreich eingesetzt wurde. Seine Ernennung zum Inspekteur der SS-Baubrigaden erfolgte zum 15.10.1944.[94] Unklar ist, ob er zuvor am Aufbau der 5. SS-Eisenbahnbaubrigade beteiligt war.[95] Der organisatorische Aufbau der 5. SS-Eisenbahnbaubrigade kann auf der Grundlage

91 Die Flakstellung auf dem Kalkhügel verfügte über insgesamt 16 Geschütze. Dort leisteten ab 1943 überwiegend jugendliche Luftwaffenhelfer und ältere Soldaten Dienst. Vierlings-Flak-Geschütze befanden sich im Bereich des Stadtteiles Wüste, unter anderem an der Vogelerstraße, etwa 400 Meter vom Betriebsbahnhof Hörne entfernt.

92 ITS 1.1.30.0/82134666, Bericht Hans G. vom 29.2.1964. Tagebuchaufzeichnungen, die in der Ortschronik von Hasbergen veröffentlicht wurden, erwähnen ebenfalls den Einsatz von Eisenbahnflak auf Bahnabschnitten im Ortsbereich: vgl. Kurt Schüttler: Hasbergen im Landkreis Osnabrück. Die Geschichte Hasbergens und früher selbständigen Gemeinde Gaste und Ohrbeck, Oldenburg 1985, S. 294f.

93 In dieser Funktion war Weigel auch Vorgesetzter eines Teilkommandos der II. SS-BB, das von Oktober 1942 bis Mai 1943 mit 250 Häftlingen in Osnabrück stationiert war.

94 In einer Personalverfügung des SS-WVHA vom 17.10.1944 heißt es: »Weigel wird ab sofort als Inspekteur sämtlicher SS-Baubrigaden eingesetzt und tritt zum Stab der Amtsgruppe C zurück.« BArch B 162/30086, S. 454.

95 In den Ermittlungsakten wurde dazu lapidar vermerkt: »Weigel selbst war offensichtlich nicht gewillt, verwertbare Aufschlüsse über seinen eventuellen Einsatz bei der Baubrigade 5 (E) zu geben.« BArch B 162/15362, S. 497 (7), Schlussvermerk 5. SS-EbBB.

der verwendeten Quellen nur in Teilen dargestellt werden. Vor allem die Namen vieler SS-Funktionsträger und Wachleute in der Brigade sind bisher noch nicht bekannt.[96] Der ehemalige dänische Häftling F.B. Larsen beschreibt die personelle Zusammensetzung der Brigadeleitung und der Wachmannschaften aus eigener Kenntnis so:

> »Chef der 5. SS-Eisenbahnbaubrigade war ein SS-Obersturmführer (Oberleutnant), den wir aber zum Glück nur selten zu Gesicht bekamen. Dann waren da ein knappes Dutzend Unteroffiziere, etwa die gleiche Anzahl ›Rottenführer‹ und etwa 50 einfache SS-Soldaten, die überwiegend der sadistische Auswurf aus den besetzten Gebieten waren. Sie waren Wachtposten und sollten verhindern, dass wir abhauen, mit der Bevölkerung sprechen und so weiter. Unter ihnen waren keine West- oder Nordeuropäer, aber Jugoslawen, Rumänen, Ukrainer und Polen.«[97]

Bei dem von Larsen erwähnten »Chef der 5. SS-Eisenbahnbaubrigade« handelte es sich um den SS-Obersturmführer Helmut Landau. Der 1906 in Krefeld geborene Landau war verheiratet und dreifacher Vater.[98] Nach einem Studium an der TH Köln, Fachrichtung Bauwesen, arbeitete er bei verschiedenen kommunalen Bauämtern. Über die Mitgliedschaft in der republik- und demokratiefeindlichen Jugendorganisation »Jungstahlhelm« führte sein politischer Weg bereits vor 1933 in die NSDAP und die SS. 1939 wurde er selbst für kurze Zeit im KZ Sachsenhausen als Häftling interniert, nachdem er wegen einer »tätlichen Auseinandersetzung« mit einem NS-Kreisleiter zu einer mehrjährigen Lagerhaft verurteilt worden war.[99] Nach Kriegsbeginn konnte er sich über einen Fronteinsatz in der Waffen-SS rehabilitieren. Anschließend war er Bauprüfer in einem SS-Regiment. In dieser Funktion inspizierte er Bauvorhaben in Konzentrationslagern.[100] Im März 1944 wechselte Landau zu der von SS-Sturmbannführer Weigel geführten V. SS-Baubrigade. Dort war er bis zum Abzug der Brigade aus Nordfrankreich im August 1944 Führer des Hauptlagers in Doullens. Landau dürfte die Führung der 5. SS-Eisenbahnbaubrigade gleichzeitig mit deren Indienststellung, also Ende September 1944, übernommen haben.[101] Das genaue Datum ist

96 Der Täterkreis steht im Übrigen nicht im Vordergrund dieser Arbeit. Hier böte sich ein weites Feld für vertiefende Studien.

97 Larsen: Osnabrück-Kommandoen, S. 142.

98 BArch B162/15360.

99 Über ähnliche Hafterfahrungen verfügten seine Kollegen Petz (10. SS-EbBB), Heider (11. SS-EbBB) und Sorge (12. SS-EbBB): vgl. Fings: Krieg, Gesellschaft und KZ, S. 321-333.

100 Ebd., S. 328.

101 Fings gibt in einer kurzen Lebensbeschreibung Landaus an, dieser habe die Führung der 5. SS-EbBB »spätestens zum 15.10.1944« von SS-Sturmbannführer Ger-

ebenso noch unklar, wie das offizielle Datum der Aufstellung der Brigade überhaupt.[102] Spätestens ab Februar 1945 war Landau als Führer der 5. SS-EbBB vermutlich auch Angehöriger des neu eingerichteten Baukommandostabes bei der Reichsbahndirektion in Münster, wo er sich überwiegend aufhielt.[103] Helmut Landau bestritt später, jemals Leiter der 5. SS-EbBB gewesen zu sein, und bezog sich dabei auf die bereits erwähnte formale Trennung zwischen der technischen Leitung und der unmittelbaren Befehls- und Disziplinargewalt über die KZ-Gefangenen:

> »Zunächst möchte ich hier erklären, dass ich über die Baubrigade V nichts sagen kann. Von deren Existenz habe ich erst jetzt durch den mich vernehmenden Kriminalbeamten gehört. Entsprechend kann ich nichts über etwaige Einsatzorte und deren Führung sagen. Es muss später gewesen sein und zwar in der Zeit, als der Rußlandfeldzug zu Ende ging, als ich zu einer Eisenbahnbaubrigade gekommen bin. Die Zahl – V – besagt mir in diesem Zusammenhang nichts. Ich war dort als technischer Einsatzleiter tätig und hatte Verbindung zur Eisenbahndirektion Münster. […] Richtig ist, dass es sich bei den eingesetzten Kräften um Häftlinge handelte. Ich selbst hatte als technischer Einsatzleiter mit diesen Leuten jedoch nichts zu tun. Keinesfalls war meine Tätigkeit mit der eines Lagerleiters zu vergleichen.«[104]

Hingegen behauptete der ehemalige Lagerälteste Willi L. bei einer Nachkriegsbefragung kategorisch: »Der eigentliche Lager- und Arbeitseinsatzführer war der SS-Obersturmführer Landau.«[105] Weit entfernt von seinen Vorgesetzten aus dem SS-WVHA und unabhängig von Weisungen durch die KZ-Hauptlager war Landau letztlich für alle Geschehnisse vor Ort zentral verantwortlich und ein in seinen Entscheidungen weitgehend autonomer »De-facto-Kommandant«.[106] Im Häftlingsalltag trat Landau nach den Aus-

hard Weigel übernommen. Sie bezieht sich dabei vermutlich auf die Aufhebung der Kommandierung Weigels zur V. SS-BB mit Wirkung vom 15.10.1944: vgl. Fings: Krieg, Gesellschaft und KZ, S. 328.

102 Da die erste Eintragung im Häftlingseinsatztagebuch vom 26.9.1944 datiert, ist davon auszugehen, dass die 5. SS-EbBB spätestens zu diesem Zeitpunkt aufgestellt wurde. Journal, S. 1.

103 Einen eindeutigen Beleg für seine Zugehörigkeit zum Baukommandostab gibt es noch nicht.

104 BArch B 162/15439, Bl. 639, Zeugenvernehmung Helmut Landau vom 28.2.1972.

105 BArch B 162/15361, Aussage Willi L. vom 17.7.1973.

106 Vgl. Wachsmann: KL, S. 538. Für die gesamte Zeit des Bestehens der Brigade ist mit Ausnahme des Inspektionsbesuchs des SS-Sturmbannführers Weigel vom 12.-14.2.1945 kein Besuch vorgesetzter SS-Stellen oder von Führungspersonal des KZ-Stammlagers bekannt.

sagen ehemaliger Gefangener nur selten in Erscheinung. Der ehemalige Gefangene Jens Erik Finderup erklärte:

> »Den Kommandanten des Lagers sahen wir nur selten, aber es besteht kein Zweifel daran, dass die gesamte Verantwortung für die Lagerführung, die unter aller Kritik war, natürlich ihm zugeschrieben werden muss, weil er es war, der das sogenannte Reglement erlassen hatte.«[107]

Ob Landau aktiv an Verbrechen innerhalb der 5. SS-EbBB beteiligt war oder sie sogar befohlen hat, ist strafrechtlich nicht erwiesen.[108] Nach dem Kriegsende und der Verbüßung einer kurzen Haftstrafe wegen seiner SS-Zugehörigkeit arbeitete er bis zur Pensionierung Anfang der 1970er Jahre als Gemeindebauamtmann im Rhein-Sieg-Kreis. Der Kommandanturstab der 5. SS-EbBB bestand neben Landau aus etwa zehn bis zwölf weiteren Personen. In ihm war SS-Personal der Amtsgruppen C und D des SS-WVHA vertreten. Zum »technischen *Führungspersonal*« aus der Amtsgruppe C (Bauwesen) gehörten Baufachleute, meist Ingenieure, Architekten und Techniker. Sie hatten die Aufgabe, die Arbeitseinsätze zu organisieren, zu führen und zu verwalten. Die Amtsgruppe D (Konzentrationslager) war lediglich mit SS-Unterführern[109] aus dem zuständigen KZ-Hauptlager am Kommandanturstab beteiligt.[110] Sie unterstanden dienstlich unmittelbar dem ebenfalls aus dem KZ-Hauptlager entsandten Rapportführer. Die Position des Rapportführers hatte nach den Ermittlungen der Justizbehörden von 1975 der SS-Oberscharführer Max Frauenholz inne.[111] Er war der Führer des Häftlingslagers beziehungsweise des Häftlingszuges und in dieser Funktion für die Einhaltung der Lagerordnung, den Einsatz des Wachpersonals und die Anordnung von Lagerstrafen zuständig. Seine Aufgabe bestand in der »disziplinarischen Führung« der SS-Wachmannschaft und der von den Stammlagern als

107 Frihedsmuseet Kopenhagen, 30 C 10168, S. 1, Aussage Jens Erik F. vom 27.9.1946. Mit dem erwähnten »Reglement« könnte eine Lagerordnung gemeint sein, in der Tagesabläufe, Verhaltensregeln, Verbote und Strafen für die Gefangenen festgelegt waren.

108 Ein entsprechendes Vorermittlungsverfahren wurde 1973, unter anderem wegen Bedenken an der Glaubwürdigkeit eines Zeugen, eingestellt: BArch B 162/15439.

109 Es gibt bisher keinen Hinweis auf die Anwesenheit von Offizieren der Amtsgruppe D in der 5. SS-EbBB.

110 Mit dem späteren Wechsel der Zuständigkeit für die 5. SS-EbBB vom KZ Buchenwald zum KZ Mittelbau beziehungsweise zum KZ Sachsenhausen (ab 1.1.1945) fand offensichtlich kein Wechsel des SS-Personals statt.

111 Die Identität des Rapportführers ist nicht eindeutig ermittelt worden. Es könnte sich um den in Abensberg/Bayern geborenen Max Frauenholz handeln: vgl. BArch B 162/15362, S. 498 (8), Schlussvermerk 5. SS-EbBB. Der ehemalige dänische Häftling Jens Erik F. gibt an, ein aus Bayern stammender SS-Unterscharführer (!) sei Rapportführer gewesen: Frihedsmuseet, 30 C 10168, S. 1, Aussage Jens Erik F. vom 27.9.1946.

Arbeitskräfte zugewiesenen KZ-Häftlinge sowie in der Erfassung und Buchhaltung des Häftlingsbestandes.[112] In Zeugenaussagen ehemaliger Gefangener wird der Rapportführer der Brigade als »verrückt« und »unmenschlich« beschrieben:

> »Das Einzige, worum es ihm ging, war, dass er so und so viele Gefangene hatte und so und so viele Gefangene für die Arbeit gebraucht wurden, und die sollten zur Verfügung gestellt werden, ohne Rücksicht darauf, woher sie kamen.«[113]

Der ehemalige Funktionshäftling Felix L. urteilte: »Ich kann nur sagen, dass unser Lagerführer von uns doch sehr gefürchtet wurde, er sich aber gemäßigt hat, je weiter wir den Rückzug angetreten hatten.«[114] Die praktische Umsetzung der Aufgabe des Rapportführers, die Kontrolle des Häftlingsbestandes zu den Appellterminen, die Leitung der Häftlingsschreibstube, die Bewachung der Häftlinge sowie die Verhängung und Durchführung von Strafen erfolgte durch SS-Unterführer und SS-Mannschaftsdienstgrade oder wurde im Rahmen der sogenannten Häftlingsselbstverwaltung an Funktionshäftlinge delegiert. Zum Kreis der SS-Unterführer, die als Kommandoführer in einem der Arbeitskommandos eingesetzt waren, gehörte nach Zeugenaussagen ein SS-Unterscharführer namens Müller.[115] Daneben wird ein SS-Unterscharführer Schwabländer (Szwablender) erwähnt.[116] Zu den bisher bekannten SS-Mannschaftsdienstgraden gehörten der SS-Rottenführer Adolf Kehe, der als »SDG SS« (Sanitätsdienstgrad der SS) genannt wird,[117] ein SS-Rottenführer (Erhard) Liedtke, der bereits bei der V. SS-BB »Chef der polit. Abt.« gewesen sein soll,[118] und der SS-Rottenführer Oskar Nandt, der

112 Im Rahmen dieser Aufgabe könnte er, gemeinsam mit mindestens einer weiteren Person, das wiederaufgefundene Häftlingseinsatztagebuch (Journal) der 5. SS-EbBB geführt haben.

113 Frihedsmuseet, 30 C 10168, S. 2, Aussage Jens Erik F. vom 27.9.1946.

114 BArch B 162/15400, S. 634 (7), Aussage Felix L. vom 6.2.1973. Die »Mäßigung« erfolgte demnach wohl eher aus Opportunitätsgründen.

115 Ob es sich bei Müller um den von dänischen Häftlingen »Grisøje« (Schweinsauge) genannten Kommandoführer und SS-Unterscharführer handelt, ist unklar. Dieser wird von verschiedenen Häftlingen als besonders grausam geschildert.

116 Władysław Wikler nennt »Szwablender« im Zusammenhang mit dem Einsatz der V. SS-BB in Frankreich, lässt aber offen, ob dieser später auch zur 5. SS-EbBB gehörte.

117 Kehe selbst erklärt, er sei zu Beginn des Jahres 1945 »zu dem Obergruppenführer Kammler nach Berlin versetzt (worden), der Chef des Stabes der V-Waffen war«: BArch B 162/15361, Aussage A. Kehe vom 20.9.1972. Fings gibt an, Kehe sei am 1.3.1945 zusammen mit SS-Sturmbannführer Weigel zum (Haupt-)Baukommandostab im RVM abgeordnet worden: vgl. Fings: Krieg, Gesellschaft und KZ, S. 326.

118 Die »Politische Abteilung« ist eine Unterabteilung der Gestapo im Lager. Sie ist für Disziplinar- und Strafmaßnahmen zuständig. Nach Meinung eines ehemaligen Ka-

zuvor bei der V. SS-BB in Rouen/Frankreich als Lagerführer eingesetzt war.[119] Ob der aus Kroatien stammende SS-Rottenführer Huber und zwei weitere von einem ehemaligen Gefangenen erwähnte SS-Rottenführer namens Strasser und Zimmermann[120] neben der Bewachung der Häftlinge weitere Funktionsaufgaben innehatten, ist nicht bekannt. Dem Kommandanturstab beziehungsweise dem Rapportführer war eine etwa 60 SS-Männer starke Wachmannschaft unterstellt. Sie gehörte offiziell zum Stammpersonal des KZ-Hauptlagers.[121] Die SS-Wachmannschaft war eine nach Ausbildung, ideologischer Ausrichtung und bisherigem Einsatz heterogene Gruppe. Es gab Wachleute, die als langjährige Mitglieder der SS-Totenkopfverbände bereits über Erfahrung aus verschiedenen Konzentrationslagern verfügten. Ein weiterer Teil der Wachmannschaft bestand »aus älteren ehemaligen Eisenbahnern […], die zur SS eingezogen und dort einer kurzen Ausbildung unterzogen worden waren.«[122] Wegen ihrer Fachkenntnisse im Bahnbau waren sie nicht allein für die Bewachung der Häftlinge zuständig, sondern hatten auf den Baustellen die technische Aufsicht.[123] Andere Wachleute waren ehemalige Wehrmachtssoldaten der Luftwaffe, die im September 1944 formal in die Waffen-SS übernommen wurden.[124] Bei vielen SS-Wachmännern soll es sich um sogenannte Volksdeutsche aus Ost- und Südosteuropa gehandelt haben.[125] Als täglicher, unmittelbarer Gegenpart und wegen ihrer Grausamkeit waren sie bei den Häftlingen besonders gefürchtet und verhasst.[126] Na-

pos war Liedtke hingegen »ein wirklich besonders netter Kerl, dem ich noch heute gerne die Hand drücken und ihm danken möchte«: BArch B 162/15398, S. 6 (252), Aussage Karl J. vom 17.9.1972, Fortsetzung am 25.9.1972.

119 Zu den Funktionen von Nandt, Müller, Kehe und Liedtke vgl.: BArch B 162/30086, S. 20, S. 26f. und S. 31, Vermerk des LKA NW über die SS-Baubrigaden und SS-Eisenbahnbaubrigaden vom 28.1.1975.

120 Frihedsmuseet, 30 C 10057, Bericht John Preben B. vom 22.8.1946.

121 Ab Januar 1945 war das Hauptlager für alle acht SS-Eisenbahnbaubrigaden das KZ-Sachsenhausen. Für die Versetzung der Wachmannschaft der 5. SS-EbBB finden sich allerdings keine entsprechenden Belege. Fings weist darauf hin, dass sich im russischen Militärarchiv lediglich Unterlagen zu Versetzungen bei der 6., 8., 10., 11. und 12. SS-EbBB nach Sachsenhausen befinden: Fings: Krieg, Gesellschaft und KZ, S. 247.

122 BArch B 162/15362, Schlussvermerk über die 5. SS-EbBB, S. 3.

123 In dieser Doppelfunktion der SS-Wachleute zeigt sich erneut, dass von einer strikten Trennung zwischen »technischem Einsatz« und »disziplinarischer Führung« innerhalb der 5. SS-EbBB nicht die Rede sein kann.

124 Bereits im Herbst 1944 bestand mehr als die Hälfte des Wachpersonals des KZ Mittelbau aus ehemaligen Wehrmachtsangehörigen, überwiegend aus der Luftwaffe: vgl. Jens-Christian Wagner (Hrsg.): Konzentrationslager Mittelbau-Dora 1943-1945. Begleitband zur ständigen Ausstellung in der KZ-Gedenkstätte Mittelbau-Dora, Göttingen 2007, S. 107.

125 BArch B 162/15362, Schlussvermerk über die 5. SS-EbBB, S. 3.

126 Vgl. Larsen: Osnabrück-Kommandoen, S. 152.

mentlich bekannte Mitglieder der SS-Wachmannschaft waren der aus Sanddorf (Šušara) im serbischen Banat stammende SS-Schütze Anton Schettler, der aus der Slowakei kommende Johann Mühlbach[127] sowie der SS-Wachmann Peter Pastuch.[128] Als SS-Wachmann käme auch der auf einer Gräberliste als »K. Z.Mann« bezeichnete Hermann Enderun in Betracht, der am 14.3.1945 in Osnabrück ums Leben kam.[129] Die Arbeitsmannschaft der 5. SS-EbBB bestand aus rund 500 KZ- Häftlingen,[130] die über keine beruflichen Vorerfahrungen im Gleisbau oder Bahnbetrieb verfügten.[131] Die etwa 20 bis 25 Funktionshäftlinge hatten in der Brigade eine ambivalente Position. Sie waren gleichzeitig Gefangene und Gehilfen der SS, die ihnen ihre besonderen Aufgaben zuwies. An der Spitze der Häftlingshierarchie stand der »Lagerälteste«. Er hatte für einen reibungslosen Ablauf des Alltags in der Baubrigade zu sorgen. Dabei setzte er die Anweisungen um, die er direkt vom Rapportführer bekam. Eine wichtige »Aufgabe bestand darin, die Häftlinge zur Arbeit einzuteilen und die Listen zu führen.«[132] Lägerältester in Osnabrück war vermutlich der Gefangene Harry E., der im Verzeichnis der 5. SS-EbBB unter der laufenden Nummer 1 und der Buchenwald-Häftlingsnummer 2 als politischer Häftling eingetragen ist.[133] Harry E. war im September

127 DRK-Suchdienst, Band PB, S. 608. Johann Mühlbach (geboren am 20.12.1927 in Krickerhau/Handlová, Slowakei) ist in der Suchkartei des Deutschen Roten Kreuzes als Angehöriger der »SS Bau Brig.5« verzeichnet. Er gilt seit März 1945 als verschollen.

128 BArch B 162/15361, Eidesstattliche Erklärung vom 29.8.1950. Peter Pastuch, der 1950 mit dem ehemaligen Lagerältesten Willi L. gemeinsam in der JVA Werl einsaß, gab an, »von 1943 bis zur Kapitulation Wachmann bei der SS-Baubrigade Nr. 5« gewesen zu sein.

129 Vgl. Gräberliste des Heger Friedhofes in Osnabrück, Feld XI. »Internationales Ehrenfeld«, Nr. 57. Enderun starb vermutlich während des schweren Luftangriffes Nr. 74 am Nachmittag des 14.3.1945.

130 Die Belegungsstärke wechselte im Verlauf der Stationierung. Während der Dauer des Einsatzes in Osnabrück schwankte sie zwischen 400 und 480 Mann. Am 31.12.1944 waren es lt. Stärkemeldung des KZ Mittelbau 410 Häftlinge und 62 Mann Bewachung: BArch B 162/30086, S. 464. Das Journal verzeichnet für denselben Tag jedoch 480 Häftlinge: Journal, S. 97.

131 Unter den 470 ersten Häftlingen befand sich lediglich ein »Eisenbahner«: vgl. Verzeichnis der Häftlinge der 5. SS-Eisenbahnbaubrigade, ITS 1.1.27.1/2532050, Nr. 205.

132 BArch B 162/15400, S. 646, Zeugenvernehmung Friedrich B. am 14.12.1972.

133 Verzeichnis der Häftlinge der 5. SS-Baubrigade (E), Nr. 1: Die niedrige Häftlingsnummer 2 galt als Indiz für langjährige Lagererfahrung. Sie sicherte häufig besondere Vorrechte. Allerdings wurden die Häftlingsnummern bis 20000 in Buchenwald mehrfach, zum Teil bis zu viermal, vergeben. Der am 5.2.1909 in Erfurt geborene Harry E. war spätestens seit 1.1.1943 unter der Gefangenenbuchnummer 339/43 im Strafgefangenenlager VII (Esterwegen) inhaftiert. Von hier aus kam er im Frühjahr 1944 über das KZ Buchenwald zur V. SS-BB und später zur 5. SS-EbBB.

1944 als einer von 14 Funktionshäftlingen beziehungsweise Kapos von der V. SS-BB zur 5. SS-EbBB überstellt worden.[134] Nach der Kommandierung des 1. Bauzuges nach Hasbergen gab es dort einen zusätzlichen Lager- beziehungsweise Zugältesten.[135] Dabei könnte es sich um Willi L. gehandelt haben, der angibt, er sei »von Anfang an Lagerältester der benannten Brigade« gewesen.[136] Während er im Verzeichnis der 5. SS-EbBB als »Politischer Häftling« geführt wurde, war er in früheren Listen noch als »Asozialer (Aso)« beziehungsweise als »Berufsverbrecher (BV)« registriert.[137] Von den bisher bekannten 17 »Kapos« und »Kalfaktoren« waren 14 Reichsdeutsche und drei Polen.[138] Im Rahmen der sogenannten Häftlingsselbstverwaltung übernahmen sie gegenüber den Mitgefangenen Ordnungs-, Kontroll- und Verwaltungsaufgaben.[139] In den Kommandos waren sie als Vorarbeiter eingesetzt. Die ihnen gewährten Vorrechte und Vergünstigungen verbesserten ihre Überlebenschancen im Lageralltag. Solange sie ihre Tätigkeit im Sinne der SS ausübten, waren sie von schwerer Arbeit befreit. Körperliche Übergriffe seitens der Wachmannschaft blieben ihnen weitgehend erspart. Ihre herausgehobene Position konnte ihnen aber jederzeit entzogen werden, wenn sie sich nicht entsprechend den Anordnungen oder Erwartungen der SS verhielten. Das führte zu dem moralischen Dilemma, dass sich die Funktionshäftlinge oft zwischen den Interessen ihrer Mitgefangenen und dem Wohlwollen der SS entscheiden mussten.[140] Mit ausdrücklicher Erlaubnis oder

134 ITS 1.1.5.1/5316289, Liste des Häftlingslagers Düsseldorf Kirchfeldstraße vom 10.9.1944.

135 Vesterdal erwähnt für den 1. Bauzug einen Lagerältesten, »der den seltsamen Namen Lulu trug [...]«: Vesterdal: Mit ophold, S. 38.

136 BArch B 162/15361, Aussage Willi L. vom 17.7.1973.

137 ITS 1.1.5.3/6468128. Willi L. war seit 1938 in verschiedenen Konzentrationslagern in »Schutzhaft«. In der Häftlingspersonalkarte sind zahlreiche Vorstrafen wegen Diebstahls, Körperverletzung, Betruges und Unterschlagung vermerkt. Die Einweisung in das KZ Neuengamme war durch die Kriminalpolizei erfolgt.

138 Vgl. ITS 1.1.5.1/5316287, Liste der Häftlinge der V. SS-BB, die am 16.9.1944 über Düsseldorf rücküberstellt wurden, und BArch B 162/15400, S. 629 (2), Aussage Felix L. vom 6.2.1973.

139 Der Begriff der Häftlingsselbstverwaltung legt nahe, die Häftlinge seien an Entscheidungsprozessen beteiligt gewesen. Tatsächlich war sie aber nur ein Mittel, um Befehle weiterzugeben und durchzusetzen. Nicht selten wurden Funktionshäftlinge auf diese Weise zu (Mit-)Tätern.

140 Der SS-Reichsführer Heinrich Himmler soll die Stellung der Kapos 1944 so beschrieben haben: »Wir haben hier [...] sogenannte Capos eingesetzt. Also einer ist verantwortlicher Aufseher [...]. Er muss also seine Männer antreiben. In dem Moment, wo wir mit ihm nicht zufrieden sind, ist er nicht mehr Capo, schläft er wieder bei seinen Männern. Dass er von denen in der ersten Nacht totgeschlagen wird, das weiß er.« Zit. nach: Landeszentrale für politische Bildung Baden-Württemberg (Hrsg.): Auf dem Weg zu einer Geschichte des Konzentrationslagers Natzweiler. Forschungsstand – Quellen – Methoden, Stuttgart 2000, S. 72.

stillschweigender Duldung des Führungspersonals nahmen Kapos Befehlsgewalt gegenüber Mithäftlingen wahr und führten Disziplinar- und Strafmaßnahmen gegen sie aus, oft auf brutale Weise.[141] Wenn sie aus der Sicht ihrer Mitgefangenen auch vielfach als »nicht im mindesten besser als die SS«[142] erscheinen mussten, waren die Kapos letztlich Täter und Opfer zugleich. In dem Versuch, deren Verhalten zu erklären, gibt F. B. Larsen an, dass sie die selbst erfahrene Tyrannei der SS »wiederum an den Gefangenen ausließen« und jede Gelegenheit nutzten, »ihren Sadismus […] auszuleben«.[143] Als sogenannte Privilegierte erhielten die Kapos weitere Vergünstigungen, wie zum Beispiel mehr Bewegungsfreiheit oder Sondererlaubnisse in Bezug auf Kleidung und Frisur. Beliebt waren die Funktionsstellen, die eine bessere Versorgung ermöglichten, etwa eine Tätigkeit als Sanitäter, Koch oder Schreiber. Die Unterkunftsverhältnisse der Kapos und sonstigen Funktionshäftlinge waren besser als die der gewöhnlichen Häftlinge. Sie waren in Güterwaggons untergebracht, die im Gegensatz zu den übrigen Häftlingswaggons nachts unverschlossen blieben.[144] Der Lagerälteste hatte zusammen mit dem Schreiber der Brigade einen eigenen Güterwagen zur Verfügung, der wohl auch als Schreibstube und Büro der Arbeitsverwaltung gedient haben dürfte.[145] Neben den allgemeinen Funktionsstellen für die gesamte Eisenbahnbaubrigade, für ein Baukommando oder für einen der Bauzüge gab es in jedem Häftlingswaggon eine festgelegte Aufgabenverteilung. Für die Einhaltung der Ordnung und die Organisation des Zusammenlebens in den Häftlingswaggons wurde vom Rapportführer jeweils ein Waggonältester bestimmt, der, wie die Kapos, zumindest teilweise vom Arbeitseinsatz befreit war.[146] Andere Funktionen, die im Wechsel besetzt wurden, waren etwa die der Essenholer oder der Wasserholer. Am Ende der Hierarchie standen die KZ-Häftlinge ohne spezielle Funktionsaufgaben im Lager.[147] Ihr Zusammenleben war geprägt von dem Bemühen, für sich selbst

141 Hingegen erklärte der ehemalige Kapo Theodor S. zum Verhalten von fünf weiteren Funktionshäftlingen kategorisch: »Alle Genannten waren Kapo beziehungsweise Vorarbeiter und scheiden m. E. für begangene Repressalien aus.«: BArch B 162/15360, Aussage Theodor S. vom 5. 3. 1973.

142 Frihedsmuseet, 30 C 10057, Schreiben John Preben B. vom 7. 8. 1946.

143 Larsen: Osnabrück-Kommandoen, S. 148.

144 BArch B 162/15362, S. 494 (4), Schlussvermerk 5. SS-EbBB.

145 BArch B 162/15361, Zeugenaussage Willy L. vom 17. 7. 1973.

146 Der ehemalige Gefangene Kurt Reilinger schreibt dazu in einem Brief: »Zuerst war ich Waggonältester und musste nur an einigen Tagen in der Woche arbeiten.« Ghetto Fighters House Archive (GFHA) 1841, S. 71, Brief vom 15. 5. 1945.

147 Die Übereinstimmung der Mannschaftsstärke bei allen SS-Eisenbahnbaubrigaden lässt jedoch vermuten, dass es zumindest für die Arbeitseinsätze eine feste Organisationsstruktur gab, die die Aufgaben in Einzelbereiche gliederte und jedem einzelnen Häftling eine definierte Stelle zuordnete.

und ihre jeweilige Häftlingsgruppe möglichst erträgliche Lebensbedingungen zu schaffen. Das konnte nur zu Lasten anderer durchgesetzt werden. Es kam zu Diebstählen und zu Streit zwischen den verschiedenen Häftlingsgruppen.[148] F. B. Larsen spricht von »geschickten Langfingern« unter den Mithäftlingen und von »feindlicher Stimmung« gegenüber den mit Lebensmitteln und Kleidung etwas besser versorgten Dänen. Diese feindliche Einstellung sei »teilweise dadurch zu erklären, dass wir als ›Neue‹ die Lagermentalität nicht verstanden.«[149]

2.6 Kennzeichnung der Gefangenen

Unter den zunehmend chaotischen Versorgungsbedingungen der letzten Kriegsmonate war die Pflicht zum Tragen gestreifter Häftlingskleidung nicht mehr vollständig umsetzbar. Dennoch ist davon auszugehen, dass ein Großteil der Gefangenen »in der Häftlingskleidung der Konzentrationslagergefangenen (›Zebrakleidung‹)« arbeitete.[150] Zu der Kleidung gehörten, wenn sie vollständig war, eine Jacke, eine Hose, eine schirmlose Mütze (Rundmütze) und ein Paar Holzpantinen, das heißt Schuhe mit einer Holzsohle.[151] Die Kleidungsstücke waren jedoch oft nicht neu, sondern zuvor schon mehrfach in Gebrauch gewesen. Unvollständig oder zerschlissen boten sie bei der Arbeit unter winterlichen Verhältnissen keinen ausreichenden Wetter- und Kälteschutz.[152] Reguläre Winterkleidung stand nicht zur Verfügung. Viele Häftlinge versuchten deshalb selbsttätig an weitere Kleidungsstücke zu gelangen, die sie unter der Häftlingskleidung tragen konnten. Ein Teil der Gefangenen trug gebrauchte Uniformteile oder markierte Zivilkleidung. Auf die Rückenpartie war dann mit Ölfarbe ein großes »X« oder »KL« und auf jedes Hosenbein ein Streifen aufgetragen. Die Nummer, die jeder Häftling bei der Aufnahme in das KZ-Stammlager erhalten hatte, war deutlich sichtbar auf der Jacke angebracht. Eine Erkennungsmarke mit der gestanzten Nummer musste um den Hals getragen werden.[153] Die Häftlings-

148 Larsen: Osnabrück-Kommandoen, S. 146 und 151.

149 Ebd., S. 151.

150 BArch B 162/15361, Eidesstattliche Erklärung des Wachmannes Peter Pastuch vom 29. 8. 1950.

151 Augenzeuginnen erinnern sich besonders an das »ganz schäbige Schuhwerk« der Gefangenen: Interview des Verfassers mit G. Fricke und H. Brockmeyer vom 20. 2. 2016.

152 Der Winter 1944/45 war außergewöhnlich kalt und extrem niederschlagsreich.

153 Eine solche viereckige Erkennungsmarke mit zwei Lochstanzungen und der Häftlingsnummer 67063 des KZ Neuengamme für den dänischen Häftling Jens Erik F. befindet sich bis heute im Privatbesitz seiner Familie. Er trug sie während seiner Inhaftierung in der 5. SS-EbBB.

nummer war anstelle eines Namens bei Zählappellen und bei Meldungen zu nennen und wurde bei der Arbeitsverteilung angesagt. Während die Mehrzahl der Gefangenen Häftlingsnummern des KZ Buchenwald beziehungsweise des KZ Mittelbau erhalten hatte, wurden für die im Verlauf der Stationierung aus dem KZ Neuengamme zur 5. SS-EbBB gekommenen mindestens 180 Gefangenen die »Neuengamme-Nummern« weiterverwendet.[154] Neben der Häftlingsnummer befand sich auf der Kleidung der Gefangenen ein Kennzeichen für die jeweilige *Häftlingskategorie*.[155] Es bestand aus einem farbigen Stoff-Dreieck, »Winkel« genannt. Die Farbe des Dreiecks gab den »Haftgrund« an. »Politische Gefangene« mussten ein rotes, auf der Spitze stehendes Dreieck tragen. Alle ausländischen Gefangenen wurden spätestens zum Zeitpunkt des Eintritts in die 5. SS-EbBB unter dieser Kategorie geführt.[156] Das galt auch für polnische und »russische« Gefangene, die von der SS in den Häftlingsverzeichnissen früherer Arbeitskommandos noch als »AZA« (Arbeitszwang Ausland), also als Zwangsarbeiter, oder als »Kgf.« (Kriegsgefangene) geführt wurden.[157] Die deutschen Funktionshäftlinge wurden ebenfalls der »Häftlingsart Politisch« zugeordnet, selbst wenn sie in früheren Lagern anderen Kategorien angehörten. »Kriminelle« waren mit einem grünen Dreieck gekennzeichnet. Im Verzeichnis der 5. SS-EbBB waren insgesamt sechs deutsche Häftlinge unter der im Lagerjargon sogenannten Kategorie »Berufsverbrecher« (B. V.) eingetragen.[158] Ein weiterer Häftling war der Kategorie »Sicherungsverwahrte« (S. V.) zugeordnet worden.[159] Dazu zählten Personen, die nach der vollständigen Verbüßung ihrer von einem Gericht verhängten Strafe als Wiederholungstäter oder sogenannte gefährliche Gewohnheitsverbrecher eingewiesen worden waren. Angehörige

154 Die ab Januar 1945 offensichtlich an alle Gefangenen der 5. SS-EbBB vergebenen neuen Häftlingsnummern des KZ Sachsenhausen finden sich nur in den Veränderungsmeldungen des Hauptlagers. Dort sind die im Zeitraum vom 26. 1. bis 10. 4. 1945 namentlich erwähnten Häftlinge der 5. SS-EbBB mit Häftlingsnummern zwischen 126495 und 126963 gekennzeichnet: Archiv der Gedenkstätte Sachsenhausen, JSU 1/101 und 2/101.

155 Die im Folgenden gemachten Hinweise zur Häftlingskategorie beziehen sich auf die Angaben im Verzeichnis der 5. SS-EbBB.

156 Eine Ausnahme ist der weiter unten erwähnte sogenannte Ungarn-Jude. Die im Verzeichnis der 5. SS-EbBB in der Rubrik »Häftlingsart« als »Pole« aufgeführten Gefangenen trugen ebenfalls das rote Dreieck der »Politischen«.

157 Vgl. ITS 1. 1. 29.1/3131667, KL Natzweiler, Liste der dem Außenkommando Cochem zugeteilten Häftlinge. Mindestens 24 Zwangsarbeiter und mindestens drei Kriegsgefangene aus dieser Liste werden im Verzeichnis der 5. SS-EbBB der Kategorie »Politisch« zugeordnet.

158 Verzeichnis der 5. SS-EbBB, Nr. 219, 317, 321, 325, 345 und 384. Die korrekte Bezeichnung der Haftart lautet »Vorbeugende Polizeihaft« und nicht, wie vielfach behauptet, »Befristete Vorbeugungshaft«.

159 Ebd., Nr. 425.

der christlichen Sekte der Zeugen Jehovas, sogenannte Bibelforscher, trugen ein violettes Dreieck. Im Verzeichnis der 5. SS-EbBB ist ein Häftling dieser Kategorie aufgeführt.[160] Sieben Gefangene waren der Häftlingskategorie »Zigeuner« zugeordnet.[161] Als Kennzeichen war für sie ursprünglich ein braunes Dreieck vorgesehen. Zum Zeitpunkt der Stationierung der 5. SS-EbBB mussten sie bereits ein schwarzes Dreieck tragen, das auch für die Kennzeichnung der sogenannten Asozialen verwendet wurde. Vier Häftlinge, ausschließlich Reichsdeutsche, gehörten nach dem Verzeichnis der 5. SS-EbBB zu dieser Kategorie.[162] Bei jüdischen Gefangenen wurde unter dem Dreieck für die Häftlingskategorie noch ein zweites, auf der Basis stehendes gelbes Dreieck unterlegt, so dass sich ein Davidsstern ergab. In der 5. SS-EbBB war laut Häftlingsverzeichnis nur ein Gefangener dieser Kategorie inhaftiert, der »Ungarn-Jude« Salomon Taub.[163] Bei allen ausländischen Häftlingen waren Buchstaben in die Stoff-Dreiecke eingefügt, die ihr Herkunftsland anzeigten. Häftlinge aus dem Gebiet der Sowjetunion trugen die Buchstabenkombination »SU«. »P« stand für Polen, »F« für Frankreich, »I« für Italien und so weiter. Vom Tragen der Häftlingskleidung waren bei der 5. SS-EbBB zwei Gruppen ausgenommen: die dänischen Gefangenen und die Funktionshäftlinge. Die Dänen durften die warme Oberbekleidung weiter tragen, die ihnen kurz vor ihrem Transport vom KZ Neuengamme nach Osnabrück Anfang Dezember 1944 vom Dänischen Roten Kreuz zur Verfügung gestellt wurde.[164] Die SS sorgte aber schon im KZ Neuengamme dafür, dass sie dennoch an ihrer Kleidung als Häftlinge erkennbar waren: »Auf den Rücken oder wo sonst noch Platz war, bekamen wir ein großes gelbes X-Zeichen.«[165] Funktionshäftlinge konnten die Erlaubnis erhalten, Zivilkleidung zu tragen. Der ehemalige Gefangene Hans R., der angibt, er habe in der 5. SS-EbBB Küchenarbeiten verrichtet, erklärt, er sei schon 1943, während seiner Haftzeit bei der III. Baubrigade in Köln, »in Zivilkleidung ohne

160 Ebd., Nr. 98. Es handelt sich um einen Zeugen Jehovas. Daneben zählten für die Nationalsozialisten die Siebenten-Tags-Adventisten-Reformationsbewegung und die Freie Bibelforscher-Vereinigung zu dieser Häftlingsgruppe.

161 Ebd., Nr. 222, 443, 445, 446, 460, 461 und 462.

162 Ebd., Nr. 72, 116, 369 und 432.

163 Verzeichnis der 5. SS-EbBB, Nr. 454. Wie an anderer Stelle belegt wird, gab es mindestens einen weiteren jüdischen, beziehungsweise »halbjüdischen« Häftling, den Widerstandskämpfer Kurt Reilinger.

164 Warum diese Ausnahme akzeptiert wurde, ist unklar. Es könnte damit zusammenhängen, dass den Dänen aus rassistischen oder politischen Beweggründen eine bessere Behandlung zuerkannt wurde.

165 Vesterdal: Mit ophold, S. 14. Im dänischen Original wird für die Figur aus zwei sich kreuzenden Linien das Wort »kryds« verwendet. Damit ist nicht das religöse Kreuzsymbol, »kors«, gemeint.

Bewachung zum Einkaufen« gegangen.[166] Der polnische Häftling Władysław Wikler trug entsprechend seiner Funktion eine Armbinde mit der Aufschrift »Häftlingsarzt«.[167] Ob andere Funktionshäftlinge ebenfalls Armbinden trugen, wie es in den Stammlagern üblich war, ist nicht belegt. Um Fluchtversuche zu erschweren, und zur weiteren Stigmatisierung der gewöhnlichen Häftlinge, war diesen bereits bei der Ankunft im KZ-Hauptlager der Kopf kahl rasiert worden. Wuchsen die Haare nach, schnitt man ihnen gelegentlich den »Hahnenkamm«, bei dem nur ein Haarstreifen in der Mitte belassen wurde. Eine andere Methode bestand darin, die Haare auf einer Kopfseite zu schneiden und auf der anderen Seite stehenzulassen. Die sogenannte Autobahn oder »Autostrada«, bei der über die Mitte des Haupthaares ein Streifen von der Stirn bis zum Nacken komplett abrasiert wurde und die sonst in vielen Lagern und Kommandos üblich war, hat es in Osnabrück wohl nicht gegeben.[168] Funktionshäftlinge konnten sich wiederum das Recht erwerben, eine gewöhnliche, »zivile« Frisur zu tragen, bei der die Haare ein wenig länger sein durften.

2.7 Nationale Herkunft und Sprache der Häftlinge

Da bisher noch nicht alle der etwa 680 Häftlinge der 5. SS-EbBB ermittelt werden konnten,[169] ist nur für einen Teil der Nachweis der nationalen Herkunft möglich. Dies gilt zunächst für die 470 Männer, die in dem einzigen überlieferten Verzeichnis der Häftlinge der 5. SS-Baubrigade (E) aufgeführt sind.[170] Die zahlenmäßig größte Gruppe unter den aufgeführten Häftlingen waren die »Russen« mit 188 Gefangenen (40 %).[171] Als »Russen« wurden pau-

166 BArch B162/15360, Aussage Hans R. vom 10.4.1973.

167 Czarnecki, Waclaw/Zonik, Zygmunt (Hrsg.): Kryptonim Dora, Warschau 1973, S. 286, und PIZ, Protokoll Nr. 339, Aussage Zygmunt Tomczak.

168 Barfod erklärt für ein KZ-Außenkommando des Konzentrationslagers Neuengamme in Dalum: »Es ist in diesem Zusammenhang erwähnenswert, dass in dem Außenkommando keine ›Autobahn‹ geschnitten wurde, ebenso wenig wie in dem zuvor genannten Kommando ›Osnabrück‹«: Jørgen H. Barfod: Helvede har mange navne [Die Hölle hat viele Namen], Kopenhagen 2010, S. 217.

169 Für die nach der Aufstellung der Brigade durch Austauschtransporte überstellten Häftlinge gibt es keine Nummern- oder Namenslisten.

170 ITS 1.1.27.1, Ordner 6, 2532050, Verzeichnis der Häftlinge der 5. SS-Baubrigade (E). Das undatierte Verzeichnis wurde wahrscheinlich im Oktober oder November 1944 aufgestellt.

171 Im KL Mittelbau betrug der Anteil der »russischen« Häftlinge am 1.11.1944 dagegen nur etwa 29 %, in den Baubrigaden waren es 37 %: vgl. Wagner: Konzentrationslager Mittelbau Dora 1943-1945, S. 68.

schal alle Gefangenen aus der Sowjetunion bezeichnet, auch wenn es sich um Ukrainer, Weißrussen oder andere Nationalitätengruppen handelte. Es ist anzunehmen, dass besonders der »Antagonismus zwischen Russen und Ukrainern, der ihre oft feindlichen Beziehungen in der Heimat widerspiegelte«,[172] auch innerhalb der 5. SS-EbBB negative Folgen für ihr Verhältnis hatte. Insofern kann diese Gruppe keinesfalls von vornherein als homogen betrachtet werden. Die zweitgrößte Gruppe war mit 174 Gefangenen (37 %) die Gruppe der Polen.[173] Im Häftlingsverzeichnis sind sie die einzige Gefangenengruppe, für die zusätzlich zur Angabe der Nationalität keine weiteren Hinweise zum Haftgrund beziehungsweise zur Häftlingsart vermerkt sind. Es folgt die Gruppe der Deutschen, die 56 Gefangene (12 %) umfasste. Zu dieser Gruppe werden hier auch die von den Nationalsozialisten nicht mehr als Reichsbürger anerkannten acht deutschen Sinti (1,7 %) gezählt.[174] Die zahlenmäßig nächstgrößte nationale Gruppe bildeten die 19 Franzosen (4 %),[175] gefolgt von 14 Jugoslawen (3 %), acht Italienern (1,7 %) und fünf Tschechen (1,1 %). Zwei Häftlinge kamen aus Belgien, jeweils einer aus Litauen, Luxemburg, den Niederlanden und Ungarn, beziehungsweise Rumänien. Wie bereits erwähnt, änderte sich die Zusammensetzung der Häftlingsmannschaft schon nach wenigen Wochen durch den Austausch von kranken oder verletzten Gefangenen mit dem Stammlager Mittelbau. Am 19.12.1944 kamen mit einem ersten Häftlingstransport aus dem KZ Neuengamme 35 Dänen zur 5. SS-EbBB nach Osnabrück.[176] Unabhängig von der Schichtzugehörigkeit oder den Umständen der Inhaftierung bestand unter den Häftlingen gleicher Herkunft ein besonderer Zusammenhalt. Dies wird von einem dänischen Gefangenen für seine Nationalitätengruppe unmittelbar nach Kriegsende ausdrücklich betont:

172 Wachsmann: KL, S. 585.

173 Im KL Mittelbau betrug der Anteil der polnischen Häftlinge etwa 25 %, in den Baubrigaden waren es 27 %: vgl. Wagner: Konzentrationslager Mittelbau Dora 1943-1945, S. 68.

174 Diese acht Personen werden im Verzeichnis unter der Bezeichnung »Zig.« für »Zigeuner« geführt.

175 Im KL Mittelbau betrug der Anteil der Franzosen am 1.11.1944 etwa 16 %. Ein Grund für den niedrigeren Anteil in der 5. SS-EbBB könnten Interventionen einflussreicher französischer Funktionshäftlinge in der »Arbeitsstatistik« des KZ gewesen sein, die für den Einsatz von Gefangenen zuständig war. Die Überlebenschancen waren im Hauptlager und vor allem auf Posten in der Lagerverwaltung allgemein besser als in Außenkommandos: vgl. Wagner: Konzentrationslager Mittelbau-Dora 1943-1945, S. 68 und 86.

176 Die Dänen bildeten somit die vermutlich viertgrößte nationale Gruppe innerhalb der 5. SS-EbBB.

»Es gab Seeleute, Bauern, Geschäftsleute, Schüler, Vertreter und Angestellte, zwei Polizisten, zwei Offiziere, einen Fahrradhändler, einen Wirt, einen Beamten, einen Gärtner und einen Fabrikanten. Einige hatten als Saboteure oder Spione gearbeitet, andere hatten illegale Papiere oder waren Kommunisten,[177] einige gehörten zur Randers Heimwehr, andere hatten überhaupt nichts gegen die Nazis gemacht. Etwa zehn von uns waren nach Auffassung der Gestapo ›asoziale Individuen‹, aber es gab keinen Unterschied zwischen ›Asozialen‹ und ›Freiheitskämpfern‹.«[178]

Der Zusammenhalt nationaler Gruppen diente nach außen dem Schutz gegenüber Anfeindungen der SS, der Kapos oder anderer Häftlingsgruppen. Nach innen schaffte er ein Gemeinschaftsgefühl, das über viele aussichtslos erscheinende Situationen hinweghelfen konnte. Das Zusammenleben von Menschen aus verschiedenen Nationen mit unterschiedlichen Sprachen war eine große Herausforderung. Die einzelnen nationalen Häftlingsgruppen verständigten sich untereinander selbstverständlich in ihrer Herkunftssprache. Im Beisein des Wachpersonals beziehungsweise im direkten Umgang mit ihm und den, ganz überwiegend deutschen, Funktionshäftlingen war dies allerdings streng verboten und wurde bestraft. Bestraft wurde auch, wenn die Häftlinge auf Deutsch erteilte Anweisungen und Befehle nicht verstanden und deshalb nicht umsetzen konnten.[179] Die Gefangenen mussten also die deutschen Begriffe für Werkzeuge und Arbeitsvorgänge und die Bezeichnungen für notwendige Gegenstände des Lageralltags kennen. Darüber hinaus entwickelten die Häftlinge einen kleinen gemeinsamen Grundwortschatz,[180] mit dem sie sich über Nationalitätengrenzen hinweg verständigen konnten. Ein Däne beschrieb es so:

»Die Sprache unterschied uns von den Polen in der anderen Waggonhälfte. Ich freundete mich mit einem großen, starken polnischen Gaswerksarbeiter an. Er war ziemlich intelligent und konnte ein kleines bisschen Deutsch. Zu Beginn, als ich noch relativ gut ernährt war und noch über genügend intellektuelle Fähigkeiten verfügte, war ich dabei, etwas

177 Zu den kommunistischen Gefangenen gehörte Kaj Ibsen. Unter dem Decknamen Konrad war er eine der führenden Persönlichkeiten des Widerstandes in Süddänemark. Nach Kriegsende wurde er Vorsitzender der Dänischen Kommunistischen Partei in Kolding, wechselte aber 1956 in die von seinem Freund, dem Reichstagsabgeordneten Aksel Larsen, gegründete Sozialistische Volkspartei (SF): Stadtarchiv Kolding, Archiv-Nr. A 8066.

178 Larsen: Osnabrück-Kommandoen, S. 142.

179 Der dänische Gefangene Axel E. berichtet von seinem gehörlosen Landsmann Sixtus J., der besonders unter den Schlägen der SS-Männer leiden musste, weil er deren Anweisungen nicht verstand: Frihedsmuseet, 30 C 10155, Bericht Axel E. vom 30. 8. 1946.

180 Diese Erscheinung wird üblicherweise als »Lagerszpracha« bezeichnet.

> Polnisch zu lernen. Das Einzige, das aus dieser Zeit hängenblieb, ist ›dobra‹ (gut). Was schlecht war, und das war ja das meiste, wurde logischerweise mit deutschen Ausdrücken bezeichnet, wie: kaputt und Scheiße!«[181]

Für einige SS-Offiziere und Wachmänner der 5. SS-EbBB erfanden die ihnen machtlos ausgelieferten Häftlinge Spottnamen, die sie im heimlichen Gespräch untereinander verwendeten. Der bei allen verhasste Rapportführer wurde »Schlawiner« genannt.[182] Ein Wachmann hieß »Zack-Zack«, vermutlich, weil er die Gefangenen damit tyrannisierte, dass er sie ständig zur Eile antrieb.[183] Ein anderer erhielt wegen seiner gescheckten Tarnjacke den Namen »Tiger«. Die Dänen nannten den aus ihrer Sicht schlimmsten SS-Wachmann »Grisøje« (Schweinsauge, d.Verf.), »weil er so stechende und bösartige Augen hatte.«[184]

2.8 Standorte der 5. SS-Eisenbahnbaubrigade

2.8.1 Osnabrück-Hörne

Der Standort am Betriebsbahnhof Hörne lag am südlichen Rand des Osnabrücker Stadtteiles »Wüste«.[185] Unmittelbar an der Bahnlinie nach Münster hatte sich dort die Ansiedlung Limbergen gebildet. Sie bestand aus etwa zehn Gebäuden, darunter zwei Häuser mit Wohnungen für Bahnbedienstete und ihre Familien. Vom Ende der Zufahrtsstraße in Limbergen führte schon zu Kriegsbeginn eine etwa 200 Meter lange, parallel zu den Schienen verlaufende, rampenartig ansteigende Aufschüttung, die ursprünglich als Straßenauffahrt für eine geplante Bahnüberführung dienen sollte, bis an die

181 Vesterdal: Mit ophold, S. 18. Schreibweise im dänischen Original: »Kaput og Scheisse!«.

182 Mehrere dänische Häftlinge erwähnen die Bezeichnung »Slawiner« für den Rapportführer. Der deutsche Kapo Karl J. gibt an, der von ihm als Rapportführer genannte SS-Oberscharführer Frauenholz sei sogar von seinen eigenen SS-Kameraden als »Oberschlawiner« bezeichnet worden: BArch B 162/15398, S. 251 (5), Zeugenvernehmung Karl J. vom 17. 9. 1972, Fortsetzung am 25. 9. 1972. Der Begriff »Schlawiner« war besonders seit den 1930er Jahren als Schimpfwort mit der Bedeutung »gerissener Gauner« weit verbreitet.

183 Vesterdal erklärt hingegen: »Wir nannten ihn Zack-Zack wegen der Laute, die er häufig entweder aufgrund seiner Herkunft oder einer anderen Art von Sprachfehler ausstieß.« Vesterdal: Mit ophold, S. 29.

184 »Grisøje« führte ein Eisenbahnkommando und hatte den Dienstgrad SS-Unterscharführer.

185 Der eigentliche Ortsteil Osnabrück-Hörne liegt hingegen ca. 1,5 Kilometer weiter südwestlich hinter dem Waldgebiet Hörner Bruch.

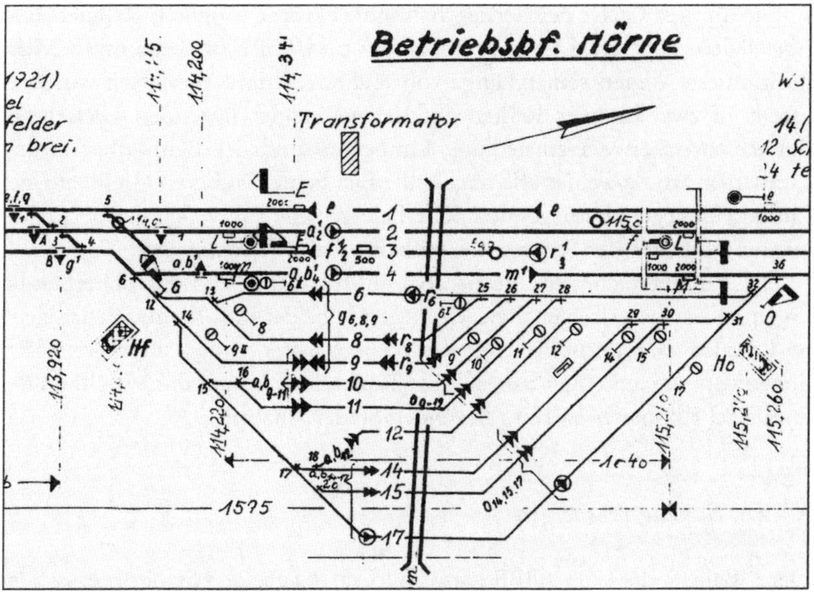

Abb. 8: Gleisanlagen am Betriebsbahnhof Hörne nach einem Plan aus den 1950er Jahren.

Gleisanlagen. Eine entsprechende zweite Rampe befand sich als geplante Abfahrt auf der gegenüberliegenden Seite.[186] Der Betriebsbahnhof Hörne bestand aus mindestens 13 parallel verlaufenden Gleisen. Die ersten Gleise waren ein Abschnitt der »Rollbahn« genannten Nord-Süd-Strecke von Hamburg ins Ruhrgebiet.[187] Eine Weiche führte südlich des Betriebsbahnhofs auf die Linie nach Brackwede (»Haller Wilhelm«).[188] Eine vermutlich von den Häftlingen der 5. SS-EbBB neu verlegte weitere Gleisstrecke, nur wenige hundert Meter lang, verlief hinter der erwähnten Rampenaufschüttung am Betriebsbahnhof Hörne über eine Weiche in einem leichten Linksbogen in das Waldgebiet Hörner Bruch[189] und teilte sich dort in zwei parallel verlaufende Stumpfgleise.

186 Die Bahnüberführung von Limbergen nach Sutthausen ist nach dem Krieg nicht mehr realisiert worden. Die Aufschüttungen für die Rampe wurden später zum Bau der Bahnüberführung der Bundesautobahn A 30 an dieser Stelle verwendet.

187 Die Bahnstrecke Wanne-Eickel–Hamburg ist bis heute die wichtigste Eisenbahnstrecke in Nordwestdeutschland und verläuft über die Städte Münster, Osnabrück und Bremen.

188 Von Brackwede aus war über verschiedene Strecken der Eisenbahnknotenpunkt Altenbeken zu erreichen. Von dort gab es eine Verbindung nach Northeim und weiter zum Kohnstein bei Nordhausen, dem Ort der V-Waffen-Produktion.

189 Der Abzweig befand sich etwa in Höhe der heutigen Brücke der Bundesautobahn A 30. Reste des Fahrdamms sind im Hörner Bruch (Sutthauser Wald) noch erkennbar.

Die übrigen Gleise des Betriebsbahnhofes Hörne waren als Rangier- und Abstellgleise angelegt. Der Zugverband der 5. SS-EbBB war etwa in der Mitte positioniert. Wegen seiner Länge von mehreren hundert Metern wurde er geteilt in zwei bis vier Reihen auf nebeneinander liegenden Gleisen im Bereich zwischen der Ansiedlung Limbergen und der Bahnunterführung Limberger Straße/Feldstraße abgestellt. Die beiden äußeren Gleise auf der Limbergen gegenüberliegenden Seite belegten die Fahrzeuge der bereits erwähnten Batterie der Schweren Eisenbahn-Flak-Abteilung 473.

Die Randbereiche des Betriebsbahnhofes waren von Sträuchern oder höherem Bewuchs freigehalten. Umliegende Felder und Kleingartenanlagen und die insgesamt erhöhte Lage des Bahngeländes ermöglichten den Häftlingen von hier aus einen nahezu ungehinderten Blick auf das Weichbild der etwa zwei Kilometer entfernt liegenden Stadt Osnabrück.[190]

2.8.2 1. Bauzug Hasbergen

Der 1. Bauzug der 5. SS-EbBB hatte ab 16. 12. 1944 seinen Standort etwa acht Kilometer vom Betriebsbahnhof Osnabrück-Hörne entfernt, südlich des Bahnhofes Hasbergen im Bereich der Blockstelle Leeden.[191] Er bestand personell zunächst aus 236 Häftlingen und den entsprechenden Führungs- und Wachkräften der SS.[192] Die Zahl sank jedoch durch Ausfälle und Rückstellungen zeitweise auf 190 Häftlinge. Während der räumlichen Trennung gab es für die Häftlinge des Bauzuges kaum Kontakt zu den Mitgefangenen in Osnabrück-Hörne.

Die ebenfalls an der zweigleisigen Nord-Süd-Hauptstrecke von Hamburg ins Ruhrgebiet gelegene Blockstelle Leeden bot mit ihrer Überleitungsmöglichkeit ideale Standortvoraussetzungen für das Teilkommando. Einsatzorte südlich von Osnabrück in Richtung Lengerich und Münster waren von hier aus zügig zu erreichen, ohne dass durch das Abstellen des Zuges der Durchgangsverkehr auf der Hauptstrecke in eine Richtung beeinträchtigt

190 Ihr Blick auf die Stadt entspricht dem des fiktiven KZ-Häftlings »509« in Remarques 1952 erschienenem Roman *Der Funke Leben*: vgl. Erich Maria Remarque: Der Funke Leben, 5.Aufl., Köln 2009, S. 14. Tilman Westphalen vermutet bezeichnenderweise, dass Remarque dieses Motiv »als Hoffnungs- und Sehnsuchtssymbol der Gefangenen, aber auch als Zeichen der ungerührten Gleichgültigkeit der Stadtbewohner draußen« verwendet habe: ebd., S. 389 (Nachwort von Tilman Westphalen).

191 Blockstellen sind Signalstellen zwischen zwei Bahnhöfen, die Fahr- und Haltesignale an die passierenden Züge geben. Die Blockstelle Leeden befindet sich bei Streckenkilometer 106,6 und der Betriebsbahnhof Hörne bei Streckenkilometer 114,3.

192 Journal, S. 81.

Abb. 9: Blick von Limbergen auf die Stadt Osnabrück. Aufnahme aus den 1930er Jahren.

wurde.[193] Noch wichtiger war jedoch der Anschluss von der Blockstelle Leeden zum Schienennetz westlich von Osnabrück. Ein abzweigendes Gleis führte von hier aus zur reaktivierten Permbahnstrecke. Die 1887 angelegte Perm-Bahn hatte ursprünglich als Transportbahn für Eisenerze aus dem Permer Stollen zwischen Laggenbeck und Velpe nach Georgsmarienhütte gedient.[194] Nach 1926 war die Bahntrasse zurückgebaut worden. 1944 wurde die Strecke von Zwangsarbeitern der Organisation Todt und Häftlingen der 5. SS-EbBB wiederhergestellt. Sie war ab Dezember 1944 ein wichtiger Teilabschnitt der sogenannten Südumgehung Osnabrücks.[195] Die Anbindung an die Hauptstrecke nach Münster beziehungsweise Osnabrück erfolgte, von der Blockstelle Leeden nur 600 Meter in Richtung Hasbergen entfernt,

193 Züge konnten hier von der Hauptstrecke in zwei Fahrtrichtungen auf ein anderes Gleis übergehen. Zudem waren die Bahndämme in diesem Bereich wegen des ursprünglich geplanten viergleisigen Ausbaus der Strecke Münster-Osnabrück bereits verbreitert worden.

194 Die Permbahn, eine ehemalige Privatbahn des Eisenhüttenwerkes in Georgsmarienhütte, mündete am Bahnhof Hasbergen-Wulfskotten in die Hüttenbahn nach Georgsmarienhütte ein.

195 Die Reichsbahn benutzte für diesen Abschnitt der Umgehung die geografisch treffendere Bezeichnung »Umgehungsbahn Osnabrück Weststrecke«. Sie diente bis zum erneuten Rückbau Mitte der 1950er Jahre als Abstellgleis: vgl. Lothar Hülsmann/Wilfried Scheidemann: Die Eisenbahnen der Georgs-Marien-Hütte, Lübbecke 1985.

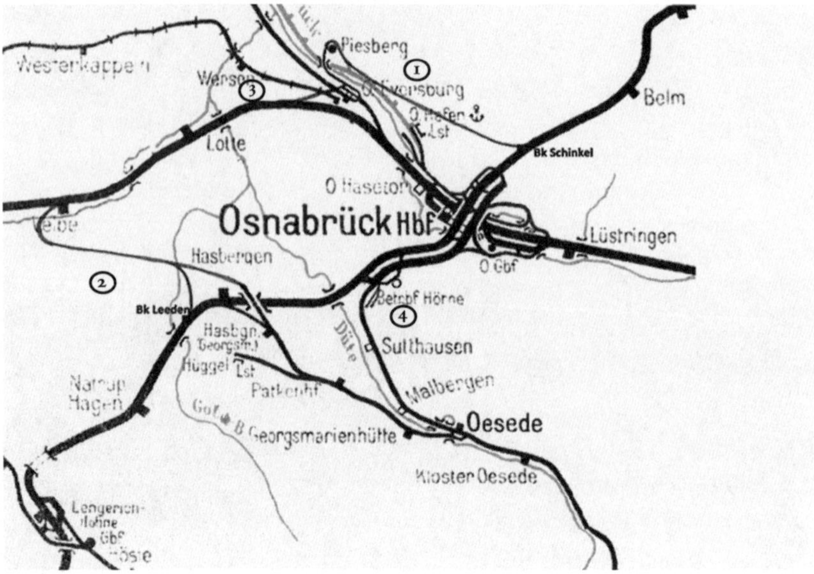

Abb.10: Bahnstreckennetz um Osnabrück mit Südumgehung und Nordumgehung.

neue Bahnlinien **Bk Blockstelle/ Anschlussstelle** ① **Nordumgehung Schinkel-Pliesberg** ② **Südumgehung Leeden-Velpe**

③ **Übergang Bahnstrecken Osnabrück-Oldenburg, Osnabrück-Rheine und Tecklenburger Nordbahn** ④ **Stumpfgleise im Hörner Bruch**

zunächst über eine neu aufgeschüttete Rampe und später über einen flachen Fahrdamm in nördliche Richtung. Etwa einen Kilometer weiter mündete das Gleis an der Gemeindegrenze zu Lotte-Osterberg in die alte Trasse der Permbahn ein.[196] Über sie waren der Bahnhof Velpe und das auf dieser Strecke nur 40 Kilometer entfernte Rheine zu erreichen.[197] Möglicherweise wurde der 1. Bauzug nach der Rückkehr von einem großen »Soforteinsatz« in Rheine[198] ab dem 27.2.1945 für einige Zeit etwa zwei bis drei Kilometer südlich des vorherigen Standortes Hasbergen-Leeden, in der Nähe des Bahnhofes Natrup-Hagen, stationiert.[199]

196 Sowohl der Abzweig von der Hauptstrecke als auch die Einmündung in die Permbahn sind durch Reste des aufgeschütteten Damms noch heute gut erkennbar.

197 Die Bahnstrecke Velpe-Rheine beträgt etwa 31,8 Kilometer. Rechnet man die Permbahnstrecke von Velpe bis zur heutigen Landesgrenze NRW/Niedersachsen und weiter bis zur Blockstelle Leeden hinzu, ergibt sich eine Gesamtstreckenlänge von ca. 40 Kilometern.

198 Der 1. Bauzug war mit 191 Häftlingen vom 17.2. bis 26.2.1945 in Rheine eingesetzt, Teilkommandos schon zuvor: Journal, S. 145-154.

199 Diese Vermutung gründet sich auf die Einträge im Journal, in denen die Kommandierung 1. Bauzug mit dem Zusatz Natrup-Hagen vermerkt wurde: Journal, S. 155 f. Als weiterer temporärer Standort käme die Kreuzungsstelle Habichtswald auf der

2.8.3 2. Bauzug Coesfeld

Über den Standort des am 22.3.1945 gebildeten 2. Bauzuges, der bereits am 29.3.1945 zum Hauptstandort nach Osnabrück-Hörne zurückkehrte, gibt es keine konkreten Angaben.[200] Im Journal der 5. SS-EbBB ist vermerkt, dass er »nach Coesfeld« transportiert wurde.[201] Analog zu den anderen Ortsangaben im Zusammenhang mit den Einsätzen der Brigade ist damit wohl nicht die Stadt Coesfeld direkt gemeint, sondern das umliegende Reichsbahnstreckennetz.

2.8.4 Nordenham und Wesermünde

Der letzte Standort des Zugverbandes der 5. SS-EbBB befand sich nach dem Rückzug aus Osnabrück ab dem 9.4.1945 in Nordenham am westlichen Ufer der Wesermündung. Dort war der Zugverband für etwa drei Wochen »auf einem Abstellgleis außerhalb der Stadt« abgestellt.[202] Der Standplatz ist mit großer Wahrscheinlichkeit an dem mit mehreren parallel verlaufenden Gleisen ausgestatteten Verschiebebahnhof südlich der Stadt Nordenham, zwischen dem Bahnhof Nordenham und dem Großensieler (Abbehauser) Tief, zu vermuten. Um 1945 lag dieser Bahnabschnitt noch vor der geschlossenen Bebauung der Stadt. Für den Standort spricht, dass alle drei in Nordenham verstorbenen Häftlinge der 5. SS-EbBB auf dem nahe gelegenen Friedhof Atens begraben wurden.[203]

Von Nordenham aus wurde die Häftlingsmannschaft bis zum 21.4.1945 in mehreren Teilgruppen nach Wesermünde an das östliche Ufer der Weser überstellt.[204] Am 29.4.1945 gingen die 378 KZ-Gefangenen von hier aus mit

Permbahnstrecke in Betracht, die durch ihr zusätzliches Gleis ebenfalls gute Voraussetzungen für eine zeitweilige Stationierung bot.

200 Möglicherweise hatte der 2. Bauzug während seines nur einwöchigen Einsatzes keinen festen Standort.

201 Journal, S. 178 und 185. Für den Transport könnte der Weg über den Hauptbahnhof Münster oder über Rheine gewählt worden sein.

202 BArch B 162/15362, S. 495 (5), Schlussvermerk 5. SS-EbBB.

203 Adam D., Wasil I. und Bazyli K. sind auf dem Neuen Friedhof Nordenham-Atens, Acker IV A, Sonderreihe, Gräber 7, 8 und 9, begraben. Die Sterbeurkunden wurden unter den Nummern 262-264/1949 am 9.2.1950 vom Standesamt Nordenham ausgestellt. Der eingetragene Sterbeort Kriegsgefangenenlager 5134 X C an der Papenkuhle in Blexen, nördlich von Nordenham, ist jedoch falsch. Das dortige Lager für sowjetische Kriegsgefangene wurde bereits im Frühjahr 1942 aufgelöst. Für diese Hinweise danke ich Herrn Holger Frerichs, Varel.

204 Journal, S. 208. In Nordenham verblieb noch für eine Woche eine »Kommandierung« von 40 Häftlingen: Journal, S. 210-215.

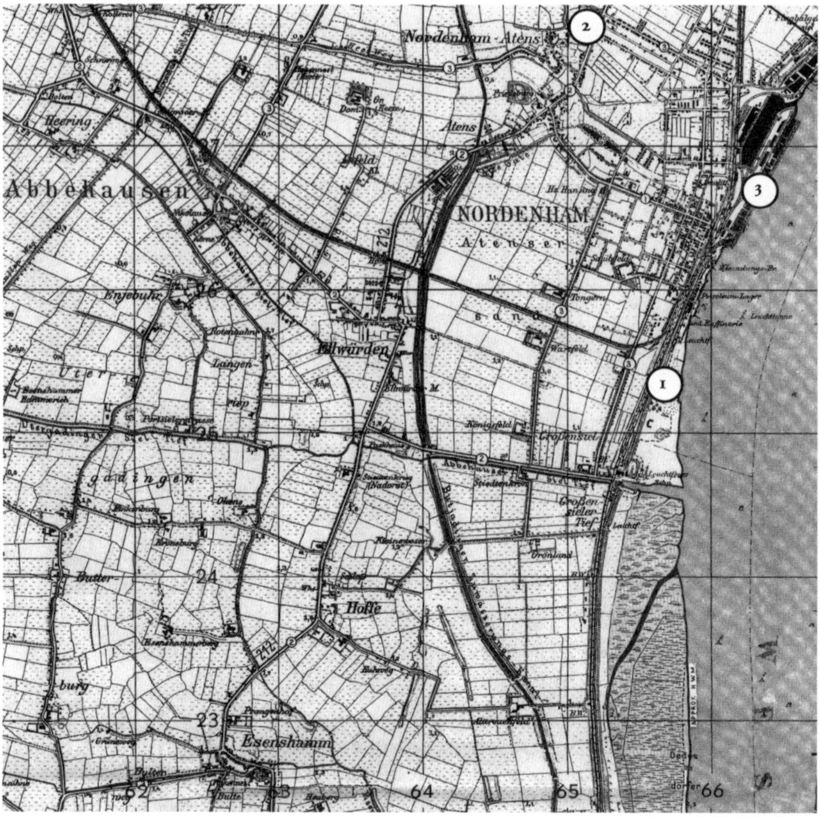

Abb. 11: Standort Nordenham.

(1) **Verschiebebahnhof Nordenham** (2) **Friedhof Atens** (3) **Midgard-Hafen**

dem Schiff *Apollo* auf Transport in Richtung Flensburg,[205] wo sie am 10.5.1945 befreit wurden.

2.9 Arbeitseinsätze

Die 5. SS-EbBB war bis zu ihrer Verlegung nach Osnabrück zunächst zu Gleisbauarbeiten in Heringen, Sangerhausen und Berga-Kelbra eingesetzt. Nachdem der Zugverband am 16.10.1944 Osnabrück erreichte, waren die Häftlinge zunächst unmittelbar an diesem Standort und am nahe gelegenen Hauptbahnhof mit Räum- und Gleisbauarbeiten beschäftigt. Ein schwerer Bombenangriff hatte dort am 12.10.1944 erhebliche Schäden verursacht und

205 Journal, S. 216.

die Streckenverbindungen in praktisch alle Richtungen unterbrochen.[206] Ab dem 26.10.1944 arbeiteten Kommandos an den Bahnstrecken bei Georgsmarienhütte, Malbergen[207] und Hasbergen sowie im Bereich um die Bahnhöfe Piesberg und Eversburg.[208] Seit Mitte Dezember 1944 war der 1. Bauzug im Raum Hasbergen, Natrup-Hagen und Rheine eingesetzt, ab dem 22.3.1945 der 2. Bauzug im Raum Coesfeld. Ab dem 1.4.1945 führte die Brigade auf ihrem Rückzug vom Standort Osnabrück im Raum Syke-Kirchweyhe für wenige Tage erneut Bahnarbeiten durch. Am letzten Standort der 5. SS-EbBB in Nordenham bestand die Haupttätigkeit in Ver- und Entladearbeiten für den Transport kriegswichtigen Materials von und nach Wesermünde.

2.9.1 Der Osnabrücker Teil

In einem Bericht für den Leiter der Amtsgruppe C (Bauwesen) des SS-WVHA, SS-Gruppenführer Hans Kammler, urteilt der »Inspekteur aller SS-Bau- und Eisenbahnbaubrigaden«, SS-Sturmbannführer Weigel, am 12.2.1945 über die Arbeit der 5. SS-EbBB in Osnabrück: »Beanstandungen keine. Sehr gute Organisation.«[209] Die Brigade sei bei verschiedenen Schadensstellen eingesetzt. Als Tätigkeitsfelder nennt Weigel den Oberbau, den Weichenbau sowie Hochbauarbeiten und Arbeiten als Hilfskräfte, vor allem beim Verfüllen von Bombentrichtern.[210] Lediglich die Arbeiten im Oberbau und Weichenbau, die der Herstellung oder Reparatur von Schienenwegen dienten,[211] waren im engeren Sinn »Eisenbahnkommandos«. Die anderen umfassten Tätigkeiten außerhalb des Bahngeländes, die mit der Kernaufgabe der Brigade nichts zu tun hatten. Für den »Hochbau« wurde von den Häftlingen die Bezeichnung »Baufeldkommando« verwendet. Im

206 NLAOS Dep 3b XIX, Nr. 124. Laut Abschlussmeldung zum Luftangriff vom 12.10.1944 waren die Verbindungen nach Rheine, Oldenburg, Münster und Löhne/Hannover zerstört oder unterbrochen.

207 Die Arbeiten im Raum Malbergen könnten zur Aufrechterhaltung oder Wiederherstellung der Bahnstrecke nach Brackwede gedient haben.

208 Die Arbeiten in den Streckenabschnitten um den Zechenbahnhof Piesberg und den Bahnhof Eversburg stehen im Zusammenhang mit dem Bau der Nordumgehung Osnabrücks.

209 BA, NS 19/771, Eintrag 12.2.1945, Inspektionsbericht Weigel.

210 Weigel verwendet für jedes der Tätigkeitsfelder explizit die Bezeichnung »Bauzug«. Die vom Rapportführer im Journal im Zusammenhang mit Kommandierungen verwendete Bezeichnung »1. Bauzug« beziehungsweise »2. Bauzug« ist hingegen keine Unterscheidung nach Tätigkeiten, sondern nach Häftlingseinsätzen.

211 Dazu gehörten auch die sogenannten Soforteinsätze zum Räumen und zur provisorischen Instandsetzung der Schienenwege nach Bombenangriffen.

Journal der 5. SS-EbBB wird dieses Kommando zunächst mit den Begriffen »Barackenbau«, »Siedlungsbau« oder »Straßenbau«, später mit »Behelfsheim«[212] bezeichnet. Für die Tätigkeiten als Hilfskräfte im Stadtgebiet von Osnabrück benutzten die Häftlinge die Bezeichnung »Stadtkommando«.[213] Im Journal werden sie unter anderem mit »Bombentrichter zuschütten«, »Bombensuche«, »Blindgängerbeseitigung«, »Arbeitskommando«, »Abrisskommando«, »Ausschlachtkommando« oder schlicht »Holz holen« teilweise genauer beschrieben. Es handelt sich dabei um temporäre Einsätze, die einige Stunden oder mehrere Tage oder Wochen dauern konnten.

2.9.1.1 Eisenbahnbaukommando

Ein Eisenbahnbaukommando wurde je nach Bedarf zusammengestellt und an wechselnde Einsatzorte gebracht. Das Journal der 5. SS-EbBB nennt für den Hauptstandort in Osnabrück-Hörne Einsätze von Kommandos am Haupt- und Güterbahnhof Osnabrück, auf den Streckenabschnitten um die Bahnhöfe beziehungsweise Blockstellen Eversburg, Piesberg, Schinkel, Bohmte, Malbergen, Georgsmarienhütte, Hasbergen und Natrup-Hagen.[214] Vor Ort wurden diese Kommandos in einzelne Bautrupps aufgeteilt. Neben Oberbauarbeiten und Weichenbau[215] mussten häufig auch Unterbauarbeiten am Schienenweg durchgeführt werden, weil Bahndämme, Brücken oder Durchlässe nach Bombenangriffen komplett zerstört waren. Die SS-Wachmannschaft wurde von sogenannten Funktionshäftlingen als Vorarbeiter und

212 Ab Ende Januar wird zwischen den Kommandos Behelfsheim I und Behelfsheim II unterschieden und die Zahl der jeweils eingesetzten Häftlinge getrennt angegeben: Journal, S. 123.

213 Die Bezeichnungen »Eisenbahnkommando«, »Baufeldkommando« und »Stadtkommando« werden im Folgenden für die Beschreibung der einzelnen Kommandos verwendet.

214 Zuvor waren bereits 192 Strafgefangene aus fünf Emslandlagern unter der Bezeichnung »Kommando Münster-Maikottenweg« (benannt nach ihrem ersten Stationierungsort für acht Tage) im Rahmen eines Sondereinsatzes der Reichsbahndirektion Münster in Osnabrück mit der »Beseitigung von Katastrophenschäden« beschäftigt. Ihr Einsatz in Osnabrück dauerte vom 27.6. bis spätestens 13.7.1944: vgl. Frank Bührmann-Peters: Ziviler Strafvollzug für die Wehrmacht. Militärgerichtlich Verurteilte in den Emslandlagern 1939-1945, Dissertation, Universität Osnabrück 2002, https://repo sitorium.uni-osnabrueck.de/bitstream/urn:nbn:de.../E-Diss216_thesis.pdf (letzter Aufruf 13.3.2019), S. 223 f.

215 Der Eisenbahnoberbau befasst sich mit der Anlage beziehungsweise der Instandsetzung von Fahrbahnen für die Schienenfahrzeuge. Auf einem Schotterbett werden Querschwellen verlegt und auf diesen die Schienen mit ihrer Befestigung (Schrauben, Klemmen usw.) angebracht. Beim Weichenbau geht es um Einrichtungen zum Wechseln oder Kreuzen von Fahrspuren. Dazu muss in komplexen Verfahren eine Vielzahl verschiedener Konstruktionsteile mit besonderer Genauigkeit verbaut werden.

Kapos unterstützt, die als besonders rücksichtslos galten. Widersprüchliche Befehle führten häufig zu Fehlern und unnützer Arbeit, für die die Häftlinge verantwortlich gemacht wurden.

Nicht selten kam es während der Arbeit mit dem schweren Material zu Verletzungen, vor allem zu Quetschungen und Schnitten an Fingern und Zehen. Eine weitere und stetig wachsende Gefahr für die Gefangenen der Eisenbahnbaukommandos waren Tieffliegerangriffe der Alliierten auf die ungedeckten Baustellen. Die Arbeitsbelastung nahm im Verlauf der Stationierung in Osnabrück ständig zu. Kaum war ein Streckenteil instandgesetzt, unterbrachen Bomben an anderer Stelle den Bahnverkehr um die Stadt erneut. Da neues Baumaterial nur begrenzt vorhanden war, mussten, wo immer es möglich war, beschädigte Schienenstücke notdürftig repariert, verbogene Teile gerichtet oder auf andere Weise wieder funktionstüchtig gemacht werden. Maschinen oder größere Geräte standen als Arbeitsmittel nicht zur Verfügung. Schotter und Sand mussten die Gefangenen mit Karren an die Baustelle schaffen. Häufig konnten sie nur einfaches Schienenwerkzeug wie Tragezangen, Schaufeln, Stopfspitzhacken und Handrammen einsetzen. Die Häftlinge der Eisenbahnbaukommandos marschierten morgens vom Standort des Zuges aus zu Fuß in Fünferreihen zu ihrem jeweiligen Arbeitsplatz und kehrten abends zum Standort Hörne zurück.[216] Nur für weitere Strecken wurde ein Zug benutzt. Die 5. SS-EbBB war wohl auch am Bau der provisorischen Nordumgehung Osnabrücks beteiligt, über die der Hauptbahnhof weiträumig umfahren werden konnte. Für die Arbeiten im mittleren Abschnitt zwischen dem Zechenbahnhof Piesberg und Haste-Gartlage wurden vor allem Zwangsarbeiter der Organisation Todt (OT), überwiegend Niederländer, eingesetzt, die ihre Unterkünfte in Bramsche und in der Volksschule Osnabrück-Haste hatten.[217] Weder in den Erinnerungen der hier tätigen niederländischen Zwangsarbeiter noch in denen zahlreicher Osnabrücker an den Bau der Nordumgehung findet sich jedoch ein konkreter Hinweis auf den Arbeitseinsatz von KZ-Häftlingen in diesem Bereich. Das lässt vermuten, dass die 5. SS-EbBB hauptsächlich in dem westlich des Bahnhofs Eversburg gelegenen Abschnitt der Nordumgehung arbeitete.[218] Hier mussten die Streckenanschlüsse zur Oldenburgischen Staatsbahn, zur Teck-

216 Nach den Angaben von Häftlingen nahm der Weg zum Arbeitseinsatz 15 Minuten bis zwei Stunden in Anspruch: vgl. Frihedsmuseet, 30 C 10057, Fragebogen John Preben B. vom 12.4.1945.

217 Vgl. Stadt Bramsche/Stadt Hilversum (Hrsg.): »Aufstehen! Kaffee holen!«. Hilversumer Zwangsarbeiter in Bramsche 1944/45, Bramsche 1998. Ein Teil der Niederländer aus Bramsche stieg zwar am Bahnhof Eversburg aus, ihre Einsatzstelle lag jedoch im Abschnitt zwischen dem Zechenbahnhof Piesberg und der Ortschaft Haste.

218 Daneben könnte ein Einsatz »Schinkel« vom 15.-26.12.1944 im Zusammenhang mit der Nordumgehung stehen.

lenburger Nordbahn[219] und zur Bahnstrecke Osnabrück-Rheine[220] hergestellt werden.[221] Ein entsprechendes Kommando »Eversburg« existierte vom 27.12.1944 bis zum 15.2.1945, also für mehr als eineinhalb Monate. Darin waren täglich etwa 60 Mann im Einsatz.[222] Sehr wahrscheinlich ist die Beteiligung von Häftlingen der 5. SS-EbBB an der Herstellung von Schienenwegen bei den alten Landwehren, im Sutthauser Wald (Hörner Bruch),[223] nur wenige hundert Meter entfernt vom Standort der Brigade.[224] Von einem unmittelbar hinter dem Stellwerk Hörne-West gelegenen Punkt aus wurde, von der Hauptstrecke in einem leichten Linksbogen abzweigend, ein zusätzliches Gleis verlegt, das in den Hörner Bruch führte und sich dort wiederum in zwei jeweils mehrere hundert Meter lange Gleise verzweigte.[225] Vom 25.10. bis zum 8.12.1944 war hier das Kommando »Gleisbau Hörne« im Einsatz.[226] Durch den umgebenden Wald waren die Gleise aus der Luft praktisch nicht erkennbar.[227] Bei Bombenangriffen auf die Stadt wurden dort Lokomotiven und Teile von Zugverbänden abgestellt. Gelegentlich musste dazu eine Gruppe von Häftlingen die Fahrzeuge einzeln mit Muskelkraft auf die Nebengleise schieben.[228] Seit dem 5.2.1945 war ein bis zu 60 Mann starkes Kommando »Kabelbau« im Einsatz. Es hatte die Aufgabe, neben der Bahnstrecke in Richtung Münster einen Graben für einen Kabelkanal der Reichsbahn auszuschachten.[229] Das

219 Die Endstation der Tecklenburger Nordbahn befand sich an der Ibbenbürener Straße in Rheine, etwa 800 Meter vom Bahnhof Rheine entfernt. Möglicherweise gab es eine Verbindung über die Strecke Duisburg-Quakenbrück.

220 Die Einmündung in die Strecke Osnabrück-Rheine befand sich gegenüber der heutigen Straße »In der Strothe« in Osnabrück-Eversburg.

221 Der genaue Streckenverlauf ist wegen der Überbauung heute nur teilweise rekonstruierbar.

222 Vgl. Einträge im Häftlingseinsatztagebuch für diesen Zeitraum: Journal, S. 93-143.

223 Vom Abschnitt im Hörner Bruch sind im Wesentlichen mehrere parallel verlaufende Erdwälle sichtbar, zwischen die die Gleise verlegt wurden. Die Wälle selbst existierten bereits als Teile der alten Landwehr.

224 Interview G. Fricke, H. Brockmeyer vom 20.2.2016 und Interview des Verfassers mit W. Nietiedt vom 16.5.2017.

225 Interview W. Nietiedt vom 16.5.2017. Nietiedt war 1945 16 Jahre alt. Er wohnte in einem Reichsbahngebäude in Limbergen und war der Sohn eines Bahnbediensteten am Stellwerk Hörne. Nach Nietiedts Angaben waren die in den Hörner Bruch führenden Gleise »tote Gleise«, die im Wald endeten.

226 Die Einsatzstärke verringerte sich im Lauf des Einsatzes schrittweise von etwa 200 Mann in den ersten zwei Wochen auf 16 bis 20 Mann in den letzten zwei Wochen.

227 Nietiedt erklärt, die Gleise hätten im Wald so dicht nebeneinander gelegen, dass zwischen ihnen nur eine Baumreihe stand, deren Kronen sie verdeckte. Man habe von der Lokomotive auf einem Gleis fast auf ein auf dem Nachbargleis stehendes Fahrzeug hinüberwechseln können.

228 Interview W. Nietiedt vom 16.5.2017.

229 Journal, S. 133 ff., und Larsen: Osnabrück-Kommandoen, S. 144.

Kommando bestand mit Unterbrechungen bis zum 21.3.1945.[230] Während die meisten der bisher erwähnten Bahnarbeiten mehr oder weniger systematisch erfolgten, wurden nach den schweren Luftangriffen im Februar und März 1945 wiederholt improvisierte »Soforteinsätze«, vor allem für die Streckenabschnitte um den Hauptbahnhof und im Stadtteil Schinkel, befohlen.[231] Einen weiteren großen Soforteinsatz, der mindestens sechs Tage andauerte, gab es am 13.3.1945 nach einem Bombenangriff auf den etwa 20 Kilometer südlich von Osnabrück gelegenen Bahnhof Lengerich.[232] Larsen schreibt dazu:

> »An einem Tag Mitte März kamen wir nach der Arbeit zum Lager zurück. Nachdem wir gerade gegessen hatten, wurden wir ins Halbdunkel hinausgetrieben und kommentarlos in einen Zug gejagt, der nach Münster fahren sollte. Auf halber Strecke dorthin lag ein kleines Dorf, Lengerich. Weiter kamen wir nicht. […] Die Aufräumarbeiten waren gewaltig. Wir arbeiteten so lange, dass wir erst am nächsten Morgen um 2 Uhr zur kalten Rübensuppe kamen. Bis 4 Uhr blieben wir eingesperrt und dann ging es ohne Frühstück gleich wieder nach Lengerich.«[233]

Zeitweise war die gesamte Belegschaft des Standortes in Hörne ausschließlich im Soforteinsatz am Streckennetz der Reichsbahn beschäftigt.

2.9.1.2 Baufeldkommando

Das Baufeldkommando[234] arbeitete ab dem 9.12.1944 am Bau einer städtischen Behelfsheimsiedlung in einer ehemaligen Schrebergartenkolonie am

230 Die Unterbrechung ergab sich durch die Soforteinsätze nach dem schweren Luftangriff am 16.2.1945. Das Kommando »Kabelbau« war ab 10.3.1945 wieder im Einsatz.

231 Solche Soforteinsätze mit bis zu 150 Häftlingen über mehrere Tage gab es in Osnabrück nach den Luftangriffen am 16.2.1945 auf die Bahnlinie in Richtung Bremen und nach den Angriffen am 19.2., 9.3. und 25.3.1945 auf den Hauptbahnhof.

232 Von einer Augenzeugin aus Lengerich wird »ein mit Munition beladener Wehrmachtszug« erwähnt, »der von den Bomben getroffen wurde und Feuer gefangen hatte.« Ein anderer Augenzeuge erinnert sich an zwei getroffene Munitionszüge: *Westfälische Nachrichten* vom 13.3.2015, »Der Angriff sitzt mir in den Knochen« von Anna Muntzos. Die »Eisenbahnfreunde Lengerich« sehen in einem »mit Treibstoff und Öl« beladenen Zug die Hauptursache für die schweren Schäden. »Gewaltige Explosionen zerstörten auch viele umliegende Gebäude, Achsen und Räder wurden mehrere Hundert Meter weit […] geschleudert.« Eisenbahnfreunde Lengerich: Ein Knick in der Rollbahn. Eisenbahnen in Lengerich – ein Bilderbogen, in: https://www.eisenbahnfreunde-lengerich.de/fileadmin/downloads/eisenbahn_geschichte_nr30.pdf (letzter Aufruf 25.4.2019).

233 Larsen: Osnabrück-Kommandoen, S. 152 f.

234 Zunächst erhielt es die Bezeichnung »Siedlungsbau«, ab dem 12.12.1944 »Behelfsheim« beziehungsweise »Behelfsheim I« und »Behelfsheim II«.

Südrand der Stadt, vermutlich an der »Sandgrube«.[235] Bei den »Behelfsunterkünften für Bombengeschädigte« (BfB) handelte es sich um standardisierte Kleinsthäuser nach Normvorgaben.[236] Mit dem Bau einer Zuwegung und Arbeiten zur Errichtung von 14 Behelfsheimen, jeweils als Doppelhäuser, wurde Ende 1944 begonnen. Sie waren bis Kriegsende etwa zur Hälfte im Rohbau fertiggestellt.[237] Den Weg zur Arbeit beschreibt der dänische Häftling M. Vesterdal:

> »Kam man ins Baufeldkommando, erhielt man Hacken und Schaufeln ausgegeben. […] In einer Marschkolonne in Fünferreihen ging es einen steilen Eisenbahnhang hinunter und weiter auf einer Straße an einem ehemaligen Schrebergartengebiet vorbei zu einem höher gelegenen Stück Land, in dem es auszuschachten galt.«[238]

Neben dem Ausheben von Baugruben mussten die Gefangenen aus der Baubrigade einen Erschließungsweg anlegen und Balken, Mauersteine und anderes Hausbaumaterial heranschaffen. Zum Teil wurde Material aus zerstörten Gebäuden der Stadt verwendet, da die offiziellen Zuteilungen nicht ausreichten.[239] Bei den Gefangenen war das Baufeldkommando beliebter als die anderen Kommandos. Die Wachmannschaften dort galten als »eher verschlafen«, so dass die Kontrolle weniger scharf war. Der Kommandoführer, ein SS-Rottenführer, wird in den Erinnerungen eines ehemaligen Häftlings sogar als »respektabel« bezeichnet. Die Kapos und Vorarbeiter gehörten »zu den weniger bösartigen«.[240]

235 Die »Sandgrube« ist eine Straße im Stadtteil Osnabrück-Wüste.

236 Vgl. Fred Kaspar: Behelfsheime für Ausgebombte. Bewältigung des Alltäglichen im »Totalen Krieg«. Münsters Bürger ziehen aufs Land, Petersberg 2011.

237 Die Anlage der fertiggestellten Gebäude lässt vermuten, dass auf der gegenüberliegenden Seite, auf der in der Nachkriegszeit mehrere Mietshäuser errichtet wurden, weitere Behelfsheime der gleichen Art geplant waren. F. B. Larsen gibt an, dass »ein kleines Dorf mit 20-30 Häusern für ausgebombte SS-Familien« entstehen sollte: Larsen: Osnabrück-Kommandoen, S. 144. Am 1. 5. 1945 erging für die Siedlung ein grundsätzliches Verbot des Behelfsheimbaus. Spätere Käufer stellten die Rohbauten überwiegend in Eigenarbeit fertig. Das Siedlungs-Ensemble ist inzwischen durch An- und Umbauten stark verändert worden, in seiner Grundstruktur jedoch noch gut zu erkennen.

238 Vesterdal: Mit ophold, S. 24.

239 Im März 1945 bestätigte zum Beispiel ein Bauherr, dass ihm auf seine Baukarte an neuem Material außer Zement lediglich 1,2 m³ Holz, 20 kg Eisen und 7,5 m² Isolierpappe zugeteilt worden waren: Bauordnungsamt Osnabrück, Fragebogen Sandkuhle, Stelle 4, vom 15. 3. 1945.

240 Larsen: Osnabrück-Kommandoen, S. 143.

Abb. 12: Luftaufnahme der Siedlung Sandgrube um 1956.

2.9.1.3 Stadtkommando

Das Stadtkommando wurde zu Räumarbeiten vor allem im südlichen Stadtgebiet Osnabrücks eingesetzt. Auch dieses Kommando war beliebter als die Einsätze an den Bahnstrecken, weil der Kommandoführer und die eingesetzten Wachtposten und Kapos weniger gewalttätig waren als ihre Pendants vom Gleisbau. Die Hauptarbeit der Häftlinge bestand darin, aus den Bombentrümmern der Häuser das noch verwertbare Material zu bergen und mit dem Hammer Mörtelreste von den Steinen zu entfernen. Gefährlich waren die Abbrucharbeiten, bei denen einige Gefangene in die Häuserruinen klettern mussten, um deren Mauern niederzureißen. Die unübersichtliche Lage der Einsatzorte zwischen den zerstörten und den noch ganz oder teilweise erhaltenen Gebäuden hatte für die Gefangenen einen großen Vorteil. Es war ihnen im Stadtkommando leichter als in anderen Kommandos möglich, miteinander zu sprechen oder kleinere Arbeitspausen einzulegen. Deutsche Zivilisten und ausländische Zwangsarbeiter konnten vorsichtig nach Neuigkeiten ausgehorcht werden. Zudem bot der Arbeitsplatz die »Gelegenheit, bestimmte Dinge zu organisieren, wie Romane und Rechnungen zum Gebrauch als Toilettenpapier, denn damit versorgte uns das Großdeutsche Reich ja nicht, und Küchenzubehör für den Wagen.«[241]

2.9.1.4 Weitere Kommandos

Die wohl gefährlichste Arbeit war der Einsatz in einem Bombenräumkommando. Begleitet durch Wachleute der Baubrigade wurden ausgewählte Gefangene für diese Aufgabe der örtlichen Luftschutzpolizei zur Verfügung gestellt. Unter der Anleitung von Feuerwerkern mussten sie im Stadtgebiet Bombenblindgänger freilegen und entschärfen.[242] Die für die Verwaltung und Versorgung des 5. SS-EbBB zuständigen Häftlinge blieben mit dem restlichen Wach- und Führungspersonal am Standort des Zuges zurück. Sie arbeiteten in der Krankenstation, in der Lagerküche, in den Magazin- und Werkstattwagen und in der Schreibstube.

2.9.2. 1. Bauzug – Der Hasbergener Teil

Über den Aufbau und den Einsatz des Hasbergener Teiles der 5. SS-EbBB und die Lebensbedingungen der hier eingesetzten etwa 150 KZ-Häftlinge liegen nur spärliche Informationen vor. Möglicherweise wurde für den 1. Bauzug eine Art Unterkommandantur eingerichtet. Ein ehemaliger Häftling erklärte, es habe dort einen etwa 32-jährigen SS-Untersturmführer als Leiter[243] und einen SS-Rottenführer als Rapportführer gegeben. Die Wachmannschaft habe weiterhin aus 30 SS-Männern bestanden, die in zwei von den Gefangenen gebauten Bunkern, also außerhalb des Zugverbandes, untergebracht gewesen seien.[244]

2.9.2.1 Einsatzort Südumgehung

Der zunächst wichtigste Einsatzort des Hasbergener Teils war die Bahnstrecke der sogenannten Südumgehung Osnabrücks, über die Transportzüge den Hauptbahnhof Osnabrück im Fall von Streckenschäden weiträumig umfahren konnten. Dabei arbeiteten Häftlinge des 1. Bauzugs der 5. SS-EbBB zeitgleich, jedoch offensichtlich nicht gemeinsam, mit Einheiten der

241 Ebd.

242 Auf die Bombenräumkommandos wird weiter unten im Abschnitt »Luftangriffe und Bombenkommandos« noch einmal gesondert eingegangen.

243 SS-Untersturmführer ist der niedrigste Offiziersrang der SS. Analog zum Aufbau der Brigadeleitung dürfte es sich bei dem Lagerleiter des 1. Bauzuges ebenfalls um einen Angehörigen der Amtsgruppe C (Bauwesen) des SS-WVHA gehandelt haben.

244 BArch B 162/15359, Zeugenvernehmung Jakob L. vom 31. 10. 1972.

Organisation Todt (OT) an der Osnabrücker Umgehungs-Bahn und im Bereich des Bahnhofes Rheine.[245] Als Arbeitskräfte der OT waren bei der Südumgehung niederländische Zwangsarbeiter[246] im Einsatz. Sie wohnten in OT-Lagern in der Bauerschaft Osterberg, Gemeinde Lotte, und im Ort Leeden.[247] Daneben könnten auch Zwangsarbeiter aus einem Reichsbahnlager bei Hasbergen an den Arbeiten beteiligt gewesen sein.[248] Für den ersten Abschnitt von der Blockstelle Leeden an der Hauptstrecke bis zur Einmündung in die ehemalige Permbahntrasse musste ein zum Höhenausgleich langsam abfallender Fahrdamm angeschüttet werden. Vom Bahnhof Velpe aus bildete eine neu angelegte, langgestreckte Linkskurve den Anschluss an die Permbahnstrecke. Auf dem alten Streckenabschnitt der Permbahn befand sich noch ein niedriger Fahrdamm, der jedoch vollständig überwuchert war. Er musste mit Schaufeln und Spitzhacken freigeräumt und auf passende Höhe planiert werden.[249] Anschließend wurde gebrauchtes Schienen- und Schwellenmaterial verlegt, das durch die OT von Nebenstrecken in den Niederlanden requiriert worden war. Die Bauarbeiten an der Umgehungsbahn wurden im Auftrag der OT vor Ort von einem privaten Tiefbauunternehmen geleitet.[250] Eine durchgängige Streckenverbindung von der Blockstelle Leeden nach Velpe war spätestens Ende Dezember 1944 provisorisch

245 Vgl. BA, NS 19/771, Inspektionsbericht Weigel vom 2.3.1945, Eintrag 13.2.1945.

246 Die Niederländer kamen ursprünglich aus einem Lager am Lutterdamm in Bramsche, nördlich von Osnabrück. Viele von ihnen waren ehemalige Musiker des Radioorchesters Hilversum. Sie wurden in ihrer Heimatstadt von der Straße weg zwangsverpflichtet und teilweise in Anzug mit Krawatte und Lackschuhen zum Arbeitseinsatz nach Deutschland transportiert: vgl. Stadt Bramsche/Stadt Hilversum: »Aufstehen! Kaffee holen!«.

247 Vgl. Bertie Ham: Arbeider in Moffenland. Roman van den »Arbeitseinsatz«, Laren 1945. Ham gibt an, die OT habe neben den Niederländern später etwa hundert überwiegend polnische und »russische« Zwangsarbeiter eingesetzt, die zuvor in Fabriken in Braunschweig gearbeitet hätten. Nach Fertigstellung der Arbeiten für die Umgehungsbahn arbeitete ein Teil der OT-Kräfte in Natrup-Hagen. In der Nacht vom 7. auf den 8.2.1945 starben bei einem alliierten Bombenabwurf auf Leeden 52 Personen, überwiegend Zwangsarbeiter aus dem dortigen OT-Lager.

248 Ein der Bahnmeisterei IV in Hasbergen zugeordnetes OT-Lager für etwa 40 Niederländer bestand aus einer Aufenthalts- und Schlafbaracke mit einfachster Ausstattung, einem Wasch- und Abortraum und einem Vorratskeller. Es lag in einem Waldstück in der Nähe der Bahnlinie Münster-Osnabrück, vermutlich am ersten Teilabschnitt der Permbahnstrecke nördlich der Tecklenburger Straße, der für die Umgehung nicht genutzt wurde: NLAOS Rep 430, Dez 303, acc 19/56, Nr. 230, Hygienische Betreuung ausländischer Zwangsarbeiter.

249 Ham: Arbeider in Moffenland, S. 94. Bauern der Umgebung wurden gegen Bezahlung zum Transport von Sand und anderem Baumaterial herangezogen.

250 Das Tiefbauunternehmen A. Paulat aus Memel, dem heutigen Klaipeda in Litauen, war auch für die Verpflegung »seiner« OT-Arbeiter zuständig: vgl. Ham: Arbeider

wiederhergestellt.[251] Danach wurde am Bau von Betonbrücken und bewehrten Dükern zum Durchleiten von Gräben unter der Bahntrasse weiter gearbeitet. Nach Fertigstellung des Verbindungsstückes von Hasbergen nach Velpe war für den Hasbergener Teil der 5. SS-EbBB der gesamte Streckenabschnitt bis zur niederländischen Grenze als Operationsraum erreichbar. Hier arbeiteten die Gefangenen ausschließlich an der Instandsetzung der Gleisanlagen.

2.9.2.2 Einsatzort Rheine

Während der Zugverband des 1. Bauzuges mit den Unterkunftswaggons am Standort in Hasbergen verblieb, wurden die Häftlinge mit entsprechendem SS-Wachpersonal, Werkstatt- und Materialwagen täglich zur Arbeit nach Rheine transportiert.[252] Nachdem dort zunächst kleinere Häftlingsgruppen mit etwa hundert Mann im Einsatz waren, wurden im Februar 1945 alle arbeitsfähigen Häftlinge des 1. Bauzuges zu Bahnarbeiten nach Rheine gebracht. Neben den zahlreichen Bahnlinien, dem Personenbahnhof, dem großen Rangierbahnhof und mehreren Bahnbetriebswerkstätten machten vor allem die grenznahe Lage zu den Niederlanden, der kurze Weg zur westlichen Kriegsfront,[253] die Nähe zu den Militärflugplätzen Hopsten und Rheine-Bentlage[254] und zur Öl-Raffinerie in Salzbergen[255] die besondere geostrategische Bedeutung Rheines als Ziel alliierter Luftangriffe aus. Für die Einsatzfähigkeit der

in Moffenland, S. 91 und 169. Firmenchef Paulat, der mit seiner Frau in einer Privatunterkunft wohnte, trat als OT-Frontführer (Bauführer) in Uniform auf.

251 Ham nennt als Datum für die Fertigstellung den 24.12.1944. »Die Woche vor Weihnachten ist eine arbeitsreiche Woche gewesen, für die Leute auf der Baustelle, weil vor Weihnachten ihr Bahnabschnitt angeschlossen sein musste, an den, der von Velpe aus angelegt wird. […] Sonntags (24.12.1944, d.Verf.) wurden die letzten Schienen verlegt und beide Teile miteinander verbunden.« Ham: Arbeider in Moffenland, S. 139.

252 Larsen: Osnabrück-Kommandoen, S. 154.

253 Ende September 1944 waren die Alliierten mit der Operation »Market Garden« durch Belgien und die südlichen Niederlande bis Nimwegen (Nijmegen) vorgedrungen. Hier kam die Front in Richtung Norden für mehrere Monate zum Stillstand.

254 Im Herbst 1944 wurden die Flugplätze Bentlage und Hopsten durch die veränderte strategische Lage infolge des Vormarsches der alliierten Truppen zu wichtigen Standorten der »Reichsverteidigung« der deutschen Luftwaffe und blieben es bis kurz vor Kriegsende in dieser Region (Anfang April 1945). Hunderte von Flugzeugen waren hier stationiert, darunter zahlreiche neue Düsenjäger des Typs Me 262. In der direkten Umgebung waren starke Flak-Einheiten im Einsatz.

255 In Salzbergen befand sich zudem die Gabelung der Bahnstrecke nach Almelo beziehungsweise in das Emsland. Wegen schwerer Schäden am Betriebswerk des Personenbahnhofes Rheine wurden hierhin (in den holländischen Güterschuppen) während des Krieges Reparaturaufgaben ausgelagert.

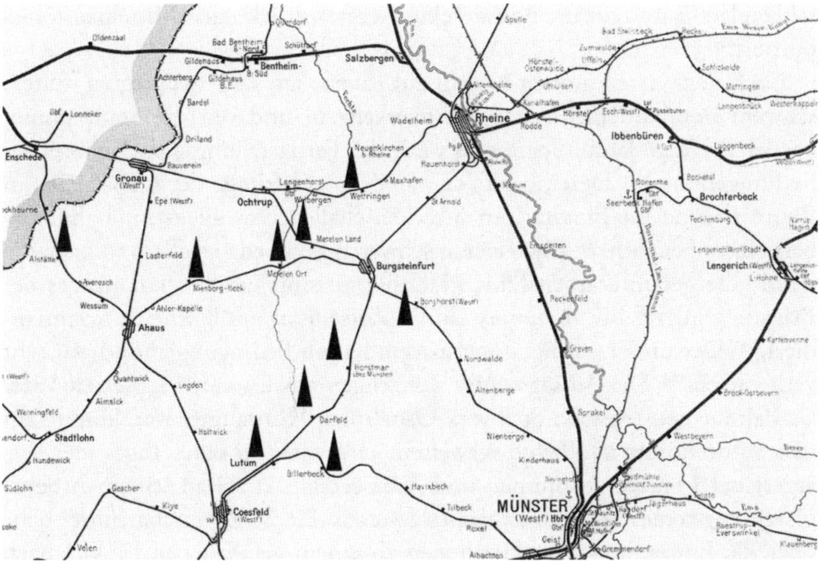

Abb. 13: Streckennetz um Rheine mit Entladebahnhöfen für V-Waffen-Nachschub, Stand Winter 1944/45.

V2-Waffen war Rheine besonders wichtig, weil der Ort nicht nur eine Durchgangsstation auf dem Weg in die Niederlande war. Die Waffentransporte verließen hier, wie später bei Almelo und Leiden, die Ost-West-Hauptstrecke.[256] Über die Bahnhöfe Ochtrup und Burgsteinfurt wurden Geräte und Treibstoffe[257] zu den Entladebahnhöfen transportiert,[258] dort auf LKW umgeladen und im Straßentransport zu den Lagerdepots (Feldspeichern) oder den Feuerstellungen in diesem Einsatzraum gebracht. V2-Waffentransporte über Rheine gab es auch in umgekehrter Richtung. Von den Werkstätten einer Technischen Batterie bei Wassenaar, am Rand des Sperrgebietes Den Haag, wurden wiederhergestellte Geräte für den Einsatz zum Um-

256 Eine nach Ochtrup und Gronau führende Nebenstrecke hatte Anschluss nach Enschede und von dort zum Bahnhof Hengelo. So konnte die von alliierten Luftangriffen besonders betroffene »eigentliche« Ost-West-Hauptstrecke von Rheine über Salzbergen, Bentheim und Oldenzaal südlich umfahren werden.

257 Als Treibstoff für die V2-Raketen wurde ein Gemisch aus Flüssigsauerstoff (A-Stoff) und 75%-igem Ethanol (B-Stoff) verwendet.

258 Entladebahnhöfe für V2-Waffen beziehungsweise für die Treibstoffe waren ab Herbst 1944 die von Rheine aus zu erreichenden Bahnhöfe Wettringen, Metelen Land und Metelen Ort, Nienborg-Heek, Altstätte, Haaksbergen (Niederlande), Burgsteinfurt, Borghorst, Horstmar, Darfeld, Legden, Lutum, Billerbeck, Havixbeck und Roxel: vgl. Brahm: Die Fernrakete V2 und ihre Starträume, S. 33-38.

schlagplatz Burgsteinfurt und defekte Geräte zurück nach Mittelbau transportiert.[259]

Nach dem ersten großen Angriff auf Rheine am 5.10.1944 legten weitere schwere Bombardements den Bahnverkehr in und um die Stadt immer wieder für Tage lahm. Spätestens nach der Fertigstellung der Osnabrücker Südumgehung im Dezember 1944 waren KZ-Häftlinge der 5. SS-EbBB im Raum Rheine im Einsatz, um Streckenschäden, vor allem im Bahnhofsbereich, zu beheben.[260] Nach einem schweren Bombenangriff am 16.2.1945[261] wurde die gesamte arbeitsfähige Häftlingsmannschaft des 1. Bauzuges der Brigade vom 17. bis 26.2.1945 zum Soforteinsatz nach Rheine kommandiert.[262] Der Einsatz verlief unter extrem harten Bedingungen und war sehr verlustreich.[263] Die Aussage eines Zeitzeugen aus Osnabrück, dessen Vater als Bahnbediensteter am Stellwerk Osnabrück-Hörne tätig war, könnte auf den Soforteinsatz in Rheine verweisen. Der Vater sei eines Tages sehr verärgert nach Hause gekommen und habe erzählt, er sei an seinem Arbeitsplatz Zeuge eines Telefongespräches gewesen. Ein SS-Oberscharführer habe über die Entsendung von Häftlingen zu einem gefährlichen Einsatz nach Rheine gesprochen und geäußert: »… und wenn da fünfzig [Häftlinge, d. Verf.] bei draufgehen, das ist mir ganz egal.« Der Vater habe sich über diese menschenverachtende Äußerung zunächst höheren Ortes beschweren wollen, aber seine Frau habe ihn aus Angst vor Repressalien mit den mahnenden Worten abgehalten: »Hol dien Mul, Mann!«[264] Oft war schon die Anfahrt zu den Einsätzen in Rheine problematisch: »Diese Fahrt, die hin und zurück etwa achtzig Kilometer betrug, dauerte mit der Zeit immer länger, weil es ständig mehr und schwerere Luftangriffe gab.«[265] Truppentransporte hatten zudem Vorfahrt, so dass die Gefangenen oft viele Stunden eingesperrt in den Waggons ausharren mussten, bis ihre Fahrt beginnen

259 Die Werkstätten der Technischen Batterie (TB) unter Hauptmann Klughammer befanden sich bis Ende Januar 1945 am Rand der »Filmstad Den Haag« bei Clingendael-Oosterbeek, nur wenige Kilometer vom V2-Entladebahnhof Leiden entfernt. Die TB wurde am 4.2.1945 nach Darfeld beziehungsweise Metelen-Land verlegt.

260 Tatsächlich gelang es bis Kriegsende nicht, im Bahnhofsbereich Rheine mehr als zwei Gleise zumindest vorübergehend intakt zu halten.

261 Bei aufgelockerter Sicht warfen mehr als hundert Bomber der 2. und 3. US-Bomber-Division 317,5t Spreng- und Brandbomben auf die Bahnanlagen in Rheine ab. Gleichzeitig erfolgte ein schwerer Angriff auf die nahe gelegene Erdölraffinerie in Salzbergen.

262 Journal, S. 145-154.

263 50 Gefangene mussten anschließend »wegen Krankheit« in das Revier nach Osnabrück-Hörne überstellt werden. Ein Häftling verstarb bei dem Einsatz in Rheine am 23.2.45: Journal, S. 152.

264 Interview W. Nietiedt vom 16.5.2017.

265 Larsen: Osnabrück-Kommandoen, S. 154.

beziehungsweise fortgesetzt werden konnte. Besonders extrem verlief ein Einsatz im Januar 1945. Die Gefangenen waren am Standplatz des Bauzuges bei Hasbergen um 4.00 Uhr morgens geweckt worden, stiegen um 5.00 Uhr in den Zug und mussten dort sechs Stunden auf das Abfahrtsignal warten, weil, wie so oft, ein bevorrechtigter Truppentransport die Strecke blockierte. Dann begann die Fahrt über die Umgehungsbahn nach Velpe und weiter in Richtung Rheine.

> »Schließlich kam der Zug seinem Ziel, Rheine, näher, wo gleich nach der Ankunft Luftalarm war, Entwarnung, neuer Alarm mit anschließendem Angriff, der glücklicherweise erst einige Minuten später einsetzte, nachdem die Häftlinge das Eisenbahngelände verlassen hatten. Bei dem Angriff wurden auch die Wagen getroffen, zum Glück auch der Werkzeugwagen. An diesem Tag kam man erst gegen 1.00 Uhr nachts zurück, nach der obligatorischen 80-km-Fahrt, und hatte nicht eine einzige Minute gearbeitet.«[266]

Wie beim Bau der Osnabrücker Südumgehung arbeiteten in Rheine gleichzeitig mit der 5. SS-EbBB auch Einheiten der OT. Der Inspekteur der SS-Eisenbahnbaubrigaden, SS-Sturmbannführer Gerhard Weigel, schrieb anlässlich einer Streckenbesichtigung der Umgehungsbahn Osnabrück und des Bahnhofs Rheine am 13.2.1945 nahezu enthusiastisch: »Arbeitsleistung der SS-BB. sehr vorbildlich. Nach Aussagen der Einsatzleitung erreicht die Arbeitsleistung der dort eingesetzten OT nicht dieselbe Höhe.«[267]

Wie die ausgezehrten, unterernährten und für die winterlichen Temperaturen absolut unzureichend gekleideten Häftlinge zu dieser Leistung gebracht wurden, erwähnte der SS-Sturmbannführer nicht.

2.9.3. 2. Bauzug – Einsatzorte Coesfeld und Münster

Ein 2. Bauzug der 5. SS-EbBB bestand nur eine Woche, vom 22.3.1945 bis zum 29.3.1945.[268] Es ist davon auszugehen, dass sein Operationsgebiet nicht der im Häftlingseinsatztagebuch genannte Ort Coesfeld war, sondern, wie bei den Einsätzen in Osnabrück, der umgebende Verkehrsraum der Reichsbahn. Aufgrund des Frontverlaufs in der letzten Märzwoche 1945 konnten nur die nördlich von Coesfeld gelegenen, strategisch wichtigen Streckenabschnitte in Richtung Rheine und Münster instandgesetzt werden. Hier befanden sich, wie weiter oben erwähnt, die Start- und Versorgungseinrichtungen der V2-Waffen der Division z. V., die in der zweiten Märzhälfte mit

266 Ebd.
267 BA, NS 19/771, Inspektionsbericht Weigel vom 2.3.1945, Eintrag vom 13.2.1945.
268 Journal, S. 178-185.

der Bahn in Richtung neuer Bereitstellungsräume bei Osnabrück (Codename: »Raum Ziethen«) verlegt wurden.[269] Bevor der Zugverband am 29.3.1945 nach Osnabrück zurückkehrte, war vermutlich der Hauptbahnhof von Münster ein letzter Einsatzort. Der ehemalige Häftling F. B. Larsen gibt an: »Gründonnerstag oder Karfreitag kam die Brigade aus Münster zurück, wo sie eine schwere Zeit hatte, wegen der unaufhörlichen und gewaltigen Zerstörung des Eisenbahnnetzes.«[270] Möglicherweise war ursprünglich ein größerer Einsatz der gesamten 5. SS-EbBB in Münster beabsichtigt. Dieser Plan konnte aber nicht mehr umgesetzt werden, da der Weg durch vorrückende alliierte Truppen bereits versperrt war.[271]

2.9.4 Arbeitseinsätze auf dem Rückzug

Ende März 1945 hatten sich die Unterbrechungen des Bahnverkehrs durch die fortwährende Zerstörung von Teilen des Gleisnetzes aus der Luft zu einer andauernden und irreparablen Verkehrskatastrophe entwickelt. Da gleichzeitig die Front näherrückte, war für die 5. SS-EbBB der Standort in Osnabrück nicht mehr zu halten.[272] Eine Verschiebung des Zugverbandes in Richtung Süden, wie sie zunächst wohl für alle Eisenbahnbaubrigaden geplant war, ließ sich auf Grund der militärischen Lage ebenfalls nicht mehr realisieren.[273] Der ehemalige Häftling Kurt Reilinger, der in seiner Funktion als Häftlingsschreiber der Brigade möglicherweise über entsprechende Informationen verfügte, gibt an, dass die 5. SS-EbBB ursprünglich zu einer

269 Vgl. Reinhard Brahm: Die Fernrakete V2 und ihre Starträume, S. 32.

270 Larsen: Osnabrück-Kommandoen, S. 154 f. Der Gründonnerstag fiel 1945 auf den 29.3.1945.

271 Der ehemalige Häftling Willy L. erklärt, die Brigade habe aus diesem Grund Münster nicht mehr erreichen können: vgl. BA B 162/15361, Aussage Willi L. vom 17.7.1973. Die amerikanischen und britischen Panzereinheiten zogen am Abend des 2.4.1945 (Ostermontag) in die Innenstadt Münsters ein.

272 Bereits im Juni 1944 war den regional zuständigen Höheren SS- und Polizeiführern (HSSPF) die »militärische Sicherung der Konzentrationslager und der in ihrem Bereich liegenden Arbeitslager« übertragen worden. Für die 5. SS-EbBB mit Standort in Osnabrück dürfte der HSSPF Nordsee, Generalleutnant der Waffen-SS Georg-Henning Graf von Bassewitz-Behr, zuständig gewesen sein, der auch hauptverantwortlich für die Auflösung des KZ-Hauptlagers Neuengamme und seiner Außenlager war. Das SS-WVHA (Amtsgruppe D) blieb weiterhin für die Zuweisung des Ziels der »Evakuierung« zuständig: vgl. Schulte: Zwangsarbeit und Vernichtung, S. 403 f.

273 Als Ziel war vermutlich der Alpenraum vorgesehen: vgl. Fings: Krieg, Gesellschaft und KZ, S. 276. Die dort angeblich entstehende »Alpenfestung« ist jedoch nie mehr als eine Propagandaidee gewesen.

Kalimine bei Stassfurt verlegt werden sollte.[274] Auch dieses Vorhaben musste wegen des alliierten Vormarsches aufgegeben werden. Am Samstag, den 31.3.1945, vier Tage vor dem Einmarsch britischer Truppen in Osnabrück, erfolgte der Rückzug der Brigade Richtung Norden.[275] Erstes Etappenziel war Syke, eine Kleinstadt südlich von Bremen. Von hier aus traten die Dänen spätestens am 3.4.1945 den Rückweg zum Sammelplatz der »Aktion Weiße Busse« im KZ Neuengamme an.[276] Bis zum Weitertransport des Zugverbandes der 5. SS-EbBB sind im Häftlingseinsatztagebuch tägliche Arbeitseinsätze von bis zu 280 Häftlingen in Syke und Kirchweyhe erwähnt.[277] Während dieser Zeit musste möglicherweise »der Versuch, eine Schmalspurbahn über die Weser in eine Normalspurbahn umzubauen, wegen der Annäherung der Front nach wenigen Tagen abgebrochen werden.«[278] Wenn diese Angabe zutrifft,[279] könnte hier die Querung der Weser von Hoya nach Eystrup gemeint sein. Die Schmalspurstrecke der Kleinbahn Hoya-Syke-Asendorf (HSA) bildete einen Teil der südlichen Umgehung von Bremen.[280] Damit normalspurige Waggons sie befahren konnten, mussten sie auf sogenannte Rollböcke aufgesetzt werden.[281] Eine Streckenumspurung hätte das überflüssig gemacht. Die Bahn- und Straßenbrücke über die Weser in Hoya wurde jedoch am 7.4.1945 mit dem Näherrücken der Front von deut-

274 GFHA 184-1, S. 71f., Brief an Ilse Birnbaum vom 15.5.1945. In der Nähe der Schachtanlage VI in Neustassfurt befand sich seit dem 13.9.1944 ein Außenlager des KZ Buchenwald unter dem Decknamen »Reh«. Im Salzbergwerk Stassfurt lagerten auch 3500 t ursprünglich aus Katanga/Belgisch-Kongo stammende Uranverbindungen, die nach der deutschen Besetzung Belgiens hierher gebracht wurden. Sie gelangten nach Kriegsende in die Hände der Amerikaner.

275 Journal, S. 187.

276 Ebd., S. 190. Die Dänen wurden auf der Fahrt in öffentlichen Passagierzügen von einem SS-Unterscharführer und zwei SS-Wachleuten begleitet: Larsen: Osnabrück-Kommandoen, S. 155f.

277 Journal, S. 188-192. Die Arbeitseinsätze sind dort wie üblich nur mit den beiden Ortsnamen Syke und Kirchweyhe bezeichnet. Lediglich am 5.4.1945 ist der abendliche Einsatz von insgesamt 200 Häftlingen mit der Bemerkung »für Gleisarbeiten« genauer angegeben.

278 BArch B 162/15362, S. 495 (5), Schlussvermerk 5. SS-EbBB.

279 Die Angabe bezieht sich auf die Aussage eines einzelnen Häftlings: BArch B 162/15398, S. 253 (7), Aussage Karl J. vom 17.9.1972, Fortsetzung am 28.9.1972.

280 F.B. Larsen erwähnt diese Strecke im Zusammenhang mit der Rückkehr der Dänen von Syke zum KZ Neuengamme am 3.4.1945: »Die Fahrt ging weiter mit vielen Kleinbahnzügen über Hoya, Eystrup, Verden bis Rotenburg […].« Larsen: Osnabrück-Kommandoen, S. 156.

281 Rollböcke sind für die Schmalspurbahn passende, kurzachsige Fahrzeuge, auf die normalspurige Waggons mitsamt den Rädern für den Transport auf der Schmalspurstrecke aufgesetzt (aufgebockt) werden.

schen Soldaten gesprengt.[282] Am 6.4.1945 wurde die gesamte Brigade mit allem Material über Syke nach Brake und drei Tage später weiter nach Nordenham verlegt.[283] Dort war sie ab dem 9.4.1945 auf einem Nebengleis außerhalb der Stadt stationiert.[284] Von hier aus setzte die SS die Gefangenen im Midgard-Hafen[285] und an Verladeplätzen in Blexen und Rodenkirchen ein, um »kriegswichtiges Material über die Weser nach Bremerhaven« zu transportieren.[286] Offensichtlich wurde auch im Auftrag der Kriegsmarine gearbeitet.[287] Es gab Teilkommandos für das Ver- und Entladen von Lokomotiven, Munition, Lebensmitteln und Kohle auf Fähren.[288] Parallel dazu richtete die Brigadeleitung ab dem 11.4.1945 ein Vorkommando mit der gleichen Aufgabenstellung in Wesermünde ein, in das bis zum 28.4.1945 schrittweise alle Häftlinge aus Nordenham überführt wurden.[289] Dann wurde auch dieser Standort aufgegeben. Weitere Arbeitseinsätze gab es nun nicht mehr. Eine »Rückkehr« in das KZ Neuengamme war zu diesem Zeitpunkt ausgeschlossen, weil sich dieses bereits in Auflösung befand.[290] Stattdessen gelangten die noch verbliebenen 378 Häftlinge und ein Teil der

282 Vgl. Claas Keller (Verantwortlicher im Sinne des Presserechts): Dic Hoyaer Eisenbahn, Chronik Kleinbahn Hoya-Syke-Asendorf, www.hoyaer-eisenbahn.de (letzter Zugriff 12.4.2019). In jedem Fall scheint es absurd, wenn trotz der rasch näherrückenden Front noch mit der extrem arbeitsaufwändigen Umspurung einer Bahnstrecke begonnen worden sein sollte.

283 Der Zugverband umfuhr Bremen von Syke kommend südlich auf einer Teilstrecke der Bremen-Thedinghauser Eisenbahn und kam über Kirchweyhe, Huchting, Delmenhorst, Hude und Brake nach Nordenham: Journal, S. 193 und 196.

284 BArch B 162/15362, S. 495 (5), Schlussvermerk 5. SS-EbBB.

285 Der Midgard-Hafen ist der öffentliche Seehafen Nordenhams. Er wird seit 1905 privatwirtschaftlich von der Firma Rhenus Midgard betrieben.

286 BArch B 162/15362, S. 496 (6), Schlussvermerk 5. SS-EbBB.

287 Zwischen dem 10.4. und 19.4.1945 waren nahezu täglich Kommandos mit der Bezeichnung »Marine« in einer Stärke von 20 bis 40 KZ-Häftlingen im Einsatz: Journal, S. 197-206.

288 Journal, S. 197-215, und BArch B 162/15398, S. 253 (7), Aussage Karl J. vom 17.9.1972, Fortsetzung am 28.9.1972.

289 Am 11.4. wurde ein Vorkommando mit zunächst 33 und später mit 35 Häftlingen eingerichtet, das am 14.4. zur festen Kommandierung von 95 Mann erweitert wurde. Am 16.4. (83 Häftlinge), 19.4. (50 Häftlinge), 20.4. (51 Häftlinge) und 21.4. (60 Häftlinge) erfolgten weitere Kommandierungen: Journal, S. 203-208. Ab dem 22.4. war Wesermünde der Hauptstandort. Am 28.4.1945 gelangten die letzten noch in Nordenham eingesetzten 40 Häftlinge nach Wesermünde: Journal, S. 209 und 215.

290 Der Lagerkomplex Neuengamme, mit über 70 Außenkommandos, die bis zu 300 Kilometer voneinander entfernt über ganz Norddeutschland verteilt lagen, war nicht mehr planmäßig zu räumen. Es begann die Zeit der sogenannten Todesmärsche. »Wenn es sie nicht gegeben hätte, diese ultimative tragische Odyssee, diese letzte Viertelstunde«, schreibt Pierre Brunet in einem Aufsatz, »vielleicht hätten wir

Bewachungsmannschaft[291] mit dem »Kriegsmarinetransporter O1«, dem ehemaligen Frachtdampfer *Apollo*,[292] nach Brunsbüttelkoog und von dort durch den Kaiser-Wilhelm-Kanal (Nord-Ostsee-Kanal) in die Ostsee.

Am 1.5.1945 erreichten sie Flensburg.[293] Hier brachte die SS die ankommenden Gefangenen am 5.5.1945[294] auf der *Rheinfels* unter, die wegen einer Schraubenhavarie manövrierunfähig in der Flensburger Förde auf Reede lag.[295] Nach Aussage des Kapitäns drängten sich schließlich 1.600 Gefangene, Männer und Frauen aus verschiedenen Konzentrationslagern, an Bord des Schiffes. Die Häftlinge lagen auf den Stahlböden der verschiedenen Decks. Toiletten standen nicht zur Verfügung. Es gab täglich zehn bis zwölf Tote.[296] Unter diesen Bedingungen mussten die Gefangenen ohne Essen und in ständiger Angst vor Luftangriffen ausharren. Die Gefahr war sehr real. Beim Untergang der von den Alliierten bombardierten Schiffe *Cap Arcona* und *Thielbek* waren am Nachmittag des 3.5.1945 in der Neustädter Bucht mehr als 7.000 KZ-Gefangene umgekommen. Ob die begleitende SS-Wachmannschaft der 5. SS-EbBB oder ein Teil von ihr noch mit auf die *Rheinfels* kam, ist nicht eindeutig zu klären.[297] Möglicherweise endete ihr Einsatz gleichzeitig mit der Unterbringung der letzten Häftlinge auf dem Schiff. Am 10.5.1945, zwei Tage nach der bedingungslosen Kapitulation der deutschen Wehrmacht, wurden die Gefangenen der 5. SS-EbBB an Bord der

auf eine höhere Anzahl Überlebender in Neuengamme hoffen können.« Pierre Brunet: Les martyrs de Neuengamme, in: Le Cercle Historia, Paris 1975, S. 310.

291 Ein anderer Teil der Wachmannschaft fuhr auf dem Landweg von Bremerhaven nach Flensburg: vgl. BArch B 162/15361, Aussage des Wachmanns Peter Pastuch vom 29.8.1950. Unklar ist, zu welchem Zeitpunkt das Führungspersonal die Brigade verließ.

292 Der Frachter *Apollo*, gebaut 1927, diente ab 12.8.1940 als Kriegsmarinetransporter »O1«. Ab dem 7.5.1945 lag er auf Reede in Flensburg. Am 24.6.1945 wurde er als Kriegsbeute an Großbritannien abgeliefert: vgl. Auskunft des Deutschen Schifffahrtsmuseums, Nr. A 7524 vom 2.4.2016.

293 Journal, S. 216-223.

294 Ebd., S. 223.

295 Die *Rheinfels* war kriegsbedingt erst im März 1943 fertiggestellt worden. Sie sank im April 1944 vor der schwedischen Küste. Später wurde sie geborgen und notdürftig instandgesetzt.

296 Kapitän W. Meybohm an die DDSG Hansa in Bremen vom 8.7.1945, zit. nach: Bernhard Asmussen: Was geschah auf der Rheinfels?, in: Regenbogen über der Geltinger Bucht. Neufassung der Beiträge im Jahrbuch des Heimatrings der Landschaft Angeln 1995, o.O. o.J, in: http://www.steinbergkirche.de/fileadmin/user_upload/Geltinger_Bucht/Regenbogen_GeBu_Neufassung.pdf (letzter Aufruf 24.9.2019), S. 23f.

297 Vgl.: ebd. Der Kapitän des Schiffes spricht von insgesamt »100 SS-Bewachungsmannschaften an Bord«, macht aber keine Angaben darüber, zu welcher Einheit sie gehörten und wann sie das Schiff verließen.

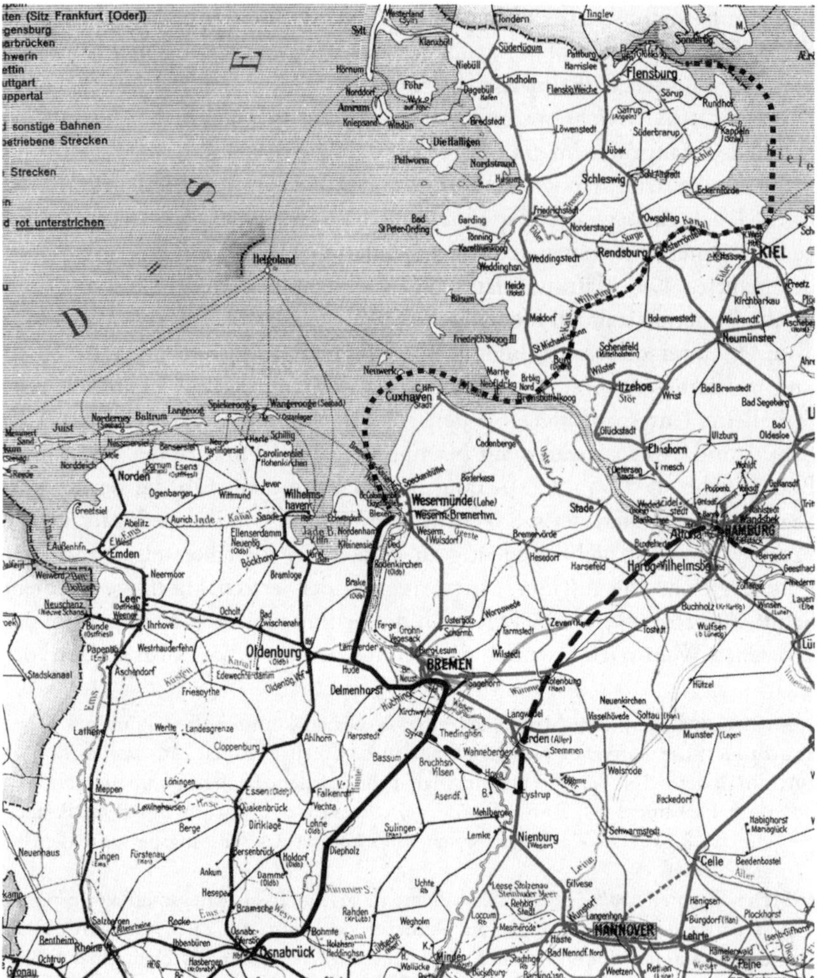

Abb. 14: Rückzugswege der 5. SS-EbBB.

Rückzugsweg der 5. SS-EbBB

Rückweg der dänischen Häftlinge zum KZ-Neuengamme

Schiffstransport der 5.SS-EbBB von Wesermünde nach Flensbrurg

Rheinfels befreit. Das Schwedische Rote Kreuz brachte die ausländischen Häftlinge unter alliierter Aufsicht auf das Motorschiff *Homberg*. Das Schiff erreichte Malmö am 11. 5. 1945. Die noch an Bord der *Rheinfels* verbliebenen deutschen Gefangenen durften das Schiff kurze Zeit später verlassen. Bis zu ihrer Entlassung um den 13. 5. 1945 herum waren sie auf dem Marinestützpunkt Mürwick untergebracht.

2.10 Luftangriffe und Bombenkommandos

Der Einsatz der 5. SS-Eisenbahnbaubrigade ab Oktober 1944 in der Stadt Osnabrück hing, wie bereits erwähnt, eng mit den Bombenangriffen zusammen, denen die Stadt und die Bahnlinien ausgesetzt waren. Während des Zweiten Weltkrieges wurden für Osnabrück insgesamt 2.396 Luftalarme verzeichnet.[298] Diese hohe Zahl ist darauf zurückzuführen, dass die Stadt von verkehrsstrategischer Bedeutung war und zudem im Einflug-Korridor der alliierten Bomberverbände aus Großbritannien in Richtung Hannover, Berlin und Dresden lag. Bereits drei Tage nach dem Beginn des Krieges am 1. 9. 1939 hatte es in Osnabrück Alarm gegeben. Die ersten Bomben fielen am 23. 6. 1940. Der erste größere Angriff britischer Flugzeugverbände erfolgte zwei Jahre später, am 20. 6. 1942. Von einer weiteren schweren Attacke der Briten am 6. 10. 1942 war vor allem die südliche Altstadt betroffen. Diese und die darauf folgenden Angriffe waren in ihren Auswirkungen zwar von großer Bedeutung für die Stadt Osnabrück, darüber hinaus aber strategisch kaum bedeutsam. Das änderte sich im Verlaufe des Jahres 1944. Bei dem Bombenangriff vom 13. 5. 1944 erhielten der Hauptbahnhof und mehrere wichtige Bahnlinien im Umland schwere Treffer. Während des 22-minütigen Angriffs am frühen Nachmittag kamen in der Stadt 241 Menschen ums Leben. Die Beseitigung der Schäden im Stadtgebiet war mit den bis dahin eingesetzten Kräften des örtlichen Luftschutzes und der Organisation Todt (OT) nicht zu bewältigen. Wie schon gelegentlich zuvor wurde auf das Personal von Gefangenenlagern zurückgegriffen. Die örtliche Luftschutzleitung erteilte einen »Einsatzbefehl für Hilfskräfte zur Behebung dringlicher Notstände, verursacht durch Luftangriff am 13. 5. 1944«.[299] Die Wehrmacht sollte für den Einsatz von hundert Strafgefangenen zehn Bewachungsposten stellen. Am 14. 5. 1944 wird ein »Gefangenen-Kommando von 35 Mann« erwähnt, »das seit dem 8. 5. 44 im ständigen Einsatz in der Stadt und im Regierungsbezirk zur Freilegung von Blindgängern stand, [und] am 13. und 14. 5. 44 erneut in der Stadt eingesetzt [wurde].«[300] Auch in der Folgezeit wurden immer wieder Kriegsgefangene, Strafgefangene[301] und KZ-Häftlinge für Räumarbeiten im Stadtgebiet eingesetzt. Bei Letzteren handelte es sich im Frühjahr und Sommer 1944 noch nicht um Angehörige der erst später

298 Vgl. Wido Spratte: Im Anflug auf Osnabrück. Die Bombenangriffe 1944-1945, Osnabrück 1985.

299 NLAOS Dep 3b XIX Nr. 109.

300 Ebd.

301 Wiederholt waren Häftlinge des Zuchthauses Hameln zur Bombenräumung in der Stadt Osnabrück: NLAOS Dep 3b XIX.

eingerichteten 5. SS-EbBB.[302] Es waren vielmehr Gefangene des Arbeitserziehungslagers (AZ-Lager) Ohrbeck der Gestapo Osnabrück und des Außenlagers A 1 Lengerich des KZ Neuengamme.[303] Am 6.6.1944 wurden bei einer Bombenräumung neben einem Feuerwerker des Sprengkommandos Bremen zwei Gefangene des Außenlagers A 1 »total zerrissen«.[304] Am 13.9.1944 erfolgte ein weiterer schwerer Angriff auf Osnabrück. Dem durch Brand- und Sprengbomben entfachten Feuer fielen die meisten historischen Gebäude der Altstadt zum Opfer. Wieder wurden über die Gestapo Osnabrück Gefangene zur Schadenbeseitigung und Bombenentschärfung herangezogen. Allein am 15.9.1944 waren 140 von der Gestapo »gestellte« Häftlinge im Einsatz. Ab Oktober 1944 wurden die Bahnhöfe und Bahnlinien Osnabrücks Dauerziele alliierter Bombenangriffe. In der Abschlussmeldung der Luftschutzleitung zum Angriff vom 12.10.1944 heißt es:

> »Der Angriff richtete sich gegen die Anlagen der Reichsbahn [...]. Der Verkehr auf den Strecken Osnabrück-Rheine und Osnabrück-Oldenburg wurde stillgelegt, da der Bahnkörper durch Sprengbomben an verschiedenen Stellen zerstört ist. [...] Die Bomben sind in der Hauptsache in der näheren Umgebung der Bahnstrecke Münster-Osnabrück, dem Gartengelände Fledder, Bahnstrecke Osnabrück-Löhne gefallen. [...] Die Bahnstrecke Münster-Osnabrück und Osnabrück-Löhne [wurde] durch mehrere Bombentreffer unterbrochen.«[305]

Die Bombenschäden in Osnabrück waren jedoch bis Mitte Dezember 1944 noch nicht flächendeckend. Einer der dänischen Häftlinge, der zu diesem Zeitpunkt aus dem KZ Neuengamme zur Brigade kam, erinnert sich an die Enttäuschung, die das in ihm auslöste:

> »Die Stadt ist ein wichtiger Eisenbahnknotenpunkt und ich hätte erwartet, dass sie in Ruinen liegen würde. Es gab auch viele zerbombte Gebäude, aber während des Marsches von unserem Ankunftsort nach Hörne am an-

302 Auch Angehörige des etwa 250 Mann starken Teilkommandos der II. SS-BB, das seit 17.10.1942 in Osnabrück stationiert war, kommen nicht in Frage, da das Kommando bereits im Mai 1943 wieder abgezogen wurde.

303 Das »Projekt A 1«, Tarnname »Rebhuhn«, war eine unterirdische Produktionsstätte für Flugzeug- und Raketenteile mit 200 Häftlingen, die sich im Eisenbahntunnel Lengerich, etwa 6 Kilometer südlich der Blockstelle Leeden, befand: vgl. Norbert Ortgies/Ursula Wilm-Chemnitz: Tage im Tunnel. Das KZ-Außenlager A 1 Lengerich 1944-1945, Books on Demand 2001.

304 Vgl. Volker Issmer: Zum Bombenräumen nach Osnabrück. KZ-Häftlinge aus dem Lengericher Tunnel in unserer Stadt, in: Osnabrücker Mitteilungen 108/2003, S. 179-188. Das gemeinsame Grab von Paul Brzeski und Sergej Olwosjanikow befindet sich auf dem Heger Friedhof in Osnabrück.

305 NLAOS Dep 3b XIX Nr. 124.

Abb. 15: Zerstörte Bahnanlagen am Hauptbahnhof Osnabrück 1944.

> deren Ende der Stadt, wo die Baubrigade 5 ihr Lager hatte, kamen wir durch ein Viertel, das unberührt zu sein schien. [...] Mir wurde klar, dass vieles, was die BBC uns im Sommer berichtet hatte, etwas übertrieben war. Ich sagte voraus, dass mehr nötig wäre, um die Deutschen zu knacken.«[306]

Wahrscheinlich ist, dass die 5. SS-EbBB, die Osnabrück am 16.10.1945 erreichte, bereits an Aufräumarbeiten nach dem Luftangriff vom 12.10.1944 beteiligt war.[307] Bei den Häftlingen waren die Bombenräumkommandos besonders gefürchtet. »Das war eine extrem gefährliche Arbeit«, schreibt F.B. Larsen, und er ergänzt aus seiner Sicht: »aber glücklicherweise kam kein Däne bei dieser Arbeit um.«[308] Aufgefundene Blindgänger oder Bomben mit Zeitzünder,[309] von deren Zustand man wenig wusste, mussten zunächst von den Gefangenen freigelegt werden. Danach begann ein Feuerwerker der Wehrmacht mit dem Entschärfen durch vorsichtiges Abdrehen des Zünders, der in vielen Fällen bereits beschädigt und nur unter großen Schwierigkeiten zu entfernen war. Der Einsatz von Häftlingen der 5. SS-EbBB bei der

306 Vesterdal: Mit ophold, S. 15.
307 Der nächste große Luftangriff erfolgte am Mittag des 21.11.1944.
308 Larsen: Osnabrück-Kommandoen, S. 154.
309 Etwa 10-20% der von den Flugzeugen der Alliierten über Deutschland abgeworfenen Bomben waren Blindgänger. Noch heute werden in Osnabrück pro Jahr etwa 150-200 »Verdachtspunkte« ermittelt und mehrmals Bomben entschärft.

Freilegung von Blindgängern nach dem schweren Luftangriff auf Osnabrück am 6.12.1944 ist in Schriftstücken belegt. Dabei wird für sie die Bezeichnung »KZ-Strafgefangene« verwendet. Mit einem Schreiben vom 7.12.1944, um 10.00 Uhr, erklärte der Schutzpolizei-Major Hausen von der Luftschutzleitung Osnabrück:

> »Ich bitte um sofortige Gestellung von 15 KZ-Strafgefangenen zur Freilegung von Blindgängern. Die Gestellung ist besonders dringlich, da bei dem gestrigen Luftangriff etwa sechzig Blindgänger abgeworfen worden sind, die zum Teil so unglücklich liegen, dass die Versorgung der Bevölkerung mit den notwendigsten Lebensmitteln in Frage gestellt ist. So müssen z.B. sofort mehrere Blindgänger aus dem Schlachthof und aus Lebensmittelgroßhandlungen entfernt werden.«[310]

In einer Verfügung dokumentierte Major Hausen am Nachmittag des 7.12.1944 den erfolgten Einsatz der Häftlinge und ihre Rückkehr zur Baubrigade:

> »1.) Nach Rücksprache mit dem Vertreter des Obersturmführer Landau wurden die angeforderten 15 Mann gestellt und mit Picke u. Schaufel ausgestattet. Ebenfalls wurden 3 Mann zur Bewachung zur Verfg. gestellt. 2.) Die Bewachung u. die Gefangenen wurden durch die Küche Jugendherberge verpflegt u. um 13.00 Uhr dem Oberfeuerwerker Heiermeyer zur Beseitigung der Blindgänger durch Zugw.d.LSP Weil übergeben. 3.) Die Gefangenen werden um 17.00 Uhr mit einem Lkw. der Feuerschutzpol. wieder nach ihrem Lager zurückgebracht.«[311]

Der deutsche Häftling Gerhard N. berichtet von einem weiteren, vermutlich noch größeren Bombenentschärfungskommando unter der fachlichen Leitung eines Oberfeuerwerkers der Wehrmacht: »Zusätzlich war[en] diesem Bombenentschärfungskommando ein SS-Unterscharführer als Kommandoführer und sechs volksdeutsche SS-Angehörige als Bewachungsmannschaft zugeteilt.«[312] Das Häftlingseinsatztagebuch der 5. SS-EbBB verzeichnet vor allem im Dezember 1944 und in der zweiten Märzhälfte 1945 weitere Einsätze von Häftlingen zur »Bombensuche« und »Blindgängerbeseitigung«, zum Teil bei Nacht.[313] Am 6.12.1944 wurde der Standplatz der 5. SS-EbBB

310 NLAOS Dep 3b XIX, Luftangriff vom 6.12.1944, Schreiben der Luftschutzleitung Osnabrück vom 7.12.1944. Das Schreiben wurde an die »SS-Baubrigade I, z. Hd. des SS-Obersturmführer Landau, in Hörne« adressiert.

311 NLAOS Dep 3b XIX, Luftangriff vom 6.12.1944, Verfügung vom 7.12.1944. Die Abkürzung »Zugw. d. LSP« bezeichnet den Dienstgrad »Zugwachtmeister« in der Organisationseinheit »Luftschutzpolizei«.

312 BArch B 162/15360, Aussage Gerhard N. vom 11.4.1973.

313 So waren 20 Häftlinge in der Nacht des 14.3.1945 zur Blindgängerbeseitigung am Hauptbahnhof Osnabrück eingesetzt: Journal, S. 170.

auf dem Vorbahnhof in Hörne selbst das Ziel eines Luftangriffs. Im Journal der 5. SS-EbBB findet sich dazu die lakonische Bemerkung: »Durch Bombenangriff am 6.12.44 um 21.00 Uhr 8 Hfl. getötet vom Bombentreffer, 2 Hfl. vermisst und 19 Hfl. verwundet.«[314]

Mehrere Häftlinge berichten ebenfalls von dem Ereignis. Der Zeuge Karl J. sagt aus, dass »ein Waggon von einer Bombe in 2 Teile gerissen [wurde], wobei 12 von 24 Häftlingen ums Leben kamen. Bis auf einen Deutschen waren die Toten alles Russen und Polen.«[315] Der Häftlingsarzt Władysław Wikler schreibt:

> »Von Zeit zu Zeit griffen Flugzeuge der Alliierten an. Dann trat in der Nähe unserer Waggons die Flugabwehr in Aktion. Das führte dazu, dass kurz vor Heiligabend zwei Bomben zwischen die Waggons der Gefangenen fielen. [...] Die letzten beiden Waggons, über dreihundert Meter von mir entfernt, waren völlig kaputt, einige andere teilweise zerstört.«[316]

Bei den ersten nächtlichen Bombenangriffen hatten die Häftlinge nach dem Augenzeugenbericht eines ehemaligen Funktionshäftlings »die Waggons aufgebrochen«[317] und sich in Sicherheit gebracht. Sie seien aber danach immer alle zurückgekehrt. Er fährt fort:

> »Nachdem dann einmal zwei Häftlinge nicht zurückgekommen waren, wurde angeordnet, dass der Waggon auch bei einem Luftangriff nicht mehr verlassen werden durfte. SS-Leute gruben sich in der Nähe der Waggons ein und bewachten diese schussbereit. Danach brach keiner mehr aus.«[318]

Einige Mitglieder der SS-Wachmannschaft suchten bei Luftangriffen auf den Standplatz in Osnabrück-Hörne regelmäßig einen Schutzbunker auf, der während des Krieges von Frauen in der nahe gelegenen Siedlung Limbergen in Eigenarbeit errichtet worden war.[319] Für die KZ-Häftlinge blieb der Zugang auf Befehl der Wachmannschaft versperrt. Die Überbelegung des Bunkers führte nach den Angaben einer Augenzeugin zu Spannungen und zu einer »prekäre[n] Situation, mit den SS-Leuten und der Zivilbevölkerung da drin.«[320] Bei Luftangriffen während des Arbeitseinsatzes auf den

314 Ebd., S. 73 (7.12.1944). Am Folgetag erlag ein weiterer Häftling seinen Verletzungen.

315 BArch B 162/15398, S. 252 (6) Aussage Karl J. vom 17.9.1972, Fortsetzung am 25.9.1972.

316 W. Wikler, in: Czarnecki/Zonik: Kryptonim Dora, S. 126f.

317 BArch B 162/15400, S. 633 (6), Aussage Felix L. vom 6.2.1973. Der Zeuge erklärt nicht, wie es den Häftlingen gelingen konnte, die Waggontüren aufzubrechen.

318 Ebd.

319 Die kleine L-förmige Luftschutzanlage bestand aus einer seitlich aufgemauerten Grube mit Betonabdeckung und befand sich zwischen zwei Wohnhäusern.

320 Interview G. Fricke am 14.2.2015.

Baustellen war es den Häftlingen zunächst ebenfalls nicht erlaubt, Schutzräume aufzusuchen, soweit solche überhaupt in erreichbarer Nähe waren. F. B. Larsen gibt an:

> »Während der Arbeit gingen wir am Anfang bei Luftalarm nicht in die Bunker. Als wir an der Strecke nach Hannover arbeiteten, [...] kam eines Tages ein gewaltiger Luftangriff, bei dem die Bomben so dicht neben uns fielen, dass Gefangene und SSler in wilder Panik und größter Unordnung vom Bahndamm flüchteten und erst nach einiger Zeit wieder versammelt wurden. Dabei fehlten dann einige Gefangene, und nach diesem Tag gingen wir normal in den Luftschutzraum.«[321]

Neben den Bombenangriffen mit schweren Halifax- und B-17-Bombern waren es vor allem die Angriffe der britischen und amerikanischen Jagdflugzeuge, die für die auf den oft ungedeckten Bahnanlagen operierende Brigade und ihre Bauzüge gefährlich wurden. Am 12. 2. 1945 notierte der Inspekteur der SS-Baubrigaden, SS-Sturmbannführer Weigel, anlässlich seines Besuches bei der 5. SS-EbBB kurz: »Arbeiten der SS-BB. werden gehindert durch heftige Jabo-Angriffe.«[322] In den ersten drei Monaten des Jahres 1945 erfolgten zahlreiche weitere alliierte Bombenangriffe.[323] So flog die britische Luftwaffe im Rahmen der »Operation Clarion« am 22. und 23. 2. 1945 mit Hunderten von Bombern und Kampfflugzeugen Angriffe auf Rangierbahnhöfe, Bahnhöfe und den Schienenverkehr in Nordwestdeutschland.[324] Dreimal war Osnabrück davon betroffen.[325] Immer häufiger musste die 5. SS-EbBB ausrücken, um das lahmgelegte Schienenverkehrsnetz notdürftig wieder instandzusetzen. Auf diese Arbeit wurden jetzt sämtliche Kräfte konzentriert. Der Häftling F. B. Larsen schreibt:

> »Am 18. Februar arbeiteten wir bei schönem Frühlingswetter wie üblich im Kabelkommando und Stadtkommando, als es Luftalarm gab. Diesmal war es sehr stark. Wir sahen und hörten, wie die gegenüber liegende Seite

321 Larsen: Osnabrück-Kommandoen, S. 151 f. Andere Gefangene berichten davon, dass sie sich bei Angriffen auf den Treppenabgängen von Bunkern aufhalten durften.

322 BA, NS 19/771, Inspektionsbericht Weigel vom 2. 3. 1945, Eintrag vom 12. 2. 1945. »Jabo« steht für »Jagdbomber«. Diese wurden von den Alliierten hinter den Frontlinien vor allem gegen kleinflächige Bodenziele wie Züge, Straßenkonvois, Verkehrs- und Versorgungseinrichtungen eingesetzt.

323 NLAOS Dep 3b XIX, Nr. 143 und 152.

324 Das 1. Taktische Luftkommando setzte 171 Bomber und 782 Kampfflugzeuge ein, das 2. Taktische Luftkommando fast 1700 Flugzeuge. Die 8. US-Luftflotte flog gleichzeitig Angriffe gegen 41 weitere Ziele, darunter mehr als 20 Rangierbahnhöfe in Nord- und Mitteldeutschland.

325 Luftangriffe Nr. 66-68 am 22. 2. 1945 um 13.00 Uhr, 20.00 Uhr und 21.00 Uhr und Angriff Nr. 69 am 23. 2. 1945 um 13.00 Uhr.

der Stadt bombardiert wurde. Am nächsten Tag wurde das gesamte Kabelkommando zu Eisenbahnarbeiten herangezogen und einen Tag später folgte das Stadtkommando. Die Strecke nach Bremen war schwer beschädigt worden. Wir fuhren mit dem Zug so weit wie es ging, das waren 5 oder 6 km, den Rest des Weges mussten wir Mengen von Spitzhacken, Schienen, Spaten, Schaufeln, Rammen usw. schleppen. Das war eine anstrengende Sache.«[326]

Der Bombenangriff, der im kollektiven Gedächtnis der Osnabrücker am stärksten verhaftet ist, wurde auch von mehreren Häftlingen der 5. SS-EbBB beschrieben. Am Sonntag, dem 25. 3. 1945, war die Stadt nochmals Ziel eines schweren Luftangriffes durch britische Bomber. In weniger als einer halben Stunde starben nach offiziellen Angaben 178 Menschen, 241 Personen wurden verletzt, 15.000 Gebäude beschädigt oder zerstört.[327] Es war der letzte Luftangriff auf Osnabrück, nur wenige Tage vor dem Einmarsch der britischen Truppen. Der bis dahin noch unbeschädigte Teil der Altstadt ging nahezu vollständig in Flammen auf. An den Reichsbahnanlagen gab es erneut schwere Bombenschäden. Die Bahnstrecke nach Münster wurde unterbrochen. F. B. Larsen berichtet später aus der Sicht eines in Osnabrück gefangen gehaltenen dänischen KZ-Häftlings nahezu begeistert über den Angriff:

»Am Palmsonntag war die Stadt zur Mittagszeit einem fantastisch kräftigen Bombenangriff mit Brand- und Sprengbomben ausgesetzt. Wir standen und genossen die Hunderttausende Brandbomben, die Feuer vom Himmel gossen. Schließlich fielen die Bomben so nah bei uns, dass wir in einen Keller flüchten mussten.«[328]

Diejenigen Gefangenen, die sich zu diesem Zeitpunkt im Zug der Brigade auf dem Verschiebebahnhof Hörne befanden, wussten, dass sie in ihren hölzernen Güterwagen auf dem freien Bahngelände schutzlos und extrem gefährdet waren. W. Wikler schildert die Gefühle der Häftlinge im Krankenrevier:

»Ab dem frühen Morgen wurde systematisch bombardiert, ausgehend vom südlichen Teil der Stadt. Die Flugzeugstaffeln arbeiteten sich Meter für Meter Bomben werfend in Richtung auf unseren Standplatz zu. Plötzlich flog das Flak-Geschütz in die Luft. In den Waggons wurde es still, in der Erwartung des Todes, oder man betete, bedeckte seinen Kopf

326 Larsen: Osnabrück-Kommandoen, S. 148. Der Einsatz ist im Journal für die Zeit vom 17.-19. 2. 1945 als »Soforteinsatz Schinkel« verzeichnet: Journal, S. 145 ff.

327 NLAOS Dep 3b XIX, Luftangriff vom 25. 3. 1945. Der eigentliche Angriff dauerte lediglich von 09.48 Uhr bis 10.15 Uhr.

328 Larsen: Osnabrück-Kommandoen, S. 154.

> mit Lumpen. Dann flog das Geschwader über unsere Waggons. Es warf nicht eine einzige Bombe. Später kam die zweite Staffel, die dritte und die nächste. Ihre Bomben fielen bereits hinter uns. Wir hatten überlebt. Ganz Osnabrück stand in Flammen. Die Felder in unserer Richtung waren voller Menschen auf der Flucht. Unser Platz blieb unberührt.«[329]

Wieder wurden die Gefangenen nach dem Angriff am Palmsonntag für Rettungs- und Räumarbeiten eingesetzt. F. B. Larsen erwähnt die Beteiligung seiner Häftlingsgruppe an einer Rettungsaktion in der Stadt am 25. 3. 1945 und ergänzt:

> »An dem Roggenbrot, das der Bürgermeister von Osnabrück uns abgemagerten und todmüden Gefangenen am Palmsonntag dafür versprochen hatte, dass wir viele deutsche Frauen und Kinder aus einem tonnenweise von Lehm bedeckten Schutzbunker gruben, aß sich die sadistische Wachmannschaft satt.«[330]

Anders als für die Osnabrücker waren die Zerstörungen in der Stadt und an den Bahnanlagen für die Häftlinge ein Zeichen der Hoffnung:

> »Wir verurteilten die Alliierten nicht, denn wir wussten, dass sich mit jedem Bombenloch, das wir zuschütten mussten, mit jeder Schiene, die wir erneuern mussten, unser Sklaventreiber, das großdeutsche, das nazistische, das Dritte Reich, dem Abgrund näherte.«[331]

329 W. Wikler, in: Czarnecki/Zonik: Kryptonim Dora, S. 128.

330 Flemming B. Larsen: Nogle Blik Tilbage på Årene 1940-1945, in: Frihedskampens Veteraner 70/1976, S. 53.

331 Larsen: Osnabrück-Kommandoen, S. 150.

3. Das Leben der Häftlinge in der 5. SS-Eisenbahnbaubrigade

3.1 Alltag in der Brigade

Das Wort Alltag gilt hier in doppelter Bedeutung. Einerseits mussten die Gefangenen in den sechs Monaten des Bestehens der Brigade tatsächlich nahezu alle Tage arbeiten. Im Häftlingseinsatztagebuch ist nur für den 25.12., den 1. Weihnachtstag, kein Arbeitseinsatz vermerkt. Während der vier Monate im Jahr 1945 gab es drei arbeitsfreie Tage,[1] für die in die Rubrik »Einsatz« Bezeichnungen wie »Körperreinigung« oder »Allgemeine Wohn- und Körperreinigung« eingetragen wurden.[2] Andererseits gab es im Lageralltag feste Abläufe, die wiederkehrten und sich äußerlich an militärischen Gepflogenheiten oder am Gefängniswesen orientierten.[3] Der Tag begann noch im Dunkeln, im Regelfall mit dem Wecken um 6.00 Uhr morgens, gelegentlich schon um 4.00 Uhr oder 5.00 Uhr. Da die Waggons mit jeweils 24 oder mehr Häftlingen völlig überbelegt waren, mussten einige zuerst in den Kojen bleiben, um den anderen das Aufstehen und vollständige Anziehen zu ermöglichen. Nach dem Entriegeln und Öffnen der Waggons holten zwei Mann den Morgenkaffee und die tägliche Brotration vom Küchenwagen. Der Wagen wurde ausgefegt, der Fäkalieneimer entleert. Ein Pfiff gab kurz darauf das Signal zum Morgenappell:[4]

> »Wenn es hell wurde, war der Friede vorbei. Es wurde ›Antreten‹ gerufen, woraufhin man sich aufstellte: zu Fünfen, d.h. mit fünf Männern in jeder Reihe. Nach dem Abzählen hieß es: ›Mützen ab‹, und die Truppe wurde von einem SS-Unteroffizier zur Latrine begleitet und sofort da-

1 Die drei freien Tage waren der 7.1.1945 sowie der 7. und 8.4.1945. Die Transporttage zu neuen Standorten am 15./16.10.1944 (Berga-Osnabrück), am 31.3. (Osnabrück-Syke), 6.4. (Syke-Brake) und 9.4.1945 (Brake-Nordenham), an denen nicht oder nur verkürzte Zeit gearbeitet werden konnte, wurden nicht als arbeitsfreie Tage gewertet.

2 Diese Arbeitsunterbrechungen scheinen nicht langfristig geplant gewesen zu sein, sondern ergaben sich wohl umständehalber. So machte der Zugverband während der »Reinigungstage« am 7./8.4.1945 ohne konkreten Arbeitsauftrag Station in Brake, bevor er am darauf folgenden Tag zum neuen Einsatzort Nordenham weiterfuhr.

3 Grundlage für die Darstellung des Lageralltags sind vor allem die Angaben F.B. Larsens sowie weiterer dänischer Häftlinge der 5. SS-EbBB in mehreren umfangreichen Befragungen (Spørgeskemaer) und Berichten aus den Jahren 1945 und 1946.

4 Nach den Angaben im Journal der 5. SS-EbBB fand der Morgenappell zunächst um 7.00 Uhr statt, ab Dezember um 7.30 Uhr, im März 1945 um 6.30 Uhr und ab April um 6.00 Uhr.

> nach auf Arbeitskommandos verteilt. Das Werkzeug wurde von einem Waggon abgeholt.«[5]

Die Kommandos rückten anschließend zum Arbeitseinsatz ab. Für weite Strecken verwendete man offene Güterwagen. Distanzen bis zu mehreren Kilometern mussten die Gefangenen jedoch oft zu Fuß zurücklegen. Die Arbeitszeit dauerte von montags bis samstags zunächst etwa neun bis zehn Stunden, sonntags etwa sieben bis acht Stunden. Gearbeitet wurde

> »ohne andere Pausen als diejenigen, die wir uns selbst nahmen. Das war nicht immer ganz ungefährlich. Bemerkten die Posten oder Kapos das, setzte es einen Schlag mit dem Gewehrkolben oder dem Stock, einen Kopfstoß, Ohrfeigen oder einen Tritt in den Hintern, so dass man lange Zeit nicht mehr wusste, wie man stehen oder liegen sollte. [...] Wir lernten schnell, ›mit den Augen zu arbeiten‹, aber die Kost, die wir erhielten, war ja auch für körperliche Arbeit nicht geeignet.«[6]

Die schweren Luftangriffe hatten an den Bahnstrecken immense Schäden angerichtet. Es wurde zunehmend schwieriger, sie durch die Arbeitseinsätze auch nur provisorisch wiederherzustellen. Während die SS versuchte, das Arbeitstempo weiter zu erhöhen, taten die Häftlinge alles, um den Fortgang der Arbeiten möglichst zu verzögern:

> »Wenn wir ›Schwellen stopfen‹[7] sollten, warfen wir viele Schrauben weg, und wir missverstanden absichtlich die Befehle, so oft wie möglich. Es war schließlich nicht unser Krieg – im Gegenteil! Wir hatten kein Interesse daran, dass die Strecke so schnell wie möglich in Ordnung gebracht wurde, damit sie für Truppen- und Versorgungszüge benutzt werden konnte, die sich vor den bombardierten Städten stauten. Todmüde kamen wir zurück ins Lager, müde von Tritten und Schlägen und vom Herumschleppen der Schienen, Schwellen und dem schweren Werkzeug. Das waren harte Zeiten, die sich fortsetzten, denn wenn wir an einer Stelle fertig waren, waren woanders schon wieder Bomben gefallen und hatten den Verkehr um Osnabrück wieder unterbrochen, der eine wichtige Rolle als Eisenbahnknotenpunkt für den gesamten Nordteil der Westfront bildete.«[8]

5 Vesterdal: Mit ophold, S. 14.

6 Larsen: Osnabrück-Kommandoen, S. 145.

7 »Schwellen stopfen« ist das Unterfüttern der Bahnschwellen mit Schottersteinen, um Unebenheiten oder Verschiebungen in der Gleislage zu beseitigen. Als Werkzeuge dienten Seilwinde, Schottergabel und Stopfhacke. Die Schienen mussten zunächst von den Schwellen losgeschraubt und nach dem Stopfen wieder an ihnen befestigt werden. Dazu wurden aus Mangel an Ersatz die alten Schrauben wiederverwendet.

8 Larsen: Osnabrück-Kommandoen, S. 149 f.

Nach der Rückkehr ins Lager erfolgte wiederum ein Zählappell. Dann wurde die Hauptmahlzeit des Tages eingenommen. Gelegentlich blieb noch etwas Zeit für Abwasch, Handwäsche, das Auffüllen der Wasservorräte und Latrinenbesuche. Nicht selten wurden die Gefangenen noch nach der abendlichen Rückkehr oder am freien Sonntagnachmittag »mit irgendeiner Drecksarbeit im Lager beauftragt, zu der man plötzlich bestimmt wurde, während man sich gerade mit einer angenehmeren Aufgabe befasste.«[9] Mit zunehmender Helligkeit verlängerte sich im Frühjahr 1945 die Arbeitszeit »so lange, wie das Tageslicht es zuließ«.[10] Ab Mitte März fielen die freien Sonntagnachmittage fort. Jetzt kehrten die Gefangenen häufig so spät nach Einbruch der Dunkelheit ins Lager zurück, dass sie »direkt nach der Ausgabe der Rübensuppe im Wagen eingeschlossen wurden, ohne Wasser zum Trinken oder zum Waschen zu erhalten«.[11] Die Waggontüren blieben über Nacht verriegelt. Einige Gefangene legten sich direkt in die Koje, andere besserten mit den zur Verfügung stehenden Materialien und Werkzeugen ihre durch die Arbeit beschädigte Kleidung aus oder aßen von den eventuell noch vorhandenen Vorräten. Schließlich versuchte jeder trotz der allgegenwärtigen Läuse und Milben in den überlebenswichtigen Schlaf zu kommen.

3.2 Kontakte zur Zivilbevölkerung

Während des halbjährigen Bestehens der 5. SS-EbBB als mobiles KZ-Außenlager kam es trotz der Standorte auf dem für die Öffentlichkeit gesperrten Bahngelände und trotz strenger Bewachung zwangsläufig zu Begegnungen zwischen Angehörigen der Brigade und der Umgebungsbevölkerung. Vor allem beim Einsatz der Häftlinge zu Arbeiten im Stadtgebiet waren Kontakte unvermeidbar. Dennoch gibt es darüber bisher kaum Berichte. Das lässt darauf schließen, dass die Mehrheit der Augenzeugen das sichtbare Elend der KZ-Häftlinge weitgehend ignorierte beziehungsweise später verdrängte.[12] Allerdings erwähnen Häftlinge einige kurze und heimliche Ge-

9 Ebd., S. 146.

10 Ebd., S. 149.

11 Ebd.

12 Zu den Gründen für die Ignoranz der Zivilbevölkerung gegenüber den KZ-Häftlingen und ihrer Situation zählt Fings unter anderem die Beeinflussung durch die NS-Propaganda, die die Häftlinge als zu Recht so hart behandelte Kriminelle und Asoziale darstellte, und den entindividualisierten Anblick, den die Lagerinsassen boten. Die begrenzte Wahrnehmungsfähigkeit und -bereitschaft sei aber auch die Folge von Verdrängung, Rachegefühlen und Ängsten gewesen: vgl. Fings: Krieg, Gesellschaft und KZ, S. 145-153.

spräche mit Straßenpassanten. Auf diesem Weg hätten sie während der Räumarbeiten in der Stadt Osnabrück gelegentlich von Kriegsgefangenen oder anderen gerade zufällig Vorbeigehenden Neuigkeiten oder die Uhrzeit erfahren.[13] Vereinzelt gab es direkte Hilfeleistungen an die Häftlinge. So berichten zwei ehemalige Gefangene, deutsche Zivilisten hätten ihnen und den Kameraden in unbeobachteten Momenten durch den Zaun des Eisenbahngeländes oder während des Einsatzes in der Stadt heimlich Essen zugesteckt.[14] Eine deutsche Zeitzeugin erinnert sich: »Unsere Mutter hat uns hin und wieder Brot gegeben, das wir den Männern zuwarfen. Erwachsene wagten das nicht. Uns Kindern tat man nichts, wir wurden nur verjagt.«[15]

Für die Bewohner der Siedlung Limbergen, die unmittelbar am Betriebsbahnhof Osnabrück-Hörne lag, machte die räumliche Nähe zum Standort der Brigade ein Ignorieren der KZ-Häftlinge völlig unmöglich.[16] Die Vorgänge rund um den Güterzug mit den Gefangenen wurden genau beobachtet.[17] Über deren Herkunft war man von Beginn an informiert: »Bei uns hieß es immer: von Buchenwald, die gehören zum KZ Buchenwald, die Häftlinge.«[18] Von ihren Wohnungen aus hatten die Limbergener freie Sicht auf große Teile des Betriebsbahnhofs. Familienmitglieder von Bahnbediensteten benutzten mit Erlaubnis der Reichsbahn Freiflächen am Rand der Rangier- und Abstellgleise zum Anbau von Gemüse und Futtermitteln[19] und hielten sich somit unmittelbar auf dem Bahngelände auf. Ein beliebter

13 Vgl. Larsen: Osnabrück-Kommandoen, S. 143.

14 Annette Holtze: Hans Holtze – jeres morfar/farfar – og krigen (Hans Holtze – euer Großvater im Krieg) (unveröffentlichte Text- und Bildkollage für Holtzes Enkel und Urenkel Lea, Jakob, Janus und Maja), April 2012, S. 20, und Frihedsmuseet, 30 C 10057, Fragebogen John Preben B. vom 12.4.1945.

15 Gerda Fricke: Wüstenbewohner erinnern sich. KZ-Häftlinge auf dem Güterbahnhof bei Block Hörne, 1. Teil, in: Wüstenwind 29/2015, S. 16.

16 Die Suche nach Zeitzeugen an den anderen Stationierungs- beziehungsweise Einsatzorten in Hasbergen-Leeden, an der Permbahnstrecke, in Lengerich, Rheine und Nordenham blieb bisher erfolglos.

17 Die Angaben zu sozialen Beziehungen der Bewohner zu Angehörigen der 5. SS-EbBB beruhen ausschließlich auf den Erinnerungen von drei damals acht, neun und 16 Jahre alten Zeitzeuginnen beziehungsweise Zeitzeugen: Gerda Fricke, Hilde Brockmeyer und Werner Nietiedt. Mit ihnen hat der Verfasser im Lauf der Jahre 2015 bis 2017 Gespräche und Interviews geführt. 1944/45 bereits erwachsene Bewohner Limbergens konnten hingegen nicht mehr befragt werden.

18 Interview mit G. Fricke und H. Brockmeyer vom 20.2.2016. Die Zeitzeugin H. Brockmeyer, Tochter eines damaligen Bahnbediensteten, gibt an, bereits 1941 oder 1942 »KZ-Häftlinge« auf dem Gelände des Betriebsbahnhofes gesehen zu haben. Ob es sich dabei eventuell um unmittelbar der Reichsbahn unterstellte Zwangsarbeiter handelte, konnte nicht ermittelt werden.

19 Als zusätzliche Ernährungsquelle wurden von den Eisenbahnerfamilien Hühner, Schafe und Ziegen gehalten.

Treffpunkt der Limbergener Kinder war das Transformatorengebäude der Reichsbahn. Es befand sich an der höchsten Stelle über dem Taleinschnitt für den Betriebsbahnhof Hörne. Vor den Eingangstüren waren zum Schutz vor Druckwellen bei Bombenangriffen in geringem Abstand Mauern errichtet worden. Die Kinder erkletterten diese Druckschutzmauern und hatten von dort einen vollständigen Überblick über die Umgebung.[20] Nach mehr als fünf Kriegsjahren mit zahlreichen Bomben- und Tieffliegerangriffen war auch den Kindern der Anblick von Gewalt und Tod nicht neu. Dennoch wirkte das Geschehen vor ihrer Haustür auf sie irritierend und aufregend zugleich. Sie waren Augenzeugen, wenn die Häftlinge während der Arbeit von den Aufsehern mit Knüppeln »geschlagen wurden und die dann am Boden lagen und die dann wieder versuchten, sich aufzurichten und weiterzuarbeiten.«[21] Sie schauten zu, wie die Häftlinge am Rand der Bahnlinie unmittelbar neben den Hausgrundstücken, bewacht von SS-Männern mit Gewehr im Anschlag, Kabelgräben anlegten. Sie beobachteten, wie die Häftlinge auf den Balken der Latrine saßen, wie sie in langen Reihen zum Arbeitseinsatz abrückten und wie die SS-Männer abends um die zugesperrten Waggons patrouillierten. Die Stationierung der 5. SS-EbBB am Betriebsbahnhof Hörne in Limbergen führte darüber hinaus zu zahlreichen direkten Kontakten zwischen den Bewohnern und Angehörigen der Brigade. Es entwickelten sich persönliche Beziehungen zu einzelnen Häftlingen und zum SS-Personal. Während einige Wachleute von den Anwohnern als arrogant und bösartig geschildert werden, verhielten sich andere gegenüber den Bewohnern der Ansiedlung zum Teil durchaus freundlich.[22] Gelegentlich wurden sogar Räume und Einrichtungen einer Limbergener Eisenbahnerfamilie mitbenutzt. Ein Häftling führte im Wohnzimmer der Familie Flickarbeiten an Kleidungsstücken aus. In einem Nebengebäude wuschen Häftlinge unter der Aufsicht bewaffneter SS-Männer Wäsche.[23]

20 Interview mit G. Fricke am 14.2.2015 sowie Interview mit G. Fricke, H. Brockmeyer vom 20.2.2016.

21 Interview mit G. Fricke am 14.2.2015.

22 Ein Wachmann der 5. SS-EbBB, der SS-Unteroffizier Michael M., ein »Rumäniendeutscher«, heiratete nach Kriegsende eine Frau aus der Siedlung Limbergen, die er während seines Einsatzes kennengelernt hatte. Mit ihr lebte er bis zu seinem Tod in den 1990er Jahren in Osnabrück, nur wenige hundert Meter vom Betriebsbahnhof Hörne entfernt. Eine Zeitzeugin beschreibt M. rückblickend als einen durchaus freundlichen Mann, der sich aber später in seinem Haus »regelrecht verbarrikadiert« habe: Interview mit G. Fricke am 14.2.2015 und vgl: BArch B 162/30086, S. 27, Vermerk des LKA NW über die 5. SS-EbBB. Dort wird »ein aus Jugoslawien stammender SS-Unterscharführer« gleichen Namens genannt.

23 Interview mit G. Fricke und H. Brockmeyer am 20.2.2016. Frau Brockmeyer war Tochter der Familie. Es dürfte sich um die Reparatur und Wäsche von Kleidung des SS-Personals gehandelt haben.

3.3 Ernährung

»Die schwere Arbeit, nichts zu ›fressen‹ und sehr schwierige Lebensbedingungen.«[24] So knapp und drastisch fasste der ehemalige Häftling Kurt Reilinger in einem unmittelbar nach Kriegsende geschriebenen Brief die Lage der KZ-Gefangenen am Hauptstandort in der 5. SS-EbBB zusammen. Der Ernährungsmangel wurde im Laufe der Zeit zu einer immer größeren Gefahr für die Gesundheit. Ein Funktionshäftling erklärte 1973 in einer Zeugenaussage: »Krank waren die Häftlinge praktisch alle. Viele waren nur noch Haut und Knochen, andere konnten gerade noch auf den Beinen stehen. [...] Die Häftlinge waren einfach zu schwach geworden.«[25]

Gemessen an der Arbeit, die sie zu leisten hatten, lag der Tagesbedarf bei mindestens 2.000 Kalorien. Sie mussten jedoch schon bald mit höchstens 800-1.000 Kalorien auskommen. Der permanente Hunger führte zu »Futterneid«,[26] zum Dilemma aller KZ-Häftlinge, die auch bezüglich der Ernährung ihr Überleben gegen die Mithäftlinge behaupten mussten. Vor allem Brot wurde zu einer Kostbarkeit, auf deren gerechte Verteilung besonders geachtet wurde. Der Häftling Vesterdal schildert ein ausgeklügeltes Wiegeverfahren, das er und seine dänischen Kameraden von den polnischen Gefangenen in ihrem Waggon übernahmen:

> »Eine primitive Waage wurde konstruiert: Ein Stock mit zwei Holzstiften am Ende jeder Seite, die in das Brot gesteckt wurden. Dieser Stock war in der Mitte an einer Schnur aufgehängt [...], die von demjenigen gehalten wurde, der die drei Stücke wog, in die das Brot geteilt worden war.«[27]

Die drei Männer, die sich das Brot teilten, wechselten täglich ihre Aufgaben. Der Erste musste das Brot in drei gleiche Teile schneiden, der Zweite musste mit der Stockwaage in mindestens zwei Wiegevorgängen nachprüfen, ob alle drei Stücke gleich schwer waren, der Dritte durfte zuerst auswählen, welches Stück ihm gehören sollte.

F. B. Larsen beschreibt die Zusammensetzung und Qualität des Frühstücks der Häftlinge der 5. SS-EbBB so:

> »Dann holten 2 Mann den ›Morgenkaffee‹ und die tägliche Brotration vom Küchenwagen. Je 3 Mann mussten sich ein 1500g-Brot teilen; 16-20 Mann teilten sich ½ kg Margarine mit 5 % Fettgehalt. 1-2-mal pro Woche gab es Aufstrich; das konnte synthetischer Honig sein, Marme-

24 GFHA 184-1, Kurt Reilinger, S. 71.

25 BArch B 162/15400, S. 631 (4), Aussage Felix L. vom 6. 2. 1973.

26 Larsen: Osnabrück-Kommandoen, S. 144 f.

27 Vesterdal: Mit ophold, S. 23 f.

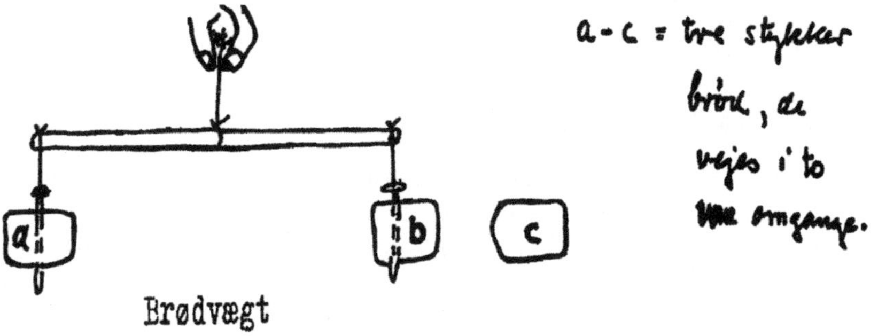

Abb. 16: Skizze einer von den Häftlingen hergestellten Brotwaage.

> lade, Wurst oder Käse. Es war nie ausreichend. Das Essen war sicher nicht besonders nährreich, aber wir waren ja hungrig und glücklich, wenn wir ein Stückchen Wurst oder einen Klecks Marmelade zum Brot bekamen.«[28]

Nach Auskunft anderer Häftlinge gab es an einigen Tagen deutlich weniger zu essen und manchmal weder Essen noch Wasser. In den kurzen inoffiziellen Pausen während der täglichen Arbeit[29] mussten sich die Häftlinge von den Resten der Tagesration ernähren oder hungern. Die Hauptmahlzeit wurde nach Arbeitsende ausgegeben. Für die Zubereitung waren vier Häftlinge im Küchenwagen eingesetzt.[30] Das Essen wurde von den Essenholern für die Insassen ihres Waggons in einem Holzeimer am Küchenwagen in Empfang genommen.[31] Das gesamte Essgeschirr bestand aus einem Löffel und einem Blechnapf. Während des Essens blieben die Waggons der gewöhnlichen Häftlinge verriegelt. Da das Essen für alle Gefangenen im Küchenwagen in Osnabrück bereitet wurde, musste es täglich mit der Bahn zum Standort des acht Kilometer entfernten 1. Bauzugs transportiert werden.[32] Bei der Ankunft war es deshalb immer schon kalt. Auch die Essensrationen sollen hier kleiner

28 Larsen: Osnabrück-Kommandoen, S. 141. Die Tagesration pro Person bestand demnach aus etwa 500 g Brot, 25-30 g Margarine und etwas Aufstrich sowie einem Liter Suppe. »Synthetischer Honig« oder »Kunsthonig« ist ein aus Glucose und Fructose chemisch hergestelltes Gemisch von honigähnlicher Konsistenz.

29 Für die erste Einsatzwoche in Osnabrück ist im Journal noch eine tägliche Pause von 12.00 Uhr bis 12.30 Uhr vermerkt. Danach fehlt jeder Hinweis auf offizielle Pausen.

30 BArch B162/15360, Aussage Gerhard N. vom 11. 4. 73.

31 Der ehemalige Häftling Felix L. behauptet, dieselben Holzeimer hätten die Gefangenen »nachts als Toiletteneimer benutzen« müssen: BArch B 162/15400, S. 631 (4), Aussage Felix. L. vom 6. 2. 1973. Dies wird aber von keinem anderen Zeugen bestätigt und erscheint eher unwahrscheinlich.

32 Wie die Essensversorgung während des Einsatzes des 2. Bauzugs in Coesfeld geregelt wurde, ist nicht bekannt.

gewesen sein.[33] Bis zum Jahresende 1944 war die Hauptmahlzeit mengenmäßig zumindest an einigen Tagen noch annähernd ausreichend. Im Dezember 1944 hatte es sogar ein- oder zweimal pro Woche eine Speise gegeben, die als Gulasch bezeichnet wurde:

> »Es bestand aus Kartoffeln, die für normale Menschen wegen der Frostschäden oder aus anderen Gründen als ungenießbar galten, aber wir aßen sie, sogar mit einem gewissen Wohlbehagen, mitsamt den Schalen. Dazu gab es braune Soße mit ein paar wenigen Fleischstückchen darin. [An Weihnachten des Jahres 1944] ließ es sich das großdeutsche Reich nicht nehmen, für jeden Gefangenen 3 Zigaretten auszugeben. Das Mittagessen war ebenfalls genießbar, an diesem Tag. Es gab eine Portion Gulasch und eine schwabbelige Masse, die sich Pudding nannte.«[34]

Später standen auf dem Speiseplan abwechselnd Kartoffelsuppe, Kohlsuppe oder Rübensuppe. Als die Kartoffeln aufgebraucht waren, gab es für einige Wochen abwechselnd Rot- und Weißkohlsuppe. Aber schon bald, und von da an bis zur Auflösung der Brigade, wurde fast nur noch Rübensuppe ausgegeben. Selbst deren Qualität ließ stetig nach: »Da die Arbeit gleichzeitig immer anstrengender wurde, war es sehr schlecht, dass es bald nur noch einen Liter warmes Wasser mit ein paar mehr oder minder garen Rübenstücken gab.«[35] Fett und tierisches Eiweiß fehlten nun vollständig. Die dünne Suppe verursachte bei vielen Häftlingen Durchfallerkrankungen, die sie weiter schwächten. Trotz steigender Arbeitsbelastung und längerer täglicher Arbeitszeiten wurde im März 1945 zudem die Brotration um 25 % verringert. Larsen beschreibt das Entsetzen der Häftlinge bei Bekanntwerden der Kürzung: »Als wir es erfuhren, wirkte es auf uns wie ein betäubender Schlag. Es übertraf unsere Fähigkeit, den ständigen Hunger und unsere unglaubliche Sehnsucht nach dänischem Essen zu ignorieren.«[36] Lediglich für die in den besonders wichtigen und schweren Sondereinsätzen im Gleisbau arbeitenden Häftlinge gab es für einige wenige Tage im März 1945 eine zusätzliche Mahlzeit, die von den Dänen als »Jernbanesuppe« (Eisenbahnsuppe) bezeichnet wurde.[37] Alle waren ständig auf der Suche nach zusätzlicher Nahrung. Der Mangel an Essbarem bestimmte die Gedanken und Gefühle der Häftlinge:[38]

33 Larsen: Osnabrück-Kommandoen, S. 148.
34 Ebd., S. 147.
35 Ebd., S. 158.
36 Ebd., S. 147.
37 Frihedsmuseet, 30 C 10057, Fragebogen J. Preben B. vom 12.4.1945. Vermutlich handelte es sich bei der »Eisenbahnsuppe« um eine zusätzliche Rübensuppe.
38 Von den Versorgungsproblemen in der letzten Kriegsphase waren auch das SS- Wachpersonal und die Kapos betroffen. Sie hatten in dem daraus resul-

»Es verging viel Zeit damit, dass wir über Essen sprachen und davon fantasierten. Einige komponierten gewaltige ›Befreiungs-Festtagsessen‹ und andere schmiedeten Pläne für das Essen oder besser ›Überfressen‹ in den ersten Wochen nach ihrer Heimkehr.«[39]

Häftlinge des Baufeldkommandos nutzten den Arbeitseinsatz auf dem Gebiet einer ehemaligen Schrebergartenkolonie am südlichen Stadtrand Osnabrücks, um an Essbares zu gelangen: »Wir [...] stahlen dabei in dem Maße, wie die Verschlafenheit der Wachen uns das erlaubte, gefrorene Kräuter oder Zwiebeln aus den Schrebergärten.«[40] Manche riskierten es, bei den Räumarbeiten in der Stadt gefundene Nahrungsmittel beiseite zu schaffen. Während des Einsatzes in einem Bombenräumkommando fand der dänische Häftling Peter P. eine Flasche Wacholderschnaps und schmuggelte sie unbemerkt in seinen mit Dänen, Polen und »Russen« belegten Waggon. Am Heiligabend diente sie den heimwehkranken Insassen als Ersatz für den traditionellen »julesnaps«.[41] Ein Kapo erfuhr davon und drohte damit, den Dänen wegen Plünderung anzuzeigen. Kameraden mussten Restbestände aus ihren Rote-Kreuz-Paketen einsetzen, um den Kapo zu bestechen.[42] Der ehemalige Häftling Hans H. erzählte nach dem Krieg im Familienkreis davon, »dass er es einmal gewagt habe, einen Sack Mehl aus einem Wagen auf dem Bahngelände zu stehlen. Das hätte ihn das Leben gekostet, wenn ein Wachmann es gesehen hätte.«[43] Zu seinem Bedauern war es kein Weizenmehl sondern Kartoffelmehl, das sich nur schwer verarbeiten ließ. Ein Beispiel für die Zusammenarbeit von (Funktions-)Häftlingen und SS-Wachleuten bei der Nahrungsbeschaffung schildert der Lagerarzt Wikler. Aus einem in der Nähe des Zuges der 5. SS-EbBB vorübergehend abgestellten Militärtransport sollen mit Wissen und Beteiligung der SS-Rottenführer Kehe und Liedtke Lebensmittel (Eier, Zucker, Kekse, Brei und zwei Schweinehälften) gestohlen worden sein: »Wir teilten sie auf zwischen den Patienten, dem Personal des Krankenreviers und den beiden SS-Männern.«[44] Weit verbreitet war die Beschaffung von Lebensmitteln durch Tauschhandel, an dem

tierenden Verteilungskampf gegenüber den Häftlingen jedoch die weitaus bessere Position.

39 Larsen: Osnabrück-Kommandoen, S. 147.

40 Ebd., S. 145. Im Gebiet um die Behelfsheimbauten an der »Sandgrube« befanden sich zahlreiche aufgelassene oder noch bearbeitete Gärten.

41 Vgl. Fosmark: Bombekommandoens fanger fik julesnaps. Julesnaps ist eine mit Kräutern und Gewürzen versehene Spirituose, die in Dänemark traditionell in der Weihnachtszeit getrunken wird.

42 Ebd.

43 Holtze, Hans Holtze, S. 20.

44 W. Wikler in: Waclaw Czarnecki/Zygmunt Zonik: Walczacy Oboz Buchenwald, Warschau 1969, S. 181.

Häftlinge, Kapos und SS-Männer gleichermaßen beteiligt waren. Die begehrtesten Tauschmittel waren Tabak und Zigaretten, »zum Teil, weil wir mit dem Nikotin unseren Hunger betäuben konnten, und zum Teil, weil wir für den Tabak Brot, Kartoffeln, Essen und andere Dinge eintauschen konnten.«[45] Mitte März 1945 bot sich den Häftlingen mit der »Katastrophe von Lengerich« überraschend eine Chance, an zusätzliche Nahrung zu gelangen. In dem etwa 20 Kilometer südlich von Osnabrück an der Bahnstrecke nach Münster gelegenen Ort Lengerich waren bei einem alliierten Luftangriff ein Zementzug, ein Versorgungszug und ein Munitionszug bombardiert und zerstört worden.[46] Ein Soforteinsatzkommando der 5. SS-EbBB wurde noch in der Nacht zum Einsatz nach Lengerich geschickt.[47] Der getroffene Versorgungszug hatte Eier geladen,

> »die wir natürlich nicht nehmen durften, die wir aber klauten wie die Raben. Wir aßen sie roh – 10, 20, 30 oder 40 Stück pro Tag, je nachdem, wie viele wir stehlen konnten. Einige aßen am ersten Tag fast 100 Eier, aber das hielt der Magen nicht aus. Einige waren so mutig, sich auf den brennenden Güterwagen Spiegeleier zu machen. Im Zug gab es auch Kartoffeln, Butter und Wurst. Aber Butter und Wurst waren nur schwer zu ergattern, denn die Posten schossen eifrig auf die Häftlinge, die sie herumschleichen und nach Essen suchen sahen. Die Arbeit dort dauerte ein halbes Dutzend Tage, aber an Essen kamen wir nur die ersten zwei bis drei Tage. Das waren tolle Tage. Wir nahmen Eier und Kartoffeln mit zurück und aßen sie nachts. Keiner von uns wird die Katastrophe von Lengerich je vergessen.«[48]

Die an dem Sondereinsatz in Lengerich beteiligte Gruppe der dänischen Häftlinge stellte bezüglich der Ernährung ohnehin einen Sonderfall dar. Die Dänen hatten kurz vor ihrer Abreise aus dem KZ Neuengamme nach Osnabrück »vom Roten Kreuz auch einige Lebensmittelpakete erhalten, mit Tabak«.[49] Mit diesen Vorräten konnten sie zu Beginn ihrer Haftzeit in der 5. SS-EbBB ihre Verpflegung ergänzen und weitere Vorteile eintauschen.

45 Larsen: Osnabrück-Kommandoen, S. 150.

46 Bei dem Luftangriff auf den Bahnhof in Lengerich am Mittag des 13.3.1945 starben 48 Menschen.

47 Im Journal der 5. SS-EbBB ist der Einsatz von jeweils 100-165 Häftlingen vom 13.3.45 (»in der Nacht Lengerich«) bis zum 19.3.45 vermerkt: Journal, S. 169-175.

48 Larsen: Osnabrück-Kommandoen, S. 153.

49 Ebd., S. 141. Nach Barfod erhielten die 35 Dänen in Neuengamme jeweils ein Kleidungspaket und zwei Lebensmittelpakete. Barfod: Helvede har mange navne, S. 211. Die sogenannten Rote-Kreuz-Pakete wurden von dänischen Regierungsstellen finanziert und durch Freiwillige an verschiedenen Orten in Kopenhagen gepackt. Das Dänische Rote Kreuz übernahm lediglich die Auslieferung.

Nachdem abends ihr »Dänen-Waggon« verschlossen worden war, begann ihr »Familienleben«. Einige Häftlinge schliefen oder besserten ihre Kleidung aus.

> »Wieder andere aßen noch etwas. Wir hatten ja Schweinefleisch, Hafergrütze, Trockenmilchpulver usw. in den aus Neuengamme mitgebrachten ›Rote-Kreuz‹-Paketen. Solange es ab und zu Kartoffeln gab, aßen wir die. In den ersten Wochen gab es auch noch so manche Portion Hafergrütze, gebratenes Fleisch und Kartoffeln aus dem Ofen.«[50]

Am 6.3.1945 erhielten die Dänen noch einmal Rote-Kreuz-Pakete und einen Sack mit Roggenbrot, die allerdings nicht mehr vollständig waren:

> »Einige Pakete waren aufgebrochen worden und der Inhalt war etwas vermindert und das 4 kg schwere Brot war zusammengeschrumpft. Als wir es ausgeliefert bekamen, hatte jeder Mann etwa 1/3 Brot, aber wir fühlten uns dennoch reich. Die Pakete enthielten Tabak, ca. 100 Zigaretten und ein Päckchen losen Tabak pro Mann, und das machte unsere Dankbarkeit gegenüber dem Roten Kreuz unendlich größer [...]. Wir hofften, dass nun regelmäßig Pakete kämen, aber es geschah nur dieses eine Mal während der 4 1/2 Monate, die wir bei der Brigade waren.«[51]

So, wie die Gefangenen der Brigade während ihres Aufenthaltes in Osnabrück Hunger leiden mussten, erging es ihnen auch auf dem Rückzug der 5. SS-EbBB, Anfang April 1945. Selbst die Dänen, die am Morgen des 3.4.1945 von Syke aus die Rückreise mit der Bahn nach Neuengamme antraten, wo die »Weißen Busse« der Aktion Bernadotte auf sie warteten, mussten unterwegs mehr als 50 Stunden ohne Essen überstehen.[52] Ihren Leidensgenossen, die auf dem weiteren Weg der Brigade noch für einige Zeit in Nordenham Schwerstarbeit im Midgardhafen und auf den Weserfähren leisten mussten, erging es noch schlechter. Die meisten von ihnen hatten schon jahrelange Ausbeutung und Mangelernährung in Lagern und Kommandos ertragen müssen. Einige waren bereits seit 1939 oder, wie zum Beispiel der Häftling Anton A., seit Mai 1933 in Haft. Ihre Körper waren extrem geschwächt. Sie lebten am Rande des Hungertodes. Nach der Verladung auf den Frachtdampfer *Apollo*, während der Fahrt durch den Kaiser-Wilhelm-Kanal nach Flensburg und auf dem als Lager benutzten Schiff *Rheinfels* in der Flensburger Förde blieben die Gefangenen noch einmal mehrere Tage ohne Nahrung und Wasser. Das Hungerleiden endete erst mit der Befreiung am 10.5.1945. Die ausländischen Häftlinge wurden an Bord des Motorschiffes

50 Larsen: Osnabrück-Kommandoen, S. 145 f.

51 Ebd., S. 150 f.

52 Ebd., S. 156.

Homberg auf der Fahrt nach Schweden vom Roten Kreuz versorgt. Ihre ehemaligen deutschen Mitgefangenen erhielten Essen über den deutschen Marinestützpunkt Mürwik und, nach ihrer Verlegung an Land, in einer Schule in Flensburg.[53]

3.4 Hygiene und Gesundheit

Hygiene ist, besonders unter den Bedingungen eines Lagers, in dem sehr viele Menschen auf engstem Raum zusammenleben müssen, eine notwendige Voraussetzung für den Erhalt der Gesundheit. Wo sie fehlt oder unzureichend ist, entstehen zwangsläufig Krankheiten. In der 5. SS-Eisenbahnbaubrigade gab es weder eine vorbeugende Gesundheitsförderung noch Maßnahmen zur Krankheitsprävention.

Zudem waren viele Gefangene bereits durch ihre Aufenthalte in anderen Lagern und Kommandos gesundheitlich schwer angegriffen. Die Mehrzahl der Gefangenen verfügte nur über die Kleidungsstücke, die sie am Leib trugen. Wäschewechsel gab es daher kaum. Die Strohbetten waren lediglich mit ein bis zwei Wolldecken ausgestattet, die ebenfalls nicht gewechselt wurden. Auch Seife und andere Körperpflegemittel standen nicht oder zumindest nicht in ausreichender Menge zur Verfügung. »Das Wasser zum Waschen musste außerhalb des Wagens und in einiger Entfernung geholt werden. Mehr als ein paar Tropfen Wasser hatten wir fast nie.«[54] Sofern im Verlauf des Tages genügend Brennmaterial besorgt werden konnte, wurden nach der Rückkehr die Öfen in den Häftlingswaggons den ganzen Abend über geheizt.[55] Der schnelle Temperaturwechsel und die ungleiche Wärmeverteilung in den Waggons schwächten die Gefangenen zusätzlich. Viele waren schon »in der Zeit nach Weihnachten so gefährlich mit Angina und Lungenentzündung angegriffen, dass nach dieser Zeit mancher zwischen Leben und Tod schwebte.«[56] Ein großes hygienisches Problem für die Gefangenen war der Befall mit Läusen und Krätzemilben. »Die Läuse haben uns fast aufgefressen«,[57] schildert ein Häftling die Plage. Durch den Austausch von Teilen der Waggonbesatzung hatte sich der Läusebefall schnell über sämtliche Häftlingswaggons verbreitet. So wurde ein zuvor ausschließ-

53 BArch B 162/15361, S. 254 (8), Aussage Karl J. vom 17. 9. 1972, Fortsetzung am 28. 9. 1972.

54 Vesterdal: Mit ophold, S. 18.

55 Ebd., S. 16. Die Häftlinge sammelten auf dem Bahngelände Kohlebrocken, die passierende Lokomotiven häufig verloren.

56 Larsen: Osnabrück-Kommandoen, S. 146.

57 BArch B 162/15359, Aussage Jakob L. vom 31. 10. 1972.

lich mit Dänen belegter, noch nicht befallener Waggon nach dem Abzug einiger dänischer Häftlinge nach Hasbergen mit sechs anderen Häftlingen (fünf Russen und Polen und einem Reichsdeutschen) besetzt, die aus ihrer letzten Unterkunft Läuse mitbrachten,

> »diese Tierchen, denen wir glücklicherweise bis dahin entgangen waren. Aber das gelang uns jetzt nicht mehr. Im Laufe kürzester Zeit waren wir alle von Läusen befallen. Manche von uns hatten so viele davon, dass sie trotz aller Müdigkeit nachts vor Juckreiz nicht mehr in den Schlaf kamen.«[58]

Dem Läusebefall konnte von den Häftlingen kaum etwas entgegengesetzt werden.

> »Waschen half nicht, weil die Läuse und ihre Eier auch in den Kleidern waren. Egal, wie sehr wir versuchten, sie wegzuwischen, sie wurden nicht vollständig entfernt, egal ob wir versuchten die Kleider aufzuhängen oder nachts anzubehalten. [...] Man kann mit Läusen leben, aber für zivilisierte Menschen ist zu befürchten, dass das zerstörerisch für die Selbstachtung ist, dass es eine größere Plage ist als Hunger.«[59]

Von Seiten der SS war ebenfalls keine Hilfe gegen die Läuseplage zu erwarten. Ein ehemaliger Kapo sagte später aus:

> »Obwohl ich wiederholt Entlausungsmittel angefordert hatte und ich von dessen Vorhandensein wusste, wurde davon an die Häftlinge nichts ausgegeben. Lediglich der Rottenführer Liedke gab mir persönlich einmal ein kleines Döschen.«[60]

Bald hatten alle Gefangenen zusätzlich die Krätze, die durch Absonderungen einer Milbe verursacht wird. Kratzten die Häftlinge die entstandenen Pusteln und Bläschen auf, führte das zu Abszessen und Blutvergiftungen. Kleidung, Wäsche und Decken der Gefangenen wurden gelegentlich in großen Kesseln aus alten Benzinfässern gekocht, um sie vom Ungeziefer zu befreien. Das hatte zur Folge, dass die Häftlinge nachts unter noch feuchten Decken schlafen mussten, weil bei der nasskalten Witterung die Zeit nicht reichte, um die Wäsche bis zum nächsten Gebrauch zu trocknen. Regelmäßige Waschtage gab es nicht.[61] Neben dem Befall mit Läusen und Milben

58 Larsen: Osnabrück-Kommandoen, S. 148.

59 Vesterdal: Mit ophold, S. 28. John P. Beckwith erwähnt 1946 in einem Fragebogen einen »Entlausungstag« an einem Sonntag, an dem der Lagerführer nicht anwesend war: Frihedsmuseet, 30 C 10057, Fragebogen John Preben B. vom 12. 4. 1945.

60 BArch B 162/15361, S. 252 (6), Aussage Karl J. vom 17. 9. 1972, Fortsetzung am 25. 9. 1972.

61 W. Wikler, Kryptonim Dora, S. 125 f. Im Journal findet sich lediglich für den 7. und 8. 4. 1945, während eines Zwischenaufenthaltes in Brake, ein Tageseintrag »Einsatz:

war das Fehlen hygienischer Aborte ein Problem. Am Lagerstandort in Osnabrück-Hörne befand sich eine Feldlatrine auf einer Freifläche zwischen den Abstellgleisen. Sie bestand aus einer offenen rechteckigen Grube, die mit vier Balken umrahmt war.[62] »Auf diesen Balken saßen die Gefangenen und verrichteten ihre Notdurft.«[63] An den Arbeitsplätzen standen selbst solche Einrichtungen nicht immer zur Verfügung. Man musste also einen zwar etwas abseits gelegenen, aber für die Posten einsehbaren Ort aufsuchen. Die Gefangenen hatten sich zuvor mit abgenommener Kopfbedeckung an einen der SS-Wachmänner zu wenden und mit der Bitte: »Posten, scheißen!« um Erlaubnis zu fragen.[64]

> »Die Posten konnten uns das erlauben, aber von ihm und manchem anderen Posten hörten wir nur den Satz: ›Arbeiten sollst du, nicht scheißen!‹ Und nichts amüsierte sie mehr als zu sehen, was geschah, wenn sie einem Gefangenen mit Durchfall, und den hatte die Mehrheit ständig, wegen der elendigen Rübensuppe, die Erlaubnis verweigerten.«[65]

Schlimm erging es den Häftlingen, wenn sie in ihren Waggons eingesperrt waren:

> »Nachts gab es ständig Unruhe, weil viele von uns unter der verbreiteten Krankheit litten, die wir in der Lagersprache ›Scheißerei‹ nannten. Das war ein heftiger Durchfall, an dem viele starben. Weil die Türen verschlossen waren, mussten die Betroffenen ihre Notdurft in einen offenen Eimer im Wagen verrichten, so dass es schrecklich stank.«[66]

Als Ersatz für fehlendes Toilettenpapier verwendeten die Häftlinge Romane, Rechnungen oder anderes Papier, das sie gelegentlich während der Arbeit im Stadtkommando sammeln konnten.[67] Es wurden Absprachen getroffen, um den Gebrauch des Zinkeimers im Waggon nach Möglichkeit zu beschränken:

> »Mussten wir pissen, was häufig geschah, standen wir an der Schiebetür, in die in geeigneter Höhe ein Loch gebohrt war. [...] Allerdings wurde

Allgemeine Wohn- und Körperreinigung« beziehungsweise »Einsatz: Allgemeine Reinigung«: Journal, S. 194 f.

62 J. Preben B. verwendet in einem Fragebogen dafür den dänischen Ausdruck »Friluftsretirade«: Frihedsmuseet, 30 C 10057, Fragebogen John Preben B. vom 12.4.1945.

63 Interview mit G. Fricke am 14.2.2015. Die Kinder der Limberger Straße konnten das Bahngelände und die Feldlatrine auf den Mauern eines Transformatorenhäuschens sitzend überblicken.

64 Vgl. Vesterdal: Mit ophold, S. 26.

65 Larsen: Osnabrück-Kommandoen, S. 152.

66 Zitat Peter Petersen, in: Fosmark: Bombekommandoens fanger fik julesnaps, S. 17.

67 Larsen: Osnabrück-Kommandoen, S. 143.

> befohlen, dass der Betreffende an der Tür rufen musste: ›Pissen!‹, bevor er loslegte.«[68]

Bei völliger Dunkelheit gelang das nicht immer erfolgreich. Besonders unbeliebt war aus diesem Grund der unterste Kojenplatz an der Tür.[69]

3.5 Medizinische Versorgung

Für die medizinische Versorgung war von Oktober 1944 bis mindestens Ende Dezember 1944 von Seiten der SS der SS-Rottenführer Adolf Kehe als Sanitätsunteroffizier zuständig. In einer Zeugenaussage schilderte er nach dem Krieg rückblickend die Möglichkeiten der Behandlung von Krankheiten und Verletzungen in der Eisenbahnbaubrigade sehr positiv:

> »Ich selbst gehörte zum Bewachungspersonal und war als Sanitätsdienstgrad eingeteilt. Auch ein Arzt war dabei, der aber selbst Häftling war. […] Es war so, dass innerhalb des Zuges ein Waggon als Sanitätsraum eingerichtet war. Die kranken und arbeitsunfähigen Häftlinge sind in diesem Waggon von dem Häftlingsarzt behandelt worden. Mir ist nicht erinnerlich, dass während meiner Zugehörigkeit zum Bauzug Häftlinge gestorben wären. Ich kann auch nicht sagen, wohin die Sterbefälle gemeldet wurden und wo die Bestattung erfolgte.«[70]

Bei dem erwähnten Häftlingsarzt der Brigade handelte es sich um Władysław Wikler, einen »polnischen Gefangenen, der trotz fehlender Heilmittel und trotz der Schikanen von Seiten der SS tüchtig für die vielen Kranken und Verletzten des Lagers arbeitete.«[71] Er wurde unterstützt von weiteren Häftlingen, die unter seiner Aufsicht als Hilfssanitäter im Revier in Hörne arbeiteten.[72] Da es ausschließlich polnische Gefangene waren, ist zu vermuten, dass der ebenfalls polnische Häftlingsarzt sie bestimmen konnte oder zumindest an ihrer Auswahl beteiligt war. Die Mehrzahl von ihnen verfügte

68 Vesterdal: Mit ophold, S. 18.

69 Ebd., S. 41.

70 BArch B 162/15361, Aussage Adolf Kehe vom 20.9.1972.

71 Larsen: Osnabrück-Kommandoen, S. 146. Wiklers Lebensgeschichte wird an anderer Stelle ausführlich erzählt.

72 Wikler nennt als Sanitäter beziehungsweise Sanitätshelfer sieben Personen, die in dem Verzeichnis der 5. SS-EbBB aufgeführt sind. Leon Zandar, Franciszek (Franus) Soltys und Augustyn Jarniewski waren als Angehörige der V. SS-BB bereits mit ihm in Frankreich eingesetzt. Adam Dziubinski, Anton Laba, Zygmunt Tomczak und Boleslaw Kowalczyk kamen als ehemalige Gefangene des Natzweiler-Außenlagers Cochem zur 5. SS-EbBB: vgl. Czarnecki/Zonik: Kryptonim Dora, S. 126.

wohl nur über geringe medizinische Vorkenntnisse.[73] Einer der Sanitäter, Zygmunt Tomczak, äußerte in einer Befragung unmittelbar nach Kriegsende auch starke Zweifel an der Legitimation Władysław Wiklers als Arzt. Wikler habe zwar eine Armbinde mit der Aufschrift »Häftlingsarzt« getragen und die Deutschen hätten ihn »Doktor« genannt, weil er diese Funktion ausgeübt habe. Er sei aber »sicher kein Arzt [gewesen], das habe ich gleich gemerkt, als ich in das Revier kam und mit ihm zusammenarbeitete.«[74] Unabhängig davon wird in den Aussagen zahlreicher Gefangener Wiklers aufopferungsvolle Tätigkeit und sein unbedingter Einsatz für die Kranken und Verletzten immer wieder betont. War jemand krank oder bei der Arbeit verletzt worden, konnte er nach der Rückkehr ins Lager den »Revierwaggon« am Lagerstandort in Osnabrück-Hörne aufsuchen.[75] Schwerverletzte wurden nach Arbeitsende von Mithäftlingen auf Brettern oder Türblättern zurückgetragen. Der ehemalige Funktionshäftling Felix L. erklärte: »Ich habe hin und wieder gesehen, dass man einen Häftling zum Wagen zurücktrug. Wenn es ihm dann ganz schlecht ging, durfte er in dem Waggon, der als Lazarett eingerichtet war, liegen bleiben.«[76]

Während des Arbeitseinsatzes »gab [es] natürlich keine Verbandtasche oder Ähnliches, so dass derjenige, der so unglücklich war, im Tagesverlauf zu Schaden zu kommen, liegen und leiden musste, bis wir abends zurückkamen.«[77] In den außerhalb Osnabrücks stationierten Bauzügen gab es lediglich einen Sanitäter und seinen Gehilfen, die Kranke und Verletzte in ihrem »Krankenwaggon« erstversorgten.[78] Schwerer Erkrankte oder Verletzte mussten dort auf ihre »Rücküberstellung« zum Hauptstandort warten. So blieben viele verletzte Gefangene des 1. Bauzuges, der zu einem »Soforteinsatz Rheine« kommandiert war, über zehn Tage weitgehend sich selbst überlassen. Erst nachdem der Bauzug nach Ende des Einsatzes am 27.2.1945

73 Die sieben Sanitäter sind im Häftlingsverzeichnis mit den Berufsangaben Arbeiter (dreimal), Schlosser, Feuerwehrmann, Koch und Lehrer aufgeführt.

74 PIZ, Protokoll Nr. 339, W. Wikler, Ergänzende Aufzeichnungen vom 6.11.1946, Zygmunt Tomczak. Tomczak schildert ausführlich drei Operationen, die Wikler im Revierwaggon in Osnabrück durchführte. In zwei Fällen sei der Patient zwei Tage später gestorben. Die Leistungen des Häftlingsarztes fasst er mit den Worten zusammen: »Obwohl er fehlendes Fachwissen hatte, hat Wikler bei den Häftlingen keinen Schaden angerichtet, außer in den zwei genannten Fällen.«

75 Hier soll Wikler auch medizinische Hilfe für leicht kranke oder verletzte SS-Männer geleistet haben.

76 BArch B 162/15400, S. 631 f. (4 f.), Zeugenaussage Felix L. vom 6.2.1973.

77 Larsen: Osnabrück-Kommandoen, S. 144.

78 Vgl. Vesterdal: Mit ophold, S. 38. Bei dem Sanitäter handelt es sich um Wasil Wasitsch (Häftlingsnummer Bu 35922). Er löste offensichtlich den polnischen Feuerwehrmann Adam Dziubinski ab, der vom 12.1.1945-20.3.1945 als »Häftlingspfleger« im 1. Bauzug arbeitete: Journal, S. 109 und 176.

in die Nähe seines ursprünglichen Standortes bei Hasbergen zurückkehrte, wurden innerhalb eines Tages 50 Häftlinge »wegen Krankheit« zum Revier nach Osnabrück-Hörne überstellt.[79] Doch selbst in der Krankenstation der Baubrigade waren die Häftlinge nicht sicher vor den Nachstellungen des SS-Rapportführers:

> »Wenn ein Mann für ein Arbeitskommando fehlte oder ausfiel, führte er eine Razzia im Revierwagen durch und holte sie heraus, trotz der starken Proteste des polnischen Arztes. Es ist unnötig zu betonen, dass viele dieser Häftlinge in den Kommandos gestorben sind, ebenso wie viele kurz danach starben, weil die Arbeit von einem kranken Mann nicht geleistet werden konnte.«[80]

Die rollende Krankenstation war ohnehin nicht für einen längeren Aufenthalt arbeitsunfähiger Häftlinge vorgesehen. War eine Besserung in absehbarer Zeit nicht zu erwarten, schickte die Lagerleitung den kranken oder verletzten Gefangenen mit einem der Austauschtransporte in ein Stammlager, zunächst das KZ Mittelbau und später das KZ Neuengamme, zurück. Für die Betroffenen war damit die Gefahr verbunden, als auf Dauer nicht mehr verwendbar eingestuft und von der Lager-SS ohne ausreichende medizinische Versorgung in ein Krankenrevier beziehungsweise Sterbelager abgeschoben zu werden.[81] Wie groß die Angst davor war, geht aus einer Erinnerung des dänischen Gefangenen Vesterdal hervor, der über den deutschen »Waggonältesten«[82] in seinem Häftlingswaggon berichtet:

> »Es war ihm zu Ohren gekommen, dass ich ein dänischer Offizier war. Vielleicht aus Klassenhass versuchte er mich mit Bemerkungen zu erschrecken, dass ich ein ›Muselmann‹ werden würde. Das war die Bezeichnung für die Gefangenen, die so ausgezehrt waren, dass sie wie reine Ske-

79 Journal, S. 155. Die Belegschaft des 1. Bauzuges wurde am 2.3.1945 durch die Entsendung von 20 Häftlingen aus dem Hauptlager, darunter auch fünf Dänen, wieder ergänzt: Journal, S. 158, und Larsen: Osnabrück-Kommandoen, S. 148.

80 Frihedsmuseet, 30 C 10168, S. 3, Bericht Jens Erik F. vom 27.9.1946.

81 Einige Gefangene der 5. SS-EbBB hatten offenbar das Glück, nach ihrer Rückführung wieder zu Kräften zu kommen. Den nierenkranken Häftling Otto F. schickte die Brigadeführung noch 1944 mit dem Austauschtransport von 49 Häftlingen am 29.11.1944 in das KZ Mittelbau zurück. Dort fand er eine leichtere Tätigkeit als Lagerarbeiter. Der schwer erkrankte Häftling Salomon Taub wurde mit dem Austauschtransport von 130 Häftlingen am 13.3.1945 in das KZ Neuengamme rückgeführt. Er überlebte die Auflösung des Hauptlagers und den anschließenden Aufenthalt im Lager Sandbostel.

82 Bei dem erwähnten »Waggonältesten« handelt es sich um Erwin B., der als sogenannter Asozialer über die Konzentrationslager Natzweiler (Häftlingsnummer 17139) und Buchenwald/Mittelbau (Häftlingsnummern Bu 89644 und Mi 01709) zur 5. SS-EbBB gekommen war.

> lette aussahen. In der Baubrigade 5 gab es einige davon. Sie lagen im Dora-Wagen, um bei passender Gelegenheit nach Sangerhausen geschickt zu werden, sofern sie lange genug leben würden, um in das dortige Krematorium zu kommen! Ich hatte eines der erbarmungswürdigen Geschöpfe gesehen, das sich in eine Wolldecke gehüllt dahinschleppte. Es war ein Anblick, der sich fest in meine Erinnerungen an das KZ eingegraben hat.«[83]

Häftlinge, die als Rekonvaleszenten oder aus anderen Gründen nur vorübergehend nicht einsatzfähig waren und deshalb in der Brigade verblieben, konnten unter der Bezeichnung »Schonung« noch für einige Zeit von der Arbeit befreit werden.[84] Zu Beginn der Stationierung in Osnabrück befanden sich täglich etwa zehn Häftlinge in Schonung. Im Lauf des Monats November 1944 stieg die Zahl auf etwa 20, später auf 30 bis 35 Häftlinge, bis sie ab Mitte Dezember bei etwa zehn bis 15 konstant gehalten wurde.[85] Der Häftlingsarzt Władysław Wikler beschreibt die medizinische Ausstattung und Versorgung in der 5. SS-EbBB so:

> »Auch hier hatte ich wieder meinen Platz in der Krankenstation, wenn man das so nennen konnte.[86] Der Bereich bestand aus drei Güterwagen, und unterschied sich von den anderen nur dadurch, dass es mit Stroh gefüllte Kojen mit zwei Decken gab und der Waggon für zwanzig Personen ausgelegt war. […] Der Waggon, in dem ich die Notaufnahme hatte, wurde in zwei Hälften geteilt. Die zweite Hälfte wurde zum OP-Raum. Ein Rasiermesser, zwei normale Küchenmesser, zwei Spritzen, acht Nadeln für Spritzen und zwei rostige, normale chirurgische Pinzetten waren das gesamte Operationsbesteck. Dank Key[87] hatte ich einen großen Vor-

83 Vesterdal: Mit ophold, S. 28 f. Vesterdal erwähnt auch einen litauischen Gefangenen im 1. Bauzug in Hasbergen, der »fast ein Muselmann (war), und obwohl er Französisch sprach, war es schwer, ihn zu verstehen. Seine Stimme war sehr schwach und er lächelte ständig vor sich hin.« Ebd., S. 39. Zu dem aus der »Lagerszpracha« stammenden Begriff des »Muselmanns« vgl. Kathrin Wittler: Muselmann. Anmerkungen zur Geschichte einer Bezeichnung, in: Zeitschrift für Geschichtswissenschaft 61/2013 Heft 12, S. 1045-1056.

84 Es ist davon auszugehen, dass der Häftlingsarzt eine solche »Schonung« gewähren konnte, sofern die SS nicht anders entschied.

85 Am Sonntag, den 4.3.1945, wurden letztmalig 14 KZ-Häftlinge in die Rubrik »Schonung« des Häftlingseinsatztagebuches eingetragen. Möglicherweise gab es diese Form der vorübergehenden Arbeitsentlastung auch noch späterhin: Journal, S. 160.

86 Wikler hatte zuvor über die Einrichtung einer Krankenstation bei der V. SS-Baubrigade berichtet.

87 Bei »Key« handelt es sich um den bereits erwähnten SS-Rottenführer Adolf Kehe. Wikler spricht mehrfach positiv über ihn. So soll Kehe unter anderem dabei geholfen haben, für die Krankenstation Medikamente aus einer zerstörten Apotheke zu besorgen.

rat an Tabletten: Albucid, Prontosil, Cibazol, Aspirin.[88] [...] Ich habe mit einer Schere und einem Rasiermesser Einschnitte und andere chirurgische Eingriffe vorgenommen.«[89]

Über die Schwierigkeiten der medizinischen Versorgung nach der Explosion einer Flugbombe kleinen Kalibers in der Nähe des Zuges um die Jahreswende 1944/45 schreibt er:

»Zum Glück gab es keine weiteren Verluste. Aber ein neues Problem entstand. Ich hatte nicht einen einzigen Verband und kein Medikament mehr und der Rest der Nahrungsmittel war verbrannt. Bis zum Abend richteten wir eine Krankenstation in einem anderen Waggon ein, aber es gab keine Kojen für die Kranken. Sie mussten auf dem Boden liegen, ohne Stroh und Decken.«[90]

Unter diesen Bedingungen kann es nicht verwundern, dass die Arbeit des Häftlingsarztes nicht selten erfolglos blieb. Nach seinen Angaben hatte Władysław Wikler in der 5. SS-EbBB täglich etwa hundert Patienten zu versorgen.[91] Im Häftlingseinsatztagebuch ist im Verlauf der Stationierung eine stetig steigende Zahl von Kranken und Verletzten vermerkt. Am Vormittag des 12.3.1945 war mit 144 Patienten der höchste Krankenstand erreicht.[92] Am folgenden Tag wurden 130 von ihnen »krankheitshalber nach K. L. Neuengamme überstellt«.[93]

3.6 Geld, Prämien und Tauschhandel

Die Vorstellung, Häftlinge könnten in einem Konzentrationslager für ihre Arbeit bezahlt worden sein oder reguläre Zahlungsmittel verwendet haben, ist befremdlich, trifft aber teilweise zu.[94] Neben Papiergeld und Münzen waren vor allem Prämienscheine und spezielles Lagergeld für die Über-

88 Diese Arzneimittel kommen bei folgenden Indikationen zum Einsatz: Albucid gegen Hautkrankheiten, Prontosil gegen bakterielle Entzündungen, Cibazol als Antiseptikum bei Wundinfektionen, Aspirin gegen Schmerzen.

89 W. Wikler in: Czarnecki/Zonik: Kryptonim Dora, S. 125 ff.

90 Ebd., S. 127.

91 Stimmen die Angaben im Journal, befanden sich während des Einsatzes in Osnabrück durchschnittlich etwa 60 Häftlinge im Revier. Die Zahl der »ambulanten« Patienten wird nicht erwähnt.

92 Journal, S. 168.

93 Ebd., S. 169.

94 Vgl. Hans-Ludwig Grabowski: Das Geld des Terrors. Geld und Geldersatz in deutschen Konzentrationslagern und Gettos 1933 bis 1945, Regenstauf 2008, S. 17-87.

lebenschancen der KZ-Häftlinge von großer Bedeutung. Wie Kleidungs- und Wertgegenstände, die bei der Einweisung gegen eine entsprechende Bescheinigung an die Effektenkammer des Konzentrationslagers abgegeben werden mussten, wurde vorhandenes Bargeld auf den Namen des Häftlings bei der Häftlingsgeldverwaltung des Stammlagers deponiert.[95] Tatsächlich bedeutete das die Ausplünderung der Häftlinge.[96] Weiterhin war es den Angehörigen eines Teils der Gefangenen möglich, Geldbeträge an das Lager zu schicken, die den Inhaftierten entweder ausgezahlt oder deren Gefangenenkonten gutgeschrieben werden sollten.[97] So schickte eine Familienangehörige des Häftlings Otto F. noch vor dessen Verlegung zur 5. SS-EbBB zehn Reichsmark an die Lagerverwaltung des KZ Buchenwald mit der Bitte um Auszahlung an den Häftling. Als sie erfuhr, dass dieser das Geld noch nicht erhalten hatte und sich nicht mehr in Buchenwald befand, schrieb sie erneut an die Lagerkommandantur und bat unter Angabe der neuen Adresse »Sangerhausen« um die Nachsendung und Auszahlung. Daraufhin erhielt sie vom KZ Buchenwald eine Antwort mit dem Hinweis, »dass die Auszahlung eigenen Geldes nach den geltenden Lagerbestimmungen erfolgt, die eine Berücksichtigung etwaiger Wünsche der Geldgeber nicht vorsehen.«[98] Ob das Geld jemals an Otto F. ausgezahlt wurde oder nicht, ist aus den erhalten gebliebenen Archivunterlagen nicht ersichtlich. Bei den Gefangenen der 5. SS-EbBB hat es auch Bargeld in geringem Umfang gegeben. Seine Verwendung durch dänische Häftlinge ist in zwei Fällen direkt belegt.[99] Wichtiger als Bargeld war für die Häftlinge der 5. SS-EbBB der Besitz sogenannter Prämienscheine, mit denen aus dem Magazinbestand der Brigade Lebensmittel und Zigaretten erworben werden konnten. Die Grundlage für das Prämienscheinsystem war eine Dienstvorschrift des Chefs des SS-Wirtschafts-Verwaltungshauptamts (SS-WVHA), SS-Obergruppenführer Pohl.[100] Prämienscheine sollten danach diejenigen Häftlinge erhalten,

95 Solche Effektenverzeichnisse für Kleidung, Wertgegenstände und Geld existieren auch für einige ehemalige Häftlinge der 5. SS-EbBB, allerdings nicht für polnische oder »russische« Gefangene.

96 Das Geld fiel, sofern es nicht versteckt oder von SS-Wachmannschaften oder Funktionshäftlingen unterschlagen wurde, an die SS.

97 Grabowski: Das Geld des Terrors, S. 31.

98 ITS 1.1.5.3/5896920 f., Individuelle Dokumente Buchenwald, Otto F., Postkarten Selma F. vom 21. 8. 1944 und 17. 9. 1944.

99 Larsen: Osnabrück-Kommandoen, S. 141, und Vesterdal: Mit ophold, S. 42.

100 Chef des SS-Wirtschaftsverwaltungshauptamtes, Dienstvorschrift für die Gewährung von Vergünstigungen an Häftlinge (Prämien-Vorschrift) vom 15. 5. 1943, zit. nach Grabowski: Das Geld des Terrors, S. 56 ff. In der Dienstvorschrift werden neben den Geldprämien als weitere Vergünstigungen Hafterleichterung, Verpflegungszulage, Tabakwarenbezug und (für einige Hauptlager) Bordellbesuch genannt.

Abb. 17: Prämienschein des KZ Sachsenhausen.

»die sich durch gute Leistung, Fleiß und besonderes Interesse hervortun. [...] Die Feststellung der Arbeitsleistung erfolgt [...] durch die Betriebsleiter, Werkmeister, Bauleiter usw. derjenigen Stellen, denen die Häftlinge zur Verfügung gestellt werden, im engsten Einvernehmen mit dem Kommandoführer des Konzentrationslagers. [...] Die Prämienscheine werden in Stücken zu RM -,50 und RM 1.- ausgegeben.«[101]

Für das Konzentrationslager Mittelbau sind Prämienscheine ab September 1944 belegt.[102] Das spätere Stammlager der 5. SS-EbBB, das KZ Sachsenhausen, gab schon seit Juni 1943 Prämienscheine aus. Da alle SS-Eisenbahnbaubrigaden ab Januar 1945 dem KZ Sachsenhausen unterstellt waren, stammten vermutlich auch die Prämienscheine für die 5. SS-EbBB von dort.[103] Die Umsetzung der Regeln zur Prämienvergabe ließ den Arbeits- und Kommandoführern in den Außenkommandos der Konzentrationslager, aber auch den beteiligten Funktionshäftlingen (Lagerälteste, Kapos, Vorarbeiter usw.) viel Spielraum. Sie entschieden, wer berücksichtigt wurde, ob, wann und welche Waren aus den Magazinbeständen der Kommandos von den Häftlingen mit den Prämienscheinen zu erwerben waren.

101 Dienstvorschrift für die Gewährung von Vergünstigungen an Häftlinge (Prämien-Vorschrift) des WVHA der SS vom 15.5.1943, Abschrift aus dem Archiv der Gedenkstätte Buchenwald, fotografische Wiedergabe, in: Grabowski: Das Geld des Terrors, S. 60f.

102 Ebd., S. 221. In Mittelbau wurden auch Wertmarken für 1, 5, 10, 25 und 50 Reichspfennig, sowie für 1, 2, 5 und 10 Reichsmark ausgegeben.

103 Da hierfür keine eindeutigen Belege vorliegen, ist allerdings nicht ausgeschlossen, dass Prämienscheine der Konzentrationslager Buchenwald, Mittelbau oder Neuengamme beziehungsweise speziell für die Brigade aufgelegte Scheine verwendet wurden.

F. B. Larsen schildert das Ausgabeverfahren in Osnabrück detailliert:

»Sonntags wurden auch oft die ›Prämienscheine‹ ausgegeben. Jeder Mann sollte laut Vorschriften für seine geleistete Arbeit bezahlt werden. Diese ›Bezahlung‹ erfolgte in Form von Zahlscheinen über 50 Pfennig, 1 oder 2 Mark, je nach der von den Kapos und Kommandoführern beurteilten Einsatzleistung. Es war nicht selten, dass keiner von uns dazugehörte. Häufig erfolgte die Ausgabe gleichzeitig für mehrere Wochen. Die Ausgabe fand so statt, dass der Name des Prämienempfängers für die erste Woche aufgerufen wurde, woraufhin der Genannte zum Wagen des ›Lagerältesten‹ gehen musste, um von ihm den ›Prämienschein‹ ausgehändigt zu bekommen. Wer nicht aufgerufen wurde, musste in der Zwischenzeit stehen und frieren. Nachdem alle den ›Prämienschein‹ bekommen hatten, wurden die Namen der Prämienempfänger für die folgende Woche aufgerufen und der Aufgerufene musste sich beim Lagerältesten melden. [...]. Dieser Spuk dauerte im Januar einmal einen ganzen Sonntagnachmittag. Das war ein kalter und trister Tag für die 6-7 Dänen, deren Namen nicht aufgerufen wurden, denn an diesem Tag wurden die Scheine gegen Tabak eingelöst, 10 deutsche Zigaretten für 1 Mark, was nur sehr selten geschah. Es war eigentlich genügend Tabak für alle Zahlscheine da, aber die SS-ler, der Lagerälteste und die Kapos bevorteilten sich selbst und behielten den Tabak lieber für sich, anstatt ihn an uns zu verteilen. Hitlers Deutschland schuldet uns darum für viele Hundert Mark Tabak, den wir nicht erhielten.«[104]

Unklar bleibt, ob die Prämie das ursprünglich beabsichtigte Ziel der Leistungssteigerung bei den Häftlingen der Brigade erfüllen konnte, zumal schon die erzwungenen Arbeitsleistungen die körperlichen Möglichkeiten der erschöpften Gefangenen übertrafen.[105] Im Verhältnis der Häftlinge untereinander, zu den Kapos und zu Teilen des Wachpersonals entwickelte sich als weitere Beschaffungsmöglichkeit für Mangelwaren ein reger Tauschhandel:

»Pullover, Halstücher und alles, was wir abgesehen vom Unterzeug entbehren konnten, hatten wir in der Zwischenzeit an Kapos und SS-ler verkauft. Wir bekamen dafür Brot und Suppe. Wir wurden oft von ihnen betrogen, es waren ja Deutsche, sie bezahlten nur einen Teil, der Rest sollte später bezahlt werden, aber das geschah nicht. Erinnerte man sie daran, gab es stattdessen Schläge.«[106]

104 Larsen: Osnabrück-Kommandoen, S. 146 f.

105 Es ist zu vermuten, dass das Prämienscheinsystem in der Brigade letztlich weniger der Belohnung von Leistung diente als der Bestrafung für »mangelnden Arbeitseinsatz« oder andere »Vergehen«.

106 Larsen: Osnabrück-Kommandoen, S. 155.

Die Dänen verfügten durch ihre »Rote-Kreuz-Pakete«, die sie Mitte Dezember 1944 und Anfang März 1945 erhielten, über begehrte Tauschwaren (Kleidung, Lebensmittel, Tabak) und setzten sie wiederholt ein, um Vorteile beim Arbeitseinsatz zu erlangen oder Einfluss auf die Belegung ihres Häftlingswaggons zu nehmen. »Wir verteilten Zigarettenkippen und gaben uns freundlich gesinnten Kapos dänisches Roggenbrot mit Butter und Käse usw. und waren auf einmal sehr beliebt.«[107]

3.7 Postverkehr und Informationsbeschaffung

Der offizielle Postverkehr zur 5. SS-EbBB musste zur Tarnung des Aufenthaltsortes unter Angabe der Feldpostnummer 15566 erfolgen. Grundsätzlich war für die Häftlinge durch die Gefangenenpost ebenfalls ein beschränkter Postverkehr mit Angehörigen möglich.[108] Sie benötigten dazu die Erlaubnis der Lagerleitung, die diese nach freiem Ermessen erteilen oder verweigern konnte. Im Rahmen der sogenannten Häftlingsselbstverwaltung geschah das unter Mitwirkung des Lagerältesten. Die Briefe beziehungsweise Postkarten mussten in deutscher Sprache verfasst werden. Die dänischen Häftlinge der 5. SS-EbBB erhielten zweimal die Genehmigung, Post zu versenden:

> »Als wir am 31. 12. 1944 die Erlaubnis bekamen, eine Postkarte nach Hause zu schreiben, durften wir nicht schreiben, wo wir wirklich waren, sondern mussten Sangerhausen als Absenderadresse angeben. Das logische Resultat war, dass sowohl das Rote Kreuz als auch unsere Familien daheim annehmen mussten, wir seien tatsächlich in Sangerhausen, wohin sie dann auch Briefe und zahlreiche Pakete schickten, zur großen Freude der dortigen SS-ler, denn wir bekamen nichts davon. Nur einmal erhielten wir Briefe von zu Hause, das war Mitte März, und nicht alle bekamen Post. 1945 durften wir nur einmal schreiben, auch im März; diesmal sollten wir als Absender Sachsenhausen (Oranienburg) angeben, weil wir in der Zwischenzeit dahin (organisatorisch) überführt worden waren. Wir konnten die Karten auch nicht absenden; Karten und Briefmarken mussten nämlich mit Reichsmark bezahlt werden, die wir ja nicht hatten. Davon, dass die Karten auf dem ›internen Versandweg‹ verschickt werden könnten, wollte der Lagerälteste allerdings nichts hören. Es war Zufall, dass einer von uns in den Besitz deutschen Geldes kam, mit dem wir unsere Post versenden konnten.«[109]

107 Ebd., S. 150 f.

108 Juden und »russische« Gefangene waren davon ausgeschlossen.

109 Larsen: Osnabrück-Kommandoen, S. 140 f.

Die Postkarten wurden nicht in Osnabrück aufgegeben, sondern mehr als zwei Wochen später von Sangerhausen aus verschickt.[110]

Am 6.3.1945 erreichte die dänischen Häftlinge auf dem Postweg über »Sangerhausen« eine der Paketsendungen. Larsen gibt an, dass tatsächlich viel öfter Pakte an sie verschickt worden seien:

> »Wir wussten, dass das Rote Kreuz etwa 3-4 Pakete pro Monat an uns sandte und dass auch die Familien daheim in Dänemark uns allen Pakete schicken würden. Aber wir wussten auch, dass der Weg von Sangerhausen nach Osnabrück lang war und auf dem Weg das Dritte Reich voll war von Diebsgesindel.«[111]

Der Wunsch nach Kontakt zu ihren Angehörigen und, im Fall der Dänen, nach deren dringend erwarteten Paketsendungen war für die Gefangenen sicher besonders groß. Von großem Interesse waren aber auch Informationen über die aktuelle militärische Lage. Nach dem raschen Vormarsch der angloamerikanischen Truppen, von dem die Gefangenen auf verschiedenen Wegen erfahren hatten, erwarteten sie sehnsüchtig ihre Befreiung durch die im Westen schnell vorrückenden »Truppen Montgomerys«:[112]

> »Vom ›Revierwagen‹ aus konnte man Kriegsneuigkeiten aus dem Radio im SS-Waggon hören, und andere erfuhren wir über Flugblätter. Zumal während der Reihe von Tagen, an denen wir das Glück hatten, auf Deutsch gedruckte Frontnachrichten der Alliierten zu bekommen, konnten wir uns ein gutes Bild vom Stand der Dinge machen.«[113]

Der Besitz oder das Lesen der von den Alliierten in großer Zahl aus Flugzeugen abgeworfenen Flugblätter war den Gefangenen bei Todesstrafe verboten und deshalb mit einem sehr hohen Risiko verbunden.[114] Eine leichter zugängliche Informationsquelle war die einzig verbliebene Osnabrücker Tageszeitung:

110 Eine am 27.12.1944 geschriebene Postkarte des dänischen Häftlings Morten Vesterdal ist mit dem Poststempel Sangerhausen, dem Datum 16.1.1945 und Zensurstempeln versehen.

111 Larsen: Osnabrück-Kommandoen, S. 150. Offiziell drohte für den Diebstahl von Paketen zwar die Todesstrafe, auch für SS-Angehörige, verhindert werden konnte er dadurch aber offensichtlich nicht.

112 Ebd., S. 155. Generalfeldmarschall Montgomery war der englische Oberbefehlshaber der alliierten Heerestruppe, die Ende März 1945 auf den Raum Osnabrück vorstieß.

113 Ebd.

114 Ab April 1944 verbreiteten die Amerikaner Flugblätter mit »Nachrichten für die Truppe«. Sie enthielten wahrheitsgemäße Schilderungen, aber auch gezielte Desinformationen über den aktuellen Frontverlauf und den weiteren Truppenvormarsch.

Absender: Schützhäftling Vesterdal, Morten Nr. 67978 B.B. 5. (E.) Sangerhausen

Postkarte

Frau Else Vesterdal
Bogholderallé 66 II
Kopenhagen
Dänemark

Der Führer kennt nur Kampf, Arbeit und Sorge. Wir wollen ihm den Teil abnehmen, Den wir ihm abnehmen können.

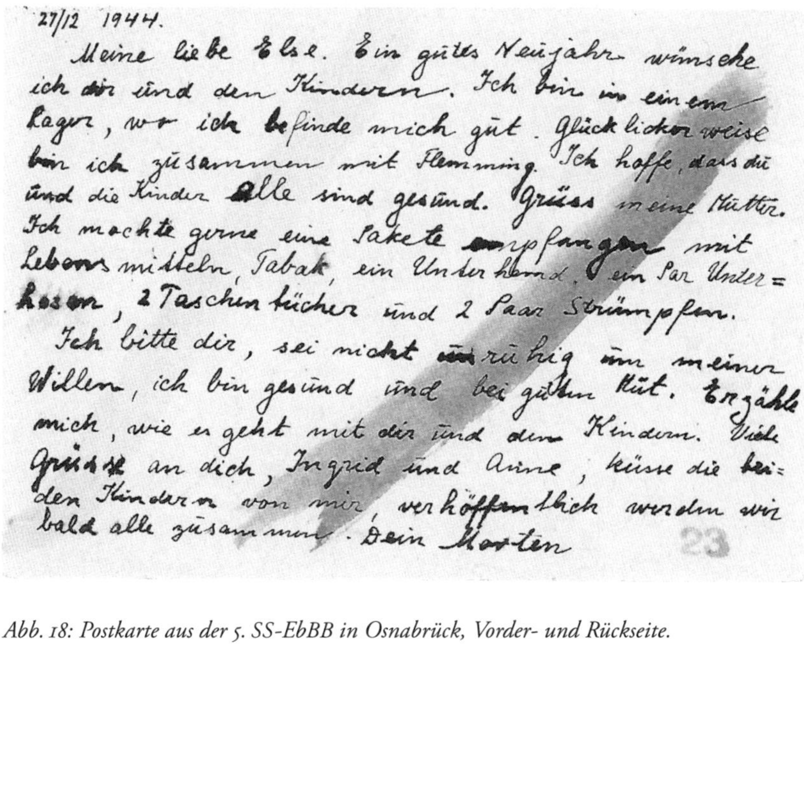

27/12 1944.

Meine liebe Else. Ein gütes Neujahr wünsche ich dir und den Kindern. Ich bin in einem Lager, wo ich befinde mich güt. Glücklicherweise bin ich züsammen mit Flemming. Ich hoffe, dass dü und die Kinder alle sind gesünd. Grüss meine Mütter. Ich möchte gerne eine Pakete empfangen mit Lebensmitteln, Tabak, ein Unterhemd, ein Par Unter= hosen, 2 Taschentücher und 2 Paar Strümpfen.

Ich bitte dir, sei nicht unruhig üm meiner Willen, ich bin gesünd und bei güten Müt. Erzähle mich, wie es geht mit dir und den Kindern. Viele Grüsse an dich, Ingrid und Anne, küsse die bei= den Kindern von mir, verhöffentlich werden wir bald alle züsammen. Dein Morten

Abb. 18: Postkarte aus der 5. SS-EbBB in Osnabrück, Vorder- und Rückseite.

> »Es kam nicht selten vor, dass jemand die Osnabrücker Nachrichten erwischte, die zugegebenermaßen nicht viel zu sagen hatten, aber eben genug, um unseren Optimismus aufrechtzuerhalten. Dort wurde die Verlagerung von Eisenbahnbaubrigaden nach Kassel, Hamburg, Hannover oder Wien erwähnt, Städte, die durch die Luftangriffe völlig zerstört waren.«[115]

Weitere Neuigkeiten waren für die Häftlinge über Passanten oder zivile Zwangsarbeiter während des Arbeitseinsatzes in der Stadt zu erhalten. Daneben fungierte der Arzt der Brigade als Nachrichtenübermittler:

> »Vor dem Morgenappell und nach der Rückkehr von der Arbeit gab es am Revierwagen immer einen Auflauf. Man ging nicht dahin, um den Arzt zu konsultieren, sondern in der Hoffnung, Neuigkeiten aufzuschnappen. Er war Pole und hatte Kontakt zu einem Landsmann, der auf einem nahe gelegenen Bauernhof Zwangsarbeit verrichten musste, von dem das Lager einen Teil seiner Vorräte bekam.«[116]

Der Kapo Karl J. gibt an, er sei unmittelbar vom SS-Rottenführer Liedtke »illegal mit […] Nachrichten versorgt« worden.[117]

115 Larsen: Osnabrück-Kommandoen, S. 155. Die erwähnten Meldungen in Ausgaben der *Osnabrücker Nachrichten* konnten bisher nicht gefunden werden.

116 Vesterdal: Mit ophold, S. 34.

117 BArch B 162/15361, Eidesstattliche Erklärung Karl J. vom 8. 10. 1945.

4. Flucht, Gewalt und Tod

4.1 Flucht aus der 5. SS-Eisenbahnbaubrigade

Fluchtversuche aus den KZ-Hauptlagern waren wegen der starken Bewachungsmaßnahmen und der nahezu kompletten Isolierung von der Außenwelt wenig erfolgversprechend. Die Flucht von einem Außenkommando oder aus einem Außenlager ließ sich hingegen leichter bewerkstelligen. So konnten von der V. SS-Baubrigade, aus der etwa die Hälfte der späteren Häftlinge der 5. SS-EbBB kam, während des Einsatzes in Frankreich weit über hundert Personen flüchten. Sie durften dabei auf die tatkräftige Hilfe der französischen Zivilbevölkerung hoffen.[1] Auch aus dem Außenlager Cochem des KZ Natzweiler, zu dem bis September 1944 etwa 200 spätere Häftlinge der Brigade gehörten, gab es zahlreiche Fluchtversuche.[2] Hier waren sie, nicht zuletzt durch die Mitwirkung der deutschen Bevölkerung und Polizei an den Suchmaßnahmen der SS, weniger erfolgreich.[3] In Osnabrück konnten die Gefangenen ebenfalls nicht auf Hilfe von außen hoffen. Die schweren Bombenangriffe der Alliierten ließen die Bevölkerung und das NS-Regime als propagierte »Schicksalsgemeinschaft« näher zusammenrücken.[4] Die alltägliche Erfahrung von Elend und Gewalt hatte die Menschen abgestumpft, die nationalsozialistische Propaganda der vorangegangenen Jahre und die Androhung drastischer Strafen für Fluchthelfer taten zusätzlich ihre Wirkung. Angesichts der eigenen Überlebensinteressen war Solidarität mit den als gefährlich dargestellten, zerlumpten KZ-Häftlingen selten.[5]

Insofern kann wohl auch für die Situation in Osnabrück behauptet werden: »Die Bevölkerung war ein Teil des Lagerzauns, der die Häftlingsgesellschaft aus dem Leben ausgrenzte.«[6] Trotz dieser schwierigen Voraussetzungen versuchten Häftlinge von der 5. SS-EbBB zu fliehen. Entsprechende Vermerke

1 Vgl. Fings: Krieg, Gesellschaft und KZ, S. 226 f.

2 Vgl. Guido Pringnitz: Deckname Zeisig. Dokumentation zum Treis-Bruttiger Tunnel, Treis-Karden 2016, S. 141.

3 Vgl. ITS 1.2.7.17/82196335, Fahndungsaufruf nach dem Massenausbruch von 21 Häftlingen am 24./25. 4. 1944 aus dem Lager Bruttig.

4 Bis zum Kriegsende gab es 78 Bombenangriffe auf Osnabrück. Mindestens 1434 Menschen starben dabei. Luftschutz- und NS-Organisationen wurden angesichts des Chaos als Ordnungsfaktoren wahrgenommen, die für die ausgebombte Bevölkerung Rettung organisieren und leisten konnten.

5 Laut Zeugenaussagen dänischer Gefangener wurden sie von der deutschen Zivilbevölkerung als »Sklaven« betrachtet und bestenfalls »wie Luft« behandelt: Frihedsmuseet, 30 C 10072, Steen Steensen B. und 30 C 10197, Jørgen G.

6 Fings: Krieg, Gesellschaft und KZ, S. 154.

enthält vor allem das Häftlingseinsatztagebuch.[7] Informationen über die Rückkehr beziehungsweise zwangsweise Rückführung von Flüchtigen zur Brigade gibt es dort selten. Aus anderen Quellen ist jedoch erkennbar, dass die Flucht in vielen Fällen nicht endgültig gelungen ist. Der erste Hinweis auf eine Flucht aus der 5. SS-EbBB findet sich in einem Verzeichnis des KZ Mittelbau.[8] Demnach soll der »russische« Gefangene Wlodimir Nischtailo am 8.11.1944 von der »5-SS-BB.Osnabr.« geflohen sein. Allerdings ist weder der Name des Gefangenen noch seine Häftlingsnummer in einer der erhalten gebliebenen Listen und Verzeichnisse der Brigade zu finden. Auch im Häftlingseinsatztagebuch wurde für den Zeitraum November 1944 keine Flucht vermerkt. Während eines Bombenangriffs auf Osnabrück am Dienstag, dem 12.12.1944, bei dem auch der Bauzug am Verschiebebahnhof Hörne getroffen wurde,[9] flüchteten gleichzeitig acht Häftlinge: die drei Deutschen Hans Richarz, Hans Kuth und Walter Gross, die drei »Russen« Nikolaj Schakschaj, Pjotr Korobow und Iwan Tkatschenko sowie die Polen Teodor Jamrzi und Andrzej Borysiak.[10] Den drei Deutschen kam nach der Flucht vom Bahnhof zugute, dass sie als Funktionshäftlinge zivile Kleidung und Frisuren trugen. Richarz, der in der Brigade als Koch tätig war, konnte sich bis Kriegsende bei einem Bekannten im Rheinland verstecken.[11] Auch dem Kapo Hans Kuth scheint die Flucht auf Dauer gelungen zu sein.[12] Über das Schicksal des dritten Deutschen und der anderen Geflohenen ist bisher nichts bekannt. Im Januar 1945 flüchteten weitere Gefangene von verschiedenen Einsatzorten der Brigade. Es handelte sich um Häftlinge, die vermutlich erst kurz zuvor mit einem Transport aus dem KZ Neuengamme zur 5. SS-EbBB gekommen waren.[13] Am 16.1.1945 gelang einem Häftling die Flucht von Straßenarbeiten an der Baustelle für Behelfsheime in Osnabrück.[14] Am 17.1.1945 flüchtete ein Gefangener während eines Tieffliegerangriffs von einer Baustelle des 1. Bauzugs an der Bahn bei Natrup-Hagen.[15]

7 Fluchtversuche wurden in die Rubrik »Bemerkungen« des Journals eingetragen.

8 DMD 010101 0003, Lagerbefehle, Schriftwechsel und Aktennotizen, Verzeichnis der Flüchtigen von KL Mittelbau vom 12.11.1944, Nr. 31, Nischtailo, Wlodimir, Häftlingsnummer 16998.

9 Journal, S. 79 (13.12.44). Bei dem Luftangriff starb der deutsche Häftling Richard Kühnel. Zwei weitere Häftlinge wurden verwundet.

10 Ebd., S. 79. Im Journal waren lediglich die Häftlingsnummern vermerkt.

11 BArch B 162/15360, Aussage Hans R. vom 10.4.1973.

12 B 162/15362, Schlussvermerk über die 5. SS-EbBB, S. 13, Nr. 31. Kuth kehrte in seine Heimatstadt Köln zurück, wo er 1963 starb.

13 Die Häftlingsnummern der drei Geflohenen sind nicht dem KZ Buchenwald beziehungsweise Mittelbau zuzuordnen. Der erste Häftlingstransport aus dem KZ Neuengamme fand am 20.12.1944 statt.

14 Ebd., S. 113. Häftlingsnummer 66536.

15 Ebd., S. 114. Häftlingsnummer 66524.

Bereits am folgenden Tag meldete er sich »freiwillig« zurück.[16] Ob er bestraft wurde und welcher Art die Strafe war, ist nicht bekannt. Laut Eintrag im Häftlingseinsatztagebuch starb er zwei Wochen später, am 31.1.1945, bei einem weiteren Fluchtversuch.[17] Am 29.1.1945 flüchtete erneut ein Gefangener vom 1. Bauzug.[18] Am 11. oder 12.2.1945 gelang dem polnischen Häftling Władysław Jewczinsky die Flucht aus dem als »Lager« bezeichneten Hauptstandort in Osnabrück-Hörne.[19] Während eines Soforteinsatzes in Rheine wurde der 1. Bauzug der Brigade am 19.2.1945 von Tieffliegern angegriffen. Anschließend war der polnische Häftling Kazimierz Andrunik nicht mehr aufzufinden. Zwei Tage später trug ihn die SS als »vermisst« in das Häftlingsjournal ein.[20] Tatsächlich gelang Andrunik die Flucht über die nahe gelegene niederländische Grenze.[21] Am Abend des 23.2.1945 flüchteten gleich vier deutsche Gefangene vom 1. Bauzug in Rheine: die Funktionshäftlinge Walter Claus, Ewald Marlow, Karl Schlinkmann und Gerhard Neumann.[22] Neumann, der zeitweise als Küchenhilfe in der Baubrigade tätig war, gibt an, er sei gemeinsam mit einem weiteren Häftling nach Hamburg geflohen, wo er von der Gestapo verhaftet worden sei. Später habe man ihn, zusammen mit Hamburger Kaufleuten, zu Fuß nach Kiel gebracht, wo er Anfang Mai von englischen Militäreinheiten befreit worden sei.[23] Ebenfalls am 23.2.1945 flohen die »russischen« Häftlinge Iwan Didowitsch und Petro Doroschenko während eines Fliegerangriffs von einem »Soforteinsatz« am Hauptbahnhof Osnabrück.[24] Über den Verbleib Didowitschs gibt es

16 Ebd., S. 115.

17 Ebd., S. 129. Die Flucht und die Erschießung wurden am Folgetag, dem 1.2.1945, eingetragen.

18 Ebd., S. 127. Häftlingsnummer 66599. Die Flucht wurde am Folgetag, dem 30.1.45, in das Journal eingetragen.

19 Ebd., S. 141. Die Flucht wurde am Folgetag, dem 13.2.1945, mit der Bemerkung eingetragen: »Der Hfl.Nr. 01379 am 12.2.45 um 7.00 Uhr flüchtig (aus Lager).« Jewczinsky könnte also bereits in der vorangegangenen Nacht geflohen sein.

20 Ebd., S. 149.

21 Kazimierz Andrunik war bis zu seiner Verhaftung im Juni 1942 unter dem Decknamen Rybak (Fischer) Kurier einer polnischen Widerstandsbewegung. Er gelangte über die Konzentrationslager Auschwitz und Natzweiler in die 5. SS-EbBB. Nach seiner Flucht aus Rheine soll er sich den Streitkräften der polnischen Exilregierung (Polskie Siły Zbrojne – PSZ) angeschlossen haben. Er kehrte später nach Polen zurück. 1987 starb er in seiner Heimatstadt Sanok. Für die Unterstützung bei der Recherche danke ich Frau Krystina Chowaniec aus Sanok/Polen.

22 Journal, S. 152. Als Fluchtzeitpunkt ist 21.00 Uhr vermerkt, ein Zeitpunkt nach dem Abendappell. Das ist ein weiteres Indiz dafür, dass die Funktionshäftlinge, anders als die übrigen Gefangenen, nachts nicht in ihren Waggon eingeschlossen wurden.

23 BArch B 162/15360, Aussage Gerhard N. vom 11.4.1973.

24 Journal, S. 151. Der Angriff (Nr. 70) fand am Freitag, dem 23.2.1945, mittags, zwischen 13.09 Uhr und 13.28 Uhr statt.

keine Hinweise. Die Flucht Doroschenkos war nicht erfolgreich. Am 5.3.1945 wurde er »von der Gestapo verhaftet und rücküberführt«.[25] Trotz der gescheiterten Flucht Petro Doroschenkos könnten in den Tagen nach seiner Wiederergreifung erneut drei Häftlinge vergeblich versucht haben, vom Standort der Brigade in Osnabrück zu entkommen. Alle drei, ein bisher unbekannter Gefangener, der »Russe« Stepan Karawajew und der Pole Johann Szpaderski, wurden nach den Angaben im Häftlingseinsatztagebuch »auf der Flucht erschossen«.[26] Nach dem Rückzug der 5. SS-EbBB aus Osnabrück flüchteten am 15.4.1945 zwei Häftlinge vom Standort in Nordenham: der »Russe« Nikolaj Tkatschuk und der Pole Jan Krolikowski.[27] Als Fluchtzeitpunkt ist 10.00 Uhr vormittags angegeben. Da an diesem Sonntag nahezu die gesamte Brigademannschaft zwischen den Appellterminen um 6.00 Uhr und um 19.00 Uhr außerhalb des Bauzuges in verschiedenen Kommandos im Einsatz war, ist zu vermuten, dass die beiden Häftlinge aus dem Krankenrevier geflohen sind. Ob ihre Flucht dauerhaft erfolgreich war, ist nicht bekannt. In Zeugenaussagen ehemaliger Häftlinge ist von weiteren Fluchtversuchen und erfolgreichen Fluchten die Rede. Besonders merkwürdig ist die Flucht der deutschen Funktionshäftlinge Willi Leist und Theodor Smolka Ende März 1945. Leist erklärte dazu später:

> »Ich selbst war von Anfang an Lagerältester der benannten Baubrigade und hatte mit einem Schreiber einen G-Waggon für uns alleine. [...] Von Osnabrück aus sollten wir zwar nach Münster verlegt werden, was aber nicht mehr möglich war, da die Amerikaner uns den Weg dorthin verlegt hatten. Wie die Ortschaft nun hieß, von der aus wir nach Osnabrück zurück mussten, weiß ich heute nicht mehr. Von dieser Ortschaft aus aber habe ich mich abgesetzt, weil mir zu Ohren gekommen war, dass man mich wegen meines damaligen Wissens über verschiedene Dinge mundtot machen wollte.«[28]

Leider geht aus der Aussage nicht hervor, wegen welcher »verschiedenen Dinge« Leist um sein Leben fürchtete und ob die Bedrohung für ihn eher von den SS-Wachmannschaften oder von Mitgefangenen ausging. Im Widerspruch zu den Angaben Leists gibt es im Häftlingstagebuch der 5. SS-EbBB keinen Hinweis auf eine Flucht der beiden Funktionshäftlinge. Vielmehr findet sich unter dem Datum 3.4.1945 die Bemerkung, die Häftlinge »1482 u. 45562«, Theodor S. und Willy L., seien »nach K.L. Sachsenhausen über-

25 Ebd., S. 161.

26 Ebd., S. 166, 168 und 173. Die Angaben zum Tötungsgrund »Fluchtversuch« stützen sich in den drei Fällen ausschließlich auf die Einträge im Häftlingseinsatztagebuch.

27 Ebd., S. 202. Häftlingsnummern Bu 6126 und Bu 45405.

28 BArch B 162/15361, Aussage Willi L. vom 17.7.1973. Die von L. erwähnte Ortschaft ist vermutlich Hasbergen. L. war dort Zugältester im 1. Bauzug.

stellt« worden.[29] Das erscheint jedoch *äußerst* unwahrscheinlich. Dagegen spricht nicht nur die Aussage des Zugältesten selbst. Es ist kaum anzunehmen, dass die SS zwei Gefangene zu diesem Zeitpunkt, ohne erkennbaren Grund und bei der ständig näher rückenden Kriegsfront über eine so große Entfernung und eventuell in Begleitung von Wachpersonal zum KZ Sachsenhausen überstellt. Ob es sich um den Versuch einer Vertuschung der Flucht handelt, muss offen bleiben. Friedrich B., ein weiterer Funktionshäftling,[30] erklärte im Rahmen einer Zeugenvernehmung, er sei unmittelbar vor der Befreiung in Flensburg geflohen, »weil mir bekannt wurde, dass unsere Verschiffung und Versenkung erfolgen sollte [...]. Es gelang mir, mich bis zu den Alliierten durchzuschlagen. Am 18.5.1945 war ich bereits hier wieder zu Hause.«[31] Auch diese letzte bezeugte Flucht, die vor der Verlegung der Gefangenen der 5. SS-EbBB auf das Schiff »Rheinfels« am 5./6.5.1945 stattgefunden haben muss, wird im Häftlingstagebuch nicht erwähnt.

4.2 Gewalt und Tod

4.2.1 Gewalt

Terror und Gewalt gegen Häftlinge waren in der 5. SS-EbBB an der Tagesordnung. Ein ehemaliger Gefangener beschreibt den lediglich graduellen Unterschied zwischen den Verhältnissen im 1. Bauzug in Hasbergen-Leeden und dem Osnabrücker Teil der Brigade, dem er angehörte, so: »Die Kapos und Posten galten alle als wahre Sadisten – wir hatten dagegen einige, die nicht ganz so schlimm waren.«[32] Todesfälle unter den Häftlingen wurden billigend in Kauf genommen. Grundsätzlich hatte die SS-Führung in den letzten Kriegsjahren jedoch wiederholt gefordert, die Sterblichkeitsrate gering zu halten.[33] Bei Verstößen gegen die Lagerregeln verhängte der Rapportführer als »offizielle« Strafe die Auspeitschung mit zehn Peitschenhieben auf den nackten Körper.[34] Daneben wurde vor allem von Angehörigen der SS-

29 Journal, S. 190. Das KZ Sachsenhausen bei Berlin war ab 1.1.1945 das offizielle Stammlager für alle SS-Eisenbahnbaubrigaden.

30 BArch B 162/15400, S. 648f., Aussage Friedrich B. vom 14.12.1972. B. war nach eigenen Angaben Lagerältester im Lager der V. SS-BB in Rouen/Frankreich.

31 Ebd.

32 Larsen: Osnabrück-Kommandoen, S. 148.

33 Das in der Praxis unwirksame Verbot von Prügeln und die wiederholte Forderung nach Senkung der Sterblichkeitsrate durch die SS-Führung entsprang ausschließlich Nützlichkeitserwägungen.

34 PIZ-Protokoll Nr. 339, Władysław Wikler vom 3.6.1946, S. 8 (7).

Wachmannschaft mit dem Ziel gestraft, den tatsächlichen oder vermuteten Widerstand der Häftlinge zu brechen und möglichst hohe Arbeitsresultate zu erreichen. Häufig erfolgten Gewalttaten jedoch auch völlig grundlos, aus einer Laune der SS-Männer heraus:

> »Einige Posten und Kapos kamen auf die Idee, dass der einfachste Weg, die Aufmerksamkeit der Gefangenen zu gewinnen, darin bestand, Mauersteine oder Scherben nach ihnen zu werfen. Solch ein Stein kann verblüffend hart treffen.«[35]

Nach den vorliegenden Zeugenaussagen taten sich besonders die sogenannten Volksdeutschen, die den überwiegenden Teil der SS-Mannschaft stellten, durch Gewalttätigkeiten hervor.[36] Viele ehemalige Häftlinge sprechen mit großem Hass von dieser Personengruppe, die sie im Geist und Duktus der Zeit abwertend als »Beutegermanen«[37] oder als »sadistische(n) Auswurf aus den besetzten Gebieten«[38] bezeichnen. Ob die bereits erwähnten »älteren ehemaligen Eisenbahner« und die ehemaligen Wehrmachtsangehörigen, die als Wachleute zur SS eingezogen wurden und dort eine Kurzausbildung durchlaufen hatten, ebenfalls an Gewalttaten beteiligt waren, ist weder zu belegen noch auszuschließen. Körperliche Gewalt wurde in vielfältiger Form und in allen Abstufungen ausgeübt. Bei kleinsten Vergehen oder ohne einen erkennbaren Grund wurden die Gefangenen gedemütigt, misshandelt, mit der Faust oder dem Gewehrkolben geschlagen, getreten und geprügelt.[39] Einige Zeugen sprechen von gezielten Schüssen auf Gefangene zum »Zeitvertreib« der SS-Männer, die zum Teil zu schweren Verletzungen führten. Einen extremen Fall schildert der Häftlingsarzt Władysław Wikler:

> »An einem anderen Morgen ging ein jugoslawischer junger Mann, Jonas, wie gewöhnlich vom Krankenwaggon zu mir, um seine Lebensmittelration zu holen. Auf Wache stand ein tschechischer volksdeutscher SS-Mann. Er zielte und schoss Jonas ins Knie. Ich hörte einen schrillen Schrei. Ich lief aus dem Waggon. Da lag Jonas, um Hilfe flehend. Der SS-Mann lachte grimmig, zufrieden mit seiner Tat. Er kam zu mir und sagte in gebrochenem Polnisch: ›Du haben keine Arbeit, ich dir machen Beschäftigung.‹[40] Ich sah ihn an und fühlte nur Schmerz, Wut und Hass gegen ihn. Ich legte Jonas sofort auf den Tisch. Das ganze Knie war zer-

35 Larsen: Osnabrück-Kommandoen, S. 145.

36 Dabei ist zu berücksichtigen, dass die Gewalt durch die einfachen SS-Wachmänner am Ende der Befehlskette für die Häftlinge direkt zu spüren war.

37 Vgl. BArch B 162/15362, S. 493 (3), Schlussvermerk 5. SS-EbBB.

38 Larsen: Osnabrück-Kommandoen, S. 142.

39 BArch B 162/15360, Aussage Gerhard N. vom 11. 4. 1973.

40 Władysław Wikler, in: Czarnecki/Zonik: Kryptonim Dora, S. 127. Im Original lautet das Zitat: »Ty ni masz robota, to teroz bydziesz mial trocha zatrudnienia.«

schmettert und wurde von Venen und Haut kaum gehalten. Das Bein musste amputiert werden. Er musste schlimm leiden, aber er wurde gerettet.«[41]

Zu den Taten im Grenzbereich von körperlicher und seelischer Gewalt zählen unter anderem stundenlange Appelle in der Kälte, die Durchführung sinnloser Arbeiten zu Disziplinarzwecken, die Verweigerung des Latrinenganges, der Entzug von Speisen oder Schlaf und die Verweigerung des Aufsuchens von Schutzräumen bei Bombenangriffen. Aus vielen Zeugenaussagen ist ersichtlich, dass sich Kapos und Vorarbeiter, die selbst Häftlinge waren, an Gewaltaktionen gegen Mithäftlinge beteiligten. Dies ergab sich einerseits aus der Mittelposition der Funktionshäftlinge zwischen SS und gewöhnlichen KZ-Häftlingen. Auf Befehl der SS-Wachmannschaft, also stellvertretend für sie, übten sie Gewalt aus. Andererseits nutzten sie ihre abgeleitete Machtposition auch ohne offizielle Erlaubnis durch die Anwendung oder Androhung von Gewalt zum eigenen Vorteil. Die jeweilige psychische und soziale Disposition der Funktionshäftlinge wird ebenfalls dazu beigetragen haben, ob und wie sie auf Anweisung oder aus eigenem Antrieb Gewalt gegen Mitgefangene ausübten. Eindeutig falsch ist die Zeugenaussage des ehemaligen Kapos Theodor S., in der das Verhalten der SS-Wachmannschaften und Kapos als untadelig dargestellt wird:

»Repressalien sind mir nicht bekannt geworden. [...] Trotzdem [!] wir hier in Eisenbahnwaggons untergebracht waren, waren die Wohn- und Verpflegungsverhältnisse als ›sehr gut‹ zu bezeichnen. Auch das Verhalten der Aufsichtspersonen war nicht zu beanstanden. Ausschweifungen von SS-Personen pp sind mir nicht bekanntgeworden.«[42]

Die Lebens- und Arbeitsbedingungen in der 5. SS-EbBB waren auch ein idealer Nährboden für Gewalt und Rücksichtslosigkeit zwischen den gewöhnlichen Gefangenen. Die Konkurrenz bei der Befriedigung existenzieller Bedürfnisse, Übergriffe durch SS und Kapos, permanente Lebensgefahr und das Eingesperrtsein unter widrigsten Umständen führten zu Taten, die eine Bestrafung unumgänglich erscheinen ließen. Zwischen den Häftlingsgruppen wurden daher gelegentlich Absprachen getroffen, um die Strafen zu kana-

41 Ebd. In einem 1969 veröffentlichten Bericht über seine Befreiung von einem Gefangenenschiff in der Ostsee am 10.5.1945 erwähnt Wikler diesen »Jonas« noch einmal: »Unter meiner Obhut befanden sich ein Dutzend Menschen. Jonas, einer von ihnen, war ein Jugoslawe ohne Bein, den Kameraden heimlich auf das Schiff gebracht hatten, damit er nicht der ›Gnade‹ der SS ausgeliefert war.« Władysław Wikler, in: Czarnecki/Zonik: Walczacy oboz Buchenwald, S. 286.

42 BArch B 162/15360, Aussage Theodor S. vom 5.3.1973. Ähnlich äußerte sich der Kapo Friedrich B.: »Verbrechen wurden an uns Häftlingen nicht begangen.« BArch B 162/15400, S. 648 f., Aussage Friedrich B. am 14.12.1972.

lisieren. Ein Beispiel für diese Form der »internen Konfliktlösung« schildert M. Vesterdal in seinen Erinnerungen. Alle Häftlinge seien in ihrer Notlage zum Stehlen bereit gewesen:

> »Aber einem Kameraden Brot zu stehlen, wurde von den meisten als schlimmste Form des Diebstahls betrachtet. Eines Abends, als die anderen von der Arbeit zurückkamen, herrschte allgemeine Aufregung. Sten, einer unserer Landsleute, war dabei erwischt worden, wie er etwas vom Brot eines Russen abschnitt, weshalb die Russen, die im gleichen Arbeitstrupp wie Sten waren, ihn ausgeliefert haben wollten. Nachdem der Sachverhalt geklärt war, gingen sie darauf ein, dass die Dänen die Strafe selbst ausführten. Es war auch das Beste für Sten, vielleicht hätten die Russen ihn halb totgeschlagen. Als es dunkel wurde und die Tür sich schloss, ergriff Flemming das Wort. Seit Weihnachten war er der Waggonälteste im Dänenwaggon. Flemming gab bekannt, dass Finderup und Skipper sich verpflichten würden, Sten 25 Schläge zu geben. Der Delinquent schniefte ein wenig, während er seine Hose herunterzog und sich auf eine Bank legte. Alle fanden das so in Ordnung und Finderup schnappte sich einen Riemen.«[43]

4.2.2 *Tötungen*

Während ihres Aufenthaltes in Osnabrück und auf dem Evakuierungsweg in den Norden hatte die 5. SS-EbBB beträchtliche Menschenverluste durch Erschöpfung, Unterernährung und die zahlreichen Bombenangriffe zu verzeichnen.

Den ermittelnden Justizbehörden lagen zu Beginn der 1970er Jahre zudem zahlreiche Häftlingsaussagen über Tötungshandlungen durch das SS-Personal vor. Die befragten Zeugen waren aber fast 30 Jahre nach den Ereignissen nicht mehr in der Lage, Opfer, Täter, Zeit und Ort so präzise anzugeben, wie es formaljuristisch erforderlich gewesen wäre. Zum Teil waren daher für die Ermittler die notwendigen »Mordqualifikationsmerkmale« nicht zu erkennen, zum Teil bestand »höchstens Verdacht auf verjährten Totschlag durch nicht mehr feststellbare Täter.«[44] Im Häftlingstagebuch der 5. SS-EbBB werden vier Tötungen erwähnt, bei denen es sich jeweils um

43 Vesterdal: Mit ophold, S. 41. In der Textvorlage ist das Wort »Brot« ebenfalls unterstrichen. Bei dem dänischen Häftling Sten handelt es sich vermutlich um Steen Steensen B., Häftlingsnummer Ng 67066, ein Nachfahre des Schriftstellers gleichen Namens (1782-1848).

44 BArch B 162/15362, S. 508 (18), Schlussvermerk 5. SS-EbBB. Der Schlussvermerk endet mit den Worten: »Sonstige Verdachtsmomente für noch verfolgbare Tötungs-

Erschießungen »auf der Flucht« gehandelt haben soll:[45] Am 31.1.1945 um 16.15 Uhr starb der bisher nicht namentlich bekannte Häftling »66524 (vom 1. BZ)«[46] bei einem angeblichen Fluchtversuch von einer Bahnbaustelle des 1. Bauzugs bei Natrup-Hagen. Der Gefangene hatte angeblich bereits zwei Wochen zuvor einen Fluchtversuch unternommen, war aber am Tag darauf »freiwillig«[47] zurückgekehrt. Am Montag, dem 12.3.1945, starb ein weiterer Gefangener mit der Häftlingsnummer 55887 durch Erschießen »auf der Flucht«.[48] Am Dienstag, dem 13.3.1945, wurde der »Russe« Stepan Karawajew während eines Soforteinsatzes am Hauptbahnhof Osnabrück »auf der Flucht erschossen«.[49] Am Samstag, dem 17.3.1945, starb der polnische Häftling Johann Szpaderski. Laut Eintrag im Häftlingstagebuch wurde auch er »auf der Flucht erschossen«.[50] Neben den offiziellen Eintragungen ins Häftlingstagebuch gibt es zahlreiche Zeugenaussagen ehemaliger Gefangener über die Tötung von Häftlingen durch SS-Angehörige. Ob und inwieweit die nachfolgend wiedergegebenen Aussagen zutreffen, ob sie zum Teil dieselben Tötungsfälle oder jeweils verschiedene schildern, kann heute nicht mehr mit Bestimmtheit festgestellt werden. Der Däne F.B. Larsen berichtet von einem Häftling, der erst einige Zeit nach seiner zunächst geglückten Flucht getötet wurde.[51] Demnach war ein Arbeitskommando im Frühjahr 1945 einem schweren Luftangriff ausgesetzt, bei dem die SS-Wachmannschaften und die Gefangenen »in Panik und Unordnung« vom Bahndamm flüchteten und erst nach einiger Zeit wieder versammelt wurden. Einer der Gefan-

handlungen haben sich nicht ergeben. In Osnabrück konnten keine Registereinträge über Sterbefälle von Angehörigen der Baubrigade 5 (E) ermittelt werden.«

45 Für die SS-Wachmänner gab es eine Dienstanweisung zur »Postenpflicht«, die ihnen befahl, beim Fluchtversuch eines Gefangenen ohne Warnung sofort auf ihn zu schießen. In Nachkriegsprozessen beriefen sich Täter daher auf einen »Befehlsnotstand«.

46 Journal, S. 129.

47 Ebd., S. 114f.

48 Ebd., S. 168. Bei dem Toten handelt es sich vermutlich um Julis Mitilis, geboren am 6.1.1914 in Valmiera/Lettland. Sein Tod ist ohne Angabe einer Häftlingsnummer in der Veränderungsmeldung des KZ Sachsenhausen vom 25.3.1945 vermerkt: Archiv der Gedenkstätte Sachsenhausen, JSU 2/101, Bl. 72.

49 Journal, S. 166. Der Eintrag erfolgte auf dem Journalblatt für Samstag, den 10.3.1945. Karawajew könnte also bereits drei Tage früher erschossen worden sein.

50 Ebd., S. 173. Johann Szpaderski war über das Konzentrationslager Dachau am 22.10.1944 in das KZ Neuengamme deportiert worden. Mit dem Austauschtransport vom 20.12.1944 kam er von dort zur 5. SS-EbBB nach Osnabrück.

51 Dabei könnte es sich um den am 23.3.1945 geflohenen Häftling Petro Doroschenko handeln, der am 23.2.1945 von einem Soforteinsatz am Hauptbahnhof Osnabrück geflohen war und am 5.3.1945 von der Gestapo an die 5. SS-EbBB rücküberführt wurde: vgl. Journal, S. 151 und 161. Das Journal enthält nach diesem Datum keine Angaben mehr zu Doroschenko.

genen, der bei dieser Gelegenheit geflohen war, wurde eine Woche später aufgegriffen und von der Gestapo abgeliefert. Er war auf fürchterliche Weise misshandelt worden und konnte wegen seiner Schmerzen und Verletzungen weder gehen noch stehen. Der besonders sadistische SS-Unterscharführer

> »Grisøje, die Posten und einige der Kapos bekamen nun Gelegenheit, ihren Sadismus an dem armen Russen auszuleben. Zunächst wurde er vor unseren Augen von einem unmenschlich grausamen Posten so gefoltert, dass er, der kaum noch von der Stelle kam, in seiner Verzweiflung Anstalten machte, davonzulaufen. Die Posten schossen selbstverständlich eifrig mit Karabiner und Maschinenpistole auf ihn, und, nachdem er nur wenige Schritte vorwärts kam, stürzte der Gefangene zu Boden. Aber er starb erst, als man ihm aus nächster Nähe in den Kopf schoss. Wir Gefangenen mussten die Leiche von der Stadt aus die fünf bis sechs Kilometer zum Lager tragen. [...] Der genannte bösartige Posten prahlte häufig über seine Schießfertigkeit und die große Anzahl von Gefangenen, die er wegen ›Fluchtversuches‹ schon liquidiert habe, als die Brigade im Sommer 1944 in Frankreich eingesetzt war.«[52]

Der Häftling Heinz L. erinnert sich in einer Zeugenvernehmung an einen ähnlichen Fall:

> »Ein einfacher SS-Mann vom Bewachungspersonal, es war ein Kroate namens Schettler, hat in meinem und anderer Häftlinge Beisein einen mir namentlich nicht bekannten russischen Häftling erschossen. Dieser Russe war während eines Einsatzes im Raume Osnabrück bei einem Bombenangriff geflohen. Ein oder zwei Tage später wurde er durch Kriminal- oder Gestapo-Beamte zurückgebracht. Einen Tag später wurde er in der Marschkolonne mit einem großen Knüppel von Schettler durch Schläge auf den Kopf und in die Kniekehlen erheblich misshandelt, und zwar bis in einen Wald hinein. Dort musste der Häftling Kniebeugen machen. Dabei beobachtete ihn Schettler mit angeschlagenem Karabiner. Als der Häftling schließlich körperlich nicht mehr in der Lage war, weitere Kniebeugen zu machen, sprang er hinter einen Strauch. Dies habe ich selbst nicht als einen Fluchtversuch angesehen. Trotzdem schoss Schettler mit dem Karabiner auf den Russen und verletzte ihn zunächst durch einen Kopfstreifschuss. Der Russe kam zu Fall und Schettler stellte sich über ihn und gab aus kürzester Entfernung mehrere Schüsse auf den Kopf des Russen ab und tötete ihn. Auf Anweisung Schettlers wurde der

52 Larsen: Osnabrück-Kommandoen, S. 151f. Von den 78 ermittelbaren Todesfällen bei der SS-Baubrigade V in Frankreich sind 15 als »Erschießung auf der Flucht« gemeldet worden: vgl. Fings: Krieg, Gesellschaft und KZ, S. 227.

tote Russe bis zu unserem Bauzug getragen. Dazu wurde er auf eine alte Tür gelegt. Was später mit der Leiche geschah, weiß ich nicht.«[53]

Auch der dänische Häftling John Preben B. schildert die Erschießung eines »Russen« Anfang März 1945:

> »Der Russe hatte vorher versucht zu flüchten, wurde aber wieder gefangen. Tage später wurde er eingesetzt, um Boden mit einem Stampfer[54] zu verdichten, ein Stück abseits von den anderen. Wir konnten alle sehen, dass er das nicht schaffen konnte, aber vorher hatten wir ihm gesagt, dass er keinen Moment damit aufhören dürfe, weil er sonst sofort erschossen würde. Denn daran gab es für uns keinen Zweifel, dass er diese Arbeit nur bekommen hatte, um ihm eine Fluchtgelegenheit zu bieten und ihn dann zu erschießen. Schließlich sahen wir, dass der Russe den Stampfer fallen ließ und davonlief. Aber sofort wurde er von dem Rottenführer erschossen, der praktisch nur darauf gewartet hatte. Er schoss mit der Maschinenpistole und der Russe fiel mit dem ersten Schuss. Der Rottenführer, der geschossen hatte, ging zu dem Russen und leerte das Magazin in ihn.«[55]

Der deutsche Häftling Willi L., der Lagerältester im 1. Bauzug in Hasbergen-Leeden war, gibt an: »Auch weiß ich noch, dass ein kroatischer Wachmann u.a. einem Russen mit einem DUM-DUM-Geschoss[56] den halben Kopf weggeschossen hat, als dieser mit Erlaubnis austreten wollte.«[57] Der deutsche Häftling Leonhard B., dessen zu seiner Verhaftung führendes »Vergehen« darin bestand, ein »Zigeuner« zu sein, gibt an: »Bei der Baubrigade 5 hat sich einmal in Osnabrück ein polnischer Häftling unerlaubt entfernt. Nach seiner Rückkehr wurde er von einem litauischen Wachsoldaten mit Genickschuss getötet.«[58] Der polnische Häftling Zygmunt T., Häftlings-Sanitäter in

53 BArch B 162/15360, Aussage Heinz L. vom 20.3.1973.

54 Im dänischen Original findet sich hier der Zusatz »Brolæggerjomfru«. Damit ist ein Handstampfer beziehungsweise eine Handramme gemeint, in Deutschland auch »Jungfer« genannt.

55 Frihedsmuseet, 30 C 10057, S. 2, Bericht John Preben B. vom 22.8.1946.

56 Mit dem umgangssprachlichen Begriff »DUM-DUM-Geschoss« wird ein Teilmantelgeschoss bezeichnet. Die freiliegende Geschossspitze bewirkt nach dem Eindringen des Projektils in das Körpergewebe eine Zerlegung des Geschosses, die zu schwersten Verletzungen führt. Teilmantelgeschosse waren aufgrund der Haager Landkriegsordnung schon während des Zweiten Weltkrieges international geächtet.

57 BArch B 162/15361, Aussage Willi L. vom 17.7.1973. Willi L. war in den Konzentrationslagern Neuengamme und Buchenwald, in denen er gefangen war, als »Berufsverbrecher« (BV) geführt worden. Aufgrund der Vorstrafen von L. beurteilte der ermittelnde Justizbeamte dessen Aussagen als nicht glaubwürdig.

58 BArch B 162/15361, Aussage Leonhard B. vom 25.7.1969.

der 5. SS-EbBB, erwähnt eine weitere Erschießung: »Dabei hat es sich um einen Ukrainer gehandelt, der wohl versucht hatte, aus dem Lebensmittelmagazin etwas zu entwenden. Ich weiß nicht, wer die Erschießung befohlen und ausgeführt hat.«[59] Der polnische Beamte und ehemalige Häftling Tadeusz S. erinnert sich an einen Tötungsfall, der sich bei einem Einsatz des »1. Bauzugs«, vermutlich bei Rheine, zugetragen haben soll:

> »Die erste Tötung fand statt im Spätherbst. Wir standen an der Nebenstrecke der Eisenbahn, im Feld, irgendwo in der Nähe der holländischen Grenze. Auf dem Rückweg nach der Arbeit zu den Waggons durften wir nur zwischen den Gleisen gehen. Einer der SS-Männer soll angeblich einem Häftling befohlen haben, außerhalb der Eisenbahngleise zu treten. Als er das getan hatte, schoss ein anderer SS-Mann auf ihn und tötete ihn. Ich hörte den Schuss. Er fiel hinter mir um und ich sah, wie die Mithäftlinge den Leichnam trugen. Wer von den SS-Männern dies getan hat, ist mir nicht bekannt. Welcher Nationalität dieser Häftling war, daran entsinne ich mich ebenfalls nicht.«[60]

Tadeusz S. schildert in seiner Zeugenaussage noch einen weiteren Tötungsfall:

> »Der zweite Vorfall, er fand früher statt als der von mir eben beschriebene, ereignete sich während der Stationierung in Osnabrück. Angeblich sollte aus unserem Kommando ein Russe geflohen sein. Als Strafe befahl man uns, Steine von einem Ort zum anderen zu tragen. Dabei schlugen uns die SS-Männer ungewöhnlich hart und wohin es fiel. Einer der Häftlinge wurde derart massakriert, dass man ihn auf einem Karren zu den Waggons bringen musste. Dort wurde er von dem Karren vor den Wagen heruntergeworfen. Ich bin überzeugt, dass er nicht mehr lebte. Es fällt mir schwer zu sagen, wer von den SS-Männern ihn getötet hat, da beinahe alle, die uns beaufsichtigt haben, die Häftlinge schlugen.«[61]

Der ehemalige Häftling Jakob L., der vermutlich im 1. Bauzug bei Hasbergen, Natrup-Hagen und Rheine inhaftiert war, gibt an:

> »Es gab zahlreiche Tote infolge Erschöpfung und Unterernährung. Ich erinnere mich noch an einen SS-Rottenführer, der damals als Rapportführer bei uns tätig war. Er nahm auch die Appelle ab. Sein Name ist mir nicht bekannt. Er war ein Mörder. Ich habe selbst gesehen, wie er Häftlinge totgeschlagen oder sie misshandelt hat, dass sie später daran verstor-

59 BArch B 162/15398, Aussage Zygmunt T. vom 23. 6. 1970.
60 BArch B 162/15362, S. 527 (3), Aussage Tadeusz S. vom 8. 3. 1973.
61 Ebd.

ben sind. Auch ich wurde von ihm schwer misshandelt. Dieser SS-Mann war damals ca. 28 Jahre alt. Er war groß, stark und dunkelhaarig.«[62]

Heinrich G., ein weiterer Häftling aus dem 1. Bauzug, erklärt: »Misshandlungen von Häftlingen durch Bewachungsmannschaften waren an der Tagesordnung. [...] Tötungen sind durch Erschießen und Erhängen erfolgt.«[63] In einem Fragebogen zur Anerkennung des Häftlings Anton A. als »Opfer des Faschismus« findet sich der Eintrag: »SS-Rottenführer Huber (Kroate) hat am 1.5.1945 4 Russen erschossen.«[64]

4.2.3 Ermittelte Todesfälle, Todesursachen und Umgang mit den Toten

Konkrete Informationen zu den Toten der 5. SS-EbBB, ihren Sterbedaten und Sterbeumständen gab es bisher nicht. Die Angaben in den Zeugenbefragungen, ein Vierteljahrhundert nach den Ereignissen durchgeführt, blieben in den 1970er Jahren relativ vage. Namen und Orte konnten nur selten exakt genannt werden. Noch drei Jahrzehnte nach dem Ende des Krieges erklärte die Osnabrücker Polizei auf Anfrage des Internationalen Suchdienstes in Arolsen:

> »Bei dem hiesigen Standesamt konnten keine Direktmeldungen der 5. Eisenbahnbaubrigade über Todesfälle in den noch vorhandenen Unterlagen festgestellt werden. [...] Weder über ältere Kriminalbeamte noch über den Leiter des seinerzeitigen Gleisbaus Osnabrück waren sachliche Hinweise auf die 5. Eisenbahnbaubrigade zu erlangen. Hier sind bei Fliegerangriffen zahlreiche Unterlagen verbrannt.«[65]

Hingegen hatten die Suche des Verfassers in den Archivbeständen des Internationalen Suchdienstes (ITS) in Arolsen und weitere Recherchen im Verlauf der letzten Jahre bereits zu mehr als 25 Todesnachweisen geführt, die der 5. SS-EbBB zugeordnet werden konnten. Mit dem Auffinden des Häftlingstagebuches (Journal) ist die Zahl auf über 40 nachgewiesene Todesfälle gestiegen. Es ist davon auszugehen, dass dies der Mindestzahl der tatsächlichen Todesfälle in der Brigade entspricht, da es zum Beispiel über den Verbleib der Mehrzahl der etwa 20 vermissten oder flüchtigen Häftlinge keine An-

62 BArch B 162/15359, Aussage Jakob L. vom 31.10.1972.

63 BArch B 162/15360, Aussage Heinrich G. vom 16.4.1973.

64 BArch B 162/15439, Fragebogen des Magistrats der Stadt Berlin, Abt. für Sozialwesen, Hauptausschuss »Opfer des Faschismus« für Anton A., Teil IV. Im Journal gibt es nach dem 17.3.1945 keinen weiteren Hinweis auf Erschießungen. Nach den Angaben im Journal befanden sich die Häftlinge am 1.5.1945 auf dem Schiff *Apollo* zwischen Kiel und Flensburg: Journal, S. 218.

65 BArch B 162/15362, Schreiben des 1. Kommissariats Osnabrück vom 14.5.1973.

gaben gibt. Bei der Ermittlung der Todesfälle nicht berücksichtigt ist auch das Schicksal der mindestens 209 Häftlinge, die im Verlauf des Bestehens der Brigade »krankheitshalber« oder aus anderen Gründen in eines der Stammlager rücküberführt wurden.[66] Wie viele von ihnen dort oder auf einem der Evakuierungsmärsche nach Räumung der Lager ums Leben kamen, bleibt unbekannt. Nach Kriegsende starben weitere ehemalige Häftlinge der Brigade aufgrund von Erkrankungen beziehungsweise Verletzungen, die sie sich während der Haft zugezogen hatten. Für die meisten der bisher ermittelten Verstorbenen fanden sich in den Quellen Angaben zur jeweiligen Todesursache beziehungsweise zu den Todesumständen. Ob sie zutreffen oder ob sie den Zweck hatten, die tatsächlichen Ursachen oder Umstände zu verschleiern, ist nicht mehr zu überprüfen.[67] Durch Luftangriffe starben mindestens elf Häftlinge. Auch die zwei Gefangenen, die seit dem Bombenangriff auf den Zugverband am Betriebsbahnhof Osnabrück-Hörne am 6.12.1944 als vermisst galten,[68] kamen vermutlich ums Leben. Weitere Opfer alliierter Bomben- und Tieffliegerangriffe könnten sich unter den neun Häftlingen befinden, bei denen keine Todesursache angegeben wurde. In insgesamt sechs Fällen wird »allgemeine Körperschwäche« vermerkt. Diese unbestimmte Bezeichnung findet sich häufig in Angaben zur Todesursache von KZ-Häftlingen. In acht weiteren Fällen ist eine Erkrankung von Lunge, Herz oder Nieren angegeben. Offensichtlich handelt es sich auch hierbei nicht um natürliche Todesfälle, sondern um Tode, die durch die von der SS zu verantwortenden Arbeits- und Lebensumstände der Gefangenen herbeigeführt wurden.[69] Insgesamt viermal wurde Erschießung »beim Fluchtversuch« oder »auf der Flucht« als Todesursache angegeben.[70] Über den Umgang mit den Toten der Brigade berichten verschiedene dänische Häftlinge. Jens Erik Finderup gibt an, dass die Leichen der während

66 79 Häftlinge wurden am 12.10. beziehungsweise 29.11.1945 zum KZ Mittelbau rücküberstellt, 130 Häftlinge am 13.3.1945 zum KZ Neuengamme: Journal, S. 17, 65 und 169. Im Verlauf der Recherchen ergaben sich zahlreiche Hinweise auf den Tod rücküberstellter Häftlinge noch vor Ende des Krieges.

67 Dies gilt zunächst für die Angaben im Journal. Ungeklärt ist auch die Frage, welche Sachinformationen bei der Ausstellung der insgesamt 17 Sterbeurkunden für Häftlinge der 5. SS-EbBB vorlagen und wer sie gegeben hat. Die 14 Sterbeurkunden des Standesamtes Osnabrück wurden alle nachträglich im Januar/Februar 1950 ausgestellt, die drei Todesurkunden des Standesamtes Nordenham am 9.2.1950.

68 Journal, S. 73.

69 Das Durchschnittsalter der ermittelten Todesopfer der 5. SS-EbBB lag bei etwa 33 Jahren. Es ist davon auszugehen, dass sie in der Mehrzahl vor ihrer Verhaftung relativ gesund waren.

70 Am 17.1.1945 wurde der Häftling Nr. 66524 vom 1. Bauzug erschossen, am 10.3.1945 der »Russe« Stepan Karawajew, am 12.3.1945 der namentlich bisher nicht bekannte Häftling Nr. 55887 und am 17.3.1945 der Pole Johann Szpaderski.

eines Arbeitseinsatzes verstorbenen Häftlinge von ihren Kameraden zunächst in umliegenden Ruinen abgelegt werden mussten, bevor sie am Ende des Arbeitstages gemeinsam mit Materialresten in einem Waggon zum Standplatz am Betriebsbahnhof Hörne gebracht wurden. Er fährt fort:

> »Das war das erste, was sie uns zeigten, wenn wir im Lager ankamen, die Leichen und die Reste aus den Waggons. Hier wurden die Leichen einfach so herausgeworfen. Die gleiche Stelle wurde für Küchenabfälle benutzt [...]. Die Leichen wurden einmal pro Woche mit dem Wagen zum Krematorium in Osnabrück gebracht.«[71]

Ehemalige Anwohnerinnen der Siedlung Limbergen berichten davon, dass auf dem Bahngelände westlich der Unterführung zwischen Limberger Straße und Feldstraße nach einem Luftangriff mehrere Tote verscharrt worden sein sollen.[72] Sie sind überzeugt, »dass man auf dem Gelände des Güterbahnhofs Hörne noch menschliche Überreste finden müsste, eventuell auch dort, wo sie damals das Land beackerten.«[73] Der Häftlingsarzt der Brigade, Władysław Wikler, gibt ebenfalls an, man habe Tote in Gruben »in der Nähe der Waggons begraben«.[74]

71 Frihedsmuseet, 30 C 10168, S. 3, Bericht Jens Erik F. vom 27.9.1946. Die Leichen wurden wohl nicht kremiert, sondern auf dem neben dem Krematorium liegenden Heger Friedhof bestattet: vgl. hierzu auch Fings: Krieg, Gesellschaft und KZ, S. 262.

72 Interview mit G. Fricke und H. Brockmeyer am 20.2.2016. Grundlage dafür sind allerdings keine eigenen Beobachtungen, sondern Berichte und Erzählungen innerhalb der Familie und im Kreis der Nachbarn.

73 Mit dem »beackerten Land« ist ein Grundstück gemeint, das zeitweise Bahnbediensteten zur landwirtschaftlichen Nutzung überlassen worden war. Es befand sich auf dem Bahngelände in der Nähe der großen Eisenbahnunterführung an der Seite zur Feldstraße: vgl. Gerda Fricke: Wüstenbewohner erinnern sich. KZ-Häftlinge auf dem Güterbahnhof bei Block Hörne, 2. Teil, in: Wüstenwind 30/2015, S.16.

74 W. Wikler in: Czarnecki/Zonik: Kryptonim Dora, S. 127.

5. Nach dem Krieg

5.1 Häftlingsschicksale nach 1945

Über das Schicksal der überlebenden Gefangenen der 5. SS-EbBB nach der Befreiung im Mai 1945 ist nur wenig bekannt.

Der Schlussvermerk über die 5. SS-EbBB, der vom Amtsgericht Ludwigsburg im Rahmen von Vorermittlungen zu NS-Verbrechen erstellt wurde, enthält einige Hinweise zu 53 ehemaligen Häftlingen.[1] Von den dort namentlich aufgeführten 44 Deutschen lebten zum Zeitpunkt der Ermittlungen im Jahr 1973 noch 21 Personen, darunter mindestens 12 ehemalige Kapos beziehungsweise Funktionshäftlinge.[2] Für alle sind Adressen in der Bundesrepublik beziehungsweise der DDR angegeben. Es ist davon auszugehen, dass die Mehrzahl der anderen überlebenden deutschen Häftlinge ebenfalls im Land geblieben ist. Von den im Schlussvermerk aufgeführten fünf Polen lebten vier nach dem Krieg in Schweden, einer war nach Kanada ausgewandert. Daneben sind ein Ungar und ein Tscheche genannt, die nach Kriegsende nicht in ihre Herkunftsländer zurückkehrten.[3] Während die Mehrzahl der 19 Franzosen nach Frankreich zurückkehrte, gelten einige als verschollen. Das Gedenkbuch der französischen »Stiftung zur Erinnerung an die Deportation«[4] vermerkt sechs verstorbene ehemalige Häftlinge der 5. SS-EbBB. Bei vier von ihnen fehlen genauere Angaben über ihr Schicksal.[5] Ein weitaus günstigeres Schicksal hatten die 35 dänischen Häftlinge der 5. SS-EbBB. Alle sind, wie bereits erwähnt, mit den »Weißen Bussen« des Austauschtransportes der »Aktion Bernadotte« unmittelbar vor Kriegsende in die Freiheit gelangt.[6] Als Mitglieder des Widerstandes genossen sie in ihrer Heimat hohes

1 BArch B 162/15362, S. 494 (4), Schlussvermerk 5. SS-EbBB. In dem Vermerk sind drei weitere Häftlinge aufgeführt, die aber nicht der 5. SS-EbBB zuzuordnen sind.

2 Der hohe Anteil ehemaliger deutscher Funktionshäftlinge unter den Zeugen bei den Ermittlungen ist im Vergleich zu ähnlichen Verfahren für andere SS-Baubrigaden nicht ungewöhnlich. Es ist davon auszugehen, dass dies erheblichen Einfluss auf die Ermittlungsergebnisse hatte. Auf die ambivalente Position der Funktionshäftlinge in der Häftlingsgesellschaft und ihr Aussageinteresse angesichts eventuell strafrechtlich gegen sie verwertbarer Fakten wurde weiter oben bereits hingewiesen.

3 Vgl. BArch B 162/15362, S. 499506 (916), Schlussvermerk 5. SS-EbBB, Absatz C, Nummern 24, 26, 38, 53 und 56.

4 Fondation pour la mémoire de la déportation, www.fondationmemoiredeportation.com/livre-memorial/das-gedenkbuch (letzter Aufruf 11. 4. 2019).

5 Emile Amiens, Pierre Picot, Casimir Champion und Jean Decurninge.

6 Dass dieses Schicksal günstig war, zeigt ein Vergleich mit den 36 Dänen, die Gefangene der 11. SS-EbBB in Soest waren. Von ihnen starben 19, die meisten (16) auf dem

Ansehen. Über den Verbleib der ursprünglich 14 Jugoslawen ist wenig bekannt. Sicher ist, dass drei von ihnen, darunter ein ehemaliger Funktionshäftling,[7] nach einigen Wochen in schwedischen Auffanglagern am 25.8.1945 gemeinsam von Trelleborg aus mit dem Schiff zurück nach Jugoslawien fuhren.[8] Das weitere Schicksal der Häftlinge aus der ehemaligen Sowjetunion und Polen, der beiden größten Teilgruppen der Gefangenen der 5. SS-EbBB, ist dagegen nahezu unbekannt. Für die überwiegende Mehrheit dieser Gefangenen war ihr vorheriger Wohnort zum Zeitpunkt ihrer Rückkehr beziehungsweise nach Kriegsende nicht mehr die alte Heimat. Das lag einerseits an den kriegsbedingten Zerstörungen, dem Verlust geliebter Menschen und vormaligen Besitzes. Andererseits hatte der Krieg auch tiefgreifende politische Verwerfungen zur Folge. So machte etwa die Verschiebung der sowjetischen Grenze nach Westen die Heimatorte ehemaliger Polen und Ukrainer zu sowjetischem Staatsgebiet. Auf der Konferenz von Jalta war am 11.2.1945 zwischen den Alliierten festgelegt worden, dass alle sowjetischen Kriegsgefangenen und Zwangsarbeiter von den Westmächten in den Machtbereich der Sowjetunion zu überstellen seien. Die Betroffenen wussten, was sie erwartete. Schon seit Beginn des Krieges 1941 wertete die sowjetische Regierung die Gefangennahme von Soldaten der Roten Armee als Verrat und Kollaboration und die Tätigkeit von sowjetischen Zivilarbeitern in Deutschland, unabhängig davon, ob es sich um Zwangsarbeit handelte oder nicht, als »Arbeit für den Feind«.[9] Die zwangsweise »Rückführung« der Sowjetbürger verlief nach Kriegsende über »Prüf- und Filtrationslager«, die der »Hauptverwaltung für sogenannte Besserungs- und Arbeitslager« (GULag) des sowjetischen Inlands-Geheimdienstes NKWD untergeordnet waren. Während der Überstellungen durch die Westalliierten kam es zu dramatischen Szenen und zahlreichen Selbsttötungen. Hunderttausende Repatrianten wurden nach dem Übertritt in den sowjetischen Machtbereich in Arbeitslager verbannt oder gleich ermordet. Es ist davon auszugehen, dass von den Maßnahmen auch die sowjetischen Gefangenen der 5. SS-EbBB be-

Rückzug der Brigade im April 1945, der in Teilgruppen bis ins mecklenburgische Wittstock beziehungsweise nach Ebensee in Österreich führte: Barfod: Helvede har mange navne, S. 245-248.

7 ITS 1.1.5.1/5316268, Josef Tschretnik. Er wird in einem Häftlingsverzeichnis vom 10.9.1944 noch als »R. D.« (Reichsdeutscher) geführt.

8 Vgl. ITS 3.1.1.3/78777668 ff., Vermerk: Left Sweden 25.8.1945 for Jugoslavia via Trelleborg, Cretnik, Guina und Halit.

9 Bereits am 16.8.1941 wurde durch Ukas (Befehl) Nr. 270 des Oberbefehlshabers Josef Stalin jeder Soldat der Roten Armee, der sich in deutsche Gefangenschaft begab, zum Verräter und Kollaborateur erklärt. Der Vorwurf der Kollaboration wurde auch gegen heimkehrende Zivilarbeiter erhoben. Stalins Ukas wurde erst nach 1954 durch Amnestieregelungen abgemildert.

troffen waren, die unter die Bestimmungen der Zwangsrepatriierung fielen.[10] Prekär stellte sich ebenfalls die Situation für die Ostpolen, Ukrainer und Weißrussen dar, die bis 1939 polnische Staatsbürger waren und deren Heimatgebiete durch die Kriegsereignisse Teile der Sowjetunion wurden. Für sie war eine Rückkehr an ihre Herkunftsorte nicht mehr möglich.[11] Auch für die Gefangenen aus Zentral- und Westpolen hatte sich Grundsätzliches geändert. Mit der Besetzung durch die sowjetische Rote Armee war die Vorstellung von einem dem Vorkriegs-Polen ähnelnden Land unrealistisch geworden. Stattdessen schritt die »Sowjetisierung Polens« rasch voran. Bereits im Juni 1945 wurde eine von den Kommunisten dominierte »Regierung der nationalen Einheit« gebildet.[12] Für ehemalige Häftlinge bestand die Gefahr, als Kollaborateure bezichtigt und verfolgt zu werden. Das könnte neben anderen politischen, wirtschaftlichen und privaten Motiven ein Grund dafür gewesen sein, dass sie im Westen blieben.[13]

5.2 Grab- und Gedenkstätten

Auf dem Internationalen Ehrenfeld XI des Heger Friedhofes in Osnabrück befinden sich heute mindestens 14 Grabsteine für Häftlinge der 5. SS-EbBB.[14] Sie wurden erst in späteren Jahren aufgestellt. Ob sie die tatsächlichen Grabstellen der genannten Personen anzeigen, ist nicht festzustellen.

Eine Geschichts- und Erinnerungstafel des Volksbundes Deutsche Kriegsgräberfürsorge erinnert an die Toten auf dem Gräberfeld und erläutert deren Herkunft und Schicksal. Auf der Tafel werden auch erstmals öffentlich die KZ-Häftlinge der 5. SS-EbBB und weitere an diesem Ort begrabene

10 Vgl. Anne Applebaum: Der Gulag, Berlin 2003. Nach ihren Angaben über das GULag-System wurden etwa 20% der »Repatrianten« mit dem Tod beziehungsweise 25 Jahren Zwangsarbeit bestraft. Auf die Zahl von 188 Sowjetbürgern im ersten Häftlingsverzeichnis der 5. SS-EbBB übertragen, wären das etwa 40 Personen mit diesem Schicksal.

11 Die Sowjetunion erhielt ihre Gebietsansprüche in Ost-Polen (Kresy) auch nach Kriegsende aufrecht und setzte als Kompensation eine Westverschiebung Polens auf ehemals deutsche Gebiete durch.

12 Bis 1947 war der Widerstand gegen diese Regierung gebrochen.

13 Sie blieben in Deutschland oder emigrierten weiter in die Niederlande, nach Belgien, Großbritannien, Kanada, Australien und in die USA.

14 Vgl. Grabstellenverzeichnis für das Gräberfeld XI, Internationales Ehrenfeld des Heger Friedhofes, Osnabrück. Das Internationale Ehrenfeld XI ist Grabstätte für 350 Menschen, überwiegend zivile Zwangsarbeiter, aber auch KZ-Häftlinge, Wehrmachts- und OT-Angehörige.

KZ-Häftlinge erwähnt.[15] In Nordenham, einer Station auf dem Rückzugsweg der 5. SS-EbBB im April 1945, starben mindestens drei Häftlinge. Ihre Gräber befinden sich auf dem Friedhof Nordenham-Atens, Acker IV A, Sonderreihe, Gräber 7, 8, 9. Ein Gedenkstein auf dem nahe gelegenen Begräbnisplatz ziviler ausländischer Zwangsarbeiter in Atens erinnert auch an sie.[16] Der Leichnam des am 21. 1. 1945 in Osnabrück verstorbenen Belgiers Jules Quertinmont,[17] der über das Außenlager Cochem des KZ Natzweiler zur 5. SS-EbBB gekommen war, wurde nach dem Krieg exhumiert und in Belgien begraben. Für zwei weitere Häftlinge, die bei Kriegsende oder kurz danach starben und daher nicht im Namensverzeichnis der Toten aufgeführt sind, konnten ebenfalls Grabstätten beziehungsweise Gedenksteine aufgefunden werden: Das Grab des 1949 in Sulingen exhumierten französischen Widerstandskämpfers Antoine Mauduit[18] befindet sich auf dem Hügel St. Philomene bei Montmaur im Département Hautes-Alpes, Frankreich. Am Schloss Montmaur, dem ehemaligen Wohnsitz Mauduits, ist zudem ein Gedenkrelief angebracht worden. Das Grab des jüdisch-deutschen Widerstandskämpfers Kurt Reilinger[19] befindet sich auf dem jüdischen Friedhof Amsterdam-Diemen. An den ehemaligen Standorten der 5. SS-EbBB gibt es keine Erinnerungsmale.

15 Texte und Bilder der Geschichts- und Erinnerungstafel wurden im Sommer 2013 in Kooperation mit dem Volksbund von einer Projektgruppe der 10. Klassen der Hauptschule Innenstadt Osnabrück unter meiner Leitung erstellt beziehungsweise zusammengetragen. Die Tafel befindet sich unmittelbar neben dem Gräberfeld XI des Heger Friedhofes in Osnabrück.

16 Der Gedenkstein trägt die Inschrift: »Hier ruhen fern der Heimat vereint 1 Tscheche, 3 Polen, 10 Russen«. Bei der Zahlenangabe wurden die drei Häftlinge der 5. SS-EbBB »mitgezählt«, obwohl sich ihre Gräber an anderer Stelle befinden. Für den Hinweis danke ich Herrn Frerichs aus Varel.

17 ITS 1. 1. 27.1/2532050, Lfd.-Nr. 376, Verzeichnis der Häftlinge der 5. SS-Eisenbahnbaubrigade (E).

18 Ebd., Nr. 450.

19 Ebd., Nr. 456.

Abb. 19: Grabsteine für Richard Kühnel und Fjodor Popow auf dem Internationalen Ehrenfeld XI des Heger Friedhofes in Osnabrück.

6. Lebensspuren ehemaliger Häftlinge

Die 5. SS-EbBB war nur eine und meistens die letzte Station auf dem Weg der Gefangenen durch das nationalsozialistische Lagersystem. Sie war Teil eines Netzes, das nahezu alle Orte des Terrors miteinander verband. Das individuelle Schicksal der KZ-Häftlinge ist ein Dreivierteljahrhundert nach Ende des Krieges weitgehend in Vergessenheit geraten. Bei vielen kann der Weg in und durch die Lager nur noch mit Hilfe erhalten gebliebener amtlicher Dokumente der SS-Administration nachverfolgt werden. Einige Häftlinge sind jedoch vor oder nach ihrer Haftzeit öffentlich in Erscheinung getreten und haben so Spuren hinterlassen. Andere äußerten sich unmittelbar nach Kriegsende oder später in Befragungen, Zeugenaussagen, persönlichen Briefen, Berichten und verschiedenen Veröffentlichungen ausführlich zu ihrer Gefangenschaft und zu ihrem Leben davor und danach. Anhand der vorhandenen Quellen und umfangreicher Sekundärliteratur werden die Einzelschicksale von 15 Häftlingen in kurzen Texten dargestellt. Die Texte beschreiben die damaligen politischen und gesellschaftlichen Verhältnisse in den Herkunftsländern der Gefangenen und die Umstände der Verhaftung. Sie gewähren weitere Einblicke in Organisation und Einsatz der Brigade und den Alltag im Zugverband aus der Sicht der Gefangenen. Darüber hinaus wird der Weg der Häftlinge nachgezeichnet, die das Ende des Krieges erleben. Für die Ergebnisse dieser Spurensuche wird kein Anspruch auf Vollständigkeit oder abschließende Beweiskraft erhoben. Es gilt zu akzeptieren, dass Ungewissheiten bestehen bleiben und vieles wohl nicht mehr zweifelsfrei zu ermitteln ist.

6.1 Flemming Bussenius Larsen

»Wir standen da und genossen die Brandbomben.«

Kein anderer Häftling der 5. SS-EbBB hat die Lebens- und Arbeitsbedingungen während der Stationierung in Osnabrück so ausführlich und exakt geschildert wie Flemming Bussenius Larsen. Nur wenige Wochen nach seiner Rückkehr in die Heimat verfasst der dänische Offizier einen Aufsatz über das »Osnabrück-Kommando«, der noch 1945 in einer Sammlung von Berichten dänischer KZ-Häftlinge in Kopenhagen veröffentlicht wird.[1] Das

1 Larsen: Osnabrück-Kommandoen, S. 139-156. Der Aufsatz Larsens über seine Zeit in der 5. SS-EbBB lag bisher auf Deutsch nur in Textausschnitten vor. Er wurde vom Verfasser für diese Arbeit erstmals vollständig übersetzt.

eigene Erleben, die zeitliche Nähe zu den beschriebenen Ereignissen, vor allem aber der erstaunlich sachliche, von Detailgenauigkeit geprägte Stil seines Berichtes machen die Aussagen Larsens zu einer einzigartigen Quelle.

Flemming Bussenius Larsen wird am 17.11.1908 in Kopenhagen geboren. Wie sein Vater schlägt er nach der Schule die Offizierslaufbahn ein. Er macht weiter Karriere in der Armee und wechselt 1938 ins dänische Kriegsministerium. Obwohl Dänemark und Deutschland 1939 einen Nichtangriffspakt geschlossen hatten, wird Dänemark am 9.4.1940 von der deutschen Wehrmacht besetzt. Larsen schildert die Ereignisse aus eigenem Erleben:

> »Ich war in der Nacht vom 8. auf den 9. April – wie schon so oft – diensthabender Offizier im Kriegsministerium und musste dort auch übernachten. [...] die einlaufenden Meldungen enthielten nichts Alarmierendes mehr, und ich legte mich um Mitternacht hin, um etwas Ruhe zu bekommen. Um 04.05 Uhr weckte mich ein Anruf. Es war die Nachrichtenabteilung, die berichtete, dass es viele Motorengeräusche südlich der Grenze gab, die auf einen großen Aufmarsch von Kraftfahrzeugen hindeuteten. 20 Minuten später kamen die ersten Berichte von Grenzübertritten und von der Landung auf Fünen [Nyborg]. Die erste Meldung von der Landung auf Seeland erhielt ich um 04.50 Uhr, als mich ein Offizier alarmierte, der sich im Kastell befand.[2] Er sagte, dass er nicht aus der Zitadelle kommen könne, weil es draußen von ›Engländern‹ wimmle. Ich befahl ihm, dort zu bleiben, zu beobachten und zu melden. Kurz darauf rief er wieder an und erklärte, dass die ›Engländer‹ Deutsch sprächen und Hakenkreuze trügen, so dass es wohl Deutsche sein müssten.«[3]

Wenige Stunden später ist der militärische Widerstand der Dänen gebrochen. Die deutsche Reichsregierung garantiert die territoriale und staatliche Integrität Dänemarks und die Nichteinmischung in innere Angelegenheiten. Verwaltung, Ortspolizei und Gerichte bleiben daher zunächst in dänischer Hand. Heer und Marine werden bis auf einen Restbestand von 2.200 Mann demobilisiert. Zu den weiterhin aktiven Soldaten gehört auch der Hauptmann F.B. Larsen. In den ersten zwei Jahren der deutschen Okkupation halten sich die dänischen Landstreitkräfte, die von General Gørtz als Oberkommandierendem[4] geführt werden, zumindest öffentlich von allen Aktivitäten fern, die den Deutschen Anlass für weiteres Einschreiten

2 Das Kastell in Kopenhagen ist eine Befestigungsanlage an der Hafeneinfahrt. Dort befand sich 1940 auch Sitz des dänischen Generalstabs.

3 Larsen: Nogle Blik, S. 39 ff.

4 Ebbe Gørtz war bereits seit 1937 Chef des dänischen Generalstabs.

geben könnten.[5] Nennenswerter ziviler Widerstand existiert ebenfalls nicht, sieht man von einigen kleinen Sabotagetrupps ab. Das ändert sich gegen Ende des Jahres 1942. Der gegen die dänische Neutralitätspolitik erzwungene Eintritt in den Antikominternpakt gegen die Sowjetunion, die Verfolgung der dänischen Juden und immer stärker werdende Eingriffe in den Alltag der Bevölkerung wecken den Widerstandswillen. Es kommt zu Aktionen des zivilen Ungehorsams und zu Streiks gegen die Besatzung und ihre dänischen Unterstützer.[6] Am 29.8.1943 verhängt die deutsche Besatzungsmacht deshalb den militärischen Ausnahmezustand über Dänemark. Nach dem Rücktritt der dänischen Regierung[7] wird die Rest-Armee entwaffnet und interniert. Larsen ist davon ausgeschlossen. Er erinnert sich:

> »Eigentümlicherweise wurde ich sogar einige Tage später stellvertretender Verbindungsoffizier des ›Abwicklungsstabes des dänischen Heeres‹ (so wurde das Ministerium jetzt bezeichnet) zu General v. Hannekens Stab und einige Wochen später zum festen Verbindungsoffizier zum STALAG 389, das heißt dem deutschen Kommando, das für die internierten dänischen Einheiten zuständig war.«[8]

General Ebbe Gørtz und seine engsten Mitarbeiter bilden insgeheim den sogenannten Kleinen Generalstab und beginnen mit dem Aufbau einer neuen konspirativen Befehlsstruktur in den Internierungslagern. Als Verbindungsoffizier zu den deutschen Besatzern kann sich F.B. Larsen relativ frei im Land bewegen. Er wird daher vom Kleinen Generalstab gefragt, ob er sich vorstellen könne, in die Geheimdienstarbeit einbezogen zu werden. »Ich sagte selbstverständlich zu, und nun folgte eine spannende und unruhige

5 Gleichzeitig lässt Gørtz es jedoch zu, dass die Nachrichtenabteilung seines Generalstabes mit Beginn der deutschen Besatzung im April 1940 regelmäßig geheime Botschaften über Stockholm nach London schickt.

6 Allerdings ist der dänische Widerstand keine Massenbewegung. Er entwickelt sich von einigen hundert Mitgliedern im Jahr 1943 über mehr als 10.000 Ende 1944 zu etwa 50.000 (ca. 1% der Gesamtbevölkerung Dänemarks) am Kriegsende: vgl. Knud J.V. Jespersen: From Arsonist to Fire Brigade. Special Operations Executive and Danish Restistance 1940-1945, in: Bjørn Claus/Bo Bjørke/Jørgen Sevaldsen (Hrsg.): Britain and Denmark. Political, Economic and Cultural Relations in the Nineteenth and Twentieth Centuries, Kopenhagen 2003, S. 284.

7 Formell betrachtet Deutschland Dänemark weiterhin als neutrales, souveränes Land. Es kommt zu keinem Besatzungsstatut mit Reichskommissariaten wie etwa in den Niederlanden oder Norwegen. Nach dem Rücktritt der Minister regieren die dänischen Staatssekretäre weiter. SS und Wehrmacht nehmen jedoch massiv Einfluss.

8 Larsen: Nogle Blik, S. 47. General von Hanneken ist ab 12.10.1942 Befehlshaber der deutschen Truppen in Dänemark. Die dänischen Offiziere werden nach Angaben Larsens an zehn bis zwanzig Standorten des von den Deutschen eingerichteten STALAG 389 (Stammlager beziehungsweise Kriegsgefangenenlager Nr. 389) interniert.

Zeit.«[9] Der dänische Militärgeheimdienst intensiviert die schon bestehende Verbindung mit der britischen Spezialeinheit SOE (Special Operations Executive), die überall im von Deutschen besetzten Europa lokale Widerstandsgruppen unterstützt und mit deren Hilfe wichtige Informationen über die Wehrmacht sammelt.[10] Ende 1943 steigt Larsen zum Stellvertreter des dänischen Militärgeheimdienstes auf. Im Juni 1944 wird er dessen Leiter.[11] Als einen Glanzpunkt seiner Geheimdienstarbeit bezeichnet Larsen die Weitergabe von Geheiminformationen über die Verlegung deutscher Luftwaffeneinheiten von Dänemark nach Italien an die britische SOE im Sommer 1944.[12] Am 2.9.1944 verhaftet die Gestapo F.B. Larsen.[13] In den anschließenden Verhören tischt er den Vernehmungsbeamten eine Geschichte auf, die ihn als Spion aus Opportunitätsgründen darstellt, der einem »echten« Widerstandskämpfer nur falsche Versprechungen gemacht habe.[14] Die Täuschung gelingt. Keiner der Verhörenden erkennt in ihm den ehemaligen Verbindungsoffizier des Abwicklungsstabes und jetzigen Chef des geheimen Nachrichtendienstes. Am 21.9.1944 überführt die Gestapo Larsen in das Internierungslager Frøslev,[15] unmittelbar an der dänisch-deutschen Grenze bei Flensburg gelegen. Es war im August 1944 zur Aufnahme dänischer politischer Gefangener mit dem Versprechen eingerichtet worden, auf Deportationen in deutsche Konzentrationslager zu verzichten. Entgegen den getroffenen Absprachen werden jedoch 1.625 Gefangene von hier aus in Konzentrationslager überführt. F.B. Larsen muss am 29.11.1944 die Fahrt in das KZ Neuengamme antreten. Dort bleibt er nicht lange:

> »Nachdem wir einige Wochen an diesem tristen Ort verbracht hatten und es unbestätigte Gerüchte gab, dass alle Dänen in einem Lager in Dänemark oder in einem einzigen Internierungslager in Deutschland zusammengefasst werden sollten, sickerte schließlich durch, dass unter

9 Ebd., S. 49.

10 Jespersen: From Arsonist to Fire Brigade, S. 283. »Die Prinzen«, wie die Widerstandsgruppe im dänischen Generalstab im SOE-Code genannt wird, »versorgen die Briten mit Geheimdienstinformationen über die Deutschen […], in einer Qualität und einer solchen Menge, dass die deutschen Truppen in Dänemark im wahrsten Sinne des Wortes kaum eine Kanone bewegen konnten, ohne dass London sofort darüber informiert war.«

11 National Archives Kew, Cat.-Ref. WO 373/108/99, S. 2 (164), Begründung zur Verleihung des britischen Ordens »Member of the Britisch Empire« (MBE). Larsen ist Nachfolger von Svend Truelsen, der sich im Mai 1944 nach Großbritannien absetzen muss und dort die Leitung der dänischen Abteilung der SOE in London übernimmt.

12 Larsen: Nogle Blik, S. 51.

13 Larsen war mit Flemming Muus (»Josef«), einem dänischen Vertreter der SOE verabredet, aber am vereinbarten Treffpunkt wartete bereits die Gestapo.

14 Larsen: Nogle Blik, S. 52.

15 Die offizielle deutsche Bezeichnung lautete »Polizeigefangenenlager Fröslee«.

den vielen tausend im Lager etwa 80 nicht speziell ausgebildete, kräftige, belastbare und gesunde Gefangene für die ›Westfront‹ arbeiten sollten. Da nur neu Angekommene die geforderte Kraft, Stärke usw. aufbringen konnten, rechneten wir damit, dass es wir Dänen sein würden, und der Kapo, der ›Arbeitsdirektor‹ im Lager war, wählte auch 35 von uns aus. [...] Zwischenzeitlich sickerte durch, dass wir an eine Eisenbahnbrigade in Münster, später geändert in Osnabrück, überstellt werden sollten, aber der Arbeitsleiter hielt sich zurück, uns das zu bestätigen. Über Umwege erfuhren wir, dass er unseren zukünftigen Job als ›Scheißarbeit‹ bezeichnet hatte. Nach einigen Tagen des Wartens stiegen wir 80 Mann[16] am Dienstag, dem 19.12.1944, nachmittags in 2 Viehwaggons und hörten das Lagerorchester ›Alte Kameraden‹ spielen.[17] Es war das letzte Mal, dass wir diese lächerliche Parodie hörten. Uns war klar, dass wir einem ungewissen Schicksal entgegengingen. Die Arbeit würde hart bleiben, aber wir hofften, dass die Verpflegung, die Behandlung und Unterbringung besser würden. Einig waren wir uns darin, dass es schlimmer als in Neuengamme nicht werden könne – aber auch darin bereitete uns das ›Dritte Reich‹ eine Enttäuschung.«[18]

Larsen und seine 34 dänischen Kameraden erreichen Osnabrück am Mittwoch, dem 20.12.1944.[19] Sie nehmen innerhalb des Kommandos in Osnabrück eine vergleichsweise privilegierte Position ein. Die Lebensmittel- und Kleidungspakete, die sie im Dezember 1944 in Neuengamme und noch einmal am 6.3.1945 in Osnabrück durch das Dänische Rote Kreuz erhalten, sorgen dafür, dass sie dem Essensmangel und der Kälte zumindest zeitweise weniger stark ausgesetzt sind als ihre Mitgefangenen:

»In den letzten Tagen vor unsere Abreise von Neuengamme konnten wir 35 Dänen unsere Lagerkleidung austauschen gegen ›Rote-Kreuz-Kleidung‹, so dass wir in warmen und dichten Winterstiefeln gingen, in schwerer dänischer Unterwäsche, verhältnismäßig guten Hosen, dicken Pullovern, Schals und Mützen. [...] Wir verließen das Lager als Gefangene mit Gepäck.«[20]

16 Die Häftlingsgruppe bestand aus 35 Dänen, 40 Polen und »Russen«, einem Niederländer, einem Jugoslawen und drei Reichsdeutschen. Larsen: Osnabrück-Kommandoen, S. 139 f.

17 Im KZ Neuengamme war es zynischer Brauch, das Häftlingsorchester beim Aus- und Einrücken von Häftlingskommandos den Militärmarsch »Alte Kameraden« oder eine andere Melodie spielen zu lassen.

18 Larsen: Osnabrück-Kommandoen, S. 140.

19 Journal, S. 86. Der entsprechende Eintrag ins Häftlingstagebuch lautet: »80 Hfl. von (L. Neu Gamme) L. Mittebau zugekommen.«

20 Larsen: Osnabrück-Kommandoen, S. 141. Während des Aufenthaltes im KZ Neuengamme hatte es noch einen Häftlingsaustausch gegeben. Einer der für das Kommando ausgewählten Häftlinge, der 22-jährige Däne Leif Steffen Vennike (Häft-

Ihre Ankunft bei der Brigade in Osnabrück löst bei den dortigen Mithäftlingen großes Erstaunen aus. Plötzlich erscheinen »vierzig gesunde, kräftig gebaute Männer [...], perfekt gekleidet, in Zivilkleidung, mit Filzschuhen und riesigen Gepäckbündeln. Es waren Dänen. Sie erhielten einen separaten Wagen für sich.«[21] Neid und Missgunst bleiben nicht aus. Es entwickelt sich zeitweise eine feindliche Stimmung gegen die Dänen, die sie vor allem durch Geschenke an die Kapos und die SS-Wachmannschaften zu besänftigen versuchen.[22] Ihrer sozialen Herkunft und politischen Ausrichtung nach sind die Häftlinge eine sehr gemischte Gruppe. »Unter den Dänen waren alle Gesellschaftsklassen und Ränge vertreten.«[23] Untereinander und vor allem nach außen bewahren sie aber eine starke Gruppensolidarität.

> »Trotz der harten Umstände verloren wir doch nicht den guten dänischen Humor und den Zusammenhalt am Arbeitsplatz. Im Waggon konnten die angespannten Nerven schon einmal dazu führen, dass man sich zankte, aber wenn wir draußen waren, war der Zusammenhalt gegenüber den SS-lern, den Kapos und anderen, die uns übelwollten, groß.«[24]

Flemming Larsen wird der »Waggonälteste«[25] im »Dänenwaggon«, in dem er mit 23 Landsleuten untergebracht ist. In dieser Funktion übernimmt er die Aufgaben, die in einem festen Konzentrationslager dem Stubenältesten zufallen. Er ist etwa für die Hygiene und Ordnung im Waggon zuständig, zum Beispiel für die Lauskontrolle und die regelmäßige Meldung der Belegungsstärke. Wenige Tage nach ihrer Ankunft erleben die Dänen Weihnachten auf besondere Weise:

> »Ohne Unterbrechungen und nur mit dem Stückchen Roggenbrot vom Morgen ›arbeiteten‹ wir bis kurz vor Sonnenuntergang. Dann ging es wieder im Eilmarsch ›nach Hause‹ zu den Eisenbahnwaggons, in denen die ganze Brigade untergebracht war [...]. Nachdem wir eingesperrt worden waren, begann unser Weihnachtsabend. Wir Dänen waren auf zwei Waggons verteilt. In dem einen waren wir nur Landsleute, insgesamt 24, in dem anderen war die Hälfte Ausländer (deutsche Kriminelle, Russen

lings-Nr. 67090), war krank geworden. Trotz hohen Fiebers wurde er nicht ins Krankenrevier gebracht. Er starb am 1.12.1944. Für ihn wurde der 35-jährige Morten Vesterdal (Häftlings-Nr. 67978) nach Osnabrück geschickt, der am 15.12.1944, unmittelbar vor der Abfahrt des Transportes, nach Neuengamme gekommen war: vgl. Barfod: Helvede har mange navne, S. 384 ff., Transportlisten Neuengamme vom 29.11.1944 und 13.12.1944.

21 W. Wikler in: Czarnecki/Zonik: Kryptonim Dora, S. 128.

22 Larsen: Nogle Blik, S. 151.

23 Ebd., S. 141 f.

24 Larsen: Osnabrück-Kommandoen, S. 150.

25 Vgl. Frihedsmuseet, 30 C 5 34, S. 6, Brief von Knud H. vom 17.11.1978.

Abb. 20: Heiligabend im Viehwaggon.

und Polen). Wir waren erst kurz in der SS-Brigade und hatten noch etwas übrig behalten von den aus Neuengamme mitgebrachten Rote-Kreuz-Paketen, und dank ihnen konnten wir den Abend festlich gestalten. Zudem arbeitete ein Teil von uns in Osnabrücks Ruinen, so dass wir es geschafft hatten, einige Kerzen zu organisieren, Fichtenzweige und Kohle für den in der Mitte des Waggons angebrachten Ofen. Es gab nur wenig Platz, und die Hälfte von uns musste darum sofort in die auf drei Etagen angebrachten Schlafstellen steigen, während sich einige andere wuschen oder Kleidung ausbesserten. Andere schmückten die Wände mit Tannenzweigen und weihnachtlichen Kreidezeichnungen, und wieder andere, die als versierte Köche galten, begannen mit dem Tageshöhepunkt, der Zubereitung unseres privaten Weihnachtsessens. Die Zutaten dafür waren vor allem Haferbrei aus den Rote-Kreuz-Paketen, einige Dosen ›Schweinefleisch im eigenen Saft‹ samt organisierter Kartoffeln und Zwiebeln. Letztere stammten aus Schrebergärten, und obwohl ein Experte aus Randers ernste Zweifel daran äußerte, dass es gesundheitsförderlich sei, sie für die

> menschliche Ernährung zu verwenden, trugen sie dazu bei, den schlechten Geschmack der Kartoffeln abzuschwächen. In den folgenden Stunden wurden zahlreiche Portionen aus Haferbrei und geschmorten Zwiebeln und Kartoffeln mit Schweinefleisch gekocht. […]
>
> Der Abend kostete uns einen Großteil unserer Nahrungsvorräte – hätten wir gewusst, dass es noch 2 ½ Monate dauern sollte, bis wir die nächsten und einzigen weiteren Rote-Kreuz-Pakete bekommen würden, hätten wir sie länger gestreckt – aber wir wurden alle wirklich einmal satt und zufrieden und sahen mit mehr Zuversicht in die Zukunft. Müdigkeit und Wärme machten uns schläfrig, aber wir konnten den Abend nicht beenden, ohne die Lieder zu singen, die wir Heiligabend zu Hause sangen. Unsere brennende Sehnsucht nach Dänemark und unseren Lieben fand ihren Ausdruck in ›Jetzt kommt das Weihnachtsfest‹ und anderen Weihnachtsliedern und Gesängen. Zum Abschluss hielt einer von uns eine Art Andacht, die mit einer Schweigeminute endete, damit unsere gemeinsamen Gedanken nach Hause wandern konnten, zu denen, die wir vermissten, und zu denen, die unseren Kampf weiterführten. Gemeinsam sangen wir ›I alle de riger og lande‹, das uns mehr als jedes andere Lied stolz darauf machte, dass wir geholfen hatten, Nazideutschland zu bekämpfen, und das uns die Kraft gab, durchzuhalten.«[26]

Der Einsatz auf den verschiedenen Baustellen der Brigade bleibt den Dänen von Anfang an nicht erspart. Larsen beschreibt die wiederkehrenden Tagesabläufe, die kleiner werdenden Essensrationen, die langen Arbeitstage, die Schikanen der SS-Wachmannschaften und der Kapos, die Betrügereien bei der Ausgabe von Rote-Kreuz-Paketen und von »Prämienscheinen« als »Bezahlung« für die geleistete Arbeit.

Im März 1945 läuft eine Aktion an, die zumindest für die dänischen Häftlinge der Baubrigade das Ende ihrer Leidenszeit bedeutet. Der schwedische Diplomat Graf Folke Bernadotte erhält in Verhandlungen des Roten Kreuzes mit dem Reichsführer SS Heinrich Himmler die Zusage, die 4.000 skandinavischen Gefangenen der deutschen Konzentrationslager mit Bussen über Neuengamme nach Schweden bringen zu dürfen. Im Zuge dieser »Aktion Weiße Busse« kommen die Dänen kurz nach dem Rückzug der gesamten Brigade aus Osnabrück frei. Sie verlassen den Zugverband am Dienstag, den 3.4.1945, in Syke und gelangen nach zwei Tagen Bahnfahrt auf Nebenstrecken über Hoya, Eystrup, Verden und Rotenburg nach Hamburg-Bergedorf. Die letzten zehn Kilometer bis nach Neuengamme laufen sie zu Fuß:

26 Flemming B. Larsen: Weihnachten in einem Eisenbahnwaggon, in: Pigtraad, 11/1948, S. 163f. »In allen Reichen und Landen« ist der Beginn eines dänischen Nationalliedes aus dem 19. Jahrhundert.

Abb. 21: Auf dem Marsch zur Arbeitsstelle.

»Als wir uns dem Lager näherten, sahen wir,[27] dass dort dänische und schwedische Rote-Kreuz-Wagen standen, wir sahen Prinz Bernadotte zusammen mit dem verhassten Lagerchef in das Lager gehen, und wir sahen und hörten unsere Landsleute, die aus dem Neubau riefen und uns zuwinkten, ohne die SS-Posten zu beachten. Da blieb kein Auge trocken, wir weinten vor Glück, denn wir verstanden, dass die Gerüchte, die wir in Osnabrück gehört hatten, stimmten, dass alle Bedrängnis und aller Hunger vorbei waren, und dass wir trotz alledem am Ende lebendig zurück nach Dänemark kommen würden.«[28]

Mit den »Weißen Bussen« werden die skandinavischen Gefangenen wenige Tage später zunächst nach Schweden gebracht. Während der Zeit seiner Inhaftierung bei der 5. SS-EbBB war es Larsens größte Befürchtung gewesen, dass die Gestapo in Dänemark seine wahre Identität doch noch herausfinden könnte:

27 Bernadotte kommt am 31.3.1945 persönlich für einige Tage nach Neuengamme. Lagerkommandant ist zu diesem Zeitpunkt der SS-Standartenführer Max Pauly. Der für seine Grausamkeit berüchtigte Pauly wird nach Kriegsende vor ein britisches Militärgericht gestellt, zum Tode verurteilt und am 8.10.1946 im Zuchthaus Hameln gehängt.

28 Larsen: Osnabrück-Kommandoen, S. 156.

> »Ich glaube, im Gegensatz zu mir wünschten alle meine Kollegen, zum Verhör ins Vestre-Gefängnis[29] nach Hause geschickt zu werden und dort wieder etwas zu essen zu bekommen. Für die meisten war der Hunger fast unerträglich [...]. Trotz Hunger war das, was ich vor allem befürchtete, zum Verhör nach Hause aufgerufen zu werden. Es würde nach meiner Meinung viel Glück benötigen, damit es anders als auf dem Hinrichtungsplatz endete, vermutlich zuvor noch gefoltert und zu Aussagen gezwungen. Mein größter ›Erfolg‹ bestand also darin, dass ich in Deutschland blieb und so eine Chance bekam, zu überleben.“[30]

In Schweden ist er sicher, aber noch nicht völlig frei. Larsen flieht aus einer Quarantänestation im Vätternsee und kehrt am 5.5.1945, dem Tag der Kapitulation der deutschen Truppen in Dänemark, aus Schweden zurück. Überall im Land sind noch deutsche Soldaten auf dem Rückzug. Larsen gerät in eine schwere Schießerei zwischen den Deutschen und dem dänischen Widerstand.[31] Dennoch erreicht er kurz darauf unversehrt das Kriegsministerium und nimmt seine Arbeit wieder auf. Rasch macht er Karriere.[32] 1962 wird F.B. Larsen der erste Chef des NATO-Korps LANDJUT[33] in Rendsburg. Er, der »ehemalige KZ-Gefangene, der in Osnabrück Misshandlungen der ärgsten Art ausgesetzt war«, ist nun »NATO-General über deutsche Truppen«.[34] Ein Jahr vor seinem Tod am 10.4.1996 schreibt er in einer Zeitschrift ehemaliger Widerstandskämpfer:

> »Es ist jetzt 50 Jahre her, dass ich, zusammen mit so vielen anderen Landsleuten von der äußersten Linken bis zur äußersten Rechten, KZ-Gefangener des Dritten Reiches war. Wir sind nur noch wenige, aber ich kenne niemanden, der seinen Einsatz während des Krieges bedauert hätte, ob-

29 Das Vestre-Gefängnis (Vestre Fængsel) ist das Hauptgefängnis Kopenhagens.

30 Larsen: Nogle Blik, S. 53.

31 Vgl. Flemming B. Larsen: Fra KZ-fange til NATO-general over tyske tropper [Vom KZ-Gefangenen zum NATO-General über deutsche Truppen], in: Pigtraad, 2.2.1995, S. 36. Der deutsche Oberbefehlshaber in Dänemark, General Georg Lindemann, hatte sich gegen die kampflose Kapitulation ausgesprochen. Seine Weigerung, sich der selbst ernannten dänischen Widerstandsbewegung zu ergeben, führte wiederholt zu kritischen Situationen.

32 1950 wird Larsen Oberstleutnant. 1952-1956 ist er Militär-Attaché in Stockholm und Oslo. 1960 wird er zum Generalmajor befördert. Von 1969-73 ist er dänischer Repräsentant bei der NATO.

33 LANDJUT (»Alliierte Landstreitkräfte in Schleswig-Holstein und Jütland«) war das erste multinationale Korps der NATO.

34 Larsen: Fra KZ-fange til NATO-general, S. 38. Zu LANDJUT gehörten mehr als 40.000 Soldaten, darunter die 6. Panzergrenadierdivision der Bundeswehr in Neumünster, die Heimatschutzbrigade 51 in Eutin und das Raketenartilleriebataillon 650 in Itzehoe. Generalmajor F.B. Larsen war bis 1965 Kommandierender General (COMLANDJUT) des Korps.

wohl er sowohl körperlich als auch psychisch teuer war. Jeder hoffte, zur Schaffung einer besseren Welt beizutragen. [...] Wir sind immer noch einige, die die Hoffnung haben, dass das erfüllt werden kann.«[35]

6.2 Antoine Mauduit und Emile Bollaert

»Reif für das Krematorium.«

Mit dem Gründer der Widerstandsgruppe »La Chaine«, Antoine Mauduit, und dem Chef des innerfranzösischen Nationalen Widerstandsrates, Emile Bollaert, gehörten zwei prominente Franzosen zu den Gefangenen der 5. SS-Eisenbahnbaubrigade.

Antoine Ignace Marie André Vandersteen Mauduit Larive wird am 8.2.1902 als Sohn einer wohlhabenden Familie in Chesnay bei Versailles geboren. Seine Weltsicht und sein Handeln bleiben lebenslang von einer tiefen Religiosität geprägt. Als Sohn aus gutem Haus und mit sicherer finanzieller Lebensgrundlage stehen ihm nach dem Armeedienst, den er im Rang eines Leutnants beendet, in Staat, Wirtschaft und Gesellschaft Frankreichs viele Türen offen. Doch er schwärmt von der Idee der Rückkehr zu einem Leben auf dem Land. Nach den Worten François Mitterands besitzt er,

> »was man gewöhnlich für unerlässlich hält: Vermögen, Komfort, Umfeld. Doch eines Tages wird ihm das alles unerträglich. Er lässt alles zurück und geht aufs Land, um auf Bauernhöfen härteste Feldarbeit zu leisten. Zur gleichen Zeit erweist sich sein Geist als begierig, das Unbekannte, Unfassbare kennenzulernen.«[36]

Als im September 1939 der Zweite Weltkrieg beginnt, kehrt Antoine Mauduit umgehend in den Militärdienst zurück. Am 12.6.1940 gerät er in Nanteuil in deutsche Gefangenschaft. Für ein Jahr ist er Gefangener im Offizierslager OFLAG V A in Weinsberg.[37] Dort trifft er auf eine Reihe von Menschen aus unterschiedlichen sozialen Milieus, die seine Sicht auf die Lebensverhältnisse in Frankreich verändern. Mit ihnen teilt er den Wunsch, eine Gemeinschaft aller Franzosen aufzubauen, unabhängig von ihrer Herkunft.[38] In Marschall Petain und dessen Vichy-Regierung setzt Mauduit

35 Ebd., S. 38.

36 François Mitterand, zit. nach Pierre Pean: Eine französische Jugend. François Mitterand 1934-1947, München 1955, S. 183.

37 Das OFLAG V A in Weinsberg bei Heilbronn ist ein Kriegsgefangenenlager des Wehrkreises V für Offiziere verschiedener Nationalitäten, überwiegend für Franzosen.

38 Vgl. Pean: Eine französische Jugend, S. 185.

Abb. 22: Flachrelief auf einem Gedenkstein für Antoine Mauduit am Eingang zum Schloss Montmaur.

daher zunächst durchaus Vertrauen. Deren Konzept einer die Franzosen zusammenführenden »Révolution nationale« scheint ein Schritt auf dem Weg zu der von ihm angestrebten »Communauté française« zu sein. Die Kollaboration des Regimes mit Deutschland lehnt Mauduit jedoch strikt ab. Ende Juni 1941 wird Antoine Mauduit aus der Kriegsgefangenschaft entlassen. Er mietet das Schloss Montmaur im Département Hautes-Alpes mit umfangreichem Waldbesitz. Dort gründet er im Sommer 1941 unter dem Deckmantel einer sozialen Einrichtung für zurückgekehrte Kriegsgefangene die Widerstandsorganisation La Chaine. Seine Anhänger nennen ihn den »Kommandanten« Mauduit. In den folgenden zwei Jahren kommen viele führende Männer des französischen Widerstandes nach Montmaur, unter ihnen Arno Klarsfeld[39] und immer wieder François Mitterrand, bei dem Mauduit einen prägenden Eindruck hinterlässt.[40] Mitterand beschreibt

39 Mauduit hatte Arno Klarsfeld, der als Jude zu diesem Zeitpunkt bereits starken Repressionen ausgesetzt war, im Dezember 1942 mit den Worten eingeladen: »In Anbetracht der Situation, in der Sie sich befinden, schlage ich vor, dass Sie mit Ihrer Familie für einige Tage kommen. Sie werden in einem kleinen Anbau des Schlosses wohnen. Seien Sie, lieber Kamerad, meiner Gefühle der Brüderlichkeit und Solidarität versichert.« Auszug aus einem Brief Mauduits an Arno Klarsfeld vom 22.12.1942, zit. in: Beate und Serge Klarsfeld: Mémoires, Paris 2015, S. 46. Tatsächlich lebte die Familie Klarsfeld für einige Monate auf Montmaur.

40 Philip Short schreibt in seiner 2013 erschienenen Mitterand-Biographie, Mauduits Beispiel sei »ein kraftvolles Gegenmittel gegen alle Versuchungen der Kollaboration

Maudit als »eine ungewöhnliche Persönlichkeit, anziehend und nachahmenswert« und sagt ihm eine »bedeutende Zukunft« voraus.[41] Gemeinsam gründen sie im Februar 1943 die Nationale Vereinigung der Kriegsgefangenen RNPG (Rassemblement national des prisonniers de guerre). Es ist ein erster Schritt zur Zusammenführung des bis dahin zersplitterten französischen Widerstandes. Mauduit beteiligt sich an praktischen Widerstandsoperationen wie dem Unternehmen »Mathilda«, mit dem Nachschub für die Résistance in der Region um Montmaur organisiert wird. Inzwischen ist die Gestapo in Lyon auf Mauduit und seine Aktionen aufmerksam geworden. Am 29.1.1944 wird er in Le Saix (bei Veynes) verhaftet. Bemühungen Mitterands, über Mitglieder des Widerstandes einen Weg zur Befreiung Mauduits aus dem Gefängnis La Baumette in Marseille zu finden, schlagen fehl. Mauduit wird im Mai 1944 nach Buchenwald und weiter in das Außenlager Mittelbau-Dora deportiert. Seit dem 1.9.1944 befindet er sich wegen eines Leistenbruchs im Häftlingskrankenbau.[42] Dort trifft er auf seinen Landsmann Emile Bollaert. Der am 13.11.1890 in Dünkirchen geborene Emile Edouard Bollaert dient während des Ersten Weltkrieges als Leutnant in der französischen Armee, wird mehrfach ausgezeichnet und schließlich Mitglied der Ehrenlegion. Nach Kriegsende beginnt er seine Karriere in der französischen Regionalverwaltung. Bollaert tritt der von Edouard Herriot geführten, antiklerikalen und linksbürgerlichen Radikalen Partei (Parti radical) bei und wird nach dem Sieg der Linken bei den Wahlen 1924 und der Wahl Herriots zum französischen Regierungschef dessen Stabsleiter. Ab 1929 leitet er als Präfekt verschiedene Départements (Haute-Marne, Vosges), zuletzt ab 1934 das Département Rhône in Lyon. Nach der Niederlage Frankreichs zu Beginn des Zweiten Weltkrieges und der faktischen Teilung des Landes in einen von den Deutschen besetzten Nord- und Westteil und einen zunächst unbesetzten Südteil weigert sich Bollaert, mit dem Vichy-Regime zusammenzuarbeiten und wird deshalb im September 1940 von seinem Amt als Präfekt entbunden. Er verlässt Lyon und schließt sich unter dem Pseudonym Beaudouin dem Widerstand an. Nach der Verhaftung und Ermordung Jean Moulins, des legendären Chefs des innerfranzösischen Nationalen Widerstandsrates (CNR), bestimmt ihn das »Französische Komitee für die natio-

(gewesen), die Mitterrand früher in diesem Jahr möglicherweise gehabt haben könnte.« Philip Short: Mitterand. A study in ambiguity, London 2013, S. 69. Der französische Historiker und »Nazijäger« Serge Klarsfeld, der Sohn Arno Klarsfelds, behauptet in einem offenen »Brief an François Mitterand« 1994 sogar, Mitterand habe die Entscheidung für den »offenen Eintritt in die Résistance unter dem Einfluss Antoine Mauduits (getroffen), ich war auch auf Montmaur, ich war sieben Jahre alt.« Klarsfeld: Mémoires, S. 551.

41 Pean: Eine französische Jugend, S. 187.

42 Mauduit wird am 1.9.1944 operiert und am 12.9.1944 entlassen.

nale Befreiung« (CFLN) per Dekret vom 1.9.1943 zu dessen Nachfolger.[43] Auf dem Weg zu General de Gaulle nach London gerät Bollaert am 3.2.1944 im Sperrgebiet an der bretonischen Küste in deutsche Gefangenschaft. Erst sechs Wochen später erfährt die Gestapo durch einen abgefangenen Kurierbrief der Résistance von seiner wahren Identität.[44] Mehrere Befreiungsversuche durch den britischen Geheimdienst SOE schlagen fehl.[45] Am 15.8.1944 deportiert die Gestapo Bollaert über ihr Gefängnis in Fresnes in das KZ Buchenwald und kurz darauf in das Außenlager Mittelbau-Dora. Wegen einer Entzündung im rechten Fuß muss er im Häftlingskrankenbau behandelt werden.[46] Die Umstände, unter denen Bollaert und Antoine Mauduit hier kurz darauf zusammentreffen, sind nicht bekannt. Am 8.10.1944 gelangen sie mit 17 weiteren Landsleuten in das Außenlager Heringen[47] und von dort mit der bereitstehenden 5. SS-Eisenbahnbaubrigade nach Osnabrück.[48] Fast alle Häftlinge der Brigade leiden schon bald unter Mangelerkrankungen. Hinzu kommen Arbeitsunfälle und Verletzungen durch Schläge und Tritte des SS- Wachpersonals und der Kapos und die zunehmenden Bomben- und Tieffliegerangriffe der Alliierten auf die Bahnanlagen. Auch Bollaert und Mauduit erkranken erneut und werden mit einem ersten Austauschtransport Ende November 1944 von Osnabrück in das KZ Mittelbau zurückgebracht, wie Bollaert es später ausdrückt, »reif für das Krematorium«.[49] Mit Hilfe anderer Franzosen gelingt es ihnen dennoch, zu überleben. Im März 1945 erfahren Bollaert und Mauduit vom Vorrücken der alliierten Truppen über den Rhein nach Osten. Ein Mitgefangener, Richard Pouzet, schreibt rückblickend:

43 Vgl. Roger Genebrier: Emile Bollaert (L'hommage à Emile Bollaert, numéro spécial de la revue »Administration«, Impt. Municipale), Paris 1980, S. 7, Abbildung des Dekrets zur Ernennung Bollaerts.

44 Gilberte Brossolette: »… et Pierre Brossolette emporta ses secrets,« Buchauszüge aus: »Il s'appelait Pierre Brossolette …«, in: Roger Genebrier: Emile Bollaert, S. 54-64. Um keinen Verrat begehen zu müssen, stürzte sich Bollaerts Mitgefangener, Pierre Brossolette, am 22.3.1944 aus dem 5. Stock des Pariser Gestapogebäudes in der Avenue Foch 84.

45 Bei einem Befreiungsversuch wird der SOE-Agent Edward Yeo-Thomas von der Vichy-Polizei verhaftet. Yeo-Thomas diente später dem Autor Ian Flemming als Vorbild für seine Romanfigur James Bond.

46 ITS 1.1.27.2/2559860, Revierkarte. Bollaert befindet sich vom 5.9.-15.9.1944 im Häftlingskrankenbau.

47 ITS 1.1.27.1/0018/0072-0075, Transportliste Heringen, Lfd. Nr. 162 und 176.

48 Verzeichnis der 5. SS-EbBB, Nr. 450 und 463.

49 Vorwort Emile Bollaert vom 16.1.1946, in: Frere Birin (Alfred Untereiner): 16 Mois de Bagne, Reims 1946. Untereiner war bis Anfang November 1944 Mitarbeiter der Arbeitsstatistik in Mittelbau-Dora, konnte jedoch die Abordnung seiner französischen Kameraden in das Außenkommando nicht verhindern.

Abb. 23: Emile Bollaert und der Militärgouverneur von Paris, General Pierre Koenig, anlässlich der Zeremonie zur Feier der Rückkehr der Deportierten am 1. 5. 1945.

> »Ich werde nie die Sonne am Palmsonntag vergessen, dem ersten Sonntag, der nicht traurig und düster für uns war. Sobald das Lager geöffnet war, lief ich zu meinem Freund Bollaert in die Baracke (die 121, wenn ich mich richtig erinnere,) und, ihn umarmend, erzählte ich ihm die Neuigkeit. [...] Die folgenden Tage brachten die Bestätigung dafür. Ja, es war wirklich eine Heilige Woche.«[50]

Aber die Gefahr ist noch nicht vorbei. Die Lagerleitung will auf jeden Fall verhindern, dass die Gefangenen in die Hände der Alliierten fallen, und verlegt sie Anfang April 1945 mit einem der »Evakuierungstransporte« in das Konzentrationslager Bergen-Belsen. Dort werden sie am 15.4. von britischen Truppen befreit. Gemeinsam organisieren Bollaert und Mauduit die Rückkehr der Deportierten nach Frankreich. Ende April 1945 ist Emile Bollaert wieder in Paris. Er ist gezeichnet von den Erinnerungen und Strapazen der Lagerhaft, die für ihn der Preis für Frieden und Freiheit sind.[51]

50 Richard Pouzet: Dora (Auszug), in: Roger Genebrier: Emile Bollaert, S. 71. Der Palmsonntag fiel auf den 25. 3. 1945. Die darauf folgende Woche vor Ostern (Karwoche) wird im Französischen als »semaine sainte« (»Heilige Woche«) bezeichnet.

51 Genebrier: Emile Bollaert, S. 6.

Doch schon bald nimmt er seine politische Arbeit wieder auf. Im Juni 1945 ernennt ihn die neue französische Regierung unter General de Gaulle zum Kommissar für das Elsass. 1947 geht er als Hochkommissar der Republik Frankreich nach Indochina und führt dort Verhandlungen mit der Liga für die Unabhängigkeit Vietnams (Viet Minh).[52] Von 1949 bis zu seiner Pensionierung im Jahr 1960 ist er Generaldirektor eines Energieversorgungsunternehmens[53] in Lyon. Er wird Ehrenpräsident der französischen Vereinigung Amicale des déportes de Dora, Ellrich et Kommandos.[54] Emile Bollaert stirbt mit 87 Jahren am 18.5.1978 in Paris.[55]

Antoine Mauduit erreicht auf dem Rückweg nach Frankreich am 29.4.1945 sein erstes Etappenziel, die etwa hundert Kilometer westlich von Bergen-Belsen gelegene niedersächsische Kleinstadt Sulingen. Im Verlauf des Tages hat sich Mauduits Zustand rapide verschlechtert. Der völlig erschöpfte Kranke leidet unter einer Lungen- und Rippenfellentzündung. An eine Weiterfahrt ist für ihn nicht zu denken. Seine Kameraden bringen ihn in das provisorische »Französische Reserve Lazarett« in der Turnhalle von Sulingen, in dem bereits zahlreiche kranke KZ-Gefangene behandelt werden.[56] Eine effektive Versorgung seiner Krankheiten ist hier jedoch kaum möglich. Antoine Mauduit stirbt am Mittwoch, dem 9.5.1945, nachmittags um 15.30 Uhr.[57] Es ist der Tag nach dem Sieg der alliierten Truppen über Hitler-Deutschland.

Mauduit erhält ein provisorisches Grab auf dem evangelisch-lutherischen Friedhof in Sulingen.[58]Am 5.3.1949 werden die Leichen von 19 Franzo-

52 Emile Bollaert: Guerre et Paix en Indochine, Paris 1950.

53 Président du Conseil d'Administration de la Compagnie Nationale du Rhône. Die CNR produziert Hydroenergie aus der Rhone und ist der zweitgrößte Stromerzeuger Frankreichs.

54 o.A., Emile Bollaert, auf Website der Fondation pour la Mémoire de la Déportation. Commission Dora Ellrich, vom 26.2.2013, https://dora-ellrich.fr/bollaert-emile/ (letzter Aufruf 10.4.2019).

55 Für ergänzende Informationen danke ich Herrn Alain Bollaert. Sie brachten letzte Gewissheit darüber, dass Emile Bollaert und Antoine Mauduit im Oktober und November 1944 tatsächlich für einige Wochen KZ-Gefangene in der 5. SS-EbBB waren. Eine Anfrage deutscher Justizbehörden blieb 1973 ohne Antwort: vgl. BArch B 162/15362, S. 500 (10), Schlussvermerk 5. SS-EbBB.

56 Vgl. Bulletin Mensuel d'Amicale des Déportés Politiques et de la Résistance d'Ellrich, 3/1946, S. 6, www.dora-ellrich.fr/wp-content/uploads/numèro-3-février-1946.pdf (letzter Aufruf 11.4.2019). In der (unvollständigen) Liste kranker politischer Deportierter in der Turnhalle in Sulingen sind die Namen von 94 Personen, in der Mehrzahl Franzosen, aufgeführt.

57 Standesamt Sulingen, Registernummer 101/1945, Bescheinigung über Eintragung eines Sterbefalles.

58 Ebd. Mauduit erhält das Grab 8 in Reihe 16.

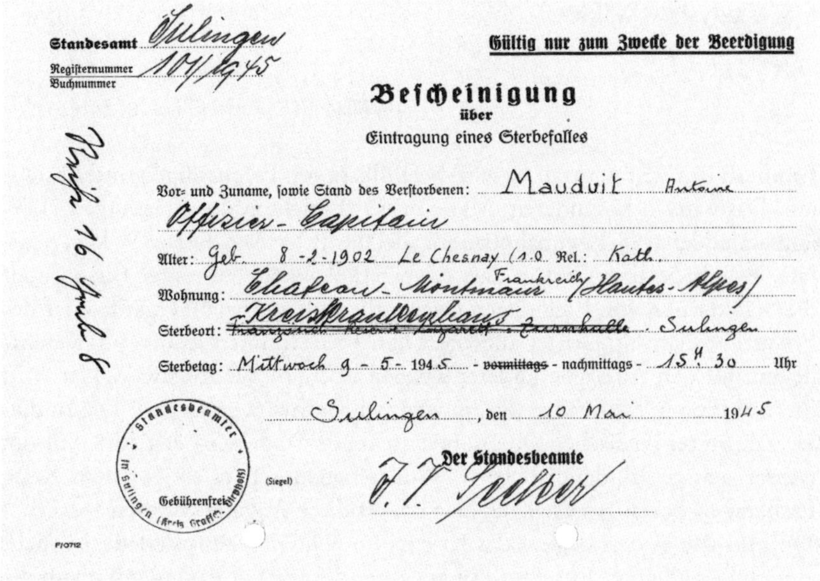
Standesamt Sulingen
Registernummer / Buchnummer 101/1945

Gültig nur zum Zwecke der Beerdigung

Bescheinigung
über
Eintragung eines Sterbefalles

Vor- und Zuname, sowie Stand des Verstorbenen: Mauduit Antoine
Offizier-Capitain

Alter: Geb. 8-2-1902 Le Chesnay (S.O. Rel.: Kath.

Wohnung: Chateau-Montmaur Frankreich (Hautes-Alpes)

Sterbeort: Kreiskrankenhaus Sulingen

Sterbetag: Mittwoch 9-5-1945 - ~~vormittags~~ - nachmittags - 15 30 Uhr

Sulingen, den 10 Mai 1945

(Siegel) Der Standesbeamte

Gebührenfrei

F10712

Abb. 24: Sterbeurkunde des Standesamtes Sulingen vom 10. 5. 1945 für Antoine Mauduit mit dem Amtssiegel ohne Hoheitsabzeichen.

sen, unter ihnen Antoine Mauduit, exhumiert und nach Frankreich überführt.[59] Seine letzte Ruhe findet Mauduit am 9. 10. 1949 auf dem Hügel St. Philoméne bei Montmaur. An seinem Grab steht auch sein Kamerad Emile Bollaert. Am 20. 8. 1986 besucht der Präsident der Französischen Republik, François Mitterand, das Schloss Montmaur. Vor dem Gedenkstein zu Ehren Antoine Mauduits drückt Mitterand seine Bewunderung für Maudit mit den Worten aus: »Ich habe in meinem ganzen Leben keine fünf Menschen mit solch einer Ausstrahlung getroffen.«[60] Heute tragen Straßen, Plätze und Schulen in zahlreichen französischen Städten die Namen von Antoine Mauduit und Emile Bollaert.

59 Stadtarchiv Sulingen, Überführung Kriegsopfer 1949, Verzeichnis der in Sulingen verstorbenen und bereits überführten Ausländer, Nr. 14, Vandersteen-Mauduit-Larive, Antoine Ignace Marie André.

60 François Mitterand, zit. nach Pean: Eine französische Jugend, S. 189.

6.3 Władysław Wikler

»Wladek! Doktor! Oh Gott, rette mich!«

Erinnern ist nicht neutral. Es wird beeinflusst von Erfahrungen und Absichten. Das wird in besonderem Maße in den Berichten des ehemaligen Häftlingsarztes der 5. SS-Eisenbahnbaubrigade, des Polen Władysław Wikler, deutlich. Es gibt Indizien dafür, dass er spätere Angaben zu seiner Person oder die Schilderung von Ereignissen gelegentlich phantasievoll ergänzt oder der Erwartungshaltung Dritter angepasst hat.[61] Sie stimmen jedoch im Wesentlichen mit den Aussagen anderer Zeugen überein. Władysław Wikler wird im Juni 1909 in Sosnowice (Sosnowitz) bei Kattowitz geboren.[62] Die zu dieser Zeit unter russischer Oberhoheit stehende Stadt wird erst 1918 Teil des wieder neu gegründeten Polen.[63] Wikler behauptet, er sei vor dem Krieg Facharzt in Posen gewesen. Unklar ist, ob diese Angabe wirklich zutrifft.[64] Wo und wie er den Beginn des Krieges im September 1939 erlebt, ist nicht eindeutig zu klären. Er selbst gibt an, einer der »ersten Parlamentäre um die Feuereinstellung bei Warschau« gewesen zu sein.[65] Diese Information und Angaben über eine Inhaftierung im KZ Auschwitz haben sich nicht bestätigt.[66] Dagegen kann als gesichert gelten, dass Władysław Wikler am 30.4.1943 von der Gestapo in das KZ Buchenwald eingewiesen wird und

61 Über die Gründe und verfolgten Absichten soll hier nicht spekuliert werden. Die Zweifel an der Faktizität einiger seiner Angaben mindern in keiner Weise das Unrecht, das Wikler angetan wurde.

62 Das Geburtsdatum 19.6.1909 findet sich in BArch B 162/25517, S. 1, Zeugenvernehmung Wiklers vor der Hauptkommission zur Untersuchung von NS-Verbrechen in Polen, am 9.2.1970. In den Häftlingsverzeichnissen werden auch drei andere Geburtsdaten genannt.

63 1909 gehört Sosnowice noch zum russischen Zarenreich. Erst 1916/18 wird es erneut Teil Polens. Nach der Besetzung durch die Deutsche Wehrmacht 1939 wird der Ort unter dem geänderten Namen Sosnowitz in das Deutsche Reich eingegliedert. Diese Ortsbezeichnung ist auch auf der Häftlingspersonalakte vermerkt. Ab 1945 ist Sosnowice wieder polnisch.

64 Vgl. PIZ, Protokoll Nr. 339, S. 8 f. In einem schriftlichen Zusatz weist die Protokollantin des PIZ darauf hin, dass Zweifel gegenüber der Aussage bestünden, Wikler sei »Doktor« beziehungsweise ein ausgebildeter Arzt. In einer Monatsmeldung über die nicht im Häftlingskrankenbau Buchenwald beschäftigten Fachleute ist Wiklers damalige Häftlingsnummer 13487 unter der Rubrik »Zahnärzte« aufgeführt: ITS 1.1.5.0/82083581.

65 NSDOK, Z 10.56, S. 3, und Buchenwaldarchiv 32/IX, Brief W. Wiklers an R. Kucharczyk vom 25.9.1975.

66 Vgl. Czarnecki/Zonik: Kryptonim Dora, S. 125. Dort heißt es, Wikler sei »Häftling in Auschwitz und Buchenwald« gewesen. Das Archiv des Museums Auschwitz-

dort die Häftlingsnummer 13487 erhält.[67] Es werden mindestens zwei Häftlingspersonalkarten über ihn angelegt. Während auf der einen die Wohnortangabe »Anschrift unbekannt« vermerkt ist,[68] wird auf einer zweiten eine Adresse in Erfurt als seine letzte Wohnanschrift vor der Verhaftung angegeben.[69] Die SS teilt Władysław Wikler dem Häftlingskrankenbau im KZ Buchenwald als Arzt zu. Hier arbeitet er nach eigenen Angaben zeitweise im berüchtigten Block 46, dem »Block für medizinische Versuche«.[70] Ab September 1943 ist er wiederholt in der III. SS-Baubrigade, einem Buchenwald-Außenkommando in Köln, im Einsatz, um eine Häftlingskrankenstation einzurichten. Bis zum April 1944 leitet er dort ein »Krankenrevier«, das aus einem Raum mit zwölf Betten besteht. Im Frühjahr 1944 wird er der V. SS-Baubrigade zugewiesen, deren Aufgabe es ist, an der französischen Atlantikküste deutsche Verteidigungsstellungen auszubauen. Wieder müssen Wikler und sein Sanitätsdienst unter extrem schlechten Bedingungen und mit völlig unzureichenden Mitteln Kranke und Verwundete versorgen. Mit der Rückverlegung der V. SS-Baubrigade im Herbst 1944 von Frankreich nach Deutschland gelangt Wikler am 8.9.1944 zurück in den Häftlingskrankenbau des KZ Buchenwald. Aber schon wenige Tage später überstellt ihn die SS an die neu aufgestellte 5. SS-Eisenbahnbaubrigade.[71] Hier leitet Wikler die aus drei Güterwaggons bestehende »Krankenstation« der SS-Eisenbahnbaubrigade in Osnabrück. Es fehlt an allem: »Wir hatten keine richtigen Arzneimittel. Krätze war allgemein verbreitet. [...] Es gab kaum Medikamente und Verbände.«[72] Während der Stationierung auf dem Gelände des Verschiebebahnhofes in Hörne nimmt die Gefahr durch Luftangriffe stetig zu. Die Folgen eines Bombenabwurfs auf den Zugverband der Baubrigade im Dezember 1944 beschreibt Wikler so:

> »Ich schlief fest, als mich ein schreckliches Dröhnen weckte. Die letzten beiden Waggons, über dreihundert Meter von mir entfernt, waren völlig

Birkenau kann das nicht bestätigen: Archiv Museum Auschwitz, L.dz.I-Arch-BBW.525.4521.2016.

67 Vgl. PIZ, Protokoll Nr. 339 vom 3.6.1946. Dort gibt Wikler die Häftlingsnummer 13468 an. Für Buchenwald darf allerdings die Häftlings-Nr. 13487 als gesichert gelten, die in allen vorhandenen offiziellen Unterlagen zu finden ist.

68 ITS 1.1.5.3/7416655, Häftlingspersonalkarte Władysław Wikler.

69 Archiv Museum Auschwitz, L.dz.I-Arch-BBW.525.4521.2016. Die dort aufbewahrte Häftlingspersonalkarte Wiklers aus dem KZ Buchenwald enthält die Wohnortangabe Erfurt, Andreasstraße 7. Die Tatsache, dass Wikler von der Gestapo Erfurt/Weimar in das KZ Buchenwald eingewiesen wird, lässt vermuten, dass er dort verhaftet wurde.

70 Vgl. BArch B 162/25517, Zeugenvernehmung Wikler vom 9.2.1970, S. 4.

71 ITS 1.1.27.1/2532050, Nr. 99, Verzeichnis der 5. SS-EbBB.

72 W. Wikler, in: Czarnecki/Zonik: Kryptonim Dora, S. 126.

> kaputt, einige andere teilweise zerstört. Von allen Seiten hörte man Schreie und Hilferufe. Es gab Hunderte von Toten und Verletzten. Ich wurde leicht verletzt. Der Schnee vor dem Waggon war rot von Blut. Diejenigen, die noch zu retten waren, waren leicht verletzt. Fast die ganze Nacht verbanden wir sie. Ich habe mit einer Schere und einem Rasiermesser Schnitte und andere chirurgische Eingriffe vorgenommen. [...] Weißes Leichentuch aus Schnee. Nur an den Stellen, an denen die sterbenden Gefangenen lagen, bildeten sich dunkelrote Flecken aus geronnenem Blut. Am nächsten Tag mussten wir die Toten begraben. Mir wurde befohlen, alle Reste des Lebens zu verbergen. Die Namen derer, die man fast lebendig begrub, wurden nicht vermerkt, obwohl es eine Liste gab.«[73]

Im Januar 1945 wird der Zugverband erneut von einer Bombe getroffen:

> »Es war Nacht. Ich schlief. Plötzlich erwachte ich. Als ich aufstehen wollte, konnte ich es nicht. Ich bewegte zunächst die eine Hand, dann die andere. Dann bewegte ich das Bein, und ich spürte einen leichten Schmerz am Kreuz. Etwas fing an zu brennen und zu jucken. Nach einer Weile höre ich Schreie: ›Wladek! Doktor! Oh Gott, rette mich ...!‹ Ich sprang auf und war überrascht, als ich feststellte, dass über mir nicht mehr die Koje war, an der ich mir vorher oft versehentlich den Kopf gestoßen hatte. Ich fühlte einen Hauch kalter Luft. Ich sah ein Loch in der Wand des Waggons. Ich steckte meinen Kopf durch das Loch. Ich sah Schnee und in der Luft irgendein rotes Leuchten. Ein Waggon lag auf der Seite, etwa drei Meter neben den Schienen. Nicht weit von meinem Waggon lag ein zweiter, ebenfalls umgestürzt. Mein Wagen qualmte auch. Key [SS-Rottenführer Kehe, d. Verf.] kam mit den anderen zur Hilfe. Sie brachen die Bretter auf und begannen, die Kranken zu retten, und legten sie in den Schnee. Wir schafften es, alle zu retten. Aber der Wagen mit unserem ganzen Proviant, den Medikamenten und Werkzeugen darin verbrannte. [...] Jetzt begann die Hölle. Tag für Tag gab es Alarm und Angriffe.«[74]

Ein halbes Jahr lang leistet Wikler unter sich ständig verschlechternden Bedingungen seine Arbeit. Anfang April 1945 wird die Eisenbahnbaubrigade vor der rasch heranrückenden Front in den Norden zurückgezogen. Über viele Zwischenstationen verlegt sie ihren Standort nach Nordenham und Wesermünde. Drei Wochen später transportiert die SS die verbliebenen

73 Ebd., S. 126 f. Wikler könnte hier auf die für ihn typische ausschmückende Weise den Bombentreffer auf den Zugverband am 6. 12. 1944 beschreiben. Die von ihm genannte Zahl von Hunderten von Toten und Verletzten ist mit Sicherheit zu hoch: vgl. Journal, S. 73 f.

74 W. Wikler, in: Czarnecki/Zonik: Kryptonim Dora, S. 127.

Abb. 25: Władisław Wikler 1975.

378 Gefangenen mit einem Schiff in die Ostsee und bringt sie Anfang Mai 1945 an Bord des vor Flensburg vor Anker liegenden Dampfers *Rheinfels* unter. Wikler vermutet: »Hier wurden wir am 5.5.1945 auf ein altes Schiff zum Zwecke der Versenkung verladen.«[75] Aber eine Woche später ist die Gefangenschaft vorüber. Wikler und die anderen nichtdeutschen Häftlinge werden vom Roten Kreuz in den schwedischen Hafen Malmö gebracht. Nach langen Jahren im Lager ist Władysław Wikler frei:

> »Ich saß bewegungslos am Heck des Schiffes. Ich wurde gefragt, wie viele Leute auf dem Schiff seien, wie viele kranke Menschen es gebe und welche Krankheiten sie hätten. Sie dachten, ich müsste das alles wissen, weil ich eine Armbinde mit der Aufschrift ›Häftlingsarzt‹ trug. [...] Ich saß da, bis die letzte lebende Person vom Schiff gebracht worden war. Die Sonne warf ihre hellen Strahlen.«[76]

Im Gegensatz zu vielen anderen Polen, die im Westen bleiben, kehrt Wikler schon am 6.6.1945 in seine Heimat zurück. Nach seinen Angaben arbeitet er wieder als Arzt. 1975 lebt er in einem kleinen Ort südlich von Warschau, am Rande des Existenzminimums. In einem Brief an einen anderen ehemaligen KZ-Häftling schreibt Władysław Wikler 1975 von der sie verbindenden Überzeugung,

75 NSDOK, Z 10.561, Brief vom 25.9.1975.
76 W. Wikler, in: Czarnecki/Zonik: Walczacy, S. 286.

»dass man vor allem Mensch und nur Mensch sein muss. Ich bin 66 Jahre alt, bin bereits Rentner und vom Ersten bis zum Ersten des nächsten Monats bringe ich irgendwie das Kunststück fertig, zu leben, aber immer denke ich daran, dass ich keine Rüben essen muss, wie ich sie im Lager essen musste.«[77]

6.4 Kurt Reilinger

»Ich hatte ausgesprochenes Glück im Unglück.«

Am 4.12.1917 wird Kurt Reilinger als erstes von zwei gemeinsamen Kindern des jüdischen Kaufmanns Samuel Reilinger und seiner katholischen Ehefrau Juliana in Stuttgart geboren.[78] Als Sohn einer Nichtjüdin gilt er nach der Halacha, dem Religionsgesetz, nicht von Geburt an als jüdisch. Für die Nationalsozialisten ist er »rassisch« ein »Mischling I. Grades«. Er wird aber, weil er der jüdischen Religionsgemeinschaft angehört, als »Voll-Jude« behandelt.[79] Wie sein jüngerer Bruder Rolf ist Kurt Reilinger Mitglied der jüdischen Jugendorganisation »Werkleute, Bund jüdischer Jugend«,[80] die eine religiös-sozialistische und zionistische Richtung[81] vertritt. Schon 1934 arbeitet er dort ehrenamtlich als Gruppenleiter. Gegenstand ausführlicher Diskussionen im Kreis der Stuttgarter Werkleute sind die religionsphilosophischen Ideen Martin Bubers, an denen man sich ebenso orientiert wie an den Gemeinschaftsidealen der bündischen Jugendbewegung. Ihre Idee vom ge-

77 NSDOK, Z 10.561, Brief vom 25.9.1975.

78 Landesarchiv Baden-Württemberg, Abteilung Staatsarchiv Ludwigsburg (StA Ludwigsburg) EL 350 I Bü 24841, Standesamt Stuttgart Nr. 3563/1917, Geburtsurkunde Kurt Reilinger. Das zweite Kind aus dieser Ehe, der Sohn Rolf (Roda) Reilinger, wird 1919 geboren.

79 »Erste Verordnung zum Reichsbürgergesetz« vom 14.11.1935, § 2 Abs. 2 und § 5 Abs. 2a. Für diese Gruppe wird von den Nationalsozialisten später der Begriff »Geltungsjude« verwendet. In der Abstammungsurkunde für Kurt Reilinger vom 9.7.1941 ist vermerkt: »israelit. (gilt als Jude, da er am 16.9.1935 als Mischling I. Grades noch der jüdischen Religionsgemeinschaft angehört hat)«: StA Ludwigsburg, EL 350 I Bü 24841. Reilinger hätte demnach ab 1.9.1941 in Deutschland den Judenstern tragen müssen.

80 StA Ludwigsburg, EL 350 I Bü 38402, Rolf Reilinger. Die Stuttgarter Organisation des Jugendverbandes der Werkleute wurde 1932 gegründet.

81 Ihren vormaligen Namensbestandteil »deutsch«, mit dem sie ihre »Zugehörigkeit zum deutschen Lebensraum« ausdrücken wollten, haben die Werkleute nach der Machtübernahme durch die Nationalsozialisten im April 1933 abgelegt. Sie verfolgten danach die bisher abgelehnte zionistische Idee einer jüdischen Heimstatt in Palästina.

meinschaftlichen Leben und sozialer Verantwortung wollen sie – nachdem es dafür in Deutschland keine Perspektive mehr gibt – in dem von ihnen gegründeten Kibbuz Hasorea in Palästina verwirklichen. Als Hachschara (hebr. »Tauglichmachung«) bezeichnen sie die planmäßige Vorbereitung auf das neue Leben in Palästina. Sie beinhaltet das Vermitteln von Kenntnissen in der Landwirtschaft und in Handwerksberufen und die Entwicklung einer jüdischen Identität. Im Sinn der Hachschara beginnt Reilinger im April 1937 eine Ausbildung als Schlosser in den Lernwerkstätten der Israelitischen Gemeinden in Mannheim und Frankfurt. Im April 1939 reist er als Begleiter eines jüdischen Kindertransportes selbst nach Palästina, kehrt aber im Spätsommer 1939 nach Europa zurück. Unter dem Verfolgungsdruck in Deutschland sind seit 1933 mehr als 25.000 deutsche Juden in die Niederlande geflüchtet. Viele Jugendliche, die ohne ihre Eltern den Schritt in das zunächst noch sicher scheinende Nachbarland gewagt haben, bereiten von hier aus ihre Weiteremigration vor. Reilinger will sie dabei unterstützen. Er übersiedelt in die Niederlande und schließt sich den Palästinapionieren des sozialistisch-zionistischen Dachverbandes Hechaluz an. Am 10.5.1940 überfallen die deutschen Truppen die Niederlande. Mit dem Reichskommissariat Niederlande wird eine deutsche Regierungs- und Kontrollbehörde eingesetzt, unter der die niederländischen Behörden weiterarbeiten. Das niederländische Meldesystem gilt als das fortschrittlichste in Europa. Anfang Juli 1941 werden alle Personen, die »ganz oder teilweise als Juden« gelten, in einer zentralen Kartei erfasst.[82] Ihre Personalausweise werden mit einem großen schwarzen »J« versehen.[83] Auch der Ausweis Kurt Reilingers trägt auf der Vorder- und Rückseite dieses Kennzeichen. Am 15.7.1942 beginnt die Massendeportation Zehntausender Juden aus dem niederländischen Durchgangslager Westerbork in die Vernichtungslager Auschwitz und Sobibor.[84] Vergeblich beantragt Kurt Reilinger bei der »Entscheidungsstelle für die Meldepflicht aus VO 6/41«[85] die Streichung des J aus seinem Personalausweis.[86] Mit der er-

82 Vgl. Katja Happe: Viele falsche Hoffnungen. Judenverfolgung in den Niederlanden 1940-1945, Paderborn 2017.

83 Am 3.5.1942 kommt die Verpflichtung zum Tragen des »Judensterns« hinzu.

84 Nirgendwo sonst in Westeuropa ist die Erfassung und Deportation der Juden so umfassend wie in den Niederlanden. Von den registrierten 140.000 in- und ausländischen »Volljuden« werden mehr als 105.000 ermordet.

85 Es ist die von dem Osnabrücker Hans Calmeyer geführte Unterabteilung 5a, Innere Verwaltung, im Generalkommissariat für Verwaltung und Justiz in Den Haag. Nach der Meldeaktion für »Personen jüdischen Blutes« hatten sich Zweifelsfälle in großer Zahl ergeben. Die Entscheidungsstelle führt insgesamt etwa 6000 Klärungsverfahren durch: vgl. Mathias Middelberg: »Wer bin ich, dass ich über Leben und Tod entscheide?« Hans Calmeyer – »Rassereferent« in den Niederlanden 1941-1945, Göttingen 2015, S. 125.

86 Nationaal Archief, Centraal Bureau voor Genealogie (CBG), Den Haag, Calmeyerarchiv II, Persoonsdossiers, Kurt Reilinger, Schreiben R.A. Levissons vom 13.8.1942.

neuten Zuordnung zur Gruppe »J2« und der Streichung aus der Rückstellungsliste droht auch ihm jetzt die Deportation. Dass es dazu nicht kommt, ist zum Teil dem Bürgermeister der Gemeinde Angerlo im Gelderland zu verdanken, in der Reilinger inzwischen auf Einzel-Hachschara bei einem Bauern arbeitet. Dieser stellt ihm einen Ausweis ohne den für Juden vorgeschriebenen »J-Vermerk« aus.[87] Zusätzlich erklärt er ihn zum »Halbjuden«, der »keinen Judenstern zu tragen braucht«.[88] So kann sich Reilinger noch einige Zeit relativ frei im Lande bewegen. Inzwischen ist er in den Führungszirkel der Palästinapioniere aufgestiegen. In deren Auftrag hält er Kontakt zu den mit sogenannten Sperrvermerken[89] noch legal lebenden und den bereits untergetauchten jüdischen Jugendlichen. Im August 1942 verhindert eine Gruppe um den deutsch-jüdischen Emigranten Joachim (Schuschu) Simon und den niederländischen Reformpädagogen Joop Westerweel die Verhaftung der Palästinapioniere des Hachscharazentrums Paviljoen Loosdrechtse Rade durch die SS. Sie beschafft für mehr als 50 jüdische Jugendliche Verstecke bei niederländischen Familien. Nach dieser ersten erfolgreichen Aktion folgen weitere. Es entwickelt sich eine Untergrundorganisation, die »Gruppe Westerweel«.[90] Reilingers Beitrag zur Arbeit der Westerweel-Gruppe besteht zunächst darin, bei der Beschaffung falscher Papiere zu helfen und Untergetauchte zu versorgen. Da ihr Aufenthalt in den dicht besiedelten Niederlanden auf Dauer nicht sicher ist, suchen Westerweel und Simon nach Möglichkeiten für einen Fluchtweg über Frankreich nach Spanien. Doch dann wird Joachim Simon am 26.1.1943 an der belgischen Grenze festgenommen. Vermutlich um bei Verhören keine Geheimnisse zu verraten, tötet er sich kurz darauf selbst. Der Druck auf die Onderduikers[91] in den Niederlanden wächst, zumal nun auch weitere bisher wegen ihrer Arbeit in der Landwirt-

Neben Levisson ist der niederländische Anwalt und Schriftsteller Abel J. Herzberg an den Bemühungen um die Änderungen des Ausweises beteiligt. Herzberg wird selbst 1943 nach Bergen-Belsen deportiert, überlebt jedoch.

87 GFHA 184-2, S. 3f., Persoonsbewijs A 38 Nr. 00006. Die für das Bevölkerungsregister zuständige Behörde fordert die Gemeinde Angerlo vergeblich auf, den J-Vermerk nachzutragen: vgl. Gemeindearchiv Angerlo im Streekarchivariaat De Liemers en Doesburg, Angerlo, 1940-1990, Inventarnummer 17, Öffentliche Ordnung, Juden betreffende Maßnahmen 1941-1945 (Gemeindearchiv Angerlo).

88 Gemeindearchiv Angerlo, Erklärung des Bürgermeisters von Angerlo vom 2.2.1943.

89 Bei diesen sogenannten Sperrvermerken handelt es sich um zeitlich befristete Rückstellungen von der Deportation. Sie werden von der Sicherheitspolizei der SS erteilt und durch Stempelaufdrucke auf dem Personalausweis vermerkt.

90 Vgl. Hans Schippers: De Westerweelgroep en de Palestinapioniers. Non-conformistische Verzet in de Tweede Wereldoorlog [Die Westerweelgruppe und die Palästinapioniere. Nonkonformistischer Widerstand im Zweiten Weltkrieg, Hilversum 2015.

91 »Onderduikers« ist der Plural des niederländischen Substantivs »onderduiker/onderduikster«, auf Deutsch: »Untergetauchter/Untergetauchte«.

schaft »freigestellte« Palästinapioniere deportiert werden sollen. Von Westerbork aus fahren noch immer wöchentlich die Züge zu den Vernichtungslagern im Osten, vor allem nach Auschwitz. In dieser sich zuspitzenden Situation beschließt die Führung des Hechaluz, Kurt Reilinger die Aufgaben Joachim Simons in der Westerweel-Gruppe zu übertragen.[92]

Abb. 26: Kurt Reilinger um 1945.

Erste Versuche Reilingers, größere Gruppen Onderduikers von Belgien aus über die »Grüne Grenze« nach Frankreich zu schleusen, funktionieren jedoch nicht wie erhofft. Es kommt zu Verhaftungen. Schließlich findet Reilinger eine ebenso unkonventionelle wie geniale Lösung für das Problem: den »offenen Grenzübertritt«. Mit Hilfe von gefälschten oder gestohlenen Formularen kommen die Untergetauchten jetzt als »niederländische Fremdarbeiter« über die offiziellen Grenzübergänge nach Frankreich. Bei der deutschen »Organisation Todt« (OT), einer militärisch organisierte Bautruppe, die für den Ausbau der Bunkerstellungen des »Atlantikwalls« zuständig ist und deren Einstellungskontrollen wegen des Arbeitskräftemangels nur sehr oberflächlich sind, können sie in Bauarbeiterlagern am Atlantik unterkommen. Für die praktische Durchführung der Flucht nach Spanien nimmt Kurt Reilinger Kontakt zur »Jüdischen Armee« in Frankreich auf.[93] Mit ihrer Hilfe gelangt im März 1944 die erste Gruppe »Holländer«[94] über die Grenze. Schließlich werden auf dem Weg über die Pyrenäen mehr als 60 Palästinapioniere gerettet.[95] Doch die Gestapo ist der Gruppe um Kurt Reilinger bereits auf

92 GFHA 173-1, Menachem Pinkhof, S. 37.

93 Die »Armée Juive«, AJ-OFC (L'Armée Juive – Organisation juive de combat), wird Anfang 1942 von überwiegend aus Osteuropa stammenden Juden in Toulouse gegründet. Die Bezeichnung »Armee« ist insofern nicht zutreffend, als die AJ weder über eine entsprechende Bewaffnung noch über militärische Erfahrung verfügte. Neben der Fluchthilfe für Juden aus dem besetzten Frankreich sammelt sie Geheiminformationen für die Alliierten und führt Sabotageakte gegen deutsche Einrichtungen und gegen französische Kollaborateure durch.

94 Die überwiegend aus Deutschland und Österreich stammenden Mitglieder des niederländischen Hechaluz nennen sich in Zeugenaussagen der Nachkriegszeit selbst häufig »Holländer«. Auch der französische Widerstand bezeichnet sie als »Les Hollandaises«.

95 Chanan Hans Floersheim, einer von ihnen, schildert in seinen im Mai 1944 verfassten tagebuchähnlichen Aufzeichnungen den abenteuerlichen Weg seiner Rettung

der Spur. Am 27.4.1944 wird er zusammen mit vier weiteren Mitgliedern[96] des Hechaluz in Paris verhaftet. Mitte August 1944 haben die Alliierten Paris fast vollständig eingeschlossen. Unter den Widerstandskämpfern, die von der SS für den letzten Gefangenentransport aus Drancy ausgewählt werden, befinden sich führende Köpfe der AJ aus Frankreich sowie Kurt Reilinger und dessen Kameraden.[97] Nach neun Tagen Irrfahrt kommt der Häftlingstransport im Konzentrationslager Buchenwald an. In der dort ausgestellten Häftlingspersonalkarte Kurt Reilingers findet sich als Haftgrund der Vermerk »Politisch/Jude«.[98] Auch die Schreibstubenkarte enthält diesen Hinweis noch. Warum er nach der Verlegung Reilingers in das Außenlager Mittelbau-Dora bei Nordhausen am 6.9.1944 nicht mehr erscheint, ist nicht eindeutig zu klären. Vermutlich geschieht es unter tatkräftiger Mithilfe von Funktionshäftlingen aus der Schreibstube. Am 8.10.1944 verlegt die SS Kurt Reilinger von Mittelbau-Dora in den nur wenige Kilometer entfernt gelegenen Ort Heringen. Auf der Transportliste wird er nun als »Niederländer« mit der Berufsangabe »Dolmetscher« geführt.[99] Sein weiteres Schicksal schildert er in einem, am 15.5.1945, nur wenige Tage nach seiner Befreiung, in Schweden auf Niederländisch geschriebenen Brief:

> »Anfang Oktober ging ich auf Transport zur ›5. SS-Baubrigade für Eisenbahnbau‹, eine ›fliegende Brigade‹, die in Waggons wohnte und von Ende Oktober ihren Standort in Osnabrück hatte. […] Nun beginnt meine schwerste Zeit in der ›Baubrigade‹. Die schwere Arbeit, nichts zu fressen und sehr schwierige Lebensbedingungen.«[100]

Zum Ende des Jahres 1944 steht es schlecht um Reilinger. Er baut körperlich stark ab und wird krank. Ihm droht die Rückführung als Arbeitsunfähiger in ein KZ-Hauptlager und damit der Tod. Doch er kommt, wie er schreibt »durch Glück«, wieder zu Kräften und erhält eine Funktionsstelle als Schreiber im Büro der Baubrigade. Leichtere Arbeit, besseres Essen und Schutz vor den brutalen Attacken der SS-Wachmannschaft auf den Baustellen sichern ihm hier das Überleben. Reilinger findet Anschluss an Mithäftlinge, die ihn

und geht dabei immer wieder auf den besonderen Anteil Reilingers daran ein: vgl. Chanan Hans Floersheim: Über die Pyrenäen in die Freiheit, Konstanz 2008.

96 Ernst (»Willy«) Hirsch, Ernst Ascher, Alfred (»Zippi«) Fraenkel und Lotte (Lolly) Eckhardt.

97 Die Auswahl der Gefangenen für diesen letzten Transport am 17.8.1944 trifft Alois Brunner, der Leiter des Gestapo-Sonderkommandos zur Jagd auf versteckt lebende Juden in Frankreich. Er bestimmt schließlich 51 Häftlinge: 36 Widerstandskämpfer und 15 prominente jüdische Franzosen.

98 ITS 1.1.5.3/6911007, Häftlingspersonalkarte Kurt Reilinger. Unter der Rubrik »Staatsangehörigkeit« findet sich der Vermerk »RD«, der für »Reichsdeutscher« steht.

99 ITS 1.1.27.1/0018/0072-0075, Transportliste Heringen, Nr. 168.

100 GFHA 184-1, S. 66-77, Brief an Ilse Birnbaum vom 15.5.1945.

moralisch stützen. Er schildert die Gedanken der KZ-Gefangenen im Kriegswinter 1944/45:

> »Sicher, wir dachten im Lager nicht viel an den Sinn des Lebens und all das – wir wollten einfach durchkommen. [...] Ich erinnere mich an ein kurzes Gespräch in unserer schwersten Zeit mitten im Winter: Ein Franzose sagte, dass es Blödsinn gewesen war, sich zu versetzen gegen den Hitlerterror, und (da) antwortete ihm ein anderer, dem es gerade sehr, sehr dreckig ging, ein prima Kerl, Kommunist, ›Nein, ich bereue nur eines: Dass wir uns haben fangen lassen, dass wir nicht genug getan haben in unserem Kampf, und wenn ich heute rauskäme, würde ich es viel, viel besser machen!‹ Schaut, solche Kleinigkeiten haben einem im Lager den Mut gegeben, durchzuhalten.«[101]

Ein weiterer Umstand ist für Kurt Reilinger besonders erwähnenswert: »Zu meinem Glück hat meine Brille im Lager keinen Schaden genommen, sonst wäre ich sicher innerhalb weniger Wochen gestorben. Ihr lacht vielleicht, aber es ist wirklich so! Das also über mich.«[102] Dann setzt er seine Schilderung in dem Brief vom Mai 1945 fort:

> »Und endlich kamen die Engländer! Wir mussten flüchten und sollten nach Stassfurt in eine Kalimine. Zu unserem großen Glück waren alle Schienenwege dahin kaputt, denn da wären wir wahrscheinlich am Ende nicht mehr lebend angekommen.«[103]

Stattdessen wird die Eisenbahnbaubrigade an Ostern 1945 in aller Eile in Richtung Norden zurückgezogen. Das Kriegsende erlebt Kurt Reilinger an Bord des Schiffes *Rheinfels* in der Flensburger Förde so:

> »Zwei Tage nach unserer Ankunft, wir waren noch auf dem Schiff, war es vorbei. Wir konnten und konnten es nicht glauben, dass es wahr sein sollte, bis das Schwedische Rote Kreuz kam und uns alle (außer die Deut-

101 GFHA 46-1, Zwi und Ruth Dor, S. 144, Brief Reilingers an die Chawerim im Kibbuz Hasorea vom 8.7.1945 (maschinenschriftliche Abschrift). In einem Brief an Willi Westerweel schreibt Reilinger dazu: »Solche ›Kleinigkeiten‹ haben das Leben da in all seiner Erniedrigung (ich spreche von der geistigen und moralischen, die ja viel schlimmer war als die physische!) erträglich gemacht. Wir wissen wofür! Dieses Wissen konnte sie nicht vernichten, die SS!«: Yad Vashem, Digital Collections, Record Group P.45, Pinkhof-Waterman Family Archives, S. 175, Brief Reilingers vom 27.5.1945.

102 GFHA 184-1, S. 75 (10), Brief an Ilse Birnbaum vom 15.5.1945.

103 Ebd., S. 71 f. Die Kaliminen in Stassfurt waren ursprünglich Bergwerksbetriebe für den Abbau von Kali-Salzen. Seit dem 13.9.1944 befand sich unter dem Decknamen »Reh« in der Nähe der Schachtanlage VI in Neustassfurt ein Außenlager des KZ Buchenwald.

schen!) übernahm. Das war der Augenblick, auf den wir Jahr um Jahr gewartet hatten, wofür wir gekämpft haben und wofür so entsetzlich viele ihr Leben gegeben haben: das Ende des Faschismus, von Hitler, von Deutschland und doch – als wir hörten, Hitler ist tot, der Krieg ist vorbei, alles ist vorbei, konnten wir es nicht begreifen.«[104]

Seine Gedanken nach der Befreiung gelten aber in erster Linie nicht dem eigenen Befinden, sondern dem Schicksal der vielen deportierten Juden. Freudig zählt er in seinem ersten Brief aus Schweden zunächst auf, über wessen gutes Schicksal er bereits Informationen hat. Aber dann wird sein Ton ernst:

> »Ich will euch doch noch ein paar Worte über eine sehr, sehr wichtige Sache schreiben: Die Frage nach unseren Leuten, die deportiert wurden. [...] Vielleicht hat sich der eine oder andere retten können, ich glaube es eher nicht. Vielleicht einer von tausend? [...] Ach, unser Volk hat entsetzlich gelitten! Es wurden sicher 5-5 ½ Millionen Juden durch Hitler ermordet!! Es ist nicht vorstellbar, aber wenn du die Lager gesehen hast, weißt du, dass es möglich ist!«[105]

Mitte August 1945 kehrt Reilinger in die Niederlande zurück und nimmt seine Arbeit im Hechaluz wieder auf. Er beteiligt sich an der Rückholung junger jüdischer »Onderduikertjes« aus christlichen Familien und hilft bei deren illegaler Ausreise zu Sammelzentren in Südfrankreich. Am Sonntag, dem 16.9.1945, ist er per Auto-Stopp unterwegs von Amsterdam nach Groningen, um noch fehlende persönliche Unterlagen zu beschaffen. Ein Fahrzeug bringt ihn zunächst bis Harderwijk, eine Kleinstadt am südlichen Rand des Ijsselmeeres. Bei einer Bäckerei steigt er aus. Er will ein Auto für die Weiterfahrt anhalten. Mittlerweile ist es 21.30 Uhr und inzwischen dunkel geworden. Als sich schließlich ein Fahrzeug nähert, stellt sich Reilinger auf die Straße, um das Stopp-Zeichen zu geben. Aber der Wagen fährt durch. Reilinger wird vom Türgriff des Wagens getroffen und schwer am Kopf verletzt. Er ist sofort tot.[106] Am 20.9.1945 wird Kurt Reilinger auf dem Jüdischen Friedhof in Amsterdam-Diemen beerdigt.[107]

104 Ebd., S. 66f., Brief an Ilse Birnbaum vom 15.5.1945.

105 Ebd., S. 75f.

106 Streekarchivariat Noordwest-Veluwe [Regionalarchiv Nordwest-Veluwe], SNV007 000163_062_R, Schilder's Nieuws-en Advertentieblad [Schilders Neuigkeiten- und Anzeigenblatt], 21.9.1945, S. 3, Artikel »Al weer een ongeluk met doodelijke afloop« [Erneut ein Unfall mit tötlichem Ausgang].

107 GFHA 184-2, S. 194, Bescheinigung des Beerdigungsunternehmens vom 11.10.1945. Das Grab befindet sich auf dem Jüdischen Friedhof in Amsterdam-Diemen, Feld C, Reihe 41, Grab Nr. 8.

6.5 Adam Dziubinski

»Dazu strömte ein furchtbarer Gestank
von den Häftlingen aus.«

In der Nähe des idyllischen Städtchens Cochem an der Mosel wird im Frühjahr 1944 ein neues KZ-Außenlager eingerichtet. Es ist das »Außenkommando Kochem« des Konzentrationslagers Natzweiler. Das Kommando besteht aus zwei räumlich getrennten Lagern in den Ortsgemeinden Bruttig und Treis,[108] die sich in der Nähe der beiden Zugänge zu einer langen zweigleisigen Tunnelröhre befinden.

Hier im »Treiser Tunnel« soll eine Produktionsstätte für die Flugzeugindustrie entstehen.[109] Als Arbeitskräfte für den Ausbau werden neben Zivilarbeitern KZ-Häftlinge eingesetzt, die die SS bereitstellt. Zu den 685 Gefangenen, die am 6.4.1944 aus dem über tausend Kilometer entfernten KZ Lublin-Majdanek in Cochem eintreffen, gehört auch Adam Dziubinski.[110] Dziubinski wird am 23.5.1922[111] in der Stadt Lemberg (Lwow) geboren, die erst im Jahr zuvor nach dem Ende des Russisch-Polnischen Krieges wieder in den polnischen Staat integriert worden war. Später zieht er in die westlich von Warschau gelegene Stadt Lodz und wird Feuerwehrmann.[112] Nach der vollständigen Niederlage der polnischen Armee im Oktober 1939 teilen Deutsche und Sowjets das polnische Staatsgebiet, wie in geheimen Zusatzdokumenten zum Hitler-Stalin-Pakt beschlossen, untereinander auf. Am 9.11.1939 wird die Stadt Lodz als Teil des »Gaus Wartheland« an das Deutsche Reich angegliedert. Der Pole Adam Dziubinski muss in seinen Geburtsort Lemberg zurückkehren. Aus seiner Häftlingskarte ist ersichtlich, dass ihn die Sicherheitspolizei Lemberg am 31.8.1943 als »Schutzhäftling« in das KZ Lublin-Majdanek einliefert.[113] Welche konkreten Vorwürfe zu seiner Verhaftung geführt haben oder ob es solche überhaupt gibt, ist nicht be-

108 Bruttig und Treis gehören heute als Teile der Gemeinden Bruttig-Fankel und Treis-Karden zur Verbandsgemeinde Cochem a. d. Mosel.

109 Ein zur Robert Bosch GmbH gehörendes Werk soll dort Zündkerzen für Flugzeuge produzieren.

110 Das Lager Lublin-Majdanek muss wegen der näher rückenden Ostfront schrittweise geräumt werden. Es folgen weitere Transporte zum Außenlager Cochem, unter anderem aus Auschwitz: vgl. Ernst Heimes: Ich habe immer nur den Zaun gesehen. Suche nach dem KZ Außenlager Cochem, Koblenz 1999, S. 86 ff.

111 ITS 1.1.29.1/3130624, Zugangsliste des KZ Natzweiler vom 6.4.1944 (Überstellung v. K. L. Lublin), Nr. 99. In anderen Verzeichnissen wird gelegentlich das (falsche) Geburtsdatum 23.5.1920 beziehungsweise 23.5.1915 angegeben.

112 Verzeichnis der 5. SS-EbBB, Nr. 37.

113 ITS 1.1.29.6/3384218, Häftlingskarte KZ Natzweiler, Adam Dziubinski.

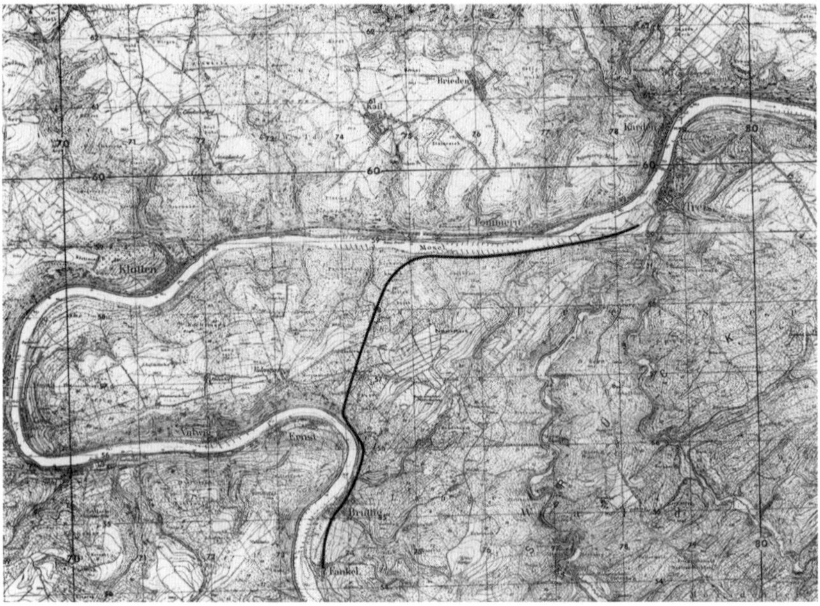

Abb. 27: Tunnel Bruttig-Treis 1940. Bildmitte: Verlauf des Treiser Tunnels und der Bahndämme.

kannt. Der Transport, mit dem Dziubinski am 6.4.1944 nach Cochem gelangt, besteht zum größten Teil aus polnischen Zwangsarbeitern.[114] Unter den übrigen Gefangenen befinden sich viele sowjetische Kriegsgefangene, die gegen geltendes Recht in ein Konzentrationslager eingewiesen worden waren. In Cochem verteilt die SS-Lagerleitung die Häftlinge auf die beiden Nebenlager in Treis und Bruttig. Schon nach wenigen Tagen wagen einige der Neuankömmlinge die Flucht aus den Lagern. Ohne Orts- und Sprachkenntnisse und ohne Unterstützung von außen werden 13 von ihnen bald wieder eingefangen und grausam bestraft.[115] Am 20.6.1944 soll im Lager Treis eine Massenexekution von mindestens sieben Gefangenen stattgefunden

114 417 der insgesamt 685 Gefangenen des Transports vom 6.4.1944 aus Lublin-Majdanek sind Polen. Im Mai und Juni folgen weitere Transporte aus Auschwitz, Buchenwald und dem Hauptlager in Natzweiler. Der Auschwitz-Transport, der am 3.5.1944 eintrifft, ist mit 850 Gefangenen der größte Einzeltransport.

115 Vgl. Heimes: Ich habe immer nur den Zaun gesehen, S. 80 und 84. Einer der Geflohenen ist der sowjetische Kriegsgefangene (»Kgf. Russe«) Alexander M., geboren am 28.9.1914. Im Gegensatz zu vielen Leidensgenossen bleibt er nach seiner Wiederergreifung am Leben. Über das Buchenwald-Nebenlager Heringen gelangt er im Oktober 1944 ebenfalls zur 5. SS-Eisenbahnbaubrigade nach Osnabrück: vgl. Transportliste Heringen Nr. 65, Verzeichnis der 5. SS-EbBB Nr. 357.

haben, im Lager Bruttig die Exekution von sechs Gefangenen.[116] Unter den Hingerichteten befinden sich mehrere Häftlinge, die mit Adam Dziubinski aus dem KZ Lublin gekommen waren. Im Juli 1944 übernimmt der erst 23-jährige SS-Untersturmführer Heinrich Wicker das Kommando in Cochem. Er ist berüchtigt für seine harten Disziplinarmaßnahmen und seine – selbst aus der Sicht des Wachpersonals – sinnlose Strenge. Als die Westfront immer näher rückt, löst die SS das Außenlager auf. Dziubinski und seine Leidensgenossen werden am 15.9.1944 nach Buchenwald überführt.[117] Der zur Gefangenenbewachung eingesetzte SS-Wachmann Rudolf Zseby, ein ehemaliger Luftwaffensoldat und Gegner des NS-Regimes, schreibt über die Fahrt vom Außenlager zum Bahnhof Cochem in sein Tagebuch:

> »Plötzlich kam der Befehl, dass wir von hier wegkommen. Alles packen und zwar sofort. Das Schwierigste und Unangenehmste war der Abtransport der Häftlinge. In einen Lastkraftwagen kamen je fünfzig Häftlinge und an jeder Ecke des Wagens ein Posten mit scharf geladenem Gewehr. Aber dies war alles größter Unsinn, denn der Wagen war knüppeldick voll. Wir standen eng an die Wand gedrückt, dass es uns unmöglich war, auch nur ein Glied zu rühren. […] Beschwerend kam hinzu, dass über den ganzen Wagen ein Plan gezogen war, um so angeblich einen evtl. Fluchtversuch zu erschweren, dazu strömte ein furchtbarer Gestank von den Häftlingen aus.[…] Wir 4 Posten waren vollkommen den Händen der Häftlinge ausgeliefert und in meiner wehrlosen Lage habe ich mich noch niemals so unbehaglich gefühlt, als hier.«[118]

Am folgenden Tag befinden sich die Posten mit ihren Gefangenen noch immer auf dem Güterbahnhof in Cochem. Wachmann Zseby schreibt in sein Tagebuch: »Ununterbrochen 30 Stunden stehend, schweren Postendienst. Man sollte es nicht für möglich halten, dass ein Mensch so etwas aushalten kann.«[119] Schließlich verlädt man die Häftlinge in geschlossene Güterwaggons. Am Abend des 15.9.1944 setzt sich der Zug in Bewegung und erreicht zwei Tage später den Lagerkomplex Mittelbau am Südharz. Erschüttert von den dortigen Verhältnissen, notiert Zseby in sein Tagebuch:

> »Was ich hier zu sehen bekomme, ist mir wie ein Traum, weil ich mir einfach nicht vorstellen kann, dass so etwas Wirklichkeit sein könnte. So bedauerlich mir das Leben der Häftlinge in Cochem auch vorkam, im

116 Vgl. Heimes: Ich habe immer nur den Zaun gesehen, S. 81.

117 Die meisten Häftlinge des KZ Natzweiler werden nach Dachau deportiert.

118 DMD P4 Bd. 135, Tagebuchaufzeichnung des Luftwaffen-Gefreiten Rudolf Zseby für den 14.9.1944.

119 Ebd., Tagebuchaufzeichnung des Luftwaffen-Gefreiten Rudolf Zseby für den 15.9.1944.

> Verhältnis zu hier lebten diese wie in einem Paradiese, hier aber ist die Hölle. […] Die wenigsten sind hier wegen Verbrechen krimineller Art, sondern Verfolgte wegen ihrer politischen, kirchlichen und rassistischer Einstellungen. Es handelt sich dabei um 100.000 von Menschen, die, wenn sie mal wieder frei sind, davon künden werden, zu welchen Grausamkeiten und teuflischen Methoden der Deutsche fähig ist, das Ansehen der Deutschen wird dadurch in eine Missachtung umgewandelt werden.«[120]

Vielleicht erhofft sich Adam Dziubinski eine Verbesserung seiner Lage, als ihn die SS zusammen mit mindestens 200 Mithäftlingen aus dem Außenlager Cochem nach wenigen Tagen an die 5. SS-Eisenbahnbaubrigade überstellt.[121] Und zunächst hat er tatsächlich Glück. Obwohl er keine medizinischen Vorkenntnisse hat, wird er dem Häftlingsarzt Wikler als »Gehilfe-Sanitäter« zugeordnet.[122] Es ist eine vergleichsweise leichte Arbeit, gemessen an dem, was die Gefangenen in den Kommandos auf den Gleisbaustellen leisten müssen. Aber schon bald erhält Dziubinski eine neue Aufgabe. Am 12.1.1945 wird er als »Hfl.Pfleger« zum 1. Bauzug an der Blockstelle Hasbergen-Leeden verlegt, wo er den dort eingesetzten Sanitäter unterstützen soll. In den Wochen zuvor waren bereits 16 Kranke oder Verletzte von dort in das Revier nach Osnabrück verlegt worden. Am 21.1.1945 werden erneut 20 Häftlinge aus Hasbergen »wegen Krankheit« ausgetauscht. Zwei Gefangene sterben am gleichen Tag. Mitte Februar 1944 verlegt die Brigadeleitung den gesamten 1. Bauzug zu einem Soforteinsatz nach Rheine, an die deutsch-niederländische Grenze. Zahlreiche Bomben- und Tieffliegerangriffe und die schweren Bahnarbeiten machen das Leben für die Gefangenen dort zur Hölle. Die Sanitäter stehen vor der unlösbaren Aufgabe, die Verletzten vor Ort zumindest notdürftig versorgen zu müssen. Erst nach mehr als einer Woche werden 50 »Kranke« in das Osnabrücker Revier gebracht. Adam Dziubinski ist von all dem offensichtlich völlig überfordert. Ein dänischer Häftling, der mit einer Fußverletzung einige Zeit im Krankenwaggon des 1. Bauzugs verbringen muss, schildert den »Helfer« des Sanitäters als »wenig sicher«.[123] Das macht ihn zum Ziel von Machtspielen des Lagerältesten:

> »Der Lagerälteste, Lulu, besuchte uns und rief den kleinen unsicheren Polen, woraufhin er ihn mit einem Stock verprügelte. Der Pole stand er-

120 Ebd., Tagebuchaufzeichnung des Luftwaffen-Gefreiten Rudolf Zseby für den 21.9.1944. Zseby beklagt das Schicksal, das ihn hierher geführt hat, und fährt fort: »1000mal lieber an vorderster Front, bei schwerstem Einsatz, als dieses Leben und Treiben hier mitmachen zu müssen.«

121 Verzeichnis der 5. SS-EbBB, Nr. 37 (Häftling Nr. 01216).

122 BArch B 162/15359, S. 526f., Aussage Tadeusz S. vom 8.3.1973.

123 Vesterdal: Mit ophold, S. 38.

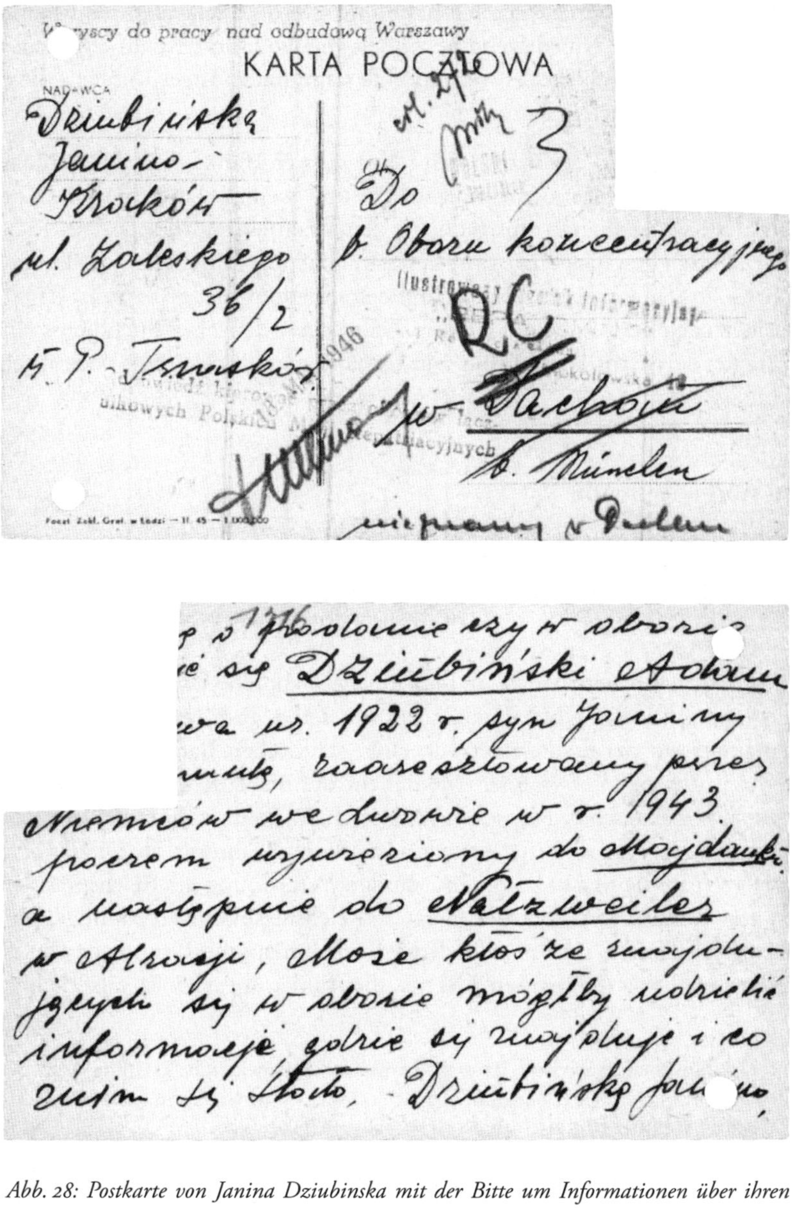

Wszyscy do pracy nad odbudową Warszawy

KARTA POCZTOWA

NADAWCA

Dziubińska Janina Kraków ul. Zaleskiego 36/2

Do b. Obozu koncentracyjnego w Dachau b. München Niemcy w Dachau

się Dziubiński Adam … 1922 r. syn Janiny … aresztowany przez Niemców we dworze w r. 1943 potem wywieziony do Majdanka a następnie do Natzweiler w Alzacji, Może ktoś ze swojaków … w obozie mógłby udzielić informacje gdzie się znajduje i co z nim się stało. Dziubińska Janina

Abb. 28: Postkarte von Janina Dziubinska mit der Bitte um Informationen über ihren Sohn.

> bärmlich und weinend da. Ich hätte mir nie vorgestellt, dass ein Mensch auf diese Weise erniedrigend behandelt werden könnte. Lulu legte kaum Kraft in seine Schläge, es war nur eine schmutzige Angewohnheit, die er sich im KZ zugelegt hatte.«[124]

Am 20.3.1944 wird der inzwischen selbst schwer kranke Adam Dziubinski nach Osnabrück-Hörne rücküberstellt[125] und wenige Tage später mit der kompletten Eisenbahnbaubrigade auf den Evakuierungstransport in Richtung Norden geschickt. Er stirbt am 12.4.1945 in Nordenham an »Lungen T.B.C«.[126] Sein Grab befindet sich auf dem Friedhof Atens.[127] Am 18.5.1946, ein Jahr nach dem Ende des Krieges, geht beim polnischen Suchdienst eine Anfrage von Adam Dziubinskis Mutter Janina ein.[128] Sie fragt nach ihrem Sohn.

6.6 Anton Artmann

»Das Urteil wird aufgehoben,
weil es auf politischen Gründen beruht.«

Anton Artmann wird am 14.11.1914 in Trier geboren. Über seine Kindheit und Jugend ist wenig bekannt. Er lebt mit seiner Familie in verschiedenen Armenvierteln der Stadt, zuletzt in einer städtischen Barackensiedlung im Stadtteil Euren. Hier wohnen Menschen, die nicht dem neuen Bild vom »nationalsozialistischen Menschen« entsprechen: politisch anders Denkende, Unangepasste, Ausgegrenzte. Artmann ist gerade 18 Jahre alt, als die Nationalsozialisten an die Macht kommen. Mit der »Verordnung des Reichspräsidenten zum Schutz von Volk und Staat« (»Reichstagsbrandverordnung«) vom 28.2.1933 schaffen sie umgehend die formaljuristische Grundlage für die Verhaftung ihrer politischen Gegner. Im Einleitungssatz ist ausdrücklich

124 Ebd., S. 39.

125 Dziubinskis Aufgabe im 1. Bauzug übernimmt der sowjetische Häftling Wasil Wasitsch (Bu 35922), der ausgebildeter Sanitäter ist: Journal, S. 176, und Verzeichnis der 5. SS-EbBB, Nr. 441.

126 Journal, S. 199.

127 Friedhof Nordenham-Atens (Neuer Friedhof) Acker IV A, Sonderreihe Grab 7: vgl. Holger Frerichs: Forschungsbericht zu den sowjetischen Kriegsgefangenen auf dem Friedhof Nordenham-Atens, (unveröffentlicht), o.O., 2013. In der Sterbeurkunde, die das Standesamt Nordenham fümf Jahre später ausstellt, wird Dziubinski als »russischer Kriegsgefangener« bezeichnet, der im Kriegsgefangenenlager Nordenham-Blexen »wohnhaft« gewesen sei: Sterbeurkunde Standesamt Nordenham, Nr. 262/1949 vom 9.2.1950.

128 ITS 1.1.6.2/10029652, Korrespondenz Dachau, Postkarte Janina Dziubinska.

von der »Abwehr kommunistischer staatsgefährdender Gewaltakte« die Rede.[129] Auf der Grundlage der Verordnung nimmt die Geheime Staatspolizei (Gestapo) aus politischen oder anderen Gründen missliebige Personen ohne gerichtliche Überprüfung in sogenannte Schutzhaft.[130] Erste Opfer sind die Aktivisten der Linksparteien. Einer von ihnen ist Anton Artmann, der dem Kommunistischen Jugendverband (KJVD) in Trier nahesteht.[131] Bereits im Mai 1933 wird er erstmals für drei Monate und 1934 ein weiteres Mal für fünf Wochen in »Schutzhaft« genommen.[132] Am 13.8.1935 verhaftet ihn die Gestapo Trier erneut für einen längeren Zeitraum.[133] Dennoch zieht ihn die Reichswehr im folgenden Jahr als Soldat zum Infanterie-Regiment 104 nach Speyer ein.[134] Schon bald gerät er dort aus politischen Gründen in Militär-Arrest. Es folgt eine weitere mehrmonatige Untersuchungshaft im Gefängnis in Speyer. Am 11.8.1937 verurteilt ihn das Reichskriegsgericht Berlin-Charlottenburg wegen »Vorbereitung eines hochverräterischen Unternehmens« zu einer mehrjährigen Zuchthausstrafe.[135] Bis Oktober 1938 sitzt er im Zuchthaus Brandenburg-Görden und anderen Gefängnissen ein,[136] die längste Zeit davon in Einzelhaft. Nach Beendigung seiner Strafe kommt

129 Reichsgesetzblatt Teil I, Nr. 17, 1933; Wikisource »Reichstagsbrandverordnung«, https://de.wikisource.org/wiki/Reichstagsbrandverordnung (letzter Aufruf 24.4.2019). Tatsächlich wird die Verordnung gegen alle politisch missliebigen Personen angewandt.

130 Daneben gab es die »polizeiliche Vorbeugehaft«. Sie wurde von der Geheimen Staatspolizei (Gestapo) oder der Kriminalpolizei (Kripo) gegen sogenannte Berufsverbrecher oder andere »asoziale« Gruppen verhängt.

131 Der KJVD wurde 1933 von den Nationalsozialisten verboten. Dennoch engagierten sich viele Mitglieder weiter gegen das Nazi-Regime.

132 BArch B 162/15361, Fragebogen des Hauptausschusses OdF für Anton Artmann. Artmann war vom 14.5.1933 bis zum 13.8.1933 in der ehemaligen Hornkaserne in Trier inhaftiert. Die Hornkaserne befand sich seit 1930 in städtischem Besitz und wurde von den Nationalsozialisten als provisorisches Schutzhaftlager benutzt. 1934 verbrachte er eine fünfwöchige Schutzhaft im Gefängnis Trier.

133 ITS 1.1.5.3/5447285, Individuelle Dokumente KZ Buchenwald, Anton Artmann, S. 5ff.

134 Stadtarchiv Trier, Meldekarte Anton Artmann, Abmeldung zum Infanterie-Regiment 104 in Speyer am 13.10.1936.

135 Das Reichskriegsgericht war am 1.10.1936 als Oberster Gerichtshof der Wehrmacht eingerichtet worden. Grundlage der Verurteilung ist das »Gesetz zur Änderung des Strafrechts und des Strafverfahrens« vom 24.4.1934. Dort heißt es im 1. Abschnitt (»Hochverrat«) unter § 83, [1]: »Wer öffentlich zu einem hochverräterischen Unternehmen auffordert oder anreizt, wird mit Zuchthaus bis zu zehn Jahren bestraft.«

136 ITS 1.2.2.1/12028803, Zugangsliste. Die Zugangsliste weist aus, dass Artmann im Herbst 1937 mit einem Häftlingstransport von Landsberg, dem Gefängnis, in dem Hitler 1924 sein Buch »Mein Kampf« schrieb, über das Zuchthaus Sonnenburg bei Küstrin in das Zuchthaus Görden zurückkehrte.

Artmann jedoch nicht frei. Er wird erneut in »Schutzhaft« genommen und mit einem »Moortransport« für ein weiteres Jahr in das Strafgefangenenlager Aschendorfermoor II in der Nähe von Papenburg gebracht.[137] Die Gefangenen arbeiten zu dieser Zeit fast ausschließlich in der Urbarmachung emsländischer Moorgebiete. Sie heben Entwässerungsgräben aus und stechen Torf.[138] Am 14.9.1939 wird Artmann von Aschendorfermoor in das Konzentrationslager Sachsenhausen bei Berlin überführt. Wegen eines nicht näher genannten »Vergehens« bestraft die SS ihn mit dreimal 50 Stockschlägen. Während der Arbeit im Strafkommando Klinkerwerk[139] bricht er sich einen Unterschenkel. Die letzten zwei Monate in Sachsenhausen verbringt er in Zellenhaft. Schließlich wird er vom KZ Sachsenhausen zum KZ Buchenwald, Baubrigade III, überstellt. Am 27.3.1944 transportiert ihn die SS mit mehr als 2.500 Häftlingen der neu gegründeten V. SS-Baubrigade nach Frankreich.[140] Nach der Invasion der Alliierten in der Normandie zieht die SS die V. SS-Baubrigade Anfang September 1944 nach Deutschland zurück. Die Häftlinge verteilt sie auf verschiedene Arbeitskommandos des zum Konzentrationslager Buchenwald gehörenden Außenlagers Dora. Von hier aus kommt Anton Artmann im September 1944 zur 5. SS-EbBB nach Osnabrück. Im Gegensatz zu vielen anderen deutschen Gefangenen in der Brigade und trotz seiner langjährigen Lagererfahrung gelingt es ihm anscheinend nicht, einen der begehrten Posten als Funktionshäftling oder Kapo zu erlangen.[141] Das erschwert seine Position im Kampf gegen die von schwerer Arbeit, Unterernährung und Gewalt geprägten Lebensverhältnisse. Er ist der SS-Wachmannschaft und ihren Helfern schutzlos ausgeliefert. Durch einen Schlag mit dem Gewehrkolben erleidet Anton Artmann noch in den letzten Kriegs-

137 ITS 1.2.2.1/12030286. Aschendorfermoor II dient von Juli 1937 bis Mai 1940 als Lager für alle politischen Gefangenen der Emslandlager.

138 Einen Einblick in die Arbeitsbedingungen und das Leben im Lager geben Zeichnungen und Aquarelle von Ernst Walsken, einem weiteren Häftling. Die Bilder befinden sich seit 2015 im Besucherzentrum der Gedenkstätte Esterwegen (Emslandlager).

139 Das Arbeitskommando »Klinkerwerk« war berüchtigt für seine grausamen Arbeitsbedingungen und gezielte Mordaktionen. Es galt als »Todeslager des KZ Sachsenhausen«. Vgl. o. A.: KZ-Außenlager »Klinkerwerk«. Freiluft-Ausstellung »Steine für ›Germania‹ – Granaten für den ›Endsieg‹. Das ›Außenlager Klinkerwerk‹ des KZ-Sachsenhausen« auf der Webseite der Stiftung Brandenburgische Gedenkstätten. Gedenkstätte und Museum Sachsenhausen, www.sachsenhausen-sbg.de/ausstellungen/KZ-aussenlager-klinkerwerk/ (letzter Aufruf 14.3.2019).

140 ITS 1.1.5.1/5316185, Namentliche Aufstellung der am 27.3.1944 vom Kdo. Baubrig. III (Köln) zum Außenkommando Baubrigade V überstellten 250 Häftlinge vom 14.4.1944.

141 In den Zeugenaussagen der nach dem Krieg befragten ehemaligen deutschen Kapos und in den Haftunterlagen des ITS finden sich keine Hinweise auf eine Funktionsstelle Artmanns in der Brigade.

monaten eine Verletzung des linken Lungenflügels.[142] Er überlebt die Zeit der Stationierung in Osnabrück und den Rückzug der 5. SS-EbBB. Am 10. 5. 1945 wird er an Bord des Schiffes *Rheinfels* in der Ostsee vor Flensburg befreit. Zusammen mit den anderen deutschen KZ-Gefangenen kommt Artmann zunächst in einer Schule auf dem Festland unter. Es folgen Befragungen durch alliierte Stellen in Flensburg und Pinneberg. Dann kann Anton Artmann in seine Heimatstadt Trier zurückkehren. Dort scheinen sich die Herrschaftsverhältnisse in den ersten Nachkriegsmonaten vollständig gewendet zu haben. Die städtische »Verwaltungspolizei«, eine von den Alliierten eingerichtete Ordnungsbehörde, wird mit ausgewiesenen Nazi-Gegnern, darunter viele Kommunisten, besetzt. Aus ehemaligen Opfern werden »Entscheider«, die gelegentlich weit über ihre Befugnisse hinausgehen und willkürlich handeln. Eine Möglichkeit dazu scheint das Gesetz Nr. 52 des alliierten Hauptquartiers (SHAEF) zu bieten. Es betrifft die »Sperre und Kontrolle von Vermögen« eines festgelegten Personenkreises in den besetzten Gebieten Deutschlands. Nach Artikel I des Gesetzes Nr. 52 fällt darunter auch das Vermögen von Mitgliedern der NSDAP.[143] Als Artmann kurz nach seiner Rückkehr von einem Bekannten erfährt, dieser habe von der Verwaltungspolizei Trier Möbel aus dem Haushalt ehemaliger NS-Funktionsträger zugewiesen bekommen, wendet er sich ebenfalls an die Behörde.[144] Sie genehmigt ihm am 12. 7. 1945 die »leihweise Überlassung von beweglichen Sachen«, obwohl sie dazu zu keinem Zeitpunkt berechtigt war.[145] So gelangt er in den Besitz der Wohnungseinrichtungen verschiedener NS-Amtsträger.[146] Ein Zeuge merkt dazu später an: »Jedenfalls sind ihm so viel Möbel zugeteilt worden, dass er sie unmöglich in seiner Wohnung aufstellen konnte.«[147] Artmann be-

142 BArch B 162/15361, Fragebogen des Hauptausschusses »Opfer des Faschismus« für Anton Artmann.

143 SHAEF-Gesetz Nr. 52, Sperre und Beaufsichtigung von Vermögen vom 18. September 1944, http://www.verfassungen.de/de45-49/verf45-i.htm (letzter Aufruf 18. 4. 2019). Das Gesetz trat wohl erst mit der Proklamation Nr. 2 des alliierten Kontrollrates vom 20. 9. 1945 in Kraft.

144 Der Bekannte ist sein späterer Schwager Heinrich J., den er aus dem Kommunistischen Jugendverband kennt. Heinrich J. wird kurz darauf Außendienstmitarbeiter der Verwaltungspolizei Trier für den Bereich »Sperre und Beaufsichtigung von Vermögen nach Gesetz Nr. 52«.

145 Stadtarchiv Trier, TC 30 Sig 64, Schreiben vom 12. 7. 1945. Das archivierte Genehmigungsschreiben ist die Abschrift einer Abschrift. Es enthält mehrere falsche Datumsangaben.

146 Es handelt sich um Möbelstücke aus dem Besitz eines Gestapo-Beamten und um die komplette Wohnungseinrichtung eines Stadtinspektors. Nach Angaben eines Anwalts »musste die völlig ausgeplünderte Familie« des ehemaligen städtischen Beamten »fünf Monate lang auf der bloßen Erde schlafen«.

147 Stadtarchiv Trier, TC 30 Sig 64, Aussage Heinrich J.

nutzt die zahlreichen Möbel auch nicht zu Einrichtungszwecken. Er betreibt Tauschhandel mit ihnen.[148] Offensichtlich sieht er darin einen Ausgleich für das ihm angetane Unrecht. Vielleicht sind die nun massiver werdenden Aufforderungen zur Rückgabe der »leihweise überlassenen Gegenstände« neben politischen Gründen ein Anlass dafür, dass Anton Artmann kurz darauf in die sowjetische Besatzungszone zieht. Aber für einen Neubeginn ist es zu spät. Zwölf Jahre Haft haben ihre Spuren hinterlassen. Am 11. 2. 1947 stirbt Anton Artmann mit nur 32 Jahren im thüringischen Ellrich-Sülzhayn an Tuberkulose und Herzschwäche.[149] Seine Witwe[150] erwirkt mit Hilfe der Vereinigung der Verfolgten des Naziregimes (VVN)[151] in Trier 1948 beim Amtsgericht Berlin-Charlottenburg die Aufhebung des Urteils des Reichskriegsgerichts, weil es »auf politischen Gründen beruht«.[152]

6.7 Oskar und Otto Friedrich

»Männer wie die Czardas-Fürsten«

Bis in das Jahr 1933 ist Ostpreußen die Region mit den meisten Sinti in Deutschland. Viele leben schon seit Generationen dort. Oskar Friedrich wird am 20. 1. 1897 als Sohn einer ostpreußischen Sinti-Familie[153] in der nur etwa 200 Menschen zählenden Landgemeinde Alt Dollstädt im Kreis Preußisch Holland geboren.[154] Wie die meisten deutschen Sinti dieser Zeit ist die Familie Friedrich, obwohl sie in einer überwiegend protestantischen Region lebt, römisch-katholisch. Der kleine Ort Alt Dollstädt ist ein beliebtes Ausflugsziel für die nahe gelegene Stadt Elbing. Fast alle Einwohner arbeiten auf

148 Im Genehmigungsschreiben vom 12. 7. 1945 war dagegen ausdrücklich erklärt worden: »Diese Genehmigung gilt nur bis auf Weiteres. Die Sachen können jederzeit zurückgefordert werden.« Stadtarchiv Trier, TC 30 Sig 64, Schreiben vom 12. 7. 1945.

149 Kreisarchiv Nordhausen, Sterbeurkunde des Standesamtes Sülzhayn Nr. 23/1947. Ellrich-Sülzhayn ist ein Luftkurort für Atemwegserkrankungen. Hier befanden sich von Mai 1944 bis Kriegsende die Standorte von zwei zum KZ Mittelbau-Dora gehörenden Außenlagern.

150 Artmann hatte am 7. 6. 1946, ein halbes Jahr vor seinem Tod, Angelika J. geheiratet.

151 1971 erweitert sich der VVN zum »Bund der Antifaschisten«. Heute trägt er den Namen VVN-BdA.

152 BArch B 162/15439, Aufhebungs-Beschluss des Urteils gegen Anton Artmann durch das Amtsgericht Berlin/Charlottenburg vom 1. 2. 1948.

153 Vermutlich war die Mutter von Oskar Friedrich selbst keine Sintezza (Sinti-Frau). Sie fiel offensichtlich nicht unter die von den Nationalsozialisten erlassenen »Zigeunergesetze« und lebte noch im September 1944 in Kolberg: vgl. ITS 1.1.5.3/5896920, Individuelle Dokumente Buchenwald, Otto Friedrich.

154 Alt Dollstädt gehörte zum Standesamtsbezirk Königlich Blumenau.

dem großen Gutshof des Ortes. Familie Friedrich gehört nicht dazu. Durch ihre Lebensweise grenzt sie sich von der ortsansässigen Bevölkerung ab. Sie zieht durch die Lande und lebt ihre alten Sitten und Gebräuche. Auf den Landfahrerplätzen kleiner Orte darf sie in der Regel nur für kurze Zeit bleiben. In Alt Dollstädt begegnen die Einheimischen den »Zigeunern« mit einer Mischung aus Misstrauen, romantischer Verklärung und Ablehnung. In den Lebenserinnerungen eines Bewohners heißt es:

> »Den Kindern wurde eingeschärft: ›Wenn die Zigeinerweiber prachen (betteln) kommen, lasst sie ja nich ins Haus rein.‹ Diese Vorsicht beruhte auf einem alten Erfahrungsschatz. [...] Unverhofft standen die Zigeuner mit ihren von Pferden gezogenen Wohnwagen auf dem Marktplatz. [...] Rasch waren die Pferde ausgeschirrt [...]. In Alt Dollstädt durften sie sich auf der nahe gelegenen Klimperwiese richtig satt fressen. Ja, diese reisenden Zigeuner lebten wahrhaftig wie die Vögel unter dem Himmel – sie säten nicht, aber ernteten doch. Quirlendes Leben herrschte nach ihrer Ankunft sofort auf dem Marktplatz. Ein Biwakfeuer loderte auf. Unwahrscheinlich, wie viel Volk aus den Wohnwagen herausquoll: rotznasige Sprösslinge, auseinanderquellende Muttis, die früh den Reiz ihrer Jugend verloren hatten, Männer wie die Czardas-Fürsten, trotz ausgefranster Hosenbeine und barfuß. Und die jungen Mädchen, naturverwöhnte Gestalten mit schwingenden Hüften, umweht von einem erotisch exotischen Dunstkreis.«[155]

Die Lebenswirklichkeit der Sinti und Roma ist allerdings weniger von Romantik als von Armut und Verfolgung geprägt. Mit Tätigkeiten als Hausierer oder Bettler, Pferdehändler oder Scherenschleifer gelingt es der Mehrzahl nur mit Mühe, ihre Familien am Leben zu erhalten. Eine wichtige Einnahmequelle ist das Musizieren auf dörflichen Feiern und Festen. Auch Oskar Friedrich, der den Sinti-Namen »Lumbo«[156] trägt, wird Musiker. Er gründet eine Familie. Am 24.9.1924 wird in Königsberg sein Sohn Otto geboren. Für die folgenden 20 Jahre verliert sich die Spur von Vater und Sohn. Im Sommer ziehen sie weiterhin auf traditionelle Weise über Land und verdienen ihr Geld durch Musik- und Artistikvorführungen.[157] Vieles spricht dafür, dass sie während der Winterzeit im Armutsquartier einer großen Stadt unterkommen.[158] Mit der Machtübernahme durch die Nationalsozialisten

155 Horst Zlomke: Alt Dollstädt, Auszug aus: »Das Kirchspiel Königsblumenau«, Lunestedt (Selbstverlag) 2008, S. 284f., und www.koenigsblumenau.ch/images/files/allow/v_book_hz/alt_dollstaedt_web.pdf (letzter Aufruf 18.4.2019).

156 BArch B 162/15359, Aussage Jakob Lehmann vom 31.10.1972.

157 In Häftlingsunterlagen aus dem KZ Buchenwald wird bei Otto Friedrich als Beruf »Musiker« und »Artist« angegeben.

158 In nahezu allen deutschen Städten haben seit dem Ende des 19. Jahrhunderts Gruppen von Sinti und Roma ihre Winterquartiere. Ausgestattet mit einem Wander-

steigt der Verfolgungsdruck auf Sinti und Roma.[159] Auf der Grundlage der Nürnberger Rassengesetze[160] gelten Berufsverbote, strenge Meldepflichten und Aufenthaltsbestimmungen.[161] 1943 wohnt die jetzt fünfköpfige Familie Friedrich in der Stadt Danzig, die 1939 ein Teil des Deutschen Reiches geworden ist.[162] Hier, wie überall in Deutschland, werden die »Zigeuner« seitdem amtlich erfasst.[163] Am 16.12.1942 gibt der Reichsführer SS und Chef der Deutschen Polizei Heinrich Himmler den Befehl, alle »Zigeunermischlinge, Rom-Zigeuner und balkanischen Zigeuner [...] familienweise« in ein neu eingerichtetes »Zigeuner-Familienlager« im KZ Auschwitz einzuweisen.[164] Zu Beginn des Monats März 1943 wird Otto Friedrich gemeinsam mit seinem Vater, seiner Mutter, den beiden Geschwistern und einer großen Zahl anderer Sinti verhaftet:

> »Es war an einem frühen Morgen, als 2-3 Gestapobeamte von Danzig uns in unserer Wohnung verhafteten.[165] [...] Wir durften nur das Notwen-

gewerbeschein, der an den Nachweis eines festen Wohnsitzes geknüpft ist, ziehen einige Familien von hier aus in den Sommermonaten über Land. Im Herbst kehren sie zurück. In vielen Städten, etwa in Münster, gelangen Wörter ihrer Sprache (zum Beispiel mulo = tot, pani = Wasser) in den Sonderwortschatz von Teilen der ortsansässigen randständigen Bevölkerung: vgl. Margret Strunge/Karl Kassenbrock: Masematte. Das Leben und die Sprache der Menschen in Münsters vergessenen Vierteln, Münster 1980.

159 Die Diskriminierung von Sinti und Roma reicht weit vor 1933 zurück und hält bis in die Gegenwart an. Nach der biologistischen Diskriminierung durch die Nationalsozialisten steht heute wieder die kulturalistisch begründete Ausgrenzung im Vordergrund, die auf die Besonderheiten der »zigeunerischen Lebensweise« abhebt.

160 Die »Erste Verordnung zur Ausführung des Gesetzes zum Schutze des deutschen Blutes und der deutschen Ehre« vom 14.11.1935 weitet die zunächst für Juden bestimmten Regeln auf »Zigeuner, Neger und ihre Bastarde« aus. Das »Reichsbürgergesetz« vom 15.9.1935 legt fest, dass nur »Staatsangehörige deutschen oder artverwandten Blutes« Reichsbürger sein können.

161 Die Bestimmungen für »Zigeuner« entsprechen denen für Juden. Es wird zwischen »Dreiviertel-, Halb- und Viertelzigeunern« unterschieden. Als besonders »minderwertig« gelten die »nicht-reinrassigen Zigeuner«.

162 Die Wohnung liegt in einem Armenviertel der Stadt Danzig, in der Bäckergasse 9.

163 »Festsetzungserlass zur Zigeunererfassung« vom 17.10.1939.

164 Am 29.1.1943 erfolgen Ausführungsanweisungen des RSHA, die die Art und Weise der Deportation festlegen. Insgesamt werden 22.700 Personen in das »Zigeunerlager« des KZ Auschwitz-Birkenau eingewiesen, darunter am 1.3.1943 auch 54 Osnabrücker Sinti, von denen 43 ums Leben kommen: vgl. Cooper/Schubert: Anhaltende Ausgrenzung, S. 97.

165 Otto Friedrich gibt an, er sei von Gestapo-Beamten verhaftet worden. Für die Verfolgung und Verhaftung der als »asozial« diffamierten Sinti und Roma war aber die Kriminalpolizei zuständig. In F.s Häftlingspersonalakte ist auch die Kripo Danzig als einweisende Stelle vermerkt.

digste an Essen usw. mitnehmen und kamen zunächst in das Danziger Gefängnis. [...] Vom Gefängnis in Danzig aus, wo wir ca. 3 Tage waren, kamen wir mit einem Eisenbahntransport (Viehwaggon) direkt in das KL Auschwitz-Birkenau.«[166]

Nach der Eintragung in das »Hauptbuch des Zigeunerlagers« am 8.3.1943[167] wird ihnen die Häftlingsnummer mit dem Buchstabenzusatz »Z« in den Unterarm tätowiert. Otto Friedrich erhält die Nummer Z 1399. Unter unvorstellbar grausamen Bedingungen müssen die Häftlinge des »Zigeuner-Familienlagers« ihr Leben fristen.[168] Bald leidet ein Großteil der Häftlinge an Unterernährung und Krankheiten. Arbeitsfähige werden sukzessive in das Hauptlager Auschwitz verlegt. Otto Friedrich verrichtet dort Transport- und Erdarbeiten. Schwache, Alte und Kinder bleiben im »Zigeunerlager« zurück. Außer seinen Vater wird Otto Friedrich niemanden aus seiner Familie wiedersehen.[169] Im April 1944 beginnt die SS damit, alle noch lebenden Sinti und Roma von Auschwitz in andere Konzentrationslager zu überstellen. Vater und Sohn Friedrich gelangen wie die meisten männlichen Häftlinge in das KZ Buchenwald[170] und von dort in das Lager Mittelbau-Dora. Im Lager Mittelbau-Dora bestimmen erneut schwere Arbeit, mangelhafte Ernährung und Misshandlungen das Leben der Gefangenen. Und es geschieht Schlimmeres. Otto Friedrich erinnert sich:

»Im Lager Dora war ich ein- oder zweimal Zeuge von Häftlingstötungen. Wir wurden immer nach Rückkunft vom Arbeitseinsatz auf verbotene Sachen wie Werkzeuge, Messer usw. gefilzt. Dabei ertappten sie 4-5 Mann, die so etwas in den Taschen hatten. Sofort musste das ganze Lager antreten und diese 4-5 Mann wurden vor unseren Augen an bereits errichteten Galgen aufgehängt.«[171]

166 BArch B 162/15361, Aussage Otto Friedrich.

167 ITS 1.1.2.1/530754, Zigeunerbuch Auschwitz, Zugang 8.3.1944.

168 Vgl. Jens-Christian Wagner (Hrsg.): Von Auschwitz in den Harz. Sinti und Roma im KZ Mittelbau-Dora. Begleitheft zur Wanderausstellung, Nordhausen/Weimar 2012, S. 10 ff.

169 In der Nacht auf den 3.8.1944 stürmt die SS das »Zigeuner-Familienlager«. Die dort Verbliebenen werden ausnahmslos in den Gaskammern von Auschwitz-Birkenau ermordet. Insgesamt sterben mehr als 19.300 Sinti und Roma in Auschwitz: vgl. Michael Zimmermann: Rassenutopie und Genozid. Die nationalsozialistische »Lösung der Zigeunerfrage« in: Landeszentrale für politische Bildung (Hrsg.): Die nationalsozialistische Verfolgung Hamburger Roma und Sinti. Fünf Beiträge. Hamburg 2006, S. 23.

170 Als Haftgrund wird bei der Einweisung in das KZ Buchenwald »Arbeitsscheu-Zigeuner« angegeben.

171 BArch B 162/15361, Aussage Otto Friedrich.

Anfang Oktober 1944 erscheinen die Namen von Oskar und Otto Friedrich auf einer Transportliste für das Nebenlager Heringen.[172] Kurz darauf werden beide als Häftlinge der 5. SS-Eisenbahnbaubrigade zugeteilt.[173] Die unzureichende Ernährung in der Baubrigade und die schwere Arbeit bei Kälte und Regen in mangelhafter Kleidung bleiben selbst bei dem erst 20-jährige Otto Friedrich nicht lange folgenlos: »Ich wurde dann etwa im Spätherbst 1944 schwer nierenkrank, ich hatte Nierenblutungen.«[174] Am 29.11.1944 geht ein Krankenaustauschtransport mit Otto Friedrich und weiteren Häftlingen in das KZ Mittelbau-Dora zurück.[175] Dort bleibt Otto Friedrich zunächst im Krankenrevier. Später hat er das Glück, nur für leichte Lagerarbeiten eingesetzt zu werden. Im Zuge der Evakuierung des Konzentrationslagers Mittelbau gelangt Otto Friedrich im Februar/März 1945 mit einem großen Eisenbahntransport bis in die Nähe des Konzentrationslagers Bergen-Belsen. Den letzten Teil der Strecke müssen die völlig entkräfteten Häftlinge, getrieben von den SS-Wachmannschaften und Kapos, zu Fuß laufen. Diejenigen, die zurückbleiben, werden erschossen. Otto Friedrich erreicht das Lager, das zu diesem Zeitpunkt bereits völlig überfüllt ist. Hier muss er bis zur Befreiung durch die 11. Britische Panzerdivision am 15.4.1945 noch schwere Tage ohne jede Versorgung mit Lebensmitteln überstehen. Otto Friedrich gehört zu den Überlebenden. Auch sein Vater Lumbo kehrt aus dem Lager zurück.[176] Die Suche nach ihren Angehörigen bleibt erfolglos. Aber Vater und Sohn wagen in einer süddeutschen Stadt einen neuen Anfang und finden dort eine dauerhafte Heimat. Die Diskriminierung der Sinti und Roma besteht in der deutschen Nachkriegsgesellschaft fort. Die Kriminalpolizei, die in der Nazizeit die Maßnahmen gegen »Zigeuner« umsetzte, erstellt nun die für Ausgleichszahlungen notwendigen »Gutachten über den Charakter der Verfolgungsmaßnahmen«. Oft lautet das Ergebnis, die Opfer seien nicht aus rassischen Gründen, sondern wegen ihrer »Asozialität« in Haft gewesen. Sie

172 ITS 1.1.27.1/0018/0072-0075, Transportliste Heringen, Nr. 155.

173 Otto Friedrich äußert in einer Zeugenvernehmung nach dem Krieg die Vermutung, er und sein Vater seien aufgrund einer Intrige der 5. SS-EbBB zugeteilt worden: »Wir beide hatten dies einem Kapo des Lagers Dora zu verdanken der mich nicht mehr leiden konnte, weil ich ihm nicht zu Willen war. Es war ein Homosexueller.« BArch B162/15361, Aussage Otto Friedrich.

174 Ebd.

175 Journal, S. 65, und BArch B 162/15361, Aussage Otto Friedrich. In dem Austauschtransport befinden sich 48 Gefangene, darunter ein weiterer Sinto, Jakob L., der im Gleisbaukommando der 5. SS-EbBB verunglückt war und sich 1973 in einer Zeugenaussage an Vater und Sohn Friedrich erinnert: BArch B 162/15359, S. 68, Aussage Jakob L. vom 31.10.1972.

176 Bisher war nicht zu ermitteln, ob Oskar (Lumbo) Friedrich bis zum Schluss Gefangener der 5. SS-EbBB war oder ebenfalls mit einem Austauschtransport in ein Hauptlager zurückkehrte.

haben lange Zeit keinen Anspruch auf Entschädigung. Viele Betroffene erleben die Entschädigungsverfahren als eine »Zweite Verfolgung«.[177] Erst Ende der 1970er Jahre beginnt durch das Engagement Einzelner und öffentliche Proteste von Überlebenden ein langsames Umdenken in der Gesellschaft. Wie stark der Antiziganismus jedoch noch immer ist, zeigt eine Studie der Antidiskriminierungsstelle des Bundes vom September 2014. Danach ist die Hälfte der befragten Personen der Meinung, Sinti und Roma seien durch ihr Verhalten selbst schuld an der Feindseligkeit der Bevölkerung ihnen gegenüber. Jeder Fünfte schlägt ihre Abschiebung aus Deutschland vor, 14 % sind für eine »gesonderte Unterbringung«.[178]

6.8 Hans Holtze

»Es ist später ein Preis dafür zu zahlen!«

Nach der Besetzung Dänemarks durch deutsche Truppen am 9.4.1940 leistet die Bevölkerung zunächst kaum nennenswerten Widerstand. Erst im Verlauf des Jahres 1943 nimmt die Zahl der Streiks und Sabotageaktionen immer mehr zu. In Randers hat der Widerstand vor allem in der Randers Statsskole großen Rückhalt. Die Schule ist ein Zentrum der verschiedensten Formen des Protests gegen die deutsche Besatzungsmacht. Schon im August 1940 hat es dort erste Aktionen gegen die Besatzer gegeben, an denen Schüler und Lehrkräfte teilnahmen. Einer der Schüler der Randers Statsskole ist Hans Holtze.[179] Geboren am 13.1.1925 in Ginnerup, verbringt er die ersten Lebensjahre mit seiner Familie in wirtschaftlich schwierigen Verhältnissen auf dem Land. Später zieht er mit seiner Mutter und zwei Schwestern nach Randers. Als vielseitig begabter junger Mann mit politischem Verstand wird er schnell zu einer zentralen Figur in der christlichen Kinder- und Jugendorganisation FDF[180] und knüpft Verbindungen zum dänischen Untergrund.

177 Vgl. hierzu Cooper/Schubert: Anhaltende Ausgrenzung, S. 119 ff.

178 Antidiskriminierungsstelle des Bundes (Hrsg.): Zwischen Gleichgültigkeit und Ablehnung – Bevölkerungseinstellungen gegenüber Sinti und Roma. Studie auf der Grundlage einer repräsentativen Forsa-Umfrage (2001 Befragte), Mai/Juni 2013.

179 Einen Teil der Informationen über Hans Holtze verdanke ich seiner Tochter Annette Holtze. Weitere Angaben zum dänischen Widerstand in der Randers Statsskole sowie zur Verhaftung Hans Holtzes sind dem Buch von A. F. Thoegersen über die Kinder von Widerstandskämpfern entnommen: Andreas Fugl Thoegersen: Modstandskampens Børn. Forældrenes krig – børnenes arv [Kinder des Widerstandskampfes. Der Krieg der Eltern – Erbe der Kinder], Kopenhagen 2013.

180 Frivilligt Drenge-Forbund (Freiwilliger Jungenverband), ein Teil des Jugendwerkes der evangelisch-lutherischen Volkskirche Dänemarks. Er besteht heute weiter als Jungen- und Mädchenverband.

Schon bald verteilt er illegale Flugblätter. Die Gestapo in Randers wird auf ihn aufmerksam, kann ihm aber zunächst keine konkreten Taten zuordnen. Im Herbst 1943 wechselt Hans Holtze, wie viele Jugendliche der FDF, in den aktiven Widerstand. Er wird Mitglied der von Carl Pedersen gegründeten Spionage- und Sabotagegruppe in Randers.[181] Wegen der zunehmenden Gefahr, von der Gestapo verhaftet zu werden, geht Holtze in den Untergrund. Ab Frühjahr 1944 wechselt er häufig die Quartiere. Im Juni 1944 kehrt er noch einmal für einige Nächte in die Wohnung seiner Familie in Randers zurück, auch, um während dieser Zeit seine Abschlüsse an der Randers Statsskole zu machen. Die Gestapo sucht inzwischen nach ihm. Als Hans Holtze am 16.6.1944 seine Wohnung betritt, wird er verhaftet. Ein dänischer Nationalsozialist leitet die Aktion. Die folgende Hausdurchsuchung bleibt ergebnislos. Das Waffenversteck im Garten seines Geburtshauses in Ginnerup bleibt glücklicherweise unentdeckt. Hans Holtze wird in den Arrest nach Aarhus gebracht, verhört und gefoltert.[182] Man weiß lediglich von seiner Tätigkeit als Verteiler illegaler Blätter, aber nichts von seiner Teilnahme an Sabotageakten und Waffenschmuggel. Dies ist wohl ein Grund dafür, dass er nicht, wie die kurz zuvor festgenommenen Mitglieder der Hvidsten-Widerstandsgruppe, hingerichtet wird.[183] Über das Lager Horserød kommt Hans Holtze schließlich in das dänische Internierungslager Frøslev bei Padborg an der deutschen Grenze. Er ist dort einer der ersten Gefangenen und erhält die Häftlingsnummer 531. Von offizieller dänischer Seite sieht man Frøslev als »kleineres Übel«.

Doch am 29.11.1944 wird Holtze von der SS als Häftling Nr. 67034 in das KZ Neuengamme bei Hamburg überstellt.[184] Er und seine dänischen Kameraden sind, noch gesund und kräftig, für die Abordnung an ein schweres Außenkommando besonders geeignet. Für die Gefangenen ist eine solche Abordnung eine große Unbekannte. Niemand weiß, ob sie eine Verbesserung oder eine Verschlechterung der Lebensverhältnisse nach sich zieht. Ein unter den erfahrenen Häftlingen verbreiteter Slogan lautet jedoch: »Lager

181 Carl Christian Pedersen ist Polizist und ab Mai 1944 Leiter des Widerstandes in Randers. Im August 1944 wird er verhaftet und über das Lager Frøslev (Häftl.-Nr. 822) am 22.12.1944 in das KZ Neuengamme (Häftl.-Nr. 68389) und später in das KZ Buchenwald deportiert. Am 31.3.1945 kann er mit einem der »Weißen Busse« der Aktion Bernadotte von Wittenberg nach Dänemark zurückkehren.

182 Vgl. Holtze: Hans Holtze Anhang, Zeitungsausschnitt »To fra Randers blev mishandlet« [Zwei aus Randers wurden misshandelt].

183 Acht Mitglieder dieser nach ihrem Treffpunkt »Hvidsten Kro«, einem Gasthaus bei Randers auf Jütland, benannten Gruppe werden zum Tode verurteilt und am 29.6.1944 von den Deutschen erschossen. Drei weitere Mitglieder erhalten lebenslange Haftstrafen.

184 Barfod: Helvede har mange navne, S. 382, Liste der Gruppendeportation nach Neuengamme am 29.11.1944. Holtze erhält die Häftlingsnummer 67034.

Abb. 29: Hans Holtze als Schüler der Randers Statsskole, 1943.

gut, Kommando scheiße.«[185] Unter den 80 Gefangenen, die am 19.12.1944 nachmittags in zwei Viehwaggons das Lager in Richtung Osnabrück verlassen, sind auch Hans Holtze und 34 weitere Dänen. Vier Monate lang leistet er wie alle anderen harte Arbeit in verschiedenen Kommandos. Am 21.1.1945 wird er mit einer Gruppe von 20 Häftlingen zum 1. Bauzug nach Hasbergen versetzt.[186] Von hier aus arbeiten sie nahezu täglich an Streckenabschnitten im 40 Kilometer entfernt gelegenen Rheine und kehren erst abends zurück. Wie alle anderen hungert Holtze oft und ist dankbar für gelegentliche Zeichen des Mitgefühls seitens der Osnabrücker Bevölkerung. Nach dem Krieg erzählt er seiner Familie davon, »dass Deutsche ihnen durch den Zaun des Bahngeländes etwas zu essen gaben, obwohl das streng verboten und mit Lebensgefahr verbunden war.« Das hatte tiefen Eindruck bei ihm hinterlassen und brachte ihn zu der Einsicht, »dass es unter Deutschen wie Dänen Gute und Böse gäbe«.[187] Im Rahmen einer von dem schwedischen Diplomaten Graf Bernadotte organisierten Austauschaktion[188] werden die Dänen schließ-

185 Pierre Brunet: Les martyrs de Neuengamme, S. 300.

186 Vgl. Vesterdal: Mit ophold, S. 39.

187 Holtze: Hans Holtze, S. 20.

188 Vgl. Claudia Lenz: Vom Heldentum zum moralischen Dilemma. Die Weißen Busse und ihre Deutungen nach 1945, in: Hilfe oder Handel? Rettungsbemühungen für NS-Verfolgte (Beiträge zur Geschichte der nationalsozialistischen Verfolgung in Norddeutschland), Heft 10, Bremen 2007, S. 68 ff.

lich am 3.4.1945 von der Brigade abgezogen und in das Hauptlager Neuengamme zurückgebracht.[189] Von hier aus geht es mit Fahrzeugen der Aktion »Weiße Busse« am 16.4.1945 zurück zum Lager Frøslev und weiter nach Schweden. Hans Holtze bleibt für einen Monat in Löderup in Südschonen, bis er schließlich kurz nach Kriegsende, am 16.5.1945, nach Dänemark zurückkehren kann. Die Zeit im Konzentrationslager hat Holtzes Gesundheit nachhaltig erschüttert. Verdauung und Stoffwechsel sind dauerhaft geschädigt. Für den Rest seines Lebens leidet er unter Magenbeschwerden. Nachdem Hans Holtze in den ersten Nachkriegsjahren ein normales Leben aufnimmt –, er studiert Ingenieurwesen und gründet eine Familie – holt ihn die Vergangenheit schließlich wieder ein. Wie bei vielen anderen Leidensgenossen bricht auch bei ihm eine posttraumatische Belastungsstörung aus, das »Überlebenden-Syndrom« oder »KZ-Syndrom«.[190] Die Lagerhaft ist physisch überstanden, die Unterernährung schnell ausgeglichen, aber die Traumatisierung durch die Erlebnisse während der Haft besteht bei Hans Holtze fort. Jahre nach dem Krieg reist er noch einmal mit seiner Frau nach Osnabrück. Er will den Ort seiner Leiden wiedersehen und versuchen, das Erlebte zu verarbeiten: »Er ging nachdenklich um die Rasenfläche, auf der die Spuren der Vergangenheit bereits zugewachsen waren. ›Das verstehst du wohl nicht …‹, sagte er dann nur.«[191]

Seine Familie bewahrt noch immer eine idyllische Ansichtskarte auf, die der Vater von der Reise mit nach Hause brachte. Sie zeigt eine nur scheinbar heile Welt.[192]

Mit zunehmendem Lebensalter wird Holtzes KZ-Syndrom heftiger. Seine Tochter Annette entwickelt sich zum »Antennenkind«, das Stimmungseinbrüche des Vaters möglichst früh erkennen und zur Beruhigung des Familienlebens notfalls »Öl auf das Wasser gießen« muss.[193] Das gelingt nicht immer: »Er war aufbrausend und unzufrieden mit allem […]. Aus nichtigem Anlass heraus bedrohte er seine Frau und schrie sie an. Auf Deutsch!«[194] Hans Holtze stirbt mit 61 Jahren am 18.1.1987 an Lungenkrebs. Annette

189 Larsen, Osnabrück-Kommandoen, S. 155f,. und Journal, S. 190.

190 Vgl. William G. Niederland: Folgen der Verfolgung. Das Überlebenden-Syndrom, Seelenmord, Frankfurt a. M. 1980. Niederland, ein deutsch-amerikanischer Psychiater, prägte den Begriff »Survivor-Syndrom« in den 1960er Jahren zunächst für die Auffälligkeiten bei Überlebenden des Holocaust.

191 Annette Holtze: Hans Holtze – Euer Großvater im Krieg, S. 23.

192 Die Postkarte zeigt einen Blick über die Dächer Osnabrücks um 1936. Am rechten Bildrand ist der Turm der Katharinenkirche zu erkennen, die, vielleicht vor den Augen Holtzes, beim letzten Bombenangriff auf Osnabrück am Palmsonntag, dem 25.3.1945, zerstört wurde. Nach dem Krieg wurde sie wieder aufgebaut.

193 Annette Holtze: Tiden læger ikke alle sår (Die Zeit heilt nicht alle Wunden), in: Hendes Verden, Nr. 38/2013, S. 40.

194 Annette Holtze zitiert in: Thoegersen: Modstandskampens Børn, S. 138.

Abb. 30: Ansichtskarte von Osnabrück, die Hans Holtze von seinem Nachkriegsbesuch in Osnabrück mit nach Hause nahm.

Holtze ist stolz auf ihren Vater und seinen Einsatz im Widerstand, aber sie verkennt nicht die Folgen seiner KZ-Haft, bis heute:

> »Vaters unberechenbares Temperament und seine Stimmungsschwankungen, Zerstörungen des Krieges, beeinflussten die Erziehung meines Bruders, und manchmal warf sein Verhalten einen langen Schatten der Unruhe und Verunsicherung über unsere Kindheit und fügte uns einige Narben auf unserer Seele zu.«[195]

> »Wir – ich / du / die Gesellschaft – müssen uns klar darüber sein, dass ein Krieg nicht zu Ende ist, nur weil die Waffen schweigen – es ist später ein Preis dafür zu zahlen! Und das kann mehrere Generationen dauern.«[196]

195 Ebd.
196 Holtze: Hans Holtze, S. 32.

6.9 Ismail Halid

»Analfabet«

Es ist nicht einfach für den Häftlingsschreiber »5026«,[197] den neuen Mithäftling korrekt zu registrieren! Ismail Halid[198] hat nie Lesen und Schreiben gelernt. Seine erhalten gebliebenen Haftunterlagen aus Gefängnissen und Konzentrationslagern weisen eine Vielzahl unterschiedlicher Daten, Namen und Bezeichnungen auf. Sicher scheint, dass Ismail aus der Stadt Priština in der historischen Landschaft Kosovo Polje (Amselfeld) stammt. Hier wird er zu Beginn der 1920er Jahre geboren. Nach osmanischer, bulgarischer und österreichisch-ungarischer Besatzung ist die Stadt Priština jetzt Teil des serbisch dominierten Königreiches der Serben, Kroaten und Slowenen geworden. Aber Ismails Status im Vielvölkerstaat, der sich ab 1929 Königreich Jugoslawien nennt, ist nicht eindeutig. Es gibt Bestrebungen, die Albaner aus dem Kosovo zu vertreiben. Am 6.4.1941 marschiert die deutsche Wehrmacht mit Unterstützung italienischer und ungarischer Truppen in Jugoslawien ein. König und Regierung fliehen ins Exil nach Großbritannien. Aufgrund der Absprachen zwischen den Besatzern wird der Kosovo mit Priština zunächst dem italienischen Besatzungsbereich unterstellt und später ein Teil des italienischen Vasallenstaates Groß-Albanien. Mit der Welle der »Fremdarbeiter« aus allen Teilen des von den Achsenmächten besetzten Europa gelangt Ismail Halid nach Deutschland. Zwingt ihn jemand oder kommt er, der noch unverheiratet bei seiner Mutter lebt, wie mancher in der ersten Phase der Rekrutierung ausländischer Arbeitskräfte, freiwillig? Auf jeden Fall hat er seine Heimat schon lange verlassen, als die italienische Badoglio-Regierung im Herbst 1943 auf die Seite der Alliierten übertritt und die deutsche Wehrmacht Groß-Albanien im Oktober 1943 besetzt.[199] In Deutschland arbeitet Ismail Halid in der großen Stahlhütte der saarländischen Stadt Völklingen oder in einem ihrer zahlreichen Nebenbetriebe. Aufgrund eines

197 Der Häftlingsschreiber ist selbst zur »Nummer« geworden, die er statt seiner Namensunterschrift auf dem Registrierungsvermerk notieren muss.

198 Im Folgenden wird die Namensform »Ismail Halid« beibehalten. Ob sie korrekt ist, ist nicht eindeutig klar. »Halid« ist im balkanesisch-türkischen Raum auch ein weit verbreiteter Vorname. Hinzu kommt, dass dort bei Namensnennungen häufig der Familienname vorangestellt wird.

199 Am 25./26.7.1943 wird der faschistische italienische Diktator Benito Mussolini gestürzt. An seine Stelle tritt eine Militärregierung unter Marschall Pietro Badoglio, die mit den Alliierten einen Waffenstillstand aushandelt und am 13.10.1943 offiziell der Anti-Hitler-Koalition beitritt. Die zuvor italienisch besetzten Gebiete Jugoslawiens, unter ihnen das ehemalige italienische Protektorat Albanien mit dem Kosovo, werden von deutschen Truppen besetzt.

zunächst nicht näher bezeichneten »Vergehens« wird er zu Beginn des Jahres 1943 in die Strafanstalt Saarbrücken eingewiesen.[200] Spätere Dokumente geben einen Hinweis auf den Grund für seine Verhaftung. Auf einer Personalkarte wird angegeben, er habe unerlaubt seinen »Arbeitsplatz verlassen«.[201] Einmal in das Räderwerk der Strafeinrichtungen geraten, kommt Ismail Halid nicht mehr frei. Die nächste Station seiner langen Reise durch Haftanstalten und Lager ist das SS-Sonderlager Hinzert bei Trier, in das er am 26.1.1943 eingeliefert wird.[202] Wenig später verlegt man ihn erneut nach Saarbrücken, von wo aus ihn die Gestapo am 7.5.1943 als »Schutzhäftling«[203] in das Konzentrationslager Natzweiler einweist.[204] Auch Natzweiler ist nur eine Durchgangsstation für Ismail Halid. Einen Monat später wird er in das KZ Buchenwald transportiert.[205] Die SS lässt ihn unter der Häftlingsnummer 13796 als »politischen« Gefangenen und mit den Zusätzen »mohammedanisch«, »Albanien« registrieren. Die Eintragung übernimmt ein Mitgefangener, der Häftling »5026«, der das Glück hatte, im Lager einen Funktionsposten als Schreiber zu erhalten. Über Halid vermerkt er, dieser sei »Analfabet«(!).[206] Aber fehlende Schulbildung ist kein Beleg für mangelnde Intelligenz. Auf einem anderen Personalblatt wird Ismail Halid immerhin bescheinigt, er habe mündliche Sprachkenntnisse in Albanisch, Polnisch, Russisch, Türkisch und Deutsch.[207] Nachdem sich die Spur Ismails für einige Zeit im Lagerkomplex Buchenwald verliert, wird er im

200 ITS 1.2.2.1/11297937, Transportbuch Überstellungen von Gefangenen, Strafanstalt Saarbrücken, hier: Überstellung in das SS-Lager Hinzert, Nr. 15, Halikowitsch, Ismael.

201 ITS 1.1.5.3/6056274, Individuelle Dokumente Buchenwald, Ismael Halid.

202 Ursprünglich ein Barackenlager der Deutschen Arbeitsfront (DAF), wird es 1939 unter der Bezeichnung »SS-Sonderlager Hinzert« ein »Erziehungslager« für »arbeitsscheue« Westwall-Arbeiter. Ab 1940 dient es als Durchgangslager, überwiegend für Häftlinge aus den Benelux-Ländern und Frankreich, zu den großen Konzentrationslagern Dachau, Buchenwald und Natzweiler.

203 Die »Verordnung zum Schutz von Volk und Staat« von 1933 ermächtigt den NS-Staat zur Verhaftung von Personen ohne richterliche Beteiligung oder Kontrolle und zu deren Inhaftierung in Konzentrationslagern. Für diesen Tatbestand benutzen die Nationalsozialisten den beschönigenden Begriff der »Schutzhaft«. Für Ismail H. wird am 18.4.1943 »Schutzhaft« angeordnet: ITS 1.1.5.3/6056274.

204 ITS 1.1.29.1/3128948, Häftlingsnummernbuch Natzweiler, Nr. 3725. Hier wird er als politischer serbischer Häftling geführt.

205 ITS 1.1.5.3/6056278, Individuelle Dokumente KZ Buchenwald, Überstellung in das KZ Buchenwald am 18./19.6.1943.

206 ITS 1.1.5.3/6056274. Es könnte sich um einen Rechtschreibfehler handeln. Vielleicht ist es ein Hinweis darauf, dass die Muttersprache des Häftlingsschreibers nicht Deutsch ist. In vielen Sprachen (Dänisch, Tschechisch, Rumänisch usw.) ist die Schreibweise mit »f« gebräuchlich.

207 ITS 1.1.5.3/6056276, Häftlingspersonalkarte Isamail Halek.

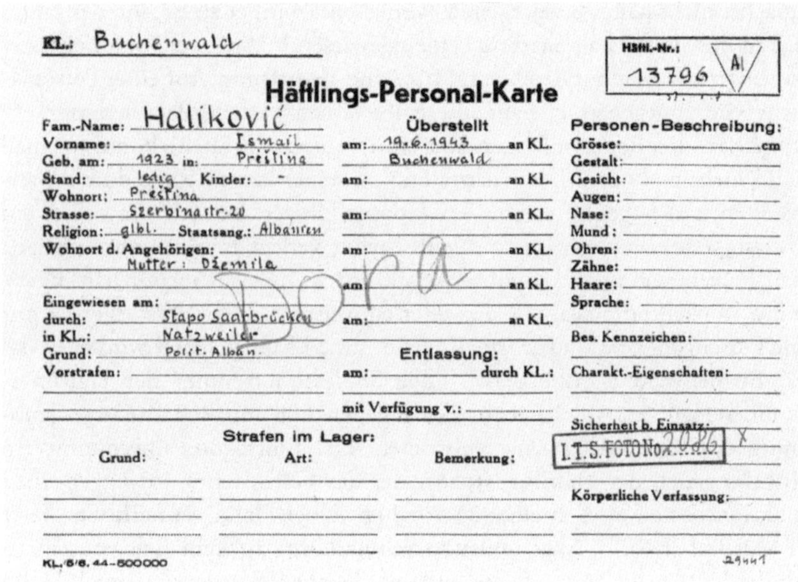
KL.: Buchenwald

Häftlings-Personal-Karte

Häftl.-Nr.: 13796 AI

Fam.-Name: Haliković
Vorname: Ismail
Geb. am: 1923 in: Prešina
Stand: ledig Kinder: -
Wohnort: Prešina
Strasse: Szerbinastr. 20
Religion: glbl. Staatsang.: Albanien
Wohnort d. Angehörigen: Mutter: Džemila
Eingewiesen am:
durch: Stapo Saarbrücken
in KL.: Natzweiler
Grund: Polit. Alban.
Vorstrafen:

Überstellt
am: 19.6.1943 an KL. Buchenwald
am: an KL.
am: an KL.
am: an KL.
am: an KL. Dora
am: an KL.

Entlassung:
am: durch KL.:
mit Verfügung v.:

Personen-Beschreibung:
Grösse: cm
Gestalt:
Gesicht:
Augen:
Nase:
Mund:
Ohren:
Zähne:
Haare:
Sprache:
Bes. Kennzeichen:
Charakt.-Eigenschaften:
Sicherheit b. Einsatz:
I.T.S. FOTO No. 2086 X
Körperliche Verfassung:

Strafen im Lager:
Grund: Art: Bemerkung:

KL./5/6. 44-500000

29441

Abb. 31: Häftlingskarteikarte des KZ Buchenwald für Ismail Halid.

Frühjahr 1944 mit der V. SS-Baubrigade zum Einsatz an der französischen Atlantikküste verlegt. Von dort kehrt er im Spätsommer 1944 in das Lager Mittelbau-Dora zurück. Mit seiner Mittelbau-Häftlingsnummer 13796, aber unter dem falschen Namen »Ismail Ralik« wird Halid bald darauf der 5. SS-Eisenbahnbaubrigade zugewiesen.[208] Während der nächsten Monate arbeitet er auf den Schienenstrecken im nördlichen Teil der Reichsbahndirektion Münster und später in den Häfen von Nordenham und Wesermünde. Dann transportiert ihn die SS weiter auf das vor Flensburg ankernde KZ-Schiff Rheinfels. Am 10.5.1945, zwei Tage nach der Kapitulation der deutschen Streitkräfte vor den Alliierten, ist Ismail Halid endlich frei. Das Schwedische Rote Kreuz bringt ihn und weitere 1.200 nichtdeutsche Gefangene mit dem Motorschiff *Homberg*[209] über die Ostsee nach Malmö. Aber Ismail Halid will nach Hause. Nachdem er wieder etwas zu Kräften gekommen ist, verlässt er Schweden am 25.8.1945 mit zwei anderen ehemaligen Gefangenen der 5. SS-EbBB in Richtung Jugoslawien.[210]

208 Verzeichnis der 5. SS-EbBB, Nr. 135.

209 Der im Flensburger Hafen liegende Dampfer *Homberg* war zu diesem Zweck in den Tagen zuvor mit provisorischen Toiletten, Proviant und Bettzeug ausgestattet worden.

210 ITS 3.1.1.3/78777670, Abgänge nach Jugoslawien, Ismail Halit.

6.10 Stepan Karawajew

»Das Verhalten der Aufsichtspersonen
war nicht zu beanstanden.«

Stepan Karawajew wird vermutlich am 27.3.1922 in Dolgo Latija, einem Weiler im Bezirk Jelnja bei Smolensk in Russland geboren.[211] Hier wächst er auf und arbeitet später wie sein Bruder Michail in der Landwirtschaft. Mit dem Überfall der deutschen Wehrmacht auf die Sowjetunion am 22.6.1941 gerät sein Wohnort in den Strudel des Krieges. Die deutschen Truppen stoßen im Sommer 1941 schnell nach Osten vor und erreichen am 11.8.1941 Karawajews Heimatregion um Jelnja. Wenige Wochen später gelingt der Roten Armee eine erste erfolgreiche Gegenoffensive. Das Gebiet bleibt aber in der Folgezeit hart umkämpft.[212] Weite Teile des Umlandes von Jelnja werden von Partisaneneinheiten kontrolliert, die im März 1942 die strategisch wichtige Kleinstadt am Südrand der Smolensker Höhen sogar für einige Tage besetzen können. Wie Stepan Karawajew diese Ereignisse erlebt und ob er aktiv daran beteiligt ist, ist nicht bekannt. Vieles spricht dafür, dass er, wie Tausende Menschen, hinter der deutschen Frontlinie aufgegriffen und mit einem »Fremdarbeiter«-Transport nach Deutschland gebracht wird. Über 13 Millionen Menschen aus allen besetzten Gebieten Europas teilen mit ihm dieses Schicksal. Die große Mehrheit dieser Arbeitskräfte wird gegen ihren Willen verschleppt. Vielen bleibt keine andere Wahl, weil ihre Wohnungen niedergebrannt sind und ihre Lebensgrundlage zerstört ist. Bei ihrer Ankunft in Deutschland werden sie registriert und von nun an ständig überwacht. Um sie für die deutsche Bevölkerung als »Fremdvölkische« erkennbar zu machen, müssen alle sowjetischen Zwangsarbeiter ab 1942 ein besonderes Kennzeichen, das »OST«-Abzeichen, deutlich sichtbar auf ihrer Kleidung tragen. Meist in großen Sammelunterkünften untergebracht, unzureichend ernährt und medizinisch kaum versorgt, arbeiten sie in Industriebetrieben, in der Landwirtschaft, aber auch in Kleinbetrieben und Privathaushalten. Für Stepan Karawajew gelten in Deutschland strenge Vorschriften. Schon kleinste Verfehlungen oder Zuwiderhandlungen gegen die Regeln für »Ostarbeiter« werden streng bestraft. Der Versuch, vom Arbeitsplatz zu fliehen, führt zur Verhaftung durch die Gestapo oder die Polizei. Das könnte auch Karawajew geschehen sein. Der Ort seiner Festnahme spricht dafür,

211 ITS 1.1.5.3/6235788, Häftlingspersonalkarte Stepan Karawajew. In den vorhandenen Unterlagen werden auch die Daten 20.5.1922 (ITS 1.1.5.3/6235778) und 3.3.1922 (Verzeichnis der 5. SS-EbBB, Nr. 195) angegeben.

212 Noch 1943 spielt Jelnja eine Schlüsselrolle bei der sowjetischen Gegenoffensive am Kursker Bogen.

dass er wegen »unerlaubten Entfernens vom Arbeitsplatz« festgenommen wird.[213] Am 1.2.1943 liefert ihn die Geheime Staatspolizei Chemnitz in das Konzentrationslager Buchenwald ein.[214] Er erhält die Häftlingsnummer 10037[215] und wird der V. SS-Baubrigade zugeteilt, die ab März 1944 in Frankreich bei »kriegswichtigen Soforteinsätzen« im Straßen-, Schienen- und Festungsbau eingesetzt ist. Nach der Rückverlegung der Brigade ins Reichsgebiet wird er über das KZ Mittelbau zur 5. SS-EbBB überstellt. Was Stepan Karawajew während der Einsätze der Baubrigade erlebt, ist im Einzelnen nicht bekannt. Sicher ist nur, dass die Lebensbedingungen für alle Gefangenen im Verlauf der Stationierung in Osnabrück zunehmend schwieriger werden. Wie die anderen »Russen« gehört Karawajew in der Häftlingshierarchie zur niedrigsten Stufe.[216] Er hat keine der begehrten Funktionsstellen inne und verfügt nicht über die Mittel zum Warentausch, die ihm zusätzliche Lebensmittel oder Arbeitserleichterungen verschaffen könnten. Aber nicht diese Umstände führen dazu, dass Stepan Karawajew nur drei Wochen vor dem Einmarsch der alliierten Truppen in Osnabrück ums Leben kommt. Am Hauptbahnhof Osnabrück fällt er der Gewalttat eines SS-Mannes zum Opfer. Im Häftlingsjournal der Brigade findet sich unter dem Datum vom Samstag, dem 10.3.1945, die Bemerkung: »Der Hfl. Nr. 10037 Karawajew am 13.3.45 auf der Flucht (Soforteinsatz Hbf. Osn.) erschossen.«[217] Wie viele Angaben im Häftlingsjournal ist auch diese nicht zu überprüfen. Möglicherweise nutzt Stepan Karawajew tatsächlich eine unübersichtliche Situation, die sich während der Räumarbeiten am Hauptbahnhof ergibt, zur Flucht. Vielleicht wird die Tat später nur als verhinderter Fluchtversuch vertuscht. Außer ihm sterben nach den Eintragungen im Journal innerhalb einer Woche noch mindestens zwei weitere Gefangene angeblich während eines Fluchtversuches. Die Sterbeurkunde des Standesamtes Osnabrück-Stadt, fünf Jahre nach Kriegsende ausgestellt, enthält den lapidaren Eintrag »Todesursache:

213 Als einweisende Dienststelle ist die Staatspolizei Chemnitz angegeben, verhaftet wird K. aber von der Gestapo im 300 Kilometer weiter östlich gelegenen Glogau.

214 Auf der Flucht ergriffene sowjetische Zwangsarbeiter konnten entweder in ein Arbeitslager oder in ein KZ eingewiesen werden. Ab Februar 1944 wurden sie grundsätzlich in ein KZ überstellt. Auf diese Weise wurden monatlich mehrere Zehntausend Zwangsarbeiter oder Kriegsgefangene zu KZ-Insassen.

215 ITS 1.1.5.3/6235778, Häftlingspersonalkarte Stepan Karawajew.

216 Latenter oder offener Rassismus gegenüber »Russen« und Polen spricht aus vielen Aussagen des damaligen Wachpersonals, aber auch aus Zeugenaussagen ehemaliger Häftlinge und aus den Vermerken der Justizbehörden, die die Ereignisse in den 1970er Jahren juristisch aufarbeiteten.

217 Journal, S. 166 (10.3.1945). Da die Bemerkung über den angeblichen Tod am 13.3.45 unter dem Datum 10.3.45 eingetragen wurde, ist unklar, wann Karawajew tatsächlich starb.

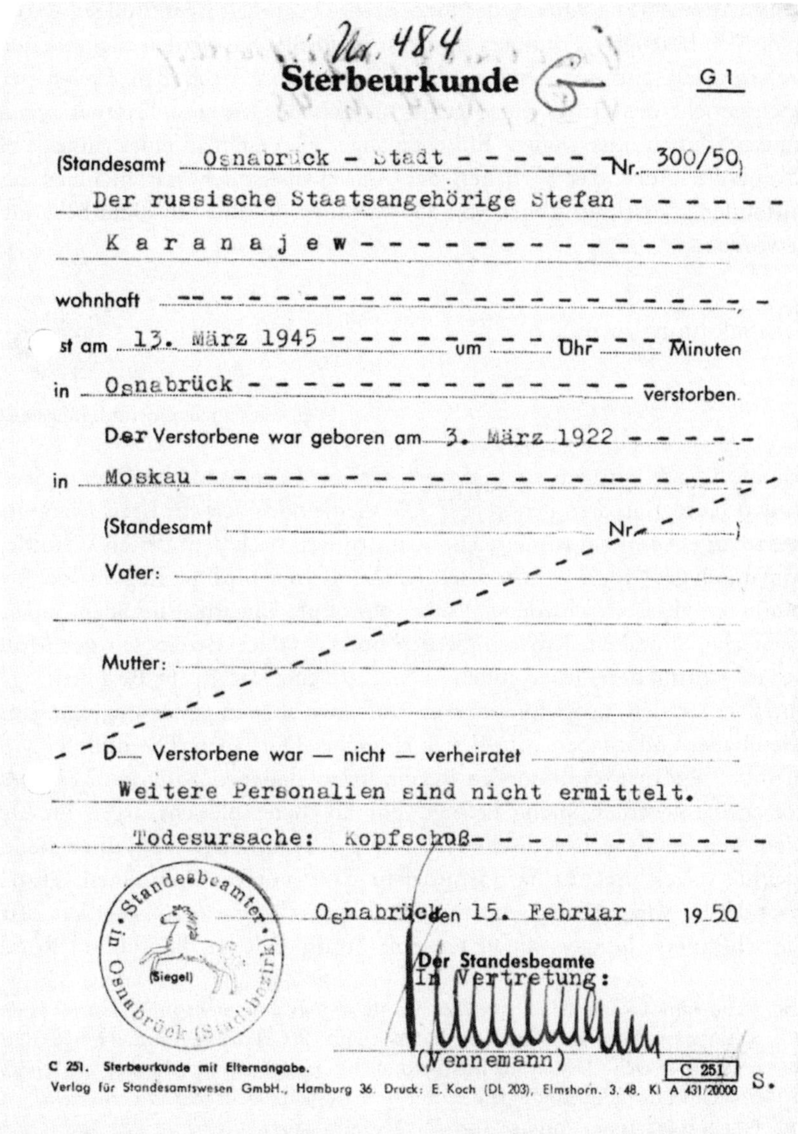

Nr. 484

Sterbeurkunde G G 1

(Standesamt Osnabrück - Stadt - - - - - - Nr. 300/50)

Der russische Staatsangehörige Stefan - - - - - -

K a r a n a j e w - - - - - - - - - - - - - - -

wohnhaft -

ist am 13. März 1945 - - - - - - um - - - Uhr - - - Minuten

in Osnabrück - - - - - - - - - - - - - - - - verstorben.

Der Verstorbene war geboren am 3. März 1922 - - - - -

in Moskau -

(Standesamt Nr. - -)

Vater:

Mutter:

D. Verstorbene war — nicht — verheiratet

Weitere Personalien sind nicht ermittelt.

Todesursache: Kopfschuß- - - - - - - - - - - -

Osnabrück, den 15. Februar 1950

Der Standesbeamte
In Vertretung:

(Siegel) Standesbeamter in Osnabrück (Stadtbezirk)

(Vennemann)

C 251. Sterbeurkunde mit Elternangabe. C 251

Verlag für Standesamtswesen GmbH., Hamburg 36. Druck: E. Koch (DL 203), Elmshorn. 3. 48. Kl A 431/20000 S.

Abb. 32: Sterbeurkunde des Standesamtes Osnabrück Stadt für Stefan Karawajew.

Kopfschuss«.[218] Erst Anfang der 1970er Jahre beginnen Ermittlungen wegen mehrfach bezeugter Tötungen in der 5. SS-EbBB. Sie werden nicht weiterverfolgt. Es fehlt an Zeugen, die sich 20 Jahre nach den Ereignissen noch gerichtsverwertbar genau genug an Zeiten, Orte und Täternamen erinnern können oder wollen. Ein ehemaliger Kapo gibt in einer Aussage zu Protokoll: »Auch das Verhalten der Aufsichtspersonen war nicht zu beanstanden. Ausschweifungen von SS- Personen pp sind mir nicht bekanntgeworden.«[219]

6.11 Salomon Taub

»Ich war damals einer der Jüngsten.«

Salomon Taub wird am 5. 1. 1928 als Kind von Haim und Lea Taub in Sacel in den Nord-Karpaten geboren.[220] Die Gemeinde Sacel im Kreis Maramures, zuvor ein Teil des Königreiches Ungarn, war nach dem Ersten Weltkrieg rumänisch geworden.[221] Schon seit Jahrhunderten wird die Region von Angehörigen vieler verschiedener Völker bewohnt: Ungarn, Rumänen, Juden, Deutsche, Slowaken, Kroaten, Serben und Ukrainer. Bereits seit der Mitte des 18. Jahrhunderts leben Juden in Sacel.[222] Um 1930 ist ihr Bevölkerungsanteil unter den 3.500 Einwohnern auf etwa 18 % angewachsen. Sie sind Kleinbauern oder leben vom Ertrag einfacher Dorfläden. Die jüdische Gemeinde folgt den traditionellen Regeln ihres Glaubens. Riten und Kleidervorschriften werden streng befolgt. Für koscheres Fleisch sorgen im Ort nicht weniger als sechs jüdische Fleischer. Das Hauptbuch der jüdischen Gemeinde verzeichnet für das Geburtsjahr von Salomon Taub einen Eintrag über dessen Vater. Haim, genannt Alter Taub, wird darin aufgefordert, »für die schlimmen Dinge«, die er tat, eine Strafspende an die Talmud Rorah

218 Standesamt Osnabrück, Sterbeurkunde Nr. 300/50, ausgestellt am 15. 2. 1950. In der Sterbeurkunde ist als Geburtsort Moskau und als Geburtsdatum der 3. 3. 1922 angegeben. Welche Fakten im Jahr 1950 als Grundlage für den Eintrag der Todesursache in die Sterbeurkunde bekannt sind, ist heute nicht mehr zu ermitteln.

219 BArch B 162/15360, Aussage Theodor S. vom 5. 3. 1973.

220 ITS 6.3.3.2/100052604, Korrespondenzakte Salomon Taub.

221 Ähnlich wie der Versailler Vertag für Deutschland bedeutet der »Vertrag von Trianon«, von der ungarischen Delegation am 4. 6. 1920 unter Widerspruch ratifiziert, für Ungarn das formelle Ende des Ersten Weltkrieges. Ungarn verliert mehr als zwei Drittel des alten Reichsgebietes an seine Nachbarn, darunter die Region Maramures, deren südlicher Teil heute wieder zu Rumänien gehört.

222 Vgl. The Marmaros Book. In Memory of 160 Jewish Communities, Tel Aviv 1983, S. 171-176, www.jewishgen.org/yizkor/maramures/mar171.html, Beitrag Săcel, (letzter Aufruf 19. 4. 2018), Online-Library.

(Gemeindeschule) zu zahlen.[223] Als 1939 der Zweite Weltkrieg beginnt, verläuft das Leben der Familie Taub zunächst in den gewohnten Bahnen weiter. Das ändert sich nach 1940. Die Ungarn schließen sich dem deutschen Angriff auf die Sowjetunion an. Sacel wird unter dem Namen Izaszacsal wieder ungarisch[224] und liegt damit im Geltungsbereich der ab 1938 vom Parlament in Budapest beschlossenen »Judengesetze«. Gewerbeverbote, Maßnahmen zur Abwehr des »übermäßigen Einflusses des Judentums« und zur »Rasseeinheit der ungarischen Nation« werden nun auch in Sacel angewandt. Etwa in der Zeit, als Salomon Taub um 1941 eine Ausbildung zum Fleischer beginnt, verbieten die ungarischen Behörden das koschere Schlachten. Verstöße dagegen werden angezeigt, von der Ortsbehörde und der Gendarmerie verfolgt und bestraft. Im April müssen zum ersten Mal jüdische Männer in großer Zahl Zwangsarbeiten in der Region leisten. Im Oktober 1942 lässt die ungarische Regierung viele erwachsene männliche Juden des Ortes zum Arbeitseinsatz in die Ukraine deportieren.[225] Salomon Taub ist zu dieser Zeit gerade 14 Jahre alt. Vielleicht ist das der Grund, warum er vor der Deportation bewahrt bleibt. Als sich im Verlauf des Jahres 1943 die Niederlage der Achsenmächte deutlich abzeichnet, nimmt die ungarische Regierung geheime Kontakte zu den Alliierten auf, um das erheblich erweiterte Staatsgebiet über das Kriegsende hinaus zu sichern. Im März 1944 besetzt Deutschland das verbündete Ungarn ohne bewaffneten Widerstand. Jetzt, im vorletzten Kriegsjahr, beginnt auch hier der Holocaust. SS-Obersturmbannführer Adolf Eichmann, als Referatsleiter im SS-Reichssicherheitshauptamt in Berlin zentral mitverantwortlich für die Ermordung von Millionen Menschen im besetzten Europa, beordert sein kurz zuvor im KZ Mauthausen zusammengestelltes Sondereinsatzkommando nach Ungarn. Mit tatkräftiger Hilfe einer großen Zahl ungarischer Polizisten und Gendarmen beginnt die Jagd auf Juden und Roma. Am 14.4.1944 wird Salomon Taub zusammen mit seinen Eltern, fünf Geschwistern[226] und allen noch in Sacel lebenden Juden in das Ghetto von Dragomiresti gebracht.[227] Die Jungen und Männer zwischen 12 und 60 Jahren werden von den Frauen, Alten und Kindern getrennt und unter Schlägen in ein ehemaliges Schulgebäude getrieben, das zuletzt als

223 The Marmaros Book, S. 175, Hauptbuch der jüdischen Gemeinde von Sacel (von 1921-1941). Das Original des Hauptbuches befindet sich heute im »Haus Maramures« (Beit Maramures) in Tel Aviv.

224 Im Zweiten Wiener Schiedsspruch vom 30.8.1940 wird Rumänien durch das Deutsche Reich und Italien gezwungen, einen Teil Siebenbürgens sowie die Kreise Satu Mare und Maramures an Ungarn abzutreten.

225 Nur wenige überleben die ersten Monate des Arbeitseinsatzes in der Ukraine.

226 ITS 3.1.1.1/69433685, DP 2-Karte. Es sind Majer (19 Jahre), Ella (15 Jahre), Mendel (11 Jahre), Vigdor (8 Jahre) und Moszi (5 Jahre).

227 BArch B 162/15362, Aussage Salomon Taub, S. 473 (4).

Pferdestall benutzt wurde. Gendarmen, unterstützt von Jugendlichen aus dem Dorf, bewachen das Haus, um Fluchtversuche zu verhindern. Das Eigentum der Eingesperrten wird durchsucht und alles Verbliebene von Wert geraubt. Am nächsten Tag müssen die jüdischen Männer zu Fuß den 25 Kilometer langen, gebirgigen Weg zur Bahnstation nach Viseu de Jos (Unterwischau) marschieren. Sie erreichen ihr Ziel bei Sonnenuntergang. In der Dunkelheit werden die Juden in die Waggons getrieben.[228] Am Freitag, den 18. 5. 1944, nach mehreren Wochen auf der Bahnstrecke, erreichen Salomon Taub und seine Familie in einem der jetzt fast täglich aus Ungarn eintreffenden Züge das Konzentrationslager Auschwitz. Die Mutter und die drei jüngeren Geschwister, Mendel, Vigdor und Moszi, werden direkt nach der Ankunft in Auschwitz ermordet.[229] Salomon Taub, nicht zu jung und nicht zu alt und offensichtlich arbeitsfähig, übersteht die Selektion an der Rampe von Auschwitz. Er darf, wie sein Vater, sein großer Bruder Majer und seine Schwester Ella, zunächst weiterleben.[230] Am 24. 5. 1944 wird er in das KZ Buchenwald deportiert.[231] Hier erhält er die Häftlingsnummer 55094. Unter der Rubrik »Grund für die Inhaftierung« wird angegeben: »Politisch, Schutzhäftling Jude«. Am 30. 5. 1944 unterstellt ihn die SS dem Kommando Mittelbau-Dora bei Nordhausen am Südrand des Harzes. Dort bleibt er für vier Monate. Im Juli erkrankt er[232] und gerät dadurch in Lebensgefahr. Als nicht mehr arbeitsfähiger Gefangener muss er damit rechnen, in eines der Vernichtungslager zurückgeschickt zu werden. Aber sein Zustand bessert sich wieder. Ende August ist er genesen. Die SS verlegt Salomon Taub für einige Tage in das Nebenlager Heringen.[233] In einer Zeugenvernehmung erinnert sich Taub 20 Jahre nach Kriegsende:

> »Das Lager Heringen bestand aus Holzbaracken, die von einem Drahtzaun umgeben waren, der in etwa eine kreisförmige Gestalt hatte. Es gab nur einen Ein- und Ausgang. […] Ich war damals einer der Jüngsten und war einem Kommando zugeteilt, das nur innerhalb des Lagergeländes zum Transport von Materialien eingesetzt war. […] Die Lebensbedingungen in dem Lager Heringen waren sehr schlecht, da wir arbeiten mussten, aber nicht ausreichend zu essen bekamen. Auch habe ich gesehen, dass

228 Die Beschreibung der Zustände im Ghetto Dragomiresti und der folgenden Deportation stammen von Chaim Israel Perl, zit. nach: The Marmaros Book, S. 164f.

229 Von den etwa 430.000 »Ungarn-Juden« ermordet die SS etwa 320.000. Etwa 110.000 werden für den Arbeitseinsatz bestimmt.

230 Vgl. ITS 3.1.1.1/69433685, DP 2-Karte. Vater und Bruder werden ebenfalls in das KZ Buchenwald-Dora deportiert, die Schwester Ella in das KZ Ravensbrück.

231 Ebd.

232 ITS 1. 1. 27.2/2736646-49, Individuelle Dokumente Mittelbau, Krankenblätter Salomon Taub.

233 ITS 1. 1. 27.1/0018/0072-0075, Transportliste Heringen.

Abb. 33: Häftlingstransport aus Ungarn bei der Ankunft in Auschwitz.

Häftlinge geschlagen wurden. Ich habe aber nie gesehen, dass Häftlinge getötet wurden.«[234]

Schon wenige Tage später werden alle nach Heringen transportierten Häftlinge zur neu gegründeten 5. SS-EbBB überstellt. In deren Häftlingsverzeichnis wird Taub als »Ung.J.« (Ungarn-Jude) geführt.[235] Am 15.10.1944 wird die gesamte Eisenbahnbaubrigade mit dem Zug nach Osnabrück verlegt. Salomon Taub bleibt für die nächsten Monate auf deren Standplatz am Betriebsbahnhof in Osnabrück-Hörne.[236] Wie seine Mitgefangenen wird er jeden Morgen nach dem Zählappell einem der Arbeitskommandos zugeteilt[237] und

234 BArch B 162/15362, Zeugenaussage Salomon Taub, S. 474 f. (5 f.). Taub erfährt aber, dass als »Vergeltung« für sowjetische Kriegserfolge an der Ostfront »einige russische Kriegsgefangene aufgehängt worden seien«.

235 Salomon Taub ist lt. einem Häftlingsverzeichnis des Konzentrationslagers Mittelbau vom 1.11.1944 der einzige der dort inhaftierten insgesamt 1170 Ungarn-Juden, der in einer Baubrigade eingesetzt wird: vgl. Wagner: Konzentrationslager Mittelbau Dora, S. 68. In der wenig später zusammengestellten 10. SS-EbBB stammen von insgesamt 504 Häftlingen 440 Personen aus Ungarn, darunter zahlreiche »Ungarn-Juden«: vgl. Boll: Konzentrationslager auf Schienen, S. 494 f.

236 BArch B 162/15362, Zeugenaussage Salomon Taub, S. 473 (4).

237 In welchem der Osnabrücker Unterkommandos (Weichenbau-, Stadt-, Baufeld- oder Kabelkommando) Salomon Taub eingesetzt wird, kann aus dem vorliegenden Quellenmaterial nicht ermittelt werden.

muss zu den Baustellen marschieren. Die schweren Lebens- und Arbeitsbedingungen führen dazu, dass viele Männer erkranken oder sich verletzen und arbeitsunfähig werden. Im Frühjahr 1945 trifft es auch Salomon Taub.[238] Da keine rasche Gesundung erwartet wird, verlegt ihn die SS zusammen mit 130 Gefangenen am 13.3.1945 »krankheitshalber« in das von hier aus am leichtesten zu erreichende KZ Neuengamme.[239] Im Zuge der Auflösung des Konzentrationslagers kommt er wenige Tage vor Kriegsende in das zwischen Hamburg und Bremen gelegene Lager Sandbostel.[240] Ursprünglich als STALAG (Stammlager) X B für Kriegsgefangene eingerichtet, muss das Lager nun zusätzlich mindestens 8.000 »evakuierte« KZ-Häftlinge aus Neuengamme aufnehmen und ist damit völlig überbelegt. Die Lebensmittelversorgung bricht vollständig zusammen. Bei einer Hungerrevolte sterben noch in der Nacht auf den 20.4.1945 Hunderte von KZ-Häftlingen.[241] Salomon Taub hat Glück, dass er nicht zu denjenigen gehört, die am folgenden Tag von Sandbostel aus in Richtung Flensburg getrieben werden. Am 29.4.1945 wird er von britischen Truppen befreit. Die Briten treffen in Sandbostel auf 17.000 Kriegsgefangene und 7.000 KZ-Häftlinge. Tausende sind unterernährt und an Typhus erkrankt. 3.000 Häftlinge sterben noch in den ersten 14 Tagen nach der Befreiung.[242] Anfang Juni, wenige Wochen nach Kriegsende, ist das Lager geräumt.[243] Neben Salomon Taub überlebt aus seiner Familie nur seine Schwester Ella. Sie wird in Bergen-Belsen befreit. Am 13.7.1945 befinden sie sich gemeinsam in einem Durchgangslager in Lübeck.[244] Salomon Taub kehrt nicht nach Sacel zurück. Er zieht in die Vereinigten Staaten, wird dort eingebürgert und gründet 1953 eine Familie in Brooklyn, New York.[245]

238 BArch B 162/15362, Aussage Salomon Taub, S. 473 (4). Taub gibt an: »Gegen Kriegsende – nach einigen Monaten in diesem Eisenbahnzug – wurde ich krank […]«. Die Art und den Grund der Erkrankung nennt er nicht.

239 Ebd., S. 2, und Journal, S. 169.

240 Taub gibt den Ort mit »Sanbostel« an. Der Krankentransport von Neuengamme nach Sandbostel erfolgte zwischen dem 15. und 18.4.1945. In dem Transport befindet sich auch der Jugoslawe Stepan P., der zuvor ebenfalls Häftling in der 5. SS-EbBB war: Verzeichnis der 5. SS-EbBB, Nr. 233 und ITS 3.1.1.1/68526175, DP Registration Record Stepan P.

241 Häftlinge aus dem KZ Neuengamme, auf Webseite der Gedenkstätte Lager Sandbostel. Geschichte, Stalag X B, https://www.stiftung-lager-sandbostel.de/geschichte/stalag-x-b/kz-h%C3%A4ftlinge/ (letzter Aufruf 20.4.2019).

242 Ebd.

243 Bis 1948 dient es als Internierungslager (»No. 2 Civil Internment Camp«) für aktive Nationalsozialisten und Mitglieder von KZ-Wachmannschaften.

244 ITS 3.1.1.1/69433685, DP-2 Karte.

245 BArch B 162/15362, Aussage Salomon Taub, S. 473 (4).

6.12 Mate und Jozo Guina

»Tito-Partisanen«

Am 6.4.1941 erreicht der Krieg Jugoslawien. Deutsche, italienische und ungarische Truppen besetzen das Land innerhalb weniger Tage. Am 17.4.1941 kapitulieren die jugoslawischen Streitkräfte. In Kroatien entsteht unter Führung der faschistischen Ustascha-Bewegung ein diktatorischer Satellitenstaat, der »Unabhängige Staat Kroatien« (NDH). Italien annektiert weite Teile der dalmatinischen Küstenregion zwischen Zadar (Zara) und Split (Spalato).[246] Es beginnt eine Politik der »Zwangs-Italianisierung«. Italienische Beamte treten an die Stelle von Kroaten. Italienisch wird Amtssprache. Split wird die Hauptstadt der Provinz Spalato, zu der auch die Kleinstadt Trogir (italienisch: Traú) gehört. Aus den Brüdern Jozo (Josip) und Mate (Matija) Guina, die als Bauern in Trogir leben, werden offiziell »Giuseppe« und »Matteo«. Die beiden jungen Männer wollen jedoch die Annexion ihrer Heimat durch die Italiener nicht tatenlos hinnehmen. In der Nacht auf den 19.7.1941 zerstören »Tito-Partisanen« eine Bahnlinie unweit von Split und bringen damit eine Lok mit Güterwagen zum Entgleisen. Die Brüder Guina sind vermutlich an der Sabotageaktion beteiligt.[247] Es ist der Beginn zahlreicher Widerstandsaktionen in der dalmatinischen Küstenregion.[248] Am 28.10.1942 werden Jozo und Mate Guina von der italienischen Polizei in Trogir verhaftet[249] und kurz darauf nach Italien deportiert. Für ein Jahr verliert sich hier ihre Spur. Als am 8.9.1943 bekannt wird, dass die inzwischen an die Macht gekommene neue italienische Regierung unter General Badoglio einen Waffenstillstand mit den Alliierten geschlossen hat, reagiert die deutsche Regierung umgehend mit der Operation »Fall Achse«. Sowohl in Italien selbst als auch auf dem Balkan übernehmen deutsche Streitkräfte wichtige Schlüsselstellungen. Die von den Italienern internierten kroatischen Widerstandskämpfer werden nun in deutsche Konzentrationslager überstellt.[250] Jozo und Mate

246 Diese »Zone I« umfasst die küstennahen Gebiete zwischen Zadar und Split.

247 In einem Leserbrief für die Zeitung *Slobodna Dalmacija* erwähnt dessen Autor, Edi Perić, die Brüder Guina aus Trogir ausdrücklich als Beteiligte: Slobodna Dalmacija vom 22.8.2002.

248 Vgl. Marin Kuzmić (Hrsg.): Antifašistički split-Ratna kronika 1941-1945, Split 2011. Eine ausführliche Beschreibung des Widerstandes gegen die italienische Besatzung in dieser Region findet sich auf der Internetseite www.ratnakronikasplita.com (letzter Aufruf 13.3.2019).

249 ITS 1.1.5.3/6036758, S. 3, Individuelle Häftlingsdokumente Jozo Guina und ITS 1.1.5.3/6036768, S. 4, Individuelle Häftlingsdokumente Mate Guina.

250 Kurz vor der Übernahme der Lager durch deutsche Truppen gelingt vielen Internierten – zum Teil mit Unterstützung der italienischen Wachmannschaften – die Flucht. Die anderen werden nach Deutschland deportiert.

Guina erreichen das KZ Dachau am 13.10.1943. Sie erhalten die Häftlingsnummern 56566 und 56589.[251] Kurz zuvor ist dort bereits eine andere Gruppe jugoslawischer Gefangener eingetroffen, die in Perugia interniert war. Unter ihnen befindet sich der 18-jährige Srećko Ozretić.[252] Er schildert später die Ankunft von 16 Männern aus der Region Split, unter ihnen Mate und Jozo Guina, und die Hoffnungslosigkeit, die sie befällt, als sie den schrecklichen »Alltag« in Dachau erleben.[253] Aber sie bleiben nur wenige Tage dort. Bereits am 30.10.1943 werden sie in das KZ Buchenwald verlegt. Am 5.3.1944 ordnet die SS die Brüder Guina zusammen mit über 60 weiteren Landsleuten der V. SS-Baubrigade zu.[254] Über Köln gelangen sie in das Einsatzgebiet der Brigade in Nordfrankreich. In Amiens arbeiten sie in einem Kommando, in dem sie Bomben entschärfen müssen. Nach dem Rückzug aus Frankreich werden die Brüder über das KZ Mittelbau gemeinsam zur 5. SS-EbBB nach Osnabrück überstellt.[255] Spätestens im März 1945 trennen sich jedoch ihre Wege. Mate, der Ältere, wird vermutlich mit einem Transport von 130 arbeitsunfähig gewordenen Häftlingen am 13.3.1945 von Osnabrück in das Hauptlager Neuengamme verlegt.[256] Von dort aus gelangt er über das Kommando Watenstedt bei Salzgitter am 7.4.1945 in das Männerlager des KZ Ravensbrück.[257] Über sein weiteres Schicksal ist nichts bekannt. Jozo bleibt bis zu seiner Befreiung am 10.5.1945 Häftling der 5. SS-EbBB. Das Rote Kreuz bringt ihn nach Schweden. Am 25.8.1945 verlässt Jozo Guina gemeinsam mit mindestens zwei weiteren ehemaligen Häftlingen der Brigade den Hafen von Trelleborg mit dem Ziel Jugoslawien.[258] Auch auf sein weiteres Schicksal gibt es noch keine Hinweise.

251 ITS 1.1.6.7/10655935 und 10655936, Schreibstubenkarten Dachau.

252 Ozretić erhält die Dachauer Häftlingsnummer 56336.

253 Vgl. Splitska priča. Split-Berlin-Split, in: Marin Kuzmić (Hrsg.), Antifašistički split-Ratna kronika 1941-1945, Prilozi, http://www.ratnakronikasplita.com/prilozi/split-ber lin-split (letzter Aufruf 19.4.2019).

254 ITS 1.1.5.1/5316236, Verzeichnis der V. SS-BB vom 5.3.1944, Nr. 1731 (Mate Guina) und 1732 (Jozo Guina).

255 Verzeichnis der 5. SS-EbBB, Nr. 294 (Mate Guina) und 295 (Jozo Guina).

256 Journal, S. 169. Für den Transport ist leider keine Namensliste erhalten geblieben.

257 ITS 1.1.35.1/3768463, Zugangsliste des KL Ravensbrück (Männerlager), Nr. 505.

258 ITS 3.1.1.3/78777670, Abgänge nach Jugoslawien, Josep Guina. Bei den beiden anderen Häftlingen handelt es sich um Ismail H. (Verzeichnis 5. SS-EbBB Nr. 135) und um Josep Ć. beziehungsweise Tsch. (Verzeichnis 5. SS-EbBB Nr. 100).

7. Anhang

7.1 Verzeichnis der SS-Eisenbahnbaubrigaden[1]

SS-Bezeichnung	*Aufstellung/ Auflösung*	*Standorte*	*Brigadeführer*	*Aufstellung/Unterstellung*
5. SS-EbBB	September 1944-April 1945	Heringen/ Berga-Kelbra Osnabrück-Hörne Nordenham Wesermünde	SS-Obersturmführer Helmut Landau	KZ Buchenwald bis 10/1944 KZ Mittelbau bis 12/1944 KZ Sachsenhausen
6. SS-EbBB (ursprünglich 1. SS-EbBB)	September 1944-April 1945	Sangerhausen (Berga-Kelbra) Bingerbrück Köln	SS-Obersturmführer Walter Fikeis	KZ Buchenwald bis 10/1944 KZ Mittelbau bis 12/1944 KZ Sachsenhausen
7. SS-EbBB (ursprünglich 2. SS-EbBB)	September 1944-April 1945	Karlsruhe Stuttgart	SS-Obersturmführer Kurt Schäfer	KZ Auschwitz KZ Buchenwald bis 10/1944 KZ Mittelbau bis 12/1944 KZ Sachsenhausen
8. SS-EbBB	November 1944-März 1945	Stuttgart Offenburg Darmstadt	SS-Obersturmführer Walther Becker SS-Untersturmführer Herbert Zoeger	KZ Sachsenhausen bis 11/1944 KZ Mittelbau bis 12/1944 KZ Sachsenhausen
10. SS-EbBB	Dezember 1944-April 1945	Offenburg	SS-Obersturmführer Ludwig Petz	KZ Buchenwald bis 12/1944 KZ Sachsenhausen
11. SS-EbBB	Februar 1945-April 1945	Soest Bad Sassendorf	SS-Untersturmführer Franz Heider SS-Oberscharführer Kurt Wittwer	KZ Neuengamme bis 12/1944 KZ Sachsenhausen
12. SS-EbBB	Dezember 1944-März/April 1945	Kamp a. Rhein Bad Kreuznach Gießen	SS-Hauptsturmführer Rudolf Goetze	KZ Sachsenhausen
13. SS-EbBB	Januar 1945-März/April 1945	Reichertshofen Limburg a. d. Lahn	SS-Obersturmführer Bernhard Kuiper	KZ Dachau KZ Sachsenhausen

1 Vgl. Fings: Krieg, Gesellschaft und KZ, S. 336. Die Zählung der SS-Eisenbahnbaubrigaden beginnt mit der 5. SS-EbBB, nachdem die 1. und 2. SS-EbBB nach Oktober 1944 umbenannt worden waren. Eine 3., 4. oder 9. SS-EbBB wurde nie aufgestellt.

7.2 Das Häftlingseinsatztagebuch der 5. SS-Eisenbahnbaubrigade

Das Häftlingseinsatztagebuch (Journal) der 5. SS-EbBB ist die bisher einzige bekannte Quelle dieser Art zu einer der insgesamt acht SS-Eisenbahnbaubrigaden. Außergewöhnlich wie das Journal selbst ist auch die Geschichte seiner Erhaltung und seines Wiederauffindens in Schweden. Gegen Ende des Zweiten Weltkrieges befanden sich etwa 20.000 evakuierte Überlebende deutscher Konzentrationslager in Schweden. Viele von ihnen waren polnische Staatsbürger. Mit der Absicht, Kriegsverbrechen zu dokumentieren und die Opfergeschichten dieser Menschen festzuhalten, wurde 1945 in Lund das Polnische Forschungsinstitut (PIZ) gegründet.[2] Seit 2004 ist die Sammlung des PIZ als Lakocinski Collection im Besitz der Universitätsbibliothek in Lund. Den Kern der Sammlung bilden ausführliche Interviews, die das Institut in den Jahren 1945 und 1946 mit mehr als fünfhundert ehemaligen Gefangenen in polnischer Sprache führte.[3] Zum Bestand gehören weiterhin Gegenstände und Dokumente, die die Überlebenden vor dem Zugriff der SS-Wachmannschaften verbergen und mit nach Schweden bringen konnten. Eines dieser Dokumente ist das Häftlingseinsatztagebuch (Journal) der 5. SS-Eisenbahnbaubrigade.[4] Wegen einer irreführenden Archivbezeichnung blieb es bis Ende 2017, also über mehr als 70 Jahre, unbeachtet.[5] In der Sammlung Lakocinski finden sich keine Hinweise auf den Weg, auf dem das Journal dorthin gelangte.[6] Zu den vom PIZ befragten ehemaligen KZ-

2 Initiator war Zygmunt Lakocinski, ein Dozent für polnische Sprache an der Universität Lund, der bei der Ankunft der Überlebenden als Übersetzer tätig war: vgl. Paul Rudny: Polski Instytut Źródłowy w Lund (PIZ). The Polish Research Institute in Lund. A presentation of the archives, in: www3.ub.lu.se/ravensbruck/piz-eng-presentation.pdf (letzter Aufruf 13. 3. 2019).

3 Es handelt sich um jeweils etwa 5-10 Seiten umfassende nummerierte und datierte handschriftliche Tiefeninterviews auf der Grundlage wissenschaftlicher Standards. Sie wurden zum Teil durch ausführliche Stellungnahmen der Interviewer ergänzt.

4 PIZ, Lakocinski Collection, vol. 30:2.

5 Das Dokument war unter der Bezeichnung »Arbetsledningens dagbok met korta diarie anteckningar. Mansläger vid Wesermünde, våren 1945« (Tagebuch der Arbeitseinsatzleitung mit kurzen Bemerkungen. Männerlager in Wesermünde, Frühjahr 1945) archiviert worden. Der deutsche Historiker Bernhard Strebel erkannte dessen Bedeutung im Vorfeld der Online-Edition des Sammlungsbestandes. Inzwischen ist es auf der Onlineplattform www.alvin-portal.org unter der Bezeichnung »Work journal of the 5. SS-Railway-Building-Brigade« als pdf-Dokument zum kostenlosen Download verfügbar (https://www.alvin-portal.org/alvin/view.jsf?dswid=-6484&searchType=EXTENDED&query=Work+Journal&aq=%5B%5B%7B%22A_FQ%22%3A%22Work+Journal%22%7D%5D%5D&aqe=%5B%5D&af=%5B%5D&pid=alvin-record%3A156427&c=3#alvin-record%3A156427, letzter Aufruf 16. 4. 2019).

6 Lakocinski Collection der Universitätsbibliothek Lund, Auskunft Thomas Lesniak vom 12. 12. 2017.

Häftlingen gehörten jedoch vier Personen, die ausweislich der Häftlingsliste Gefangene in der 5. SS-EbBB waren.[7] Es ist deshalb davon auszugehen, dass das Journal im Mai 1945 gemeinsam mit ihnen nach Schweden kam und dort dem PIZ übergeben wurde. Das Journal ist eine steifbroschierte Kladde im Oktav-Format mit festem Umschlag aus schwarzlackiertem Karton, hellem Geweberücken und Eckverstärkungen. Die Seiten sind nummeriert und liniert in Form eines mehrspaltigen Kontobuches mit Kopfleiste. Es schließt sich ein nicht nummerierter alphabetischer Registerteil an. Die Eintragungen erfolgten handschriftlich mit Tinte.[8] Alle 223 beschriebenen Seiten sind mit der Wochentagsangabe und dem Kalenderdatum versehen.[9] Sie beginnen auf Seite eins mit Dienstag, dem 26.9.1944, und enden mit Sonntag, dem 6.5.1945. Es folgt eine dreizeilige und fünfspaltige Tabelle.[10] Die Tabelleneinträge dokumentieren den quantitativen »Häftlingsbestand« und die Veränderungen zu den Appellterminen. Sie enthalten Angaben zum Morgen- und Abendappell, zur Soll- und Iststärke, zu »Kommandierungen« und zur Anzahl der Häftlinge im (Kranken-)Revier.[11] Rechts neben der Tabelle waren die Felder »Pause« und »Schonung« vorbereitet. Für die Rubrik »Pause« erfolgten nur während der ersten Wochen Eintragungen, für die Rubrik »Schonung« bis zum 23.2.1945. Die Rubrik »Kommandiert« wurde erst mit Beginn der längerfristigen Stationierung von Teilen der 5. SS-EbBB außerhalb Osnabrücks ab dem 15.12.1944 eingeführt.[12] Die Angaben beschränken sich hier auf die Bezeichnung für die Kommandierung und die Anzahl der Häftlinge. Eventuelle Unterkommandos sind nicht vermerkt. Auf jeder beschriebenen Journalseite befindet sich weiterhin eine Rubrik »Einsatz«. Unter diesem Titel sind die verschiedenen Arbeitseinsätze des Tages unter Angabe der jeweiligen Häftlingszahlen aufgelistet. Die Einträge

7 Vgl. Verzeichnis der 5. SS-Eisenbahnbaubrigade, Nr. 99, 407, 131 und 343. Es handelt sich um den Häftlingsarzt Władysław Wikler, den Häftlingssanitäter Zygmunt Tomczak sowie um Stanisław Kapusniak und Bolesław Kowalczyk.

8 Eine Ausnahme bilden die Eintragungen in der Rubrik »Schonung«, die überwiegend mit dem Bleistift erfolgten.

9 Es wurde das traditionelle Datumsformat ohne führende Nullen verwendet.

10 Die Tabelle war bis 15.12.1944 vierspaltig, da erst nach diesem Zeitpunkt Kommandierungen erfolgten.

11 Als »Soll« wurde die Gesamtzahl der Häftlinge der 5. SS-EbBB angegeben. Unter »Ist« wurde die Zahl der Häftlinge vermerkt, die sich weder in einer »Kommandierung« noch im »Revier« befanden. Die Summe der Spalten »Ist«, »Kommandierung« und »Revier« hätte demnach immer dem »Soll«-Wert entsprechen müssen. Das wurde vereinzelt nur durch die offensichtlich nachträgliche Veränderung der Zahlen erreicht.

12 Sie enthält Angaben zum 1. Bauzug, der in den Räumen Hasbergen, Natrup-Hagen und Rheine eingesetzt war, und zum 2. Bauzug, der vom 22.-29.3.1945 im Raum Coesfeld operierte.

beziehen sich nur auf die Aufteilung der Häftlinge, die vom Hauptstandort in Osnabrück-Hörne aus tätig waren. Als Einsatzbezeichnung wurde der Name des Einsatzraums verwendet. Gelegentlich finden sich Hinweise auf die Art der Tätigkeit. Erläuterungen oder Kommentare, sowie Angaben zu weiteren für den Einsatz relevanten Gegebenheiten oder Ereignissen, etwa zur Arbeitsorganisation oder zum konkreten Arbeitseinsatz, fehlen.

Ein Feld mit der Bezeichnung »Bemerkungen« im unteren Viertel der Tagebuchseiten enthält kurze Angaben zu Zu- und Abgängen. Zum Teil wird die jeweilige Häftlingsnummer angegeben, jedoch nur selten ergänzt um den Häftlingsnamen.[13] An der Echtheit des Häftlingseinsatztagebuchs bestehen aufgrund seiner Beschaffenheit, seines Inhalts und seiner Provenienz keine Zweifel.[14] Offensichtlich stammt es aus dem SS-Kommandanturstab der 5. SS-EbBB.[15] Im Vergleich mit den Aussagen ehemaliger Häftlinge und zahlreichen anderen Quellen, die bereits vor dem Wiederauffinden des Journals ausgewertet wurden, haben sich, abgesehen von einigen kleineren Ungereimtheiten, keine gravierenden Abweichungen sachlicher oder zeitlicher Art ergeben.

13 Bei größeren Häftlingsgruppen, z. B. bei Austauschaktionen mit KZ-Stammlagern, wurde lediglich die Anzahl der Häftlinge notiert.

14 Das Häftlingseinsatztagebuch befand sich spätestens seit 1946 im Bestand des PIZ. Es gibt keinen Hinweis auf Manipulationen nach dem letzten Eintrag am 6. 5. 1945.

15 Da es praktisch keine Angaben zur Planung, Organisation und Durchführung von Arbeitseinsätzen enthält, ist es wohl nicht von der »technischen Leitung« geführt worden, sondern wird als Teil der »Häftlingsbuchhaltung« dem Aufgabenbereich des Rapportführers zuzuordnen sein.

7.3 Chronik der 5. SS-Eisenbahnbaubrigade für die Zeit vom 26.9.1944-6.5.1945

Grundlage für die Chronik sind die Daten und Angaben im Häftlingseinsatztagebuch (Journal). Sie wurden um Bemerkungen, Erläuterungen und Kommentare ergänzt.

Datum	*Einsätze und Häftlingszahl*	*Bemerkungen, Erläuterungen und Kommentare*
26.9.-30.9.1944	Gleisbau Heringen 19	Erster Häftlingseinsatz in Heringen/Helme bei Nordhausen. Vermutlich zeitgleich wird der Zugverband der 5. SS-EbBB am Keilbahnhof Berga-Kelbra zusammengestellt. Laut Journal gibt es eine »Pause« von 12.00 Uhr-12.45 Uhr. Häftlingszahl am 26.9.44, 17.30 Uhr: 19 Häftlinge.
1.10.1944	Heringen 19	Überstellung von 103 Häftlingen aus Mittelbau zur 5. SS-EbBB. Häftlingszahl am 1.10.44, 17.30 Uhr: 122 Häftlinge.
2.10.-6.10.1944	Heringen 10-20 Sangerhausen 60-80	Ende der Arbeiten in Heringen am 5.10.44. Bis zur Verlegung nach Osnabrück fortlaufend Arbeiten im Bereich des 30 Kilometer östlich von Heringen gelegenen Bahnhofs Sangerhausen.
7.10.1944	Sangerhausen 100	Überstellung von 200 Häftlingen aus Mittelbau zur 5. SS-EbBB. Überstellt von der 5. SS-EbBB zum KZ Mittelbau: Bu 8565: Kalitzuk, Iwan *10.10.1923 + 10.3.1945 Häftlingszahl am 7.10.44, 7.00 Uhr: 322 Häftlinge.
8.10.1944	Berga 50	Überstellung von der 5. SS-EbBB zum KZ Mittelbau: Mi 11708: Name unbekannt Mi 01865: Name unbekannt Bu 30513: Esser, Josef *29.7.1911
9.10.1944	Berga 60	Überstellung von 179 Häftlingen aus dem Transport Heringen (für die später nicht gebildete 3. SS-EbBB) zur 5. SS-EbBB: vgl. ITS 1.1.27.1/0018/0072-0075, Transportliste. Häftlingszahl am 9.10.1944, 17.30 Uhr: 497 Häftlinge.
10.10.1044	Sangerhausen 150 Berga 110	
11.10.1944	Sangerhausen I 150 Sangerhausen II 80 Heringen 150	Tageseinsatz in Heringen. Rückkehr des Häftlings 11708 aus dem Lager Mittelbau. Der Name des Rückkehrers ist bisher unbekannt: vgl. 8.10.44.
12.10.1944	Sangerhausen 230	Überstellung von 30 Häftlingen von der 5. SS-EbBB zum KZ Mittelbau. Überstellung vom KZ Mittelbau zur 5. SS-EbBB: Bu 638: Richarz, Johann *13.5.11 Bu 20125: Rols, Hermann *13.12.17 Bu 38720: Marcrez, Roger *13.9.21
13.10.- 14.10.1944	Sangerhausen 240 Kelbra 5	Das Kommando Kelbra ist nur am 13.10.1944 im Einsatz, vermutlich am Bahnhof in Berga, zur Vorbereitung des Transportes der kompletten 5. SS-EbBB nach Osnabrück. Letzter Eintrag der »Pause« von 12.00 Uhr-12.45 Uhr.

Datum	*Einsatz und Häftlingszahl*	*Bemerkungen, Erläuterungen und Kommentare*
15. 10.- 16. 10. 1944	Transport von Berga-Kelbra nach Osnabrück	Abfahrt in Berga-Kelbra am 15. 10. 1944. Ankunft in Osnabrück am 16. 10. 1944. Häftlingszahl am 16. 10. 1944, 17.30 Uhr: 471 Häftlin
17. 10. 1944	Bahnhof Hörne 400	Einrichtung des Standortes auf dem Betriebsbahnhof Osnabrück-Hörne und Arbeit an benachbarten Gleisanlagen. Erster Eintrag der »Pause« von 12.00 Uhr-12.30 Uhr.
18. 10.- 19. 10. 1944	Bahnhof Hörne 240 Marienhütte 100	Der Einsatz Marienhütte erfolgt im Raum Oesede (Georgsmarienhütte). Über die Bahnstrecke Georgsmarienhütte-Hasbergen gab es eine Verbindung zwisch der Nord-Süd-Strecke von Hamburg ins Ruhrgebiet und der Strecke von Osnabrück nach Brackwede (Halle Wilhelm).
20. 10.- 21. 10. 1944	Bahnhof Hörne 200-240 Marienhütte 120	
22. 10. 1944	Gleisbau Hörne 50 Marienhütte 120	Der Einsatz in Osnabrück-Hörne erfolgt zur Anlage eines Gleises vom Betriebsbahnhof Hörne in den Hörn Bruch. Dort verzweigt es in zwei Stumpfgleise, verlegt in den Gräben der historischen Landwehr. Die Arbeiten wurden in der zweiten Novemberhälfte 1944 weitgehen abgeschlossen.
23. 10.- 25. 10. 1944	Marienhütte 100 Gleisbau Hörne 300	Am 23. 10. 1944 letzter Eintrag der »Pause« von 12.00 Uhr-12.30 Uhr.
26. 10.- 27. 10. 1944	Gleisbau Hörne 240 Hasbergen 100 Piesberg 50	Der Einsatz Hasbergen erfolgt im Zusammenhang mit der Südumgehung Osnabrück. Der Einsatz Piesberg erfolgt im Zusammenhang mit der Nordumgehung Osnabrück und zur Beschaffung von Gleisbauschotter aus dem Brecherwerk der Piesberger Steinindustrie.
28. 10. 1944	Gleisbau Hörne 240 Hasbergen 100 Piesberg 50	Laut Journal am 28. 10. 1944 verstorbener Häftling: Mi 01639: Naryschkin, Pawel *17. 4. 1914. Er starb in der Zeit zwischen dem Abendappell am 27. 10. 1944 (17.00 Uhr) und dem Morgenappell am 28. 10. 1944 (7.00 Uhr).
29. 10. 1944	Gleisbau Hörne 240 Hasbergen 100	
30. 10.- 31. 10. 1944	Gleisbau Hörne 240 Hasbergen 100 Malbergen 50	Einsatz Malbergen am Streckenabschnitt des Haller Wil helm (Osnabrück-Brackwede) zwischen Abzweig Hörne und Oesede (Georgsmarienhütte).
1. 11. 1944	Gleisbau Hörne 240 Piesberg 100 Malbergen 50	
2. 11. 1944	Gleisbau Hörne 220 Eversburg 100 Malbergen 50	Die Arbeiten in Eversburg erfolgen vermutlich im Zusammenhang mit dem Anschluss der Nordumgehung an die Bahnstrecken Löhne-Rheine und Oldenburg-Osnabrück, sowie an die Tecklenburger Nordbahn nach Rheine.
3. 11. 1944	Gleisbau Hörne 240 Eversburg 100 Malbergen 70	
4. 11. 1944	Gleisbau Hörne 180 Eversburg 100 Malbergen 70	

Datum	*Einsatz und Häftlingszahl*	*Bemerkungen, Erläuterungen und Kommentare*
5.11.1944	Gleisbau Hörne 200 Eversburg 100 Malbergen 50	
6.11.1944	Gleisbau Hörne 195 Hasbergen 100	
7.11.1944	Gleisbau Hörne 100 Hasbergen 200 Marienhütte 50	
8.11.1944	Gleisbau Hörne 100 Hasbergen 175 Marienhütte 50	
9.11.44	Gleisbau Hörne 100 Hasbergen 175 Bunkerbau 20	Der Einsatz Bunkerbau dauert bis zum 15.11.1944. Die Bunker befanden sich im Hörner Bruch. Dort sind noch Trümmerreste erhalten.
10.11.1944	Gleisbau Hörne 100 Hasbergen 175 Bunkerbau 15	
11.11.1944	Gleisbau Hörne 100 Hasbergen 175 Malbergen 50	
12.11.1944	Gleisbau Hörne 100 Hasbergen 175 Bunkerbau 15	
13.11.1944	Gleisbau Hörne 80 Hasbergen 150 Marienhütte 50	
14.11.1944	Gleisbau Hörne 100 Hasbergen 135 Marienhütte 50 Bunkerbau 6	
15.11.1944	Gleisbau Hörne 100 Hasbergen 125 Malbergen 50 Bunkerbau 6	
16.11.1944	Gleisbau Hörne 100 Hasbergen 120 Malbergen 50	
17.11.1944	Gleisbau Hörne 100 Hasbergen 110 Malbergen 50	
18.11.1944	Gleisbau Hörne 90 Hasbergen 115 Malbergen 50	
19.11.1944	Gleisbau Hörne 100 Hasbergen 115 Malbergen 50	
20.11.1944	Gleisbau Hörne 100 Hasbergen 95 Malbergen 50	

Datum	*Einsatz und Häftlingszahl*	*Bemerkungen, Erläuterungen und Kommentare*
21.11.1944	Gleisbau Hörne 70 Hasbergen 115 Malbergen 50	Schwerer Bombenangriff (Nr. 46) auf Osnabrück am Mittag des 21.11.1944. Durch den Angriff kommen 127 Menschen ums Leben. Es entstehen nur geringe Schäden an den Bahnanlagen (Güterbahnhof).
22.11.1944	Gleisbau Hörne 50 Hasbergen 155 Malbergen 50	
23.11.1944	Gleisbau Hörne 50 Hasbergen 100 Malbergen 50	
24.11.1944	Gleisbau Hörne 50 Hasbergen 140 Malbergen 50	
25.11.1944	Gleisbau Hörne 16 Hasbergen 210	Laut Journal am 25.11.1944 verstorbener Häftling: Mi 16028: Ryba, Boleslaw * 5.10.1925
26.11.1944	Gleisbau Hörne 16 Hasbergen 170 Malbergen 80	
27.11.1944	Gleisbau Hörne 16 Hasbergen 180 Malbergen 150	
28.11.1944	Gleisbau Hörne 16 Hasbergen 185 Malbergen 150	
29.11.1944	Gleisbau Hörne 16 Hasbergen 170 Malbergen 150	Überstellung von 49 Häftlingen von der 5. SS-EbBB zum Lager Mittelbau. Überstellt werden kranke bzw. arbeitsunfähige Gefangene. Häftlingszahl am 29.11.1944, 17.00 Uhr: 420 Häftlinge.
30.11.1944	Gleisbau Hörne 16 Hasbergen 170 Malbergen 150	
1.12.44	Gleisbau Hörne 16 Hasbergen 175 Malbergen 150	Etwa 145 Häftlinge werden am Abend vom weitgehend beendeten Einsatz Malbergen abgezogen.
2.12.1944	Gleisbau Hörne 20 Hasbergen 320 Malbergen 6	Der Einsatz Hasbergen wird durch die aus Malbergen abgezogenen Häftlinge aufgestockt.
3.12.- 4.12.1944	Gleisbau Hörne 30 Hasbergen 300	
5.12.44	Gleisbau Hörne 20 Hasbergen 300	

Datum	*Einsatz und Häftlingszahl*	*Bemerkungen, Erläuterungen und Kommentare*
6. 12. 1944	Gleisbau Hörne 20 Hasbergen 310	Schwerer Bombenangriff (Nr. 50) auf Osnabrück am Abend des 6. 12. 1944. Durch den Angriff kommen 39 Menschen ums Leben. Laut Journal vom 7. 12. 44 durch Bombentreffer bei dem Luftangriff am 6. 12. 44 gegen 21.00 Uhr verstorbene Häftlinge: Bu 45106: Demjanenko, Jakow *23. 10. 1927 Bu 89321: Odarek, Andrej *26. 1. 1909 Bu 89518: Winizilo, Pawel *17. 3. 1898 Bu 88773: Nikiforow, Iwan *16. 2. 1906 Bu 23487: Schatulo, Nikolaj *19. 5. 1919 Bu 22143: Staniewski, Mieczyslaw *15. 2. 1915 Bu 88794: Nikiforowskij, Wasilij *25. 3. 1895 Bu 23781: Mowtschan, Petro *11. 9. 1906 Vermisste Häftlinge: Bu 35237: Zima, Wassilij *31. 12. 1906 Bu 45273: Skrinikow, Semjon *15. 2. 1918 Verwundete: 19 Häftlinge
7. 12. 1944	Gleisbau Hörne 20 Hasbergen 250 Bombensuche 15	Erster belegter Einsatz eines Kommandos zur Bombensuche beziehungsweise zur Blindgängerbeseitigung außerhalb des Bahngeländes im Stadtgebiet von Osnabrück, unter anderem am Schlachthof und in Lebensmittelgroßhandlungen. Die Blindgängerbeseitigung wird nach dem Luftangriff vom 6. 12. 1944 noch bis Ende Dezember fortgeführt.
8. 12. 1944	Gleisbau Hörne 15 Hasbergen 265 Bombensuche 15 Bombentrichter zuschütten 25	Laut Journal am 8. 12. 1944 verstorbener Häftling: Bu 37631: Motornyj, Naum * 1913. Laut Totenliste des KZ Mittelbau verstarb Motornyi bereits am 6. 12. 1944 durch Bombentreffer: vgl. Totenbuch KZ Mittelbau, Nr. 4531, ITS 1. 1. 27.1/2540647. Häftlingszahl am 8. 12. 1944, 16.30 Uhr: 409 Häftlinge.
9. 12. 1944	Barackenbau/Siedlungsbau 15 Hasbergen 270 Bombensuche 15 Bombentrichter zuschütten 25	Das Kommando »Barackenbau/Siedlungsbau« beginnt mit Bauarbeiten für eine Zugangsstraße und sogenannte Behelfsheime in der Siedlung Sandgrube, etwa einen Kilometer nordwestlich des Standplatzes am Betriebsbahnhof Osnabrück-Hörne.
10. 12. 1944	Siedlungsbau 180 Bombensuche 15	
11. 12. 1944	Hasbergen 225 Bahnbau Natrup-Hagen 80 Siedlungsbau 15 Bombensuche 15	
12. 12. 1944	Hasbergen 230 Bahnbau Natrup-Hagen 80 Blindgängerbeseitigung 15 Behelfsheim 15	Luftangriff Nr. 51 auf Osnabrück am Abend des 12. 12. 1944. Laut Journal vom 13. 12. am 12. 12. 44 um 19.30 Uhr durch Bombenangriff getöteter Häftling: Bu 14203: Kühnel, Richard * 1. 6. 1916 2 Häftlinge wurden verwundet, 8 Häftlinge gelten als geflüchtet: Bu 638: Richarz, Johann *13. 5. 1911 Bu 2138: Kuth,Hans * 18. 2. 1903 Bu 3250: Gross,Walter *7. 4. 1913 Mi 10313: Schakschaj, Nikolaj *21. 11. 1907 Mi 18390: Korobow, Peter *5. 6. 1914 Mi 19885: Jamrzi, Teodor *29. 2. 1915 Bu 36927: Burysiak,Andrzej *20. 1. 1914 Bu 37668: Tkatschenko,Iwan *25. 3. 1916

Datum	*Einsatz und Häftlingszahl*	*Bemerkungen, Erläuterungen und Kommentare*
13.12.1944	Hasbergen 210 Natrup-Hagen 80 Blindgängerbeseitigung 15 Behelfsheim 15	Die Bauarbeiten an Häusern in der Siedlung Sandgrube werden im Journal ab jetzt unter der Kommandobezeichnung Behelfsheim geführt.
14.12.1944	Hasbergen 205 Natrup-Hagen 80 Blindgängerbeseitigung 15 Behelfsheim 15	Häftlingszahl am 14.12.1944, 16.30 Uhr: 400 Häftlinge.
15.12.1944	Weichenbau Schinkel 60 Bombensuche 15	Verlegung des 1. Bauzuges mit 235 Häftlingen an den Standort Hasbergen-Leeden bei Streckenkilometer 106,62 der Bahnstrecke Wanne-Eickel – Hamburg. Hauptstandort (Lager) bleibt Osnabrück-Hörne. Weichenbau in Schinkel im Zusammenhang mit dem Anschluss der Osnabrücker Nordumgehung an die Bahnstrecke Wanne-Eickel – Hamburg.
16.12.- 18.12.1944	Kommandiert: 1. Bauzug (Hasbergen) 236 Schinkel 60 Blindgängerbeseitigung 15 Behelfsheim 15	Der 1. Bauzug nimmt seine Arbeit am Standort Hasbergen-Leeden auf. Das Journal gibt keine Auskunft über eventuelle Unterkommandos im 1. Bauzug.
19.12.1944	1. Bauzug 236 Schinkel 60 Blindgängerbeseitigung 15 Behelfsheim 15	Verlegung vom 1. Bauzug zum Revier nach OS-Hörne: Mi 02042: Wolski, Wlodzimierz * 8.5.1906
20.12.1944	1. Bauzug 235 Schinkel 60 Bombensuchkommando 15 Behelfsheim 15	Überstellung von 80 Häftlingen aus dem KZ Neuengamme zur 5. SS-EbBB. In dem ersten Transport aus Neuengamme befinden sich 40 sowjetische und polnische Gefangene, 35 Dänen, 3 Reichsdeutsche, ein Niederländer und ein Jugoslawe. Bekannt sind bisher die Namen von 19 dänischen Häftlingen. Häftlingszahl am 20.12.1944, 16.30 Uhr: 480 Häftlinge.
21.12.1944	1. Bauzug 235 Schinkel 80 Bombensuchkommando 15 Behelfsheim 15	Verlegung vom 1. Bauzug zum Revier nach OS-Hörne: Bu 79760: Fryza, Andrzej, * 25.11.1896
22.12.1944	1. Bauzug 234 Schinkel 100 Bombensuchkommando 15 Behelfsheim 35	Am 22.12.1944 verstorbener Häftling: Bu 45585: Schiller, Hugo * 10.3.1910. Der Tod wird im Journal nicht erwähnt. Nach Angaben des Kapos Theodor Smolka wurde Schiller an diesem Tag beim Wasserholen von einer Lokomotive tödlich verletzt: vgl. BArch 162/15360.
23.12.1944	1. Bauzug 234 Schinkel 95 Behelfsheim 35 Straßenbau 35 Bombentrichter zuschütten 20	Das Kommando Straßenbau arbeitet in der Siedlung Sandgrube bis Ende Januar 45.
24.12.1944	1. Bauzug 234 Schinkel/Eversburg 80 Behelfsheim 35 Straßenbau 25 Bombentrichter zuschütten 20	Kommando Schinkel/Eversburg im Zusammenhang mit dem Anschluss der Nordumgehung an die Strecken nach Rheine. Der Abendappell findet wegen Heiligabend um 15.00 Uhr statt.
25.12.1944	1. Bauzug 234	Weihnachten 1944. Laut Journal gibt es an diesem Tag keine Einsätze in Osnabrück. Abendappell ist wiederum um 15.00 Uhr.

Datum	*Einsatz und Häftlingszahl*	*Bemkerungen, Erläuterungen und Kommentare*
26.12.1944	1. Bauzug 234 Schinkel 60 Behelfsheim 35 Straßenbau 30 Bombentrichter zuschütten 25	
27.12.1944	1. Bauzug 234 Eversburg 65 Behelfsheim 35 Straßenbau 26 Bombentrichter zuschütten 20	Fortsetzung des Einsatzes Eversburg bis zum 16.2.1945 im Zusammenhang mit der Nordumgehung und den Anschlüssen an die Strecken nach Rheine.
28.12.1944	1. Bauzug 234 Eversburg 65 Behelfsheim 35 Straßenbau 30 Bombentrichter zuschütten 20	
29.12.1944	1. Bauzug 234 Eversburg 65 Behelfsheim 45 Straßenbau 40	
30.12.1944	1. Bauzug 234 Eversburg 65 Behelfsheim 45 Straßenbau 42	
31.12.1944	1. Bauzug 234 Eversburg 65 Behelfsheim 45 Straßenbau 41	
1.1.1945	1. Bauzug 234 Eversburg 65 Behelfsheim 43 Straßenbau 40	Die 65 Häftlinge für das Kommando Eversburg werden nicht vom Lager in Hörne abgeholt. Die Gründe sind unbekannt.
2.1.1945	1. Bauzug 234 Eversburg 65 Behelfsheim 40 Straßenbau 38	Laut Journal am 2.1.1945 nach einem Unfall verstorben: Bu 45550: Helmers, Georg, * 25.3.1904
3.1.1945	1. Bauzug 233 Eversburg 60 Behelfsheim 42 Straßenbau 36	Verlegung von 7 Häftlingen vom 1. Bauzug zum Revier nach OS-Hörne: Bu 25453: Lazartschuk, Andrej, * 2.10.1920 Bu 45141: Holub, Wasil, * 15.3.1920 Bu 49529: Moreau, Joseph, * 14.5.1897 Mi 01066: Barthet, Marius, * 7.7.1913 Mi 01438: Kolodziejczyk, * 11.12.1920 Mi 01709: Bodamer, Erwin, * 19.8.1908 Mi 01743: Popow, Fjodor, * 15.5.1898 Laut Journal am 3.1.45 im 1. Bauzug verstorben: Mi 01370: Jaskin, Michail, * 20.9.1895
4.1.1945	1. Bauzug 225 Eversburg 60 Behelfsheim 40 Straßenbau 39	Häftlingszahl am 4.1.1945, 16.30 Uhr: 478 Häftlinge.
5.1.1945	1. Bauzug 225 Eversburg 60 Behelfsheim 40 Straßenbau 40	Überstellung von 3 Häftlingen vom 1. Bauzug »krankheitshalber« zum Revier nach OS-Hörne: Mi 11950: Kozlik, Metody, * 29.12.1897 Bu 79704: Oszdonski, Antoni, * 12.7.1902 Mi 01285: Gontarz, Stanislaus, * 20.1.1912

Datum	*Einsatz und Häftlingszahl*	*Bemerkungen, Erläuterungen und Kommentare*
6. 1. 1945	1. Bauzug 222 Eversburg 60 Behelfsheim 40 Straßenbau 37	Laut Journal am 6. 1. 1945 um 11.00 Uhr verstorben: Mi 02010: Wasik, Jan, *29. 12. 1908
7. 1. 1945	1. Bauzug 222 »Nicht eingesetzt wegen Körperreinigung«	Laut Journal erstmals einsatzfrei wegen »Körperreinigung«. Der nächste vermerkte Termin für Körperreinigung ist der 7. 4. 1945. Überstellung von 3 Häftlingen vom 1. Bauzug zum Revier nach OS-Hörne: Bu 6505: Kulmanow, Iwan, *2. 4. 1905 Bu 45229: Pertschuk, Petro, *10. 4. 1915 Mi 01917: Szyszuk, Jozef, *14. 4. 1897
8. 1. 1945	1. Bauzug 222 Eversburg 60 Behelfsheim 40 Straßenbau 30 Bombentrichter zuschütten 20	Laut Journal am 8. 1. 1945 um 7.30 Uhr verstorben: Bu 45145: Iwaschtschenko, Nikolaj, *22. 6. 1905
9. 1. 1945	1. Bauzug 219 Eversburg 60 Behelfsheim 34 Straßenbau 30 Bombentrichter zuschütten 15	
10. 1. 1945	1. Bauzug 219 Eversburg 60 Behelfsheim 33 Straßenbau 31 Bombentrichter zuschütten 15	
11. 1. 1945	1. Bauzug 219 Eversburg 60 Behelfsheim 34 Straßenbau 30 Bombentrichter zuschütten 15	
12. 1. 1945	1. Bauzug 219 Eversburg 60 Behelfsheim 35 Straßenbau 30 Bombentrichter zuschütten 15	Überstellung vom 1. Bauzug zum Revier nach OS-Hörne: 34895: Name bisher unbekannt. Überstellung als Pfleger zum 1. Bauzug: Bu 89060: Dziubinski, Adam, *23. 5. 1920
13. 1.- 14. 1. 1945	1. Bauzug 219 Eversburg 60 Behelfsheim 40 Straßenbau 40	
15. 1. 1945	1. Bauzug 219 Eversburg 60 Behelfsheim 40 Straßenbau 42	
16. 1. 1945	1. Bauzug 219 Eversburg 60 Behelfsheim 41 Straßenbau 41	Laut Journal von der Baustelle Straßenbau (Behelfsheim) flüchtig: 66536: Name bisher unbekannt. Es handelt sich vermutlich um eine Häftlingsnummer des KZ Neuengamme.
17. 1. 1945	1. Bauzug 219 Eversburg 60 Behelfsheim 40 Straßenbau 40	Laut Journal vom 1. Bauzug in Natrup-Hagen nach Tieffliegerangriff flüchtig: 66524: Name bisher unbekannt. Es handelt sich vermutlich um eine Häftlingsnummer des KZ Neuengamme: vgl. Einträge 18. 1. und 1. 2. 1945.

Datum	*Einsatz und Häftlingszahl*	*Bemerkungen, Erläuterungen und Kommetnare*
18. 1. 1945	1. Bauzug 218 Eversburg 60 Behelfsheim 50 Straßenbau 40	Laut Journal meldet sich der Häftling 66524 wieder freiwillig zurück: vgl. Einträge 17. 1. und 1. 2. 1945.
19. 1. 1945	1. Bauzug 219 Eversburg 60 Behelfsheim 44 Straßenbau 30 Bombentrichter zuschütten 16	
20. 1. 1945	1. Bauzug 219 Eversburg 60 Behelfsheim 50 Straßenbau 25 Bombentrichter zuschütten 14	
21. 1. 45	1. Bauzug 219 Behelfsheim 50 Straßenbau 25 Bombentrichter zuschütten 50	Austausch von 20 Häftlingen vom 1. Bauzug mit Häftlingen vom Standort Osnabrück-Hörne. Laut Journal sind 3 Häftlinge vom 1. Bauzug am 21. 1. 1945 verstorben: Bu 45495: Wojcik, Aleksander, *28. 8. 13 Mi 01766: Quertinmont, Jules, *25. 3. 13 Mi 01743: Popow, Fjodor, *15. 5. 98. Popow starb um 17.00 Uhr (Zusatzangabe: Gastritis). Er war am 3. 1. »krankheitshalber« vom 1. Bauzug zum Standort OS-Hörne rücküberstellt worden.
22. 1. 1945	1. Bauzug 218 Eversburg 50 Behelfsheim 40 Straßenbau 20 Bombentrichter zuschütten 15	Häftlingszahl am 23. 1. 1945, 16.30 Uhr: 472 Häftlinge.
23. 1. 1945	1. Bauzug 218 Eversburg 60 Behelfsheim 40 Bombentrichter zuschütten 15 Abrisskommando 40	Das Abrisskommando führt bis zum 25. 1. 1945 Arbeiten an bombenzerstörten Häusern im südlichen Stadtgebiet durch.
24. 1. 1945	1. Bauzug 218 Eversburg 60 Behelfsheim 20 Bombentrichter zuschütten 17 Abrisskommando 40	Laut Journal am 23. 1. 1945 im 1. Bauzug verstorben: Mi 01155: Chrzaszcz, Josef, *12. 9. 1917
25. 1. 1945	1. Bauzug 217 Eversburg 60 Behelfsheim 20 Bombentrichter zuschütten 13 Abrisskommando 40	
26. 1. 1945	1. Bauzug 217 Eversburg 60 Behelfsheim I 40 Behelfsheim II 20 Bombentrichter zuschütten 14	Nach Beendigung der Straßenbauarbeiten in der Siedlung Sandgrube werden zwei Behelfsheimbaukommandos eingerichtet. Überstellung vom 1. Bauzug zum Revier nach OS-Hörne, laut Journal wegen Verletzung durch Tieffliegerangriff: Mi 01498: Kurrek, Johann, * 15. 1. 1916: vgl. Eintrag 28. 1. 1945.
27. 1. 1945	1. Bauzug 216 Eversburg 60 Behelfsheim I 40 Behelfsheim II 20 Bombentrichter zuschütten 14	

Datum	*Einsatz und Häftlingszahl*	*Bemerkungen, Erläuterungen und Kommentare*
28. 1. 1945	1. Bauzug 216 Eversburg 60 Behelfsheim I 50 Behelfsheim II 20	Laut Journal am 28. 1. 1945 um 6.30 Uhr verstorben: Mi 01498: Kurrek, Johann, * 15. 1. 1016: vgl. Eintrag vom 26. 1. 1945
29. 1. 1945	1. Bauzug 216 Eversburg 60 Behelfsheim I 45 Behelfsheim II 20	
30. 1. 1945	1. Bauzug 216 Eversburg 60 Behelfsheim I 50 Behelfsheim II 20	Laut Journal am 29. 1. 1945 vom 1. Bauzug geflüchtet: 66599: Name bisher unbekannt. Es handelt sich vermutlich um eine Häftlingsnummer des KZ Neuengamme. Laut Journal sind am 30. 1. 1945 zwei Häftlinge im 1. Bauzug verstorben: 67866: Name bisher unbekannt. Es handelt sich vermutlich um eine Häftlingsnummer des KZ Neuengamme. Bu 3328: Madwiga, Nikolaj, * 29. 1. 1924
31. 1. 1945	1. Bauzug 215 Eversburg 60 Behelfsheim I 55 Behelfsheim II 15	Überstellung vom 1. Bauzug zum Revier nach OS-Hörne: Bu 77135: Decurninge, Jean * 24. 3. 1917 Laut Journal am 31. 1. 1945 nach Unfall im 1. Bauzug verstorben: Mi 01175: Dakowicz, Andrzej, * 13. 6. 1904
1. 2. 1945	1. Bauzug 211 Eversburg 60 Behelfsheim I 60 Behelfsheim II 15	Laut Journal bei Fluchtversuch aus 1. Bauzug am 31. 1. 1945 um 16.15 Uhr erschossen: 66524: Name bisher unbekannt. Es handelt sich vermutlich um eine Häftlingsnummer des KZ Neuengamme. Der Häftling war bereits am 17. 1. 1945 vom 1. Bauzug in Natrup-Hagen flüchtig, hatte sich aber laut Journal am 18. 1. 1945 »freiwillig« zurückgemeldet.
2. 2. 1945	1. Bauzug 210 Eversburg 60 Behelfsheim I 55 Behelfsheim II 20	
3. 2. 1945	1. Bauzug 210 Eversburg 60 Behelfsheim I 57 Behelfsheim II 20	Überstellung von Osnabrück-Hörne zum 1. Bauzug: Bu 45580: Winter, Wilhelm, * 19. 10. 1908
4. 2. 1945	1. Bauzug 211 Eversburg 60 Behelfsheim I 57 Behelfsheim II 20	Häftlingszahl am 8. 2. 1945, 16.30 Uhr: 465 Häftlinge.
5. 2. 1945	1. Bauzug 211 Eversburg 60 Behelfsheim I 10 Kabel graben 60	Neueinrichtung des Kommandos Kabelbau für die Verlegung von Bahn- und Signalkabeln entlang der Bahnstrecke im Bereich des Betriebsbahnhofs Osnabrück-Hörne.
6. 2. 1945	1. Bauzug 211 Eversburg 60 Behelfsheim I 10 Behelfsheim II 5 Kabelbau 55	
7. 2.-8. 2. 1945	1. Bauzug 211 Eversburg 60 Behelfsheim I 25 Behelfsheim II 10 Kabelbau 25	

Datum	*Einsatz und Häftlingszahl*	*Bemerkungen, Erläuterungen und Kommentare*
9.2.1945	1. Bauzug 211 Eversburg 60 Behelfsheim I 25 Behelfsheim II 15 Kabelbau 25	Überstellung von 20 Häftlingen vom 1. Bauzug nach Osnabrück-Hörne, davon lediglich 2 Häftlinge ins Revier.
10.2.-11.2.1945	1. Bauzug 191 Eversburg 60 Behelfsheim I 25 Behelfsheim II 20 Kabelbau 25	Häftlingszahl am 11.2.1945, 15.00 Uhr: 465 Häftlinge.
12.2.1945	1. Bauzug 191 Eversburg 60 Behelfsheim I 25 Behelfsheim II 20 Kabelbau 25	Überstellung von 6 Häftlingen vom 1. Bauzug nach Osnabrück-Hörne, davon vermutlich 2 Häftlinge ins Revier. SS-Sturmbannführer Weigel vom SS-WVHA trifft auf seiner Inspektionsreise in Osnabrück ein.
13.2.1945	1. Bauzug 185 Eversburg 60 Behelfsheim I 25 Behelfsheim II 20 Kabelbau 25	Laut Journal am 12.2.1945 um 7.00 Uhr flüchtig vom Hauptstandort in OS-Hörne: Mi 01379: Jewczinsky, Władysław, *3.8.1910 Überstellung von 8 Häftlingen von OS-Hörne zum 1. Bauzug. Überstellung von 2 Häftlingen vom 1. Bauzug nach OS-Hörne (Revier). SS-Sturmbannführer Weigel vom SS-WVHA auf Streckenbesichtigung der Umgehungsbahn Osnabrück und des Bahnhofs Rheine.
14.2.1945	1. Bauzug 191 Eversburg 62 Behelfsheim I 25 Behelfsheim II 25 Kabelbau 25	SS-Sturmbannführer Weigel vom SS-WVHA zur Besprechung bei der Reichsbahndirektion Münster. Häftlingszahl am 16.2.1945, 17.00 Uhr: 464 Häftlinge.
15.2.1945	1. Bauzug 191 Gleisbau Eversburg/Hörne 63 Behelfsheim I 25 Behelfsheim II 25 Kabelbau 25	Letzter Einsatz des Kommandos Eversburg. Es waren seit dem 27.12.1944 täglich etwa 60 Häftlinge eingesetzt. Laut Veränderungsmeldung KZ Sachsenhausen verstorben, jedoch kein Eintrag im Journal: Sa 126657: Moryn, Jan, *20.3.1920
16.2.1945	1. Bauzug 191 Gleisbau Hörne 63 Behelfsheim I 25 Behelfsheim II 25 Kabelbau 29	Schwerer Luftangriff Nr. 63 auf Osnabrück am Mittag des 16.2.1945. Schwerer Luftangriff auf die Bahnanlagen in Rheine am 16.2.1945.
17.2.1945	1. Bauzug (Soforteinsatz Rheine) 191 Gleisbau Hörne/Schinkel 60 Behelfsheim I (Schinkel) 25 Behelfsheim II 25 Kabelbau (Schinkel) 30	Der 1. Bauzug (191 Häftlinge) ist nach dem Luftangriff auf die Bahn in Rheine am Vortag bis zum 26.2.1945 zum Soforteinsatz in Rheine. Einsätze von Teilen des 1. Bauzuges in Rheine gab es schon seit Jahresbeginn. Große Teile der Häftlingsmannschaft aus Osnabrück werden nach dem Luftangriff am Vortag zum Soforteinsatz in Osnabrück-Schinkel kommandiert. Der Einsatz im Gleisbau in Hörne wird beendet. Der Einsatz Kabelbau wird bis zum 10.3.1945 ausgesetzt. Der Einsatz Behelfsheim I wird bis zum 5.3.1945 ausgesetzt.
18.2.-19.2.1945	1. Bauzug (Soforteinsatz Rheine) 191 Gleisbau Hörne/Schinkel 60 Behelfsheim I/Schinkel 25 Behelfsheim II 25 Kabelbau/Schinkel 30	Schwerer Luftangriff Nr. 65 auf Osnabrück am Mittag des 19.2.1945. Fortsetzung des Soforteinsatzes in Osnabrück-Schinkel durch abgezogene Kräfte aus anderen Kommandos.

Datum	*Einsatz und Häftlingszahl*	*Bemerkungen, Erläuterungen und Kommentare*
20.2.1945	1. Bauzug (Soforteinsatz Rheine) 191 Soforteinsatz Hauptbahnhof Osnabrück 150 Behelfsheim II 10	
21.2.1945	1. Bauzug (Soforteinsatz Rheine) 190 Soforteinsatz Hauptbahnhof Osnabrück 149 Behelfsheim II 10	
22.2.1945	1. Bauzug (Soforteinsatz Rheine) 192 Soforteinsatz Hauptbahnhof Osnabrück 140 Behelfsheim II 10	Laut Journal am 22.2.1945 um 9.30 Uhr verstorben: Mi 01592: Mazur, Ludwik, * 13.7.1907. Angegebene Todesursache »Allgemeine Körperschwäche«.
23.2.1945	1. Bauzug (Soforteinsatz Rheine) 190 Soforteinsatz Hauptbahnhof Osnabrück 138 Behelfsheim II 10	Luftangriff Nr. 70 auf Osnabrück am Mittag des 23.2.1945. Laut Journal sind 2 Häftlinge während des Fliegerangriffs vom Kommando Soforteinsatz am Hauptbahnhof Osnabrück geflohen: Mi 12885: Didowitsch, Iwan, * 5.5.1915 67844: Doroschenko, Petro. Die genaue Identität ist bisher unbekannt. Vermutlich handelt es sich um einen Häftling aus dem KZ Neuengamme. Laut Journal ist ein Häftling vom 1. Bauzug am 23.2.1945 verstorben: 67874: Schewtschenko. Näheres ist bisher nicht bekannt. Der Häftling starb vermutlich in Rheine. Laut Journal sind 4 Häftlinge am 23.2.1945 um 21.00 Uhr vom 1. Bauzug in Rheine flüchtig: Bu 1924: Klaus, Walter, * 23.1.1902 Bu 9498: Neumann, Gerhard, * 18.7.1920 Bu 45564: Marlow, Ewald, * 15.9.1919 Bu 45575: Schlinkmann, Karl, * 28.1.1913 Alle 4 in Rheine geflohenen Häftlinge waren deutsche Kapos.
24.2.1945	1. Bauzug (Soforteinsatz Rheine) 190 Soforteinsatz Hauptbahnhof Osnabrück 110 Behelfsheim II 20 Holz holen 11	Das Kommando »Holz holen« ist bis 2.3.1945 eingesetzt.
25.2.1945	1. Bauzug (Soforteinsatz Rheine) 185 Soforteinsatz Osnabrück 110 Behelfsheim II 20 Holz holen 10	Das Kommando »Soforteinsatz Hauptbahnhof Osnabrück« wird im Journal zum Teil unter den Bezeichnungen »Soforteinsatz Osnabrück« oder »Hauptbahnhof« mit kurzen Unterbrechungen bis zum Abzug der 5. SS-EbBB Ende März 1945 weitergeführt.
26.2.1945	1. Bauzug (Soforteinsatz Rheine) 185 Soforteinsatz Osnabrück 110 Behelfsheim II 20 Holz holen 10	Ende des Soforteinsatzes des 1. Bauzuges in Rheine. Der neue Stationierungsort des 1. Bauzuges befindet sich im Bereich des Bahnhofes Natrup-Hagen.
27.2.1945	1. Bauzug 185 Soforteinsatz Osnabrück 110 Behelfsheim II 20 Holz holen 10	

Datum	*Einsatz und Häftlingszahl*	*Bemerkungen, Erläuterungen und Kommentare*
28.2.1945	1. Bauzug 135 Soforteinsatz Osnabrück 110 Behelfsheim II 20 Holz holen 10	Laut Journal am 28.2.1945 verstorben: Mi 02077: Zuk, Władysław, * 25.7.1889
1.3.1945	1. Bauzug 135 Soforteinsatz Osnabrück 110 Behelfsheim II 20 Holz holen 10	Häftlingszahl am 1.3.1945: 453 Häftlinge.
2.3.1945	1. Bauzug 135 Soforteinsatz Osnabrück 90 Behelfsheim II 20 Holz holen 10	Überstellung von 20 Häftlingen von Osnabrück-Hörne zum 1. Bauzug als Ersatz für Ausfälle. Überstellung eines Häftlings vom 1. Bauzug nach OS-Hörne ins Revier: 67075: Name bisher unbekannt. Es handelt sich vermutlich um eine Häftlingsnummer des KZ Neuengamme.
3.3.1945	1. Bauzug 154 Soforteinsatz Hauptbahnhof Osnabrück 30 Weichenbau 60 Behelfsheim II 20 Ausschlachtkommando 10	Die Zahl der Häftlinge im Soforteinsatz am Hauptbahnhof wird stark verringert. Das Ausschlachtkommando hat die Aufgabe, wiederverwertbares Material zu bergen. Vermutlicher Beginn von Bahnreparaturarbeiten im Raum Belm, die bis 9.3.1945 andauern.
4.3.1945	1. Bauzug 154 Behelfsheim II 30 Ausschlachtkommando 20 Reichsbahnkommando 0	Der Einsatz am Hauptbahnhof Osnabrück wird für einen Tag unterbrochen. Laut Journal arbeitet die Reichsbahn nicht. Der Grund dafür wird nicht genannt.
5.3.1945	1. Bauzug 154 Hauptbahnhof Osnabrück 30 Weichenbau Belm 60 Behelfsheim I 10 Behelfsheim II 20	Laut Journal wurde am 5.3.1945 ein Häftling von der Gestapo verhaftet und rücküberführt: 67844: Doroschenko, Petro. Die genaue Identität ist bisher unbekannt. Vermutlich handelt es sich um einen Häftling aus dem KZ Neuengamme. Doroschenko war am Mittag des 23.2.1945 während des Luftangriffs Nr. 70 vom Kommando Soforteinsatz am Hauptbahnhof Osnabrück geflohen.
6.3.1945	1. Bauzug 154 Hauptbahnhof Osnabrück 30 Weichenbau Belm 58 Behelfsheim I 10 Behelfsheim II 20	Häftlingszahl am 6.3.1945: 454 Häftlinge.
7.3.1945	1. Bauzug 154 Hauptbahnhof Osnabrück 30 Weichenbau Belm 58 Behelfsheim I 10 Behelfsheim II 20	Laut Journal am 7.3.1945 verstorben: Mi 01511: Laba, Tomasz, * 2.12.1907
8.3.1945	1. Bauzug 154 Hauptbahnhof Osnabrück 30 Weichenbau Belm 59 Behelfsheim I 10 Behelfsheim II 20	Überstellung von Osnabrück-Hörne zum 1. Bauzug: Bu 8415: Artmann, Anton, * 14.11.1914 Rücküberstellung vom 1. Bauzug nach Osnabrück-Hörne, vermutlich ins Revier: Bu 45523: Groth, Hans, * 7.11.1913
9.3.1945	1. Bauzug 154 Hauptbahnhof Osnabrück 25 Weichenbau Belm 58 Behelfsheim I 10 Behelfsheim II 20 Betriebswerkstätte Hauptbahnhof Osnabrück 3	Schwere Luftangriffe auf Osnabrück am Vormittag (Nr. 72) und am Abend (Nr. 73) des 9.3.1945. Überstellung von 100 Häftlingen vom KZ Neuengamme zur 5. SS-EbBB nach Osnabrück als Ersatz für »kranke« Häftlinge: vgl. 13.3.1945. Häftlingszahl am 9.3.1945, 17.30 Uhr: 553 Häftlinge.

Datum	*Einsatz und Häftlingszahl*	*Bemerkungen, Erläuterungen und Kommentare*
10.3.1945	1. Bauzug 153 Soforteinsatz Hauptbahnhof Osnabrück 105 Blindgängerbeseitigung 20 Kabelbau 60 Behelfsheim I 10 Behelfsheim II 20 Betriebswerkstätte Hauptbahnhof Osnabrück 3	Soforteinsatz mit stark erhöhter Häftlingszahl am Hauptbahnhof Osnabrück nach den Luftangriffen vom Vortag. Laut Journal am 10.3.1945 um 8.20 Uhr verstorben: Mi 01081: Blaszczyk, Franciszek *20.3.1912 Laut Journal am 13.3.1945 auf der Flucht vom Soforteinsatz am Hauptbahnhof Osnabrück erschossen: Mi 10037: Karawajew, Stepan, *3.3.1922. Im Journal vom 10.3.1945 ist als Datum der Erschießung der 13.3.1945 vermerkt, ebenso in der Sterbeurkunde der Stadt Osnabrück Nr. 300/50 vom 15.2.1950. Einsatz Kommando Kabelbau bis 21.3.1945.
11.3.1945	1. Bauzug 153 Soforteinsatz Hauptbahnhof Osnabrück 123 Kabelbau 60 Behelfsheim I 10 Behelfsheim II 20 Betriebswerkstätte Hauptbahnhof Osnabrück 2	
12.3.1945	1. Bauzug 153 Soforteinsatz Hauptbahnhof Osnabrück 118 Kabelbau 59 Behelfsheim I 10 Behelfsheim II 25 Betriebswerkstätte Hbf. Osnabrück 2	Laut Journal am 12.3.1945 auf der Flucht erschossen: 55887: Mitilis, Julis, *6.1.1914. Vgl. Veränderungsmeldung des KZ Sachsenhausen, Sa, JSU 2/101. Mitilis gehörte vermutlich zum Kabelbaukommando.
13.3.1945	1. Bauzug 153 Soforteinsatz Hauptbahnhof Osnabrück 105 Kabelbau 60 Behelfsheim I 10 Behelfsheim II 25 Betriebswerkstätte Hbf. Osnabrück 2	Überstellung von 130 Häftlingen zum KZ Neuengamme. Laut Journal vom 13.3.1945 handelt es sich um die Rückführung »kranker« Häftlinge: vgl. 9.3.1945. Der Krankenstand im Revier in Osnabrück-Hörne sinkt durch die Rückführung zum KZ Neuengamme von 142 auf 21 Häftlinge. Laut Journal ist am 13.3.1945 um 6.30 Uhr verstorben: Bu 23786: Korol, Wasilij, *30.1.1910 Am 13.3.1945 eventuell Erschießung des Häftlings Mi 10037: Karawajew, Stepan, *3.3.1922: vgl. Journal-Eintrag vom 10.3.1945. 105 Häftlinge, die tagsüber zum Soforteinsatz am Hauptbahnhof kommandiert waren, werden noch in der Nacht am Bahnhof Lengerich-Hohne eingesetzt. Durch einen Bombenangriff waren dort am Mittag des 13.3.1945 Transportzüge und Gleise zerstört worden.
14.3.1945	1. Bauzug 153 Soforteinsatz Lengerich 165 Behelfsheim I 16 Behelfsheim II 25 Betriebswerkstätte Hauptbahnhof Osnabrück 2 Blindgängerbeseitigung Hauptbahnhof Osnabrück 20	Schwerer Luftangriff Nr. 74 auf Osnabrück am Nachmittag des 14.3.1945. Fortsetzung des Einsatzes in Lengerich bis zum 19.3.1945. Für die Häftlinge besteht kurzfristig die Möglichkeit zur Beschaffung von Nahrungsmitteln aus einem beschädigten Transportzug. Die Blindgängerbeseitigung am Hauptbahnhof Osnabrück erfolgte in der Nacht vom 14./15.3.45. Häftlingszahl am 14.3.1945: 419 Häftlinge.
15.3.1945	1. Bauzug 153 Soforteinsatz Lengerich 105 Kabelbau 60 Behelfsheim I 15	

Datum	*Einsatz und Häftlingszahl*	*Bemerkungen, Erläuterungen und Kommentare*
16.3.1945	1. Bauzug 153 Soforteinsatz Hauptbahnhof 105 Kabelbau 60 Behelfsheim I 14 Behelfsheim II 25	
17.3.1945	1. Bauzug 153 Soforteinsatz 135 Kabelbau 30 Behelfsheim I 10 Behelfsheim II 25 Blindgängerbeseitigung 6	Laut Journal am 17.3.1945 auf der Flucht erschossen: Ng 62285 Szpaderski, Johann, *23.11.1909. Szpaderski kam am 22.10. aus dem KZ Dachau (Da 107580) zum KZ Neuengamme und mit einem Austauschtransport am 20.12.1944 oder 9.3.1945 zur 5. SS-EbBB.
18.3.1945	1. Bauzug 153 Soforteinsatz Lengerich 130 Kabelbau 30 Behelfsheim I 10 Behelfsheim II 25 Blindgängerbeseitigung 6	Häftlingszahl am 18.3.1945: 418 Häftlinge.
19.3.1945	1. Bauzug 153 Soforteinsatz Lengerich 100 Kabelbau 60 Behelfsheim I 10 Behelfsheim II 25 Blindgängerbeseitigung 6	Schwere Bombenangriffe auf den Bahnhof Coesfeld. Nahezu vollkommene Zerstörung der Gleisanlagen und der dort stehenden Truppen- und Munitionszüge.
20.3.1945	1. Bauzug 153 Soforteinsatz 100 Kabelbau 60 Behelfsheim I 10 Behelfsheim II 25 Blindgängerbeseitigung 6	Überstellung vom 1. Bauzug nach Osnabrück-Hörne, vermutlich ins Revier: Bu 28245: Schuler, Karl, *29.3.1912 Mi 01216: Dziubinski, Adam, *23.5.1920. Er war bis dahin Häftlingspfleger im 1. Bauzug. Laut Journal Überstellung von Osnabrück-Hörne zum 1. Bauzug als Häftlingspfleger: Bu 35922: Wasitsch, Wasil, *18.6.1920
21.3.1945	1. Bauzug 152 Soforteinsatz 100 Kabelbau 58 Behelfsheim I 10 Behelfsheim II 25 Blindgängerbeseitigung 6	Letzter Einsatz des Kommandos Kabelbau. Erneut schwere Angriffe auf Coesfeld bis 24.3.1945.
22.3.1945	1. Bauzug 152 Soforteinsatz 0 Hbf. Osnabrück 0 Behelfsheim I 0 Behelfsheim II 0 Blindgängerbeseitigung 0	Laut Journal kein Einsatz von Kommandos in Osnabrück wegen Rangierarbeiten. Transport eines 2. Bauzuges mit 208 Häftlingen nach Coesfeld. Die Verlegung erfolgte vom Hauptstandort in Osnabrück-Hörne aus. Der 2. Bauzug war bis zum 29.3.1945 im Einsatz.
23.3.1945	1. Bauzug 152 2. Bauzug 208 Behelfsheim II 18 Bombensuchkommando 11	Schwerer Luftangriff Nr. 77 auf Osnabrück am Vormittag des 23.3.1945. Einsatz von 9 Häftlingen des Kommandos Behelfsheim II im Kommando Bombensuche. Schwere Schäden im Betriebswerk Hauptbahnhof Osnabrück. Die Strecke Osnabrück-Bremen ist auf 2 Kilometern unterbrochen.
24.3.1945	1. Bauzug 152 2. Bauzug 208 Behelfsheim II 12 Blindgängerbeseitigung 12	

Datum	*Einsatz und Häftlingszahl*	*Bemerkungen, Erläuterungen und Kommentare*
25.3.1945	1. Bauzug 152 2. Bauzug 208 Behelfsheim II 13 Blindgängerbeseitigung 11	Letzter und schwerster Luftangriff auf Osnabrück (Nr. 79) am Vormittag des 25.3.1945 (Palmsonntag) mit 178 Toten. Erhebliche Schäden an den Reichsbahnanlagen. Unterbrechung der Strecke Osnabrück-Münster. Blindgängerbeseitigung bis zum 29.3.1945. Letzter und schwerster Luftangriff auf Münster (Nr. 102) am Vormittag des 25.3.1945 mit mehr als 700 Toten.
26.3.1945	1. Bauzug 152 2. Bauzug 208 Behelfsheim II 12 Blindgängerbeseitigung 11	
27.3.1945	1. Bauzug 136 2. Bauzug 207 Behelfsheim II 12 Blindgängerbeseitigung 9	Überstellung von 16 Häftlingen vom 1. Bauzug und eines Häftlings vom 2. Bauzug (Raum Coesfeld oder Münster) nach Osnabrück-Hörne zum Revier. Die Zahl der Häftlinge im Revier steigt von 24 auf 30.
28.3.1945	1. Bauzug 136 2. Bauzug 207 Behelfsheim II 15 Blindgängerbeseitigung 10	Hinweise auf Einsatz des 2. Bauzuges in Münster zur Beseitigung von Bombenlöchern am Hauptbahnhof, eventuell auch an den Tagen zuvor.
29.3.1945	1. Bauzug 136 2. Bauzug 207 Behelfsheim II 15 Blindgängerbeseitigung 10	Rückkehr des 2. Bauzuges mit 207 Häftlingen aus dem Raum Coesfeld-Münster. Der Zugverband ist am Abend in Osnabrück-Hörne.
30.3.1945	1. Bauzug 136 Soforteinsatz Hauptbahnhof Osnabrück 100 Gleisbau Hörne 65 Behelfsheim II 40	Der Soforteinsatz am Hauptbahnhof Osnabrück wegen des Luftangriffs am 25.3.1945 kann erst jetzt, nach Rückkehr des 2. Bauzuges, erfolgen. Bis dahin standen in Osnabrück nur maximal 45 arbeitsfähige Häftlinge zur Verfügung.
31.3.1945	1. Bauzug 136 mit LKW 1	Abzug der 5. SS-EbBB aus Osnabrück. Transport von Hörne nach Syke. Der 1. Bauzug war am 31.3.1945 bis zum Abendappell um 17.30 Uhr mit 136 Häftlingen wieder an den Hauptstandort Osnabrück-Hörne zurückgekehrt. Die Zahl der Häftlinge im Revier stieg daher von morgens 37 auf abends 52. Ein Häftling, vermutlich Lufen, Felix, *3.5.1912 (Bu 12536), fuhr mit dem LKW nach Syke.
1.4.-2.4.1945	Kirchweyhe 100 Syke 50	Ostersonntag und Ostermontag. Einsätze in Streckennetz um Kirchweyhe und Syke mit Anschlüssen an örtliche Kleinbahnen. Häftlingszahl 2.4.1945: 418 Häftlinge.
3.4.1945	Kirchweyhe 100 Syke 150 Syke 28	Überführung von 33 Dänen im Rahmen der »Aktion Bernadotte« zum KZ Neuengamme. Die Dänen kehren vom Bahnhof Syke in öffentlichen Zügen zurück, bewacht von 3 SS-Männern. 2 Dänen waren bereits mit dem Krankentransport am 13.3.1945 nach Neuengamme zurückgekehrt. Laut Journal vom 3.4.1945 wurden 2 Häftlinge zum KZ Sachsenhausen überstellt: Bu 1482: Smolka, Theodor *13.12.1918 und Bu 45562: Leist, Willy * 12.5.1905. Smolka war Kapo, Leist Zugältester. Smolka erwähnt selbst keine Überstellung nach Sachsenhausen. Leist gibt an, er sei bereits von Osnabrück aus geflohen.
4.4.1945	Kirchweyhe 100 Syke 180	

Datum	*Einsatz und Häftlingszahl*	*Bemerkungen, Erläuterungen und Kommentare*
5.4.1945	Syke 120 Syke 100	Weitertransport Richtung Norden. Möglicherweise werden in den Tagen zuvor Bahnarbeiten an der Kleinbahn Hoya-Syke-Asendorf (HSA) ausgeführt.
6.4.1945	Mechaniker/Transport 1	Transport nach Brake unter südlicher Umgehung von Bremen. Ein Häftling fuhr separat mit dem LKW nach Brake.
7.4.1945	Allgemeine Wohn- und Körperreinigung	Laut Journal gab es an diesem Tag keine Einsätze außerhalb des Zugverbandes.
8.4.1945	Allgemeine Reinigung	Laut Journal gab es erneut keine Einsätze außerhalb des Zugverbandes.
9.4.1945	Ausladekommando I 80 Ausladekommando II 100	Transport zum Standort Nordenham. Stationierung am südlichen Stadtrand, oberhalb des Abbehauser Sieltiefs. Aufnahme von Ladearbeiten noch am selben Tag. Häftlingszahl am 9.4.1945: 383 Häftlinge.
10.4.1945	Munition laden 20 Mehl ausladen 40 Mehl u. Stückgut laden 40 Marine 7-15 Lokverladung 60 Kohleumschlag in Blexen 100 Bahnhof Nordenham 20	Aufteilung der Brigade in zahlreiche Arbeitskommandos. Ver- und Entladen von Gütern im Fährverkehr zwischen Nordenham und Wesermünde. Einsatz in Nordenham im Midgardhafen und am Fähranleger Blexen. Unter anderem wurden Ladearbeiten für die Kriegsmarine durchgeführt.
11.4.1945	Vorkommando Wesermünde 33 Munition ausladen 20 Mehl ausladen 40 Mehl ausladen 40 Lokverladung 77 Bahnhof Blexen 90 Bahnhof Nordenham 20	Einrichtung eines Vorkommandos in Wesermünde am 11.4.1945. Der genaue Standort ist nicht bekannt. Überstellung von 2 weiteren Häftlingen im Verlauf des Tages zum Vorkommando nach Wesermünde: Bu 45114: Doroschenko, Nikolaj *4.11.1925 Bu 29556: Peter, Josip *3.3.1910
12.4.1945	Vorkommando Wesermünde 35 Munition ausladen 20 Mehl ausladen 40 Mehl u. Stückgut ausladen 40 Lokverladung 60 + 20 Bahnhof Blexen 50	Laut Journal am 12.4.1945 an Lungen-Tuberkulose verstorben: Mi 01216: Dziubinski, Adam *23.5.20. Dziubinski war am 20.3.1945 vom 1. Bauzug zum Revier überstellt worden.
13.4.1945	Vorkommando Wesermünde 35 Mehl ausladen 40 Mehl und Stückgut ausladen 40 Lokverladung 60 Bahnhof Blexen 50 Bahnhof Rodenkirchen 50 Marine 25	Laut Journal am 13.4.1945 um 10 Uhr verstorben: Bu 45143: Iwanow, Wasil *5.4.1924 Weitere 60 Häftlinge werden vom Standort Nordenham zum Vorkommando nach Wesermünde überstellt.
14.4.1945	Kommando Wesermünde 95 Mehl ausladen 35 Mehl und Stückgut ausladen 35 Lokverladung 55 Bahnhof Blexen 30 Bahnhof Rodenkirchen 20 Marine 30 Schlepper »Geier« 3	Der Schlepper »Geier« war ein 1935 in Dienst gestellter Motorschlepper der Marine.

Datum	*Einsatz und Häftlingszahl*	*Bemerkungen, Erläuterungen und Kommentare*
15.4.1945	Kommando Wesermünde 95 Stückgut ausladen 40 Mehl und Stückgut ausladen 35 Lokverladung 55 Bahnhof Blexen 35 Marine 40 Schlepper »Geier« 3	Laut Journal sind am 15.4.1945 um 10 Uhr Vormittag 2 Häftlinge vom Bauzug (in Nordenham) geflüchtet: Bu 6126: Tkatschuk, Nikolaj *21.4.1925 Bu 45405: Krolikowski, Jan *24.6.1921
16.4.1945	Kommando Wesermünde 95 Mehl ausladen 40 Mehl u. Stückgut laden 35 Lokverladung 55 Bahnhof Blexen 35 Marine 40 Schlepper »Geier« 1	Überstellung von 83 Häftlingen von Nordenham nach Wesermünde. Das Krankenrevier wird mit 53 Häftlingen von Nordenham zum Vorkommando nach Wesermünde verlegt.
17.4.1945	Kommando Wesermünde 178 Schiffsausladung 20 Schiffsausladung 20 Schiffsausladung 20 Marine 20 Bahnhof Blexen 40 Lokverladung 60 Schlepper »Geier« 1	Laut Journal am 17.4.1945 verstorben: Mi 01397: Kalisz, Basili *2.2.1903 Ein weiteres Ausladekommando mit 20 Häftlingen wurde laut Journal nicht eingesetzt.
18.4.1945	Kommando Wesermünde 177 Schiffsausladung 30 Schiffsausladung 10 Schiffsausladung 10 Bahnhof Blexen 60 Lokverladung 60 Schlepper »Geier« 1	
19.4.1945	Kommando Wesermünde 177 Lokverladung 40 Marine 40 Blexen 20 Schiff abladen 10 Kommando M 15	Überstellung von 50 Häftlingen von Nordenham nach Wesermünde. Bei dem »Kommando M« handelte es sich vermutlich um ein weiteres Kommando im Auftrag der Marine.
20.4.1945	Kommando Wesermünde 227 Lok verladen 40 Blexen 40 Schiff entladen 20 Schiff entladen 20	Überstellung von 51 Häftlingen von Nordenham nach Wesermünde.
21.4.1945	Kommando Wesermünde 278 Lokverladekommando 40 Schiffsausladekommando 15 Schiff ausladen 15 Schiffsausladekommando 15	Überstellung von 60 Häftlingen von Nordenham nach Wesermünde. Häftlingszahl 21.4.1945: 378 Häftlinge.
22.4.1945	Lokverladung Nordenham 40 Lok abladen 22 Dampfer »Herkules« 11 Verladekommando 25	Wesermünde wird neuer Hauptstandort. Es bleibt ein Kommando Lokverladung mit 40 Häftlingen in Nordenham.
23.4.1945	Lokverladung Nordenham 40 Lokausladung 22 Verladearbeit 25 Dampfer »Herkules« 11	
24.4.1945	Lokverladung Nordenham 40 Lokausladung 22 Verladearbeit 25	Laut Journal wird ein geplantes Kommando »Dampfer Herkules« nicht eingesetzt.

Datum	*Einsatz und Häftlingszahl*	*Bemerkungen, Erläuterungen und Kommentare*
25.4.-26.4.1945	Lokverladung Nordenham 40 Schiffsausladung 25 Lokausladung 22	
27.4.1945	Lokverladung Nordenham 40 Lokausladung 22	Häftlingszahl 27.4.1945, 19.00 Uhr: 378 Häftlinge.
28.4.1945	Lokverladung Nordenham 40 Lokausladung 22	Das Kommando in Nordenham wird nach Arbeitsende aufgelöst. Die Häftlinge werden nach Wesermünde überstellt. Unterbringung aller 378 Häftlinge der 5. SS-EbBB auf dem Dampfer »Apollo« (Kriegsmarinetransporter O1). Möglicherweise wird auch ein Teil der Ausrüstung (3-4 Waggons) an Bord genommen.
29.4.1945	Transport mit Schiff »Apollo« von Wesermünde nach Brunsbüttelkoog	Schiffstransport über die Nordsee bis zur Einfahrt in den Kaiser-Wilhelm-Kanal (Nord-Ostsee-Kanal).
30.4.1945	Transport von Brunsbüttelkoog nach Kiel	Fahrt durch den Kaiser-Wilhelm-Kanal (Nord-Ostsee-Kanal).
1.5.1945	Transport von Kiel nach Flensburg	Fahrt bis Flensburg. Häftlingszahl am 1.5.1945, abends: 378 Häftlinge.
2.5.1945	Auf Anker gelegt im Flensburger Hafen.	Möglicherweise befindet sich der Ankerplatz außerhalb des Hafens in der Flensburger Förde. Laut Journal am 2.5.1945 um 9.00 Uhr an TBC verstorben: Ng 62004: Labecki, Iwan * 31.1.1917
3.5.1945	Auf Anker gelegt im Flensburger Hafen.	Laut Journal am 3.5.1945 um 8.00 Uhr verstorben: 71849: Der Name ist bisher nicht bekannt. Vermutlich handelt es sich um einen Häftling des KZ Neuengamme.
4.5.1945	Auf Anker gelegt im Flensburger Hafen.	
5.5.1945	Auf Anker gelegt im Flensburger Hafen.	Überstellung von 345 Häftlingen auf das Schiff *Rheinfels*. Es diente als KZ-Schiff für mindestens 1600 Häftlinge, darunter 300 weibliche Häftlinge aus dem KZ Stutthof. An Bord befanden sich zunächst noch etwa 100 SS-Wachmänner. 31 Häftlinge bleiben zunächst noch an Bord der *Apollo*.
6.5.1945	Auf Anker gelegt im Flensburger Hafen.	Überstellung der letzten 31 Häftlinge der 5. SS-EbBB von der »Apollo« auf die »Rheinfels«. Häftlingszahl am 6.5.1945: 376 Häftlinge. Am 6.5.45 erfolgt der letzte Eintrag in das Journal der 5. SS-EbBB. Vermutlich geflohen: Bu 7213: Beckmann, Friedrich * 4.7.1918. Beckmann war Kapo. Er gibt an, er sei in Flensburg geflohen. Im Journal ist die Flucht nicht vermerkt. Häftlingszahl am 6.5.1945, abends: 376 Häftlinge.
7.5.-9.5.1945		Die SS-Wachleute verlassen spätestens in diesen Tagen die »Rheinfels«.

10.5.1945		Befreiung der Häftlinge. Die ausländischen Häftlinge werden unter Aufsicht der Alliierten von der »Rheinfels« auf das Motorschiff »Homberg« gebracht. Sie erreichen den schwedischen Hafen Malmö am 11.5.1945. Die deutschen Häftlinge werden an Land in Flensburg untergebracht und nach Vernehmungen durch die britische Armee in den folgenden Wochen entlassen.

7.4 Verzeichnis der Toten der 5. SS-Eisenbahnbaubrigade

Bedeutung der im Totenverzeichnis verwendeten Abkürzungen:

Au	KZ Auschwitz
AZA	Ausländischer Zivilarbeiter
Bu	KZ Buchenwald
BV	Häftlingskategorie »Berufsverbrecher«
Da	KZ Dachau
JSU	Veränderungsmeldungen Sachsenhausen
Lu	KZ Lublin-Majdanek
Mi	KZ Mittelbau
Ng	KZ Neuengamme
Nw	KZ Natzweiler
Pol.	Häftlingskategorie »Politischer Häftling«
Sa	KZ Sachsenhausen
5. SS-EbBB	5. SS-Eisenbahnbaubrigade
II. SS-BB	II. SS-Baubrigade
V. SS-BB	V. SS-Baubrigade
XIe 13/60 (14/62)	Gräberfeld XI e, offizielle Grablage (tatsächliche Grablage)

Name, Vorname Beruf Häftlingskategorie	Blasczyk, Franziscek Landarbeiter Pole
Geburtsdatum und -ort	20.3.1912 in Wpichow
KZ/Häftlings-Nr.	Au, Nw 15486, Bu 88976, Mi 01081, Sa 126507
Todesdatum und -ort	10.3.1945, 8.20 Uhr in Osnabrück
Todesursache	»Akute Herzlähmung«
Zusätzliche Informationen	Standesamtlicher Vermerk: »Weitere Personalien nicht ermittelt.« Häftlingskategorie in Nw: »Pol. Pole«
Quellen	Standesamt Osnabrück Nr. 247/50, 9.2.1950; Zugangsliste Nw aus Au vom 3.5.1944; Cochem 688; Heringen 10; 5. SS-EbBB 308; Journal, S. 166; Veränderungsmeldung Sa, JSU 2/101, Blatt 72; Grabstelle Osnabrück, Heger Friedhof XIe 13/50 (14/51)

Name, Vorname Beruf Häftlingskategorie	Chrzaszcz (Chrzaczez), Josef Arbeiter Pole
Geburtsdatum und -ort	12.9.1927 (12.9.17) in Lubocknij
KZ/Häftlings-Nr.	Au, Nw 15532, Bu 89022, Mi O1155, Sa
Todesdatum und -ort	23.1.1945 im 1. Bauzug (Hasbergen?)
Todesursache	»Allgemeine Körperschwäche«
Zusätzliche Informationen	Standesamtliche Vermerke: »russischer Staatsangehöriger«, »Weitere Personalien nicht ermittelt.« Häftlingskategorie in Nw: »Pol. Pole«
Quellen	Standesamt Osnabrück Nr. 260/50, 11.2.1950; Zugangsliste Nw aus Au vom 3.5.1944; Cochem 733; Heringen 15, 5. SS-EbBB 312; Journal, S. 121

Name, Vorname Beruf Häftlingskategorie	Dakowicz, Andrzej Bu: Koch, Nw: Landarbeiter Pole
Geburtsdatum und -ort	13.6.1904 in Galicki
KZ/Häftlings-Nr.	Lu, Nw 10335, Bu 89040, Mi 01175, Sa
Todesdatum und -ort	30.1.1945 in Osnabrück
Todesursache	»Unfall, Contusio Capitis« (Schädelprellung)
Zusätzliche Informationen	Standesamtlicher Vermerk: »Weitere Personalien nicht ermittelt.« Laut Journal am 31.1.1945 nicht in Osnabrück, sondern bei einem Unfall im 1. Bauzug gestorben. Häftlingskategorie in Nw: »AZA Pole«
Quellen	Standesamt Osnabrück Nr. 228/50; 8.2.1950; Cochem 132; Heringen 17; 5. SS-EbBB 314; Journal, S. 128 (31.1.45)

Name, Vorname Beruf Häftlingskategorie	Damjanenko, Jakow Arbeiter Pol. Russe
Geburtsdatum und -ort	23.10.1923
KZ/Häftlings-Nr.	Ng, Bu 45106
Todesdatum und -ort	6.12.1944 in Osnabrück
Todesursache	»Bombentreffer«
Zusätzliche Informationen	Damjanenko kam über Ng II. SS-BB und Bu V. SS-BB zur 5. SS-EBB.
Quellen	5. SS-EbBB 246; Totenbuch KZ Mittelbau Nr. 4526; ITS 1.1.27.1/2540647; Journal, S. 73

Name, Vorname Beruf Häftlingskategorie	Dziubinski, Adam Feuerwehrmann Pole
Geburtsdatum und -ort	23.5.1922 in Lemberg
KZ/Häftlings-Nr.	Lu 2929, Nw 10354, Bu 89060, Mi 01216, Sa
Todesdatum und -ort	12.4.1945 in Nordenham
Todesursache	»Lungentuberkulose«
Zusätzliche Informationen	Häftlingskategorie in Nw: »AZA Pole«, in Bu: »Polit. Pole«. 6.4.1944 aus Lu über Nw Kommando Cochem, Bu und Mi zur 5. SS-Baubrigade. Der in der Sterbeurkunde angegebene Todesort Nordenham-Blexen ist falsch. Grabstelle: Friedhof Nordenham-Atens (Neuer Friedhof) Acker IV A, Sonderreihe; Grab 7
Quellen	Standesamt Nordenham Nr. 262/1949, 9.2.1950; Cochem 147; 5. SS-EbBB 37; Journal, S. 199; Auskunft Holger Frerichs, Varel, vom 5.3.2016

Name, Vorname Beruf Häftlingskategorie	Hardy, Viktor Bu: Arbeiter, Nw: Bergmann Pol. Luxemburger
Geburtsdatum und -ort	6.1.1909 in Dudelange (Düdelingen) Luxemburg
KZ/Häftlings-Nr.	Nw 7682, Bu 89635, Mi 01317, Sa
Todesdatum und -ort	27.2.1945 in Osnabrück
Todesursache	Keine Angabe
Zusätzliche Informationen	Häftlingskategorie in Nw: »BV LUX« (Luxemburger in vorbeugender Polizeihaft; »Berufsverbrecher«)
Quellen	Cochem 35; Heringen 28; 5. SS-EbBB 323; Journal, S. 155; Grabstelle Osnabrück, Heger Friedhof XIe 13/60 (14/62)

Name, Vorname Beruf Häftlingskategorie	Helmers, Georg Landwirt Pol. Deutscher
Geburtsdatum und -ort	23.3.1904 in Bremen
KZ/Häftlings-Nr.	Ng 4516, Bu 45550, Sa (?)
Todesdatum und -ort	2.1.1945 in Osnabrück
Todesursache	»Unfall«
Zusätzliche Informationen	auch: »Hellmers«. Häftlingskategorie in Ng: »BV«. Helmers kam über Ng II. SS-BB und Bu V. SS-BB zur 5. SS-EBB.
Quellen	5. SS-EbBB 191; Schlussvermerk 12/19; Journal, S. 99; Veränderungsmeldung Sa, JSU 1/101, Blatt 32; Grabstelle Osnabrück, Heger Friedhof XIe12/54 (13/55)

Name, Vorname Beruf Häftlingskategorie	Holub, Wasyl Dreher Pol. Russe
Geburtsdatum und -ort	15.3.1920
KZ/Häftlings-Nr.	Bu 45141, Sa 126587
Todesdatum und -ort	Januar 1945 in Osnabrück
Todesursache	Keine Angabe
Zusätzliche Informationen	Holub ist in der Veränderungsmeldung des KZ Sa als verstorben registriert. Im Journal finden sich keine Hinweise.
Quellen	5. SS-EbBB 167; Veränderungsmeldung Sa, JSU 1/101, Blatt 32

Name, Vorname Beruf Häftlingskategorie	Iwanow, Wasil Arbeiter Pol. Russe
Geburtsdatum und -ort	5.4.1924
KZ/Häftlings-Nr.	Ng 19254, Bu 45143, Sa
Todesdatum und -ort	13.4.1945 Nordenham
Todesursache	»Lungentuberkulose«
Zusätzliche Informationen	Iwanow kam über Ng II. SS-BB und Bu V. S-BB zur 5. SS-EBB. Der in der Sterbeurkunde angegebene Todesort Nordenham-Blexen ist falsch. Grabstelle: Friedhof Nordenham-Atens (Neuer Friedhof) Acker IV A, Sonderreihe; Grab 8
Quellen	Standesamt Nordenham Nr. 263/1949, 9.2.1950; Journal, S. 200; 5. SS-EbBB 169; Auskunft Holger Frerichs, Varel, vom 5.3.2016

Name, Vorname Beruf Häftlingskategorie	Iwaschtschenko, Nikolai (Michail) Kaufmann Pol. Russe
Geburtsdatum und -ort	29.6.1905 (22.6.1905)
KZ/Häftlings-Nr.	Ng, Bu 45145, Sa
Todesdatum und -ort	8.1.1945, 7.30 Uhr in Osnabrück
Todesursache	»Allgemeine Körperschwäche«
Zusätzliche Informationen	Standesamtlicher Vermerk: »Weitere Personalien nicht ermittelt.« Iwaschtschenko kam über Ng II. SS-BB und Bu V. SS-BB zur 5. SS-EBB.
Quellen	Standesamt Osnabrück Nr. 294/50; 15.2.1950; 5. SS-EbBB 171; Journal, S. 105; Grabstelle Osnabrück, Heger Friedhof XIe Gr 12/56 (13/57)

Name, Vorname Beruf Häftlingskategorie	Jaskin, Michail Bu: Schlosser, Nw: Landarbeiter Pol. Russe
Geburtsdatum und -ort	20.9.1895 in Leningrad
KZ/Häftlings-Nr.	Au 149545, Nw 15695, Bu 88703, Mi 01370, Sa (?)
Todesdatum und -ort	3.1.1945 in Osnabrück
Todesursache	»Allgemeine Körperschwäche«
Zusätzliche Informationen	Standesamtlicher Vermerk: »Weitere Personalien nicht ermittelt.« Bu: »Russischer Zivilarbeiter«. In der Zugangsliste Nw ist als Geburtsdatum der 20.9.1896 und als Geburtsort Domanowo vermerkt.
Quellen	Standesamt Osnabrück Nr. 295/50; 15.2.1950; Zugangsliste Nw aus Au vom 3.5.1944 Nr. 267; Cochem 883; Heringen 37; 5. SS-EbBB 332; Journal, S. 100; Veränderungsmeldung Sa, JSU 1/101, Blatt 32; Grabstelle Osnabrück, Heger Friedhof XIe Gr 12/55 (13/56)

Name, Vorname Beruf Häftlingskategorie	Kalisz (Kalidz), Bazily Tischler Pole
Geburtsdatum und -ort	2.2.1903
KZ/Häftlings-Nr.	Lu, Nw 10401, Bu 89160, Mi 01397, Sa
Todesdatum und -ort	17.4.1945 Nordenham
Todesursache	»Lungentuberkulose«
Zusätzliche Informationen	Häftlingskategorie in Nw: »AZA Pole«. Der in der Sterbeurkunde angegebene Todesort Nordenham-Blexen ist falsch. Grabstelle: Friedhof Nordenham-Atens (Neuer Friedhof) Acker IV A, Sonderreihe; Grab 9
Quellen	Standesamt Nordenham Nr. 264 (oder 284)/1949, 9.2.1950; Journal, S. 204; Cochem 187; Heringen 43; 5. SS-EbBB 337; Auskunft Holger Frerichs, Varel, vom 5.3.2016

Name, Vorname Beruf Häftlingskategorie	Karawajew, Stepan Maler Pol. Russe
Geburtsdatum und -ort	3.3.1922 Moskau
KZ/Häftlings-Nr.	Bu 10037, Sa 126806
Todesdatum und -ort	13.3.1945 in Osnabrück
Todesursache	»Kopfschuss«
Zusätzliche Informationen	Standesamtlicher Vermerk: »Weitere Personalien nicht ermittelt. Todesursache: Kopfschuss«; Journal vom 10.3.1944 (!): »Karawajew am 13.3.45 auf der Flucht (Soforteinsatz Hbf. Osn.) erschossen.«; Bu: »Russischer Zivilarbeiter«
Quellen	Standesamt Osnabrück Nr. 300/50; 15.2.1950; V. SS-BB 601; 5. SS-EbBB 195; Journal, S. 166; Veränderungsmeldung Sa, JSU 2/101, Blatt 77; Grabstelle Osnabrück, Heger Friedhof XIe Gr 13/47 (14/48);

Name, Vorname Beruf Häftlingskategorie	Korol, Wasilij Arbeiter Pol. Russe
Geburtsdatum und -ort	30.1.1910 in Berdjansk/UA
KZ/Häftlings-Nr.	Bu 23786, Sa 126819
Todesdatum und -ort	13.3.1945, 6.30 Uhr in Osnabrück
Todesursache	Keine Angabe
Zusätzliche Informationen	Liste 5. SS-EbBB: »Korol, Wladimir«
Quellen	Standesamt Osnabrück Nr. 311/50; V. SS-BB 1240; 5. SS-EbBB 282; Journal, S. 169; Veränderungsmeldung Sa, JSU 2/101, Blatt 72; Grabstelle Osnabrück, Heger Friedhof XIe Gr 13/49 (14/50)

Name, Vorname Beruf Häftlingskategorie	Kühnel, Richard Bergmann Pol.
Geburtsdatum und -ort	1.6.1916 (1915) in Mönchengladbach
KZ/Häftlings-Nr.	Bu 14203
Todesdatum und -ort	12.12.1944, 19.30 Uhr in Osnabrück
Todesursache	Journal: »Durch Bombenangriff am 12.12.44 um 19.30 1 Hfl. (Nr. 14203) getötet«. Standesamt Sangerhausen: »Bauchverletzung durch Feindeinwirkung«.
Zusätzliche Informationen	Ehem. Wehrmachtsangehöriger (Kriegsmarinewerft Bergen/Norwegen); KZ Bu Lagerstufe II (»schwer belastet, jedoch noch erziehungs- und besserungsfähig«) Lt. Standesamt Sangerhausen am 13.12.1944 um 13.00 Uhr in Sangerhausen verstorben. Todesursache: »Bauchverletzung durch Feindeinwirkung«. Grabstelle befindet sich jedoch in Osnabrück.
Quellen	Standesamt Sangerhausen, Sterbeurkunde vom 27.12.1944 in beglaubigter Abschrift durch Sonderstandesamt Arolsen vom 4.5.1953; V. BB 882; 5. SS-EbBB 113; Schlussvermerk 13/28; ITS Arolsen Hängeordner zur 5. SS-EbBB; Journal, S. 79; Grabstelle Osnabrück, Heger Friedhof XIe Gr. 12/60 (13/61)

Name, Vorname Beruf Häftlingskategorie	Kurrek, Johann Maurer BV
Geburtsdatum und -ort	15.1.1916 in Halingshorst/Westf.
KZ/Häftlings-Nr.	Nw 17013, Bu 89672, Mi 01498, Sa
Todesdatum und -ort	28.1.1945, 6.30 Uhr in Osnabrück (Krankenrevier)
Todesursache	»Nach Tieffliegerangriff am 26.1.«
Zusätzliche Informationen	26.1.1945 vom 1. Bauzug in das Revier
Quellen	Cochem 1409; Heringen 53; 5. SS-EbBB 345; Schlussvermerk 5. SS-EbBB BArch B 162/15362, S. 13 Nr. 30; Journal, S. 123 und 125, Veränderungsmeldung Sa, JSU 1/101, Blatt 34

Name, Vorname Beruf Häftlingskategorie	Laba, Tanasz Bu: Schlosser, Nw: Arbeiter Pole
Geburtsdatum und -ort	2.12.1907 in Oseradek
KZ/Häftlings-Nr.	Au, Nw 15823, Bu 89228, Mi 01511, Sa
Todesdatum und -ort	7.3.1945 in Osnabrück
Todesursache	»Akute Herzlähmung«
Zusätzliche Informationen	Häftlingskategorie in Nw: »Pol. Pole«. Standesamtlicher Vermerk: »Weitere Personalien nicht ermittelt.«
Quellen	Standesamt Osnabrück Nr. 329/50; 17.2.1950; Zugangsliste Nw aus Au vom 3.5.1944; Cochem 997; 5. SS-EbBB 62; Journal, S. 163; Grabstelle Osnabrück, Heger Friedhof XIe Gr 13/54 (14/55)

Name, Vorname Beruf Häftlingskategorie	Labecki, Iwan Zimmermann /Hilfstischler Pol. Russe
Geburtsdatum und -ort	31.1.1917 in Polozk
KZ/Häftlings-Nr.	Stutthof, Nw 13957, Da 111549, Ng 62004, Sa
Todesdatum und -ort	2.5.1945, 9.00 Uhr (Flensburg)
Todesursache	»TBC«
Zusätzliche Informationen	Wegen »Bandenbegünstigung« am 15.1.1944 von der Sicherheitspolizei Minsk in das KZ Stutthof eingeliefert. Kam über KZ Na am 25.9.1944 zum KZ Da und am 22.10.44 zum KZ Ng. Vom Außenlager Meppen-Versen am 11.2.1945 in das Stammlager Ng rücküberstellt. Vermutlich mit Austauschtransport vom 9.3.1945 zur 5. SS-EbBB. Wahrscheinlich starb er an Bord des Schiffes »Apollo«, das ab diesem Tag in der Flensburger Förde vor Anker lag.
Quellen	ITS 1.1.29.2/3193875, 1.1.30.6/3635956 und 1.1.30.1/3412425; Journal, S. 219

Name, Vorname Beruf Häftlingskategorie	Mazur, Ludwik Bu: Arbeiter, Nw: Landarbeiter Pole
Geburtsdatum und -ort	13.7.1907 in Schrodula
KZ/Häftlings-Nr.	Au, Nw 15883, Bu 89280, Mi 01592 (in Liste 5. SS-EbBB irrtümlich 02592), Sa
Todesdatum und -ort	22.2.1945, 9.30 Uhr in Osnabrück
Todesursache	»Allgemeine Körperschwäche«
Zusätzliche Informationen	Häftlingskategorie in Nw: »Pol. Pole«. Standesamtlicher Vermerk: »Weitere Personalien nicht ermittelt.«
Quellen	Standesamt Osnabrück Nr. 368/50; 20.2.1950; Zugangsliste Nw aus Au vom 3.5.1944; Cochem 1051; Heringen 61; 5. SS-EbBB 353; Journal, S. 150; Grabstelle Osnabrück, Heger Friedhof XIe Gr 12/29 (13/30)

Name, Vorname Beruf Häftlingskategorie	Medwiga, Nikolaj Landarbeiter Pol. Russe
Geburtsdatum und -ort	29.1.1924 in Prjadiwka
KZ/Häftlings-Nr.	Bu 3328, Sa
Todesdatum und -ort	30.1.1945 im 1. Bauzug
Todesursache	Keine Angabe
Zusätzliche Informationen	Verstorben im 1. Bauzug. Namensangabe auch Nedwiga.
Quellen	V. SS-BB 138; 5. SS-EbBB 211; Neuzugang von V. SS-BB nach Bu am 30.8.1944 Nr. 319; Journal, S. 128 (31.1.45)

Name, Vorname Beruf Häftlingskategorie	Mitilis, Julis - Pol. Russe
Geburtsdatum und -ort	6.1.1914 in Valmiera/Lettland
KZ/Häftlings-Nr.	(55887), Sa
Todesdatum und -ort	12.3.1945
Todesursache	»Auf der Flucht erschossen am 12.3.45«
Zusätzliche Informationen	Mitilis ist in der Veränderungsmeldung des KZ Sachsenhausen ohne Angabe einer Häftlingsnummer als Todesfall in der 5. SS-EbBB registriert. Grabstelle befindet sich in Osnabrück. Die Todesursache ist nicht vermerkt. Tod im Journal mit Häftlingsnummer 55887 vermerkt. Kein Hinweis auf Mitilis in den vorhandenen Häftlingsverzeichnissen.
Quellen	Journal, S. 168; Veränderungsmeldung Sa, JSU 2/101, Blatt 72; Grabstelle Osnabrück, Heger Friedhof XIe Gr 13/51 (14/52)

Name, Vorname Beruf Häftlingskategorie	Moryn, Jan - Pole
Geburtsdatum und -ort	20.3.1920
KZ/Häftlings-Nr.	Sa 126657
Todesdatum und -ort	15.2.1945 in Osnabrück
Todesursache	Keine Angabe
Zusätzliche Informationen	Moryn ist in der Veränderungsmeldung des KZ Sa als in der 5. SS-EbBB verstorben registriert. Tod im Journal nicht vermerkt. Kein Hinweis auf Moryn in den vorhandenen Häftlingsverzeichnissen.
Quellen	Veränderungsmeldung Sa, JSU 1/101, Blatt 39

Name, Vorname Beruf Häftlingskategorie	Motornyj, Naum Arbeiter Pol. Russe
Geburtsdatum und -ort	1913
KZ/Häftlings-Nr.	Bu 37631
Todesdatum und -ort	6.12.1944 in Osnabrück
Todesursache	»Bombentreffer«
Zusätzliche Informationen	Kein genaues Geburtsdatum. Todeseintrag im Journal am 8.12.1944
Quellen	Heringen 154; 5. SS-EbBB 442; Journal, S. 73; Totenbuch KZ Mittelbau, Nr. 4531, ITS 1.1.27.1/2540647

Name, Vorname Beruf Häftlingskategorie	Mowtschan, Petro Landarbeiter Pol. Russe
Geburtsdatum und -ort	11.9.1906
KZ/Häftlings-Nr.	Bu 23781
Todesdatum und -ort	6.12.1944 in Osnabrück
Todesursache	»Bombentreffer«
Zusätzliche Informationen	
Quellen	V. SS-BB 1238; Bu von V. SS-BB 30.8.1944; 5. SS-EbBB 228; Journal, S. 73; Totenbuch KZ Mittelbau, Nr. 4534 ITS 1.1.27.1/2540647

Name, Vorname Beruf Häftlingskategorie	Naryschkin, Pawel Arbeiter/Koch Pol. Russe
Geburtsdatum und -ort	17.4.1914 in Dorosejkowo
KZ/Häftlings-Nr.	Nw 15918, Bu 88793, Mi 01639
Todesdatum und -ort	28.10.1944 in Osnabrück
Todesursache	Keine Angabe
Zusätzliche Informationen	Naryschkin verstarb in der Nacht vom 27./28.10.44.
Quellen	Cochem 1084; Neuzugänge Bu von Nw am 26.9.1944, Nr. 189; Journal, S. 33 (28.10.1944)

Name, Vorname Beruf Häftlingskategorie	Nikiforow, Iwan Schmied Pol. Russe
Geburtsdatum und -ort	16. 2. 1906
KZ/Häftlings-Nr.	Nw 10814, Bu 88773, Mi 01651
Todesdatum und -ort	6. 12. 1944 in Osnabrück
Todesursache	»Bombentreffer«
Zusätzliche Informationen	Nikiforow wurde in Na zunächst als »Kgf. Russe« (Kriegsgefangener Russe) geführt.
Quellen	Cochem 489, Heringen 74, 5. SS-EbBB 365; Journal, S. 73; Totenbuch KZ Mittelbau, Nr. 4529 ITS 1. 1. 27.1/2540647

Name, Vorname Beruf Häftlingskategorie	Nikiforowskij, Wasilij Landarbeiter Pol. Russe
Geburtsdatum und -ort	25. 3. 1895
KZ/Häftlings-Nr.	Nw 15929, Bu 88794, Mi 01652
Todesdatum und -ort	6. 12. 1944 in Osnabrück
Todesursache	»Bombentreffer«
Zusätzliche Informationen	
Quellen	Cochem 1093; 5. SS-EbBB 70; Journal, S. 73; Totenbuch KZ Mittelbau, Nr. 4533 ITS 1. 1. 27.1/2540647

Name, Vorname Beruf Häftlingskategorie	Odarek (Ogurek), Andrej Landarbeiter AZA Pole
Geburtsdatum und -ort	26.1.1909
KZ/Häftlings-Nr.	Nw 10505, Bu 89321, Mi 01667
Todesdatum und -ort	6.12.1944 in Osnabrück
Todesursache	»Bombentreffer«
Zusätzliche Informationen	Geburtsdatum in Liste Cochem 26.2.1909
Quellen	Cochem 263; 5. SS-EbBB 71; Journal, S. 73; Totenbuch KZ Mittelbau, Nr. 4527, ITS 1.1.27.1/2540647

Name, Vorname Beruf Häftlingskategorie	Popow, Fjodor Bu: Arbeiter, Nw: Landarbeiter Pol. Russe
Geburtsdatum und -ort	15.5.1898
KZ/Häftlings-Nr.	Au, Nw 15969, Bu?, Mi 01743, Sa 126888
Todesdatum und -ort	21.1.1945, 17.00 Uhr in Osnabrück
Todesursache	»Gastritis«
Zusätzliche Informationen	Geburtsort »Strelitz«. Standesamtlicher Vermerk: »Weitere Personalien nicht bekannt.« Popow war am 3.1.1945 »krankheitshalber« vom 1 Bauzug ins Revier überstellt worden. In der Liste Cochem ist der Name mit Papow und das Geburtsdatum mit 10.7.1898 angegeben.
Quellen	Standesamt Osnabrück Nr. 390; 21.2.1950; Zugangsliste Nw aus Au vom 3.5.1944; Cochem 1128; Heringen 85; 5. SS-EbBB 375; Journal, S. 100 und 118; Veränderungsmeldung Sa, JSU 1/101, Blatt 32; Grabstelle Osnabrück, Heger Friedhof XIe Gr 12/51 (13/52)

Name, Vorname Beruf Häftlingskategorie	Quertinmont, Jules O. Maurer Pol. Belgier
Geburtsdatum und -ort	25.3.1913 in Ham sur Heure/Belgien
KZ/Häftlings-Nr.	Nw 18292, Bu 89631, Mi 01766, Sa 126671
Todesdatum und -ort	21.1.1945 in Osnabrück
Todesursache	Keine Angabe
Zusätzliche Informationen	Häftlingskategorie in Nw: »Pol. Belg«. Journal: 1. Bauzug. Leichnam wurde exhumiert und nach Belgien überführt.
Quellen	Standesamt Osnabrück Nr. 114/50; Cochem 1526; Heringen 86; 5. SS-EbBB 376; ITS 3536, Bl. 001; Journal, S. 118; Veränderungsmeldung Sa, JSU 1/101, Blatt 32

Name, Vorname Beruf Häftlingskategorie	Ryba, Boleslaw Schuster Pole
Geburtsdatum und -ort	5.10.1925
KZ/Häftlings-Nr.	Mi 16028
Todesdatum und -ort	25.11.1944 in Osnabrück
Todesursache	Keine Angabe
Zusätzliche Informationen	Vermutlich zuvor KZ Natzweiler
Quellen	5. SS-EbBB 220; Journal, S. 61 (25.11.44)

Name, Vorname Beruf Häftlingskategorie	Schatalo, Nikolaj Arbeiter Pol. Russe
Geburtsdatum und -ort	19.5.1919
KZ/Häftlings-Nr.	Bu 23487
Todesdatum und -ort	6.12.1944 in Osnabrück
Todesursache	»Bombentreffer«
Zusätzliche Informationen	
Quellen	V. SS-BB 1201; 5. SS-EbBB 227; Journal, S. 73; Totenbuch KZ Mittelbau, Nr. 4530 ITS 1.1.27.1/2540647

Name, Vorname Beruf Häftlingskategorie	Schewtschenko - -
Geburtsdatum und -ort	-
KZ/Häftlings-Nr.	Ng (?) 67874, Sa
Todesdatum und -ort	23.2.1945 im 1. Bauzug vermutl. in Rheine
Todesursache	Keine Angabe
Zusätzliche Informationen	Der 1. Bauzug befand sich zum Soforteinsatz in Rheine. Genaue Identität zurzeit nicht zu ermitteln. Kam vermutlich mit Austauschtransport am 20.12.1944 von KZ Ng. Im Archiv der KZ-Gedenkstätte Ng keine Angaben zu Häftlingsnummer 67874.
Quellen	Journal, S. 152 (24.2.45); KZ-Gedenkstätte Neuengamme

Name, Vorname Beruf Häftlingskategorie	Staniewski, Mieczyslaw Arbeiter Pole
Geburtsdatum und -ort	20.2.1915
KZ/Häftlings-Nr.	Mi 22143
Todesdatum und -ort	6.12.1944 in Osnabrück
Todesursache	»Bombentreffer«
Zusätzliche Informationen	In V. SS-BB Geburtsdatum 15.2.15
Quellen	V. SS-BB 1130; 5. SS-EbBB 289; Journal, S. 73; Totenbuch KZ Mittelbau, Nr. 4532 ITS 1.1.27.1/2540647

Name, Vorname Beruf Häftlingskategorie	Szpaderski, Johann (Jan) - -
Geburtsdatum und -ort	23.11.1909 in Warschau
KZ/Häftlings-Nr.	Da 107580, Ng 62285, Sa
Todesdatum und -ort	17.3.1945 in Osnabrück
Todesursache	»auf der Flucht erschossen«
Zusätzliche Informationen	12.9.1944 von Warschau nach Da (Schutzhäftling); 22.10.1944 von Da überstellt nach Ng. Kam mit Austauschtransport vermutlich am 20.12.1944 oder 9.3.1945 von Ng.
Quellen	Standesamt Osnabrück Nr. 155/50; Auskunft KZ-Gedenkstätte Da, tra 00017033 vom 5.5.2014; Journal, S. 173; Grabstelle Osnabrück, Heger Friedhof XIe Gr 13/22 (14/34)

Name, Vorname Beruf Häftlingskategorie	Unbekannt - -
Geburtsdatum und -ort	-
KZ/Häftlings-Nr.	Ng (?) 66524, Sa
Todesdatum und -ort	31.1.1945
Todesursache	»... erschossen am 31.1.1945 um 16.15 Uhr beim Fluchtversuch« vom 1. Bauzug
Zusätzliche Informationen	Häftling war bereits am 17.1.1945 vom 1. Bauzug flüchtig gemeldet, hatte sich aber laut Journal am 18.1.1945 »freiwillig« zurückgemeldet. Häftlings-Nr. nicht eindeutig KZ Ng zuzuordnen. Identität zurzeit nicht zu ermitteln. Vermutlich seit 11/12 1944 im KZ Ng und mit Austauschtransport am 20.12.1944 zur 5. SS-EbBB.
Quellen	Journal, S. 114 f. und 129 (1.2.45); KZ-Gedenkstätte Neuengamme

Name, Vorname Beruf Häftlingskategorie	Unbekannt - -
Geburtsdatum und -ort	-
KZ/Häftlings-Nr.	Ng (?) 67866, Sa
Todesdatum und -ort	30.1.1945 im 1. Bauzug
Todesursache	Keine Angabe
Zusätzliche Informationen	Häftlings-Nr. nicht eindeutig KZ Ng zuzuordnen. Identität zurzeit nicht zu ermitteln. Vermutlich seit 11/12 1944 im KZ Ng und mit Austauschtransport am 20.12.1944 zur 5. SS-EbBB.
Quellen	Journal, S. 128 (31.1.45); KZ-Gedenkstätte Neuengamme

Name, Vorname Beruf Häftlingskategorie	Unbekannt - -
Geburtsdatum und -ort	-
KZ/Häftlings-Nr.	Ng (?) 71849, Sa
Todesdatum und -ort	3.5.1945, 8.00 Uhr (Flensburg)
Todesursache	»an Nieren-Ödem gestorben«
Zusätzliche Informationen	Häftlings-Nr. nicht eindeutig KZ Ng zuzuordnen. Identität zurzeit nicht zu ermitteln. Vermutlich seit 02/03 1945 im KZ Ng und mit Austauschtransport vom 9.3.1945 zur 5.SS-EbBB. Aufgrund des Todesdatums ist der Tod an Bord der »Apollo« im Flensburger Hafen wahrscheinlich.
Quellen	Journal, S. 220; KZ-Gedenkstätte Neuengamme

Name, Vorname Beruf Häftlingskategorie	Wasik, Jan Bu: (Rötel-)Arbeiter; Nw: Fräser Pole
Geburtsdatum und -ort	29.12.1908 in Czachowa
KZ/Häftlings-Nr.	Au, Nw 16215, Bu 02010, Sa (?)
Todesdatum und -ort	4.1.1945 in Osnabrück
Todesursache	»Ödeme, Herzschwäche«
Zusätzliche Informationen	Journal: »6.1.44 um 11 Uhr verstorben«. Häftlingskategorie in Nw: »Pol. Pole«. Standesamtlicher Vermerk: »Weitere Personalien nicht ermittelt.«
Quellen	Standesamt Osnabrück Nr. 136/50; 31.1.1950; Zugangsliste Nw aus Au vom 3.5.1944; Cochem 1351; Heringen 124; 5.SS-EbBB 412; Journal, S. 103; Veränderungsmeldung Sa, JSU 1/101, Blatt 32; Grabstelle Osnabrück, Heger Friedhof XIe 12/57 (13/58)

Name, Vorname Beruf Häftlingskategorie	Wirizilo, Pawel Zimmermann AZA Pole
Geburtsdatum und -ort	17.3.1898
KZ/Häftlings-Nr.	Nw 10634, Bu 89518, Mi 02026
Todesdatum und -ort	6.12.1944 in Osnabrück
Todesursache	»Bombentreffer«
Zusätzliche Informationen	Name auch Wiriczylo
Quellen	Cochem 358; Heringen 127; 5. SS-EbBB 415; Journal, S. 73; Totenbuch KZ Mittelbau, Nr. 4528 ITS 1.1.27.1/2540647

Name, Vorname Beruf Häftlingskategorie	Wojcik, Aleksander Zimmermann Pole
Geburtsdatum und -ort	28.8.1913 in Szerozniki
KZ/Häftlings-Nr.	Ng, Bu 45495, Sa 126739
Todesdatum und -ort	21.1.1945 in Osnabrück
Todesursache	Keine Angabe
Zusätzliche Informationen	Journal: »vom 1. Bauzug«. Wojcik kam über Ng II. SS-BB und Bu V. SS-BB zur 5. SS-EbBB.
Quellen	5. SS-EbBB 259; Journal, S. 118; Veränderungsmeldung Sa, JSU 1/101, Blatt 32; Grabstelle Osnabrück, Heger Friedhof XIe Gr 12/49 (13/50)

Name, Vorname Beruf Häftlingskategorie	Zuk, Władysław Bw: Landwirt; Nw: Landarbeiter Pol. Russe
Geburtsdatum und -ort	25.7.1889 in Tulowo
KZ/Häftlings-Nr.	Lu, Nw 10665, Bu 88938, Mi 02077, Sa
Todesdatum und -ort	28.2.1945 in Osnabrück
Todesursache	»Eitrige Rippenfellentzündung, allgemeine Schwäche, Darmkatarrh, Kreislaufschwäche«
Zusätzliche Informationen	Häftlingskategorie in Nw: »AZA Pole«. Standesamtlicher Vermerk: »Weitere Personalien nicht ermittelt.«
Quellen	Standesamt Osnabrück Nr. 463/50; 23.2.1950; Cochem 384; Heringen 133; 5. SS-EbBB 421; Journal, S. 156; Grabstelle Osnabrück, Heger Friedhof XIe Gr 13/62 (14/64)

7.5 Abbildungsnachweis

Abb. 1, S. 13: V2Rocket.com, Einsatzkarte erstellt von Charles Ostyn, überarbeitet, Übersichtskarte V-Waffen-Einsatzräume und Nachschubwege im Winter 1944/45.
Abb. 2, S. 15: Sammlung Eisenbahnstiftung Joachim Schmidt, Bildarchiv, Lokomotive der 24er Baureihe im Bahnhof Osnabrück nach dem Luftangriff vom 13. 9. 1944. Aufschrift auf dem Tender: »Räder müssen rollen für den Sieg«.
Abb. 3, S. 17: Sammlung Eisenbahnstiftung Joachim Schmidt, Bildarchiv, Güterbahnhof Osnabrück nach dem Luftangriff vom 13. 9. 1944.
Abb. 4, S. 23: Bundesarchiv, BA Berlin NS 19/771, Auszug aus dem Inspektionsbericht von SS-Sturmbannführer Weigel für SS-Gruppenführer Kammler vom 2. 3. 1945.
Abb. 5, S. 28: National Collection of Aerial Photography, NCAP_ACIU_106G_ 4683_3108, Zugverband der 5. SS-EbBB auf den mittleren Gleisen des Betriebsbahnhofes Osnabrück-Hörne. Luftaufnahme vom 9. 3. 1945.
Abb. 6, S. 29: Privataufnahme; Gedenkstätte Les Milles/Südfrankreich, Gedeckter Güterwagen in einer Gedenkstätte.
Abb. 7, S. 31: Skizze aus: Johannes Fosmark (Hrsg.), Danske i tyske koncentrationslejre, Kopenhagen 1945, Skizze der Inneneinrichtung eines Häftlingswaggons der 5. SS-EbBB.
Abb. 8, S. 49: Privatarchiv Lothar Hülsmann, überarbeitet, Gleisanlagen am Betriebsbahnhof Hörne nach einem Plan aus den 1950er Jahren.
Abb. 9, S. 51: Gerda Fricke, Blick von Limbergen auf die Stadt Osnabrück, Aufnahme aus den 1930er Jahren.
Abb. 10, S. 52: Eisenbahnkarte Deutschlands 1944, Bl. 19 und 20, überarbeitet, Bahnstreckennetz um Osnabrück mit »Südumgehung« und »Nordumgehung«.
Abb. 11, S. 54: Messtischblatt 2516 Nordenham, 1951, gemeinfrei, überarbeitet, Standort Nordenham.
Abb. 12, S. 61: Medienzentrum Osnabrück, Luftaufnahme der Siedlung Sandgrube um 1956.
Abb. 13, S. 65: Eisenbahnkarte Deutschlands 1944, Bl. 19 und 20, überarbeitet, Streckennetz um Rheine mit Entladebahnhöfen für V-Waffen-Nachschub, Stand Winter 1944/45.
Abb. 14, S. 72: DBM Verkehrsarchiv 14.21/3, Streckenkarte der Reichsbahn von 1939, überarbeitet, Rückzugswege der 5. SS-EbBB.
Abb. 15, S. 75: Sammlung Eisenbahnstiftung Joachim Schmidt, Bildarchiv, Zerstörte Bahnanlagen am Hauptbahnhof Osnabrück 1944.
Abb. 16, S. 87: Privatbesitz Anne Vesterdal Conradsen, Handzeichnung Morten Vesterdal, Skizze einer von den Häftlingen hergestellten Brotwaage.

Abb. 17, S. 101: Prämienschein des KZ Sachsenhausen, © Gedenkstätte und Museum Sachsenhausen.
Abb. 18, S. 105: Privatbesitz Anne Vesterdal Conradsen, Postkarte des Vaters aus der 5. SS-EbBB in Osnabrück, Vorder- und Rückseite.
Abb. 19, S. 127: Privataufnahme, Grabsteine für Richard Kühnel und Fjodor Popow auf dem Internationalen Ehrenfeld XI des Heger Friedhofes in Osnabrück.
Abb. 20, S. 135: Gunnar Sørensen, Zeichnung »Heiligabend im Viehwaggon«, in: Pigtråd, 11/1948, S. 162.
Abb. 21, S. 137, Gunnar Sørensen, Zeichnung »Auf dem Marsch zur Arbeitsstelle«, in: Pigtråd, Nr. 11 /1948, S. 163.
Abb. 22, S. 140: Privataufnahme, Flachrelief auf einem Gedenkstein für Antoine Mauduit am Eingang zum Schloss Montmaur.
Abb. 23, S. 143: Sammlung Antoine Bollaert, Emile Bollaert und der Militärgouverneur von Paris, General Pierre Kœnig, anlässlich der Zeremonie zur Feier der Rückkehr der Deportierten am 1. 5. 1945.
Abb. 24, S. 145: Ev. Kirchengemeinde Sulingen, Sterbeurkunde des Standesamtes Sulingen vom 10. 5. 1945 für Antoine Mauduit mit dem Amtssiegel ohne Hoheitsabzeichen.
Abb. 25, S. 149: KZ-Gedenkstätte Buchenwald, Bu-Archiv 32/IX, Wladislaw Wikler 1975.
Abb. 26, S. 153: GFHA Photo 61344, Kurt Reilinger um 1945.
Abb. 27, S. 158: Messtischblatt 5809, Treis, 1952, gemeinfrei, Tunnel Bruttig-Treis 1940, Bildmitte: Verlauf des Treiser Tunnels und der Bahndämme.
Abb. 28, S. 161: International Tracing Service, ITS 1.1.6.2/10029652, Postkarte von Janina Dziubinska mit der Bitte um Informationen über ihren Sohn.
Abb. 29, S. 173: Privatbesitz Annette Holtze, Hans Holtze als Schüler der Randers Statsskole, 1943.
Abb. 30, S. 175: Privatbesitz Annette Holtze, Ansichtskarte von Osnabrück, die Hans Holtze von seinem Nachkriegsbesuch in Osnabrück mit nach Hause nahm.
Abb. 31, S. 178: International Tracing Service, ITS 1.1.5.3/6056274, Häftlingskarteikarte des KZ Buchenwald für Ismail Halid.
Abb. 32, S. 181: International Tracing Service, ITS Handakte zur 5. SS-Eisenbahnbaubrigade, Sterbeurkunde des Standesamtes Osnabrück-Stadt für Stepan Karawajew.
Abb. 33, S. 185: Yad Vashem, Auschwitz-Album, gemeinfrei, Häftlingstransport aus Ungarn bei der Ankunft in Auschwitz.

7.6 Quellen- und Literaturverzeichnis

7.6.1 Archive

Die Signaturen der benutzten Bestände sind in den jeweiligen Fußnoten vermerkt.

Archiv der Evangelisch-Lutherischen Kirchengemeinde Sulingen, Friedhofsverwaltung
Archiv der Gedenkstätte KZ Buchenwald
Archiv der Gedenkstätte KZ Dachau
Archiv der Gedenkstätte KZ Mittelbau-Dora (DMD)
Archiv der Gedenkstätte KZ Neuengamme
Archiv der Gedenkstätte KZ Sachsenhausen, Oranienburg
Bauordnungsamt Osnabrück
Bundesarchiv (BArch), Außenstelle Ludwigsburg
Bundesarchiv Berlin (BA)
Deutsche Bahn Stiftung DB Museum Nürnberg (DBM)
Deutsches Schifffahrtsmuseum Bremerhaven
DRK-Suchdienst, Standort München (Zweiter Weltkrieg)
Eisenbahnstiftung Joachim Schmidt, Treuhandstiftung in Verwaltung der Stiftung Deutsche Eisenbahn (SDE), Bildarchiv der Eisenbahnstiftung, Iserlohn
Fondation pour la Mémoire de la Déportation, Livre Memorial, Frankreich, (Internet-Archiv, http://www.bddm.org/liv/recherche.php, letzter Aufruf 26. 4. 2019)
Frøslevlejrens fangekartotek [Gefangenenverzeichnis des Lagers Frøslev], (Internet-Archiv, http://froeslev.natmus.dk/, letzter Aufruf 26. 4. 2019), Dänemark
Gemeentearchief [Gemeindearchiv] Angerlo im Streekarchivariaat [Regionalarchiv] De Liemers en Doesburg, Niederlande.
Ghetto Fighters House Archive (GFHA), Itzhak Katzenelson Holocaust and Jewish Resistance Heritage Museum, Holland Section, Beit Lohamei Haghetaot, Westgaliläa, Israel (Internet-Archiv, https://www.gfh.org.il/eng/Archive, letzter Aufruf 26. 4. 2019)
Internationaler Suchdienst (ITS), Bad Arolsen
Landesarchiv Baden-Württemberg, Abteilung Staatsarchiv Ludwigsburg
Landesarchiv Nordrhein-Westfalen, Abteilung Westfalen, Münster
Militärhistorische Sammlung Alter Flakleitstand, Nordenham
Museum Nordenham
Nationaal Archief, Centraal Bureau voor Genealogie (CBG), Den Haag, Sammlung Calmeyer II, Persoonsdossiers
National Archives, Kew/London, Documents Archive, Flemming B. Larsen, Großbritannien
National Collection of Aerial Photography (NCAP), Edinburgh, Großbritannien (Internet-Archiv, https://ncap.org.uk/, letzter Aufruf 26. 4. 2019))
Nationalmuseet – Frihedsmuseets arkiv [Nationalmuseum–Archiv des Freiheitsmuseums], Kopenhagen, Dänemark (Internet-Archiv, https://natmus.dk/museer-og-slotte/frihedsmuseet/arkiver/, letzter Aufruf 26. 4. 2019)
Niedersächsisches Landesarchiv, Standort Osnabrück (NLAOS)
NIOD Instituut voor Oorlogs-, Holocaust- en Genocidestudies, Amsterdam, Niederlande
NS-Dokumentationszentrum NSDOK Köln

Polski Instytut Źródłowy w Lund [Polnisches Quellenforschungsinstitut in Lund] in der Lakocinski Collection, Universitätsbibliothek der Lund Universität, Lund/Schweden (Internet-Archiv, https://www.alvin-portal.org/alvin/resultList.jsf?dswid=-9847&p=1&searchType=EXTENDED&sortString=relevance_sort_desc&noOfRows=10&af=%5B%5D&query=PIZ&aq=%5B%5B%7B%22A_FQ%22%3A%22PIZ%22%7D%5D%5D&aqe=%5B%5D, letzter Aufruf 26.4.2019)

Offenes Archiv der Gedenkstätte Neuengamme, (Internet-Archiv, http://www.offenes-archiv.de/de/startseite.xml, letzter Aufruf 26.4.2019)

Regionaal Archief Alkmaar, Niederlande.

Stadt Osnabrück, Friedhofsverwaltung Heger Friedhof, Gräberverzeichnis

Stadtarchiv Sulingen

Stadtarchiv Trier

Standesamt Nordenham

Standesamt Osnabrück

Streekarchivariaat Noordwest-Veluwe [Regionalarchiv Nordwest-Veluwe], Niederlande. Yad Vashem, Digital Collections, Record Group P. 45, Pinkhof-Waterman Family Archives, collections1.yadvashem.org/full_pdf_srika/5746033.../0001.pdf (letzter Aufruf 20.4.2019).

7.6.2 Quellen und Literatur

Antidiskriminierungsstelle des Bundes (Hrsg.): Zwischen Gleichgültigkeit und Ablehnung – Bevölkerungseinstellungen gegenüber Sinti und Roma, Studie auf der Grundlage einer repräsentativen Forsa-Umfrage (2.001 Befragte), Mai/Juni 2013, https://www.antidiskriminierungsstelle.de/SharedDocs/Downloads/DE/publikationen/Expertisen/Expertise_Bevoelkerungseinstellungen_gegenueber_Sinti_und_Roma_20140829.pdf?__blob=publicationFile&v=3 (letzter Aufruf 26.4.2019).

Applebaum, Anne: Der Gulag, Berlin 2013.

Asmussen, Bernhard: Was geschah auf der Rheinfels? in: Regenbogen über der Geltinger Bucht. Neufassung der Beiträge im Jahrbuch des Heimatrings der Landschaft Angeln 1995, o. O. o. J., in: http://www.steinbergkirche.de/fileadmin/user_upload/Geltinger_Bucht/Regenbogen_GeBu_Neufassung.pdf (letzter Aufruf 24.9.2019), S. 23-24.

Barfod, Jørgen H.: Helvede har mange navne [Die Hölle hat viele Namen], Kopenhagen 2010.

Boll, Bernd: Konzentrationslager auf Schienen. Eisenbahn-Baubrigaden der SS in Offenburg 1944/45, in: Die Ortenau. Zeitschrift des Historischen Vereins für Mittelbaden 73/1993, S. 480-514.

Bollaert, Alain: Emile Bollaert. Biographie, www.emile-bollaert.fr (letzter Aufruf 26.4.2019).

Bollaert, Emile: Guerre et Paix en Indochine, Paris 1950.

– Préface (Vorwort), in: Frére Birin (Alfred Untereiner): 16 Mois de Bagne. Buchenwald-Dora, Reims 1946.

Brahm, Reinhard: Die Fernrakete V2 und ihre Starträume in den Kreisen Borken, Coesfeld und Steinfurt. Ein Beitrag zur Militärgeschichte, zugleich ein Beitrag zur lokalen und regionalen Geschichte, Metelen 2007.

Brossolette, Gilberte: »… et Pierre Brossolette emporta ses secrets,« Auszüge aus: »Il s'appelait Pierre Brossolette …«, in: Genebrier, Roger: Emile Bollaert (L'hommage á

Emile Bollaert, numero spécial de la revue »Administration«, Impr. Municipale), Paris 1980, S. 54-64.

Brunet, Pierre: Les martyrs de Neuengamme, in: Le Cercle Historia, Paris 1975, S. 289 -365.

Bührmann-Peters, Frank: Ziviler Strafvollzug für die Wehrmacht. Militärgerichtlich Verurteilte in den Emslandlagern 1939-1945, Dissertation, Osnabrück 2002, https://repositorium.uni-osnabrueck.de/bitstream/urn:nbn:de.../E-Diss216_thesis.pdf.

Bulletin Mensuel d'Amicale des Déportés Politiques et de la Résistance d'Ellrich, 3/1946, S. 6, http://dora-ellrich.fr/wp-content/uploads/num%C3%A8ro-3-f%C3%A9vrier-1946.pdf (letzter Aufruf 26. 4. 2019).

Cooper, Duncan/Schubert, Michael: Anhaltende Ausgrenzung. Diskriminierung und rassistische Verfolgung von ›Zigeunern‹ in Osnabrück von den 1920er bis in die 1950er Jahre, Osnabrück 2014.

Czarnecki, Waclaw/Zonik,Zygmunt (Hrsg.): Kryptonim Dora [Codename Dora], Warschau 1973.

– Walczacy oboz Buchenwald [Kampflager Buchenwald], Warschau 1969.

Dokumentationsstelle Mittelbau-Dora, DMD P4 Bd. 135, Tagebuchaufzeichnung des Luftwaffen-Gefreiten Rudolf Zseby.

Eichholtz, Dieter: Geschichte der deutschen Kriegswirtschaft 1939-1945, Bd. I-III, Nachdruck, München 2003.

Eisenbahnfreunde Lengerich: Am Knick in der Rollbahn. Eisenbahnen in Lengerich – ein Bilderbogen, in: https://www.eisenbahnfreunde-lengerich.de/fileadmin/downloads/eisenbahn_geschichte_nr30.pdf (letzter Aufruf 26. 4. 2019).

Fings, Karola: Krieg, Gesellschaft und KZ. Himmlers SS-Baubrigaden, Paderborn 2005.

Floersheim, Chanan Hans: Über die Pyrenäen in die Freiheit, Konstanz 2008.

Fondation pour la Mémoire de la Déportation, Biographies, Emile Bollaert, https://dora-ellrich.fr/bollaert-emile (letzter Aufruf 26. 4. 2019).

Fosmark, Johannes: Bombekommandoens fanger fik julesnaps [Gefangene des Bombenkommandos erhielten Juleschnaps], in: Midtjyllands Avis, 21. 12. 1985, S. 17.

Frerichs, Holger: Sowjetische Kriegsgefangene 1941-1945 auf dem Friedhof Atens (unveröffentlichter Forschungsbericht), Varel 2013.

Fricke, Gerda: Wüstenbewohner erinnern sich. KZ-Häftlinge auf dem Güterbahnhof bei Block Hörne (1. Teil), in: Wüstenwind. Das Magazin für alle Wüstenbewohner 29/2015, S. 16.

– Wüstenbewohner erinnern sich. KZ-Häftlinge auf dem Güterbahnhof bei Block Hörne (2. Teil), in: Wüstenwind. Das Magazin für alle Wüstenbewohner 30/2015, S. 16.

Gedenkstätte Lager Sandbostel: Häftlinge aus dem KZ Neuengamme, in: Gedenkstätte Lager Sandbostel. Geschichte, Stalag X B, https://www.stiftung-lager-sandbostel.de/geschichte/stalag-x-b/kz-h%C3%A4ftlinge/ (letzter Aufruf 20. 4. 2019).

Gedenkstätte und Museum Sachsenhausen: Außenlager »Klinkerwerk«. Freiluft-Ausstellung »Steine für ›Germania‹ – Granaten für den ›Endsieg‹. Das ›Außenlager Klinkerwerk‹ des KZ- Sachsenhausen«, www.sachsenhausen-sbg.de/ausstellungen/KZ-aussenlager-klinkerwerk/ (letzter Aufruf 22. 4. 2019).

Genebrier, Roger: Emile Bollaert (L'hommage á Emile Bollaert, numero spécial de la revue »Administration«, Impt. Municipale), Paris 1980.

Grabowski, Hans-Ludwig: Das Geld des Terrors. Geld und Geldersatz in deutschen Konzentrationslagern und Gettos 1933 bis 1945, Regenstauf 2008.

Ham, Bertie: Arbeider in Moffenland. Roman van den »Arbeitseinsatz«, Laren 1945.

Happe, Katja: Viele falsche Hoffnungen. Judenverfolgung in den Niederlanden 1940-1945, Paderborn 2017.

Heese, Thorsten (Hrsg.): Topografien des Terrors. Nationalsozialismus in Osnabrück, Osnabrück 2015.

Heimes, Ernst: Ich habe immer nur den Zaun gesehen. Suche nach dem KZ Außenlager Cochem, Koblenz 1999.

Holtze, Annette: Hans Holtze – jeres morfar/farfar – og krigen [Euer Großvater im Krieg], unveröffentlichte Text-und Bildkollage für Holtzes Enkel und Urenkel Lea, Jakob, Janus und Maja, o.O., April 2012.

– Tiden læger ikke alle sår [Die Zeit heilt nicht alle Wunden], in: Hendes Verden 38/2013, S. 40.

Hülsmann, Lothar H./Scheidemann,Wilfried: Die Eisenbahnen der Georgs-Marien-Hütte, Lübbecke, 1985.

Interview des Verfassers mit G. Fricke am 14. 2. 2015.

Interview des Verfassers mit G. Fricke und H. Brockmeyer am 20. 2. 2016.

Interview des Verfassers mit W. Nietiedt am 16. 5. 2017.

Issmer, Volker: Zum Bombenräumen nach Osnabrück. KZ-Häftlinge aus dem Lengericher Tunnel in unserer Stadt, in: Osnabrücker Mitteilungen 108/2003, S. 179-188.

Jespersen, Knud J.V.: From Arsonist to Fire Brigade: Special Operations Executive and Danish Restistance 1940-1945, in: Sevaldsen,Jørgen/Bjørke,Bo/Bjørn,Claus (Hrsg.): Britain and Denmark, Kopenhagen 2003.

Kaspar, Fred: Behelfsheime für Ausgebombte. Bewältigung des Alltäglichen im »Totalen Krieg«. Münsters Bürger ziehen aufs Land, Petersberg 2011.

Keller, Claas (Verantwortlicher im Sinne des Presserechts): Die Hoyaer Eisenbahn, Chronik Kleinbahn Hoya-Syke-Asendorf, www.hoyaer-eisenbahn.de (letzter Aufruf 12. 4. 2019).

Klarsfeld, Beate und Serge: Mémoires, Paris 2015.

Knipping, Andreas: Ikone G-Wagen. Zur Geschichte der sogenannten G-Wagen im Zusammenhang mit Transporten im Dritten Reich, in: http://www.bahnpark-augsburg.de/fileadmin/pdf/TI_05_Bremen_Ikone_G_Wagen_Knipping.pdf (letzter Aufruf 26. 4. 2019).

Kuzmić (Hrsg.): Antifašistički split-Ratna kronika 1941-1945, Split 2011.

KZ-Gedenkstätte Neuengamme (Hrsg.): Abgeleitete Macht. Funktionshäftlinge zwischen Widerstand und Kollaboration, Bremen 1998 (Beiträge zur Geschichte der nationalsozialistischen Verfolgung in Norddeutschland, Heft 4).

– Ausgegrenzt. »Asoziale« und »Kriminelle« im nationalsozialistischen Lagersystem, Bremen 2009 (Beiträge zur Geschichte der nationalsozialistischen Verfolgung in Norddeutschland, Heft 11).

– Hilfe oder Handel? Rettungsbemühungen für NS-Verfolgte, Bremen 2007 (Beiträge zur Geschichte der nationalsozialistischen Verfolgung in Norddeutschland, Heft 10).

Landesarchiv Baden-Württemberg, Abteilung Staatsarchiv Ludwigsburg (StA Ludwigsburg), Wiedergutmachungsakten Reilinger.

Landeszentrale für politische Bildung Baden-Württemberg (Hrsg.): Auf dem Weg zu einer Geschichte des Konzentrationslagers Natzweiler. Texte und Unterrichtsvorschläge zum Gedenktag 27. Januar, Stuttgart 2000, https://www.lpb-bw.de/publikationen/natzweiler/Natzweiler.pdf (letzter Aufruf 26. 4. 2019).

Larsen, Flemming B.: Fra Kz-fange til NATO-general over tyske tropper [Vom KZ-Gefangenen zum NATO-General über deutsche Truppen], in: Pigtråd, Sondernummer, Februar 1995, S. 34-38.

– Nogle Blik Tilbage på Årene 1940-1945 [Einige Rückblicke auf die Jahre 1940-1945], in: Frihedskampens Veteraner 70/1976, S. 39–53.
– Jul i en jernbanevogn [Weihnachten in einem Eisenbahnwaggon], in: Pigtråd 11/948, S. 163-164.
– Osnabrück-Kommandoen [Kommando Osnabrück], in: Danske i tyske koncentrationslejre (under Redaktion af Johannes Fosmark), Kopenhagen 1945, S. 139-156.

Lenz, Claudia: Vom Heldentum zum moralischen Dilemma. Die Weißen Busse und ihre Deutungen nach 1945, in: Hilfe oder Handel? Rettungsbemühungen für NS-Verfolgte, Bremen 2007 (Beiträge zur Geschichte der nationalsozialistischen Verfolgung in Norddeutschland, Heft 10), S. 68-80.

Middelberg, Mathias: »Wer bin ich, dass ich über Leben und Tod entscheide?« Hans Calmeyer – »Rassereferent« in den Niederlanden 1941-1945, Göttingen 2015.

MIRS London Online Books (Hrsg.): Handbook of the Organization Todt, Teil 5, London 1945, http://www.malselvhistorielag.no/documents/PDFFileListDiverseHistorisk/Handbook-of-the-organisation-TODT-O-T-UK-1945.pdf (letzter Aufruf 26.4.2019).

Moll, Martin: Führer-Erlasse 1939-1945. Edition sämtlicher überlieferter, nicht im Reichsgesetzblatt abgedruckter, von Hitler während des Zweiten Weltkrieges schriftlich erteilter Direktiven aus den Bereichen Staat, Partei, Wirtschaft, Besatzungspolitik und Militärverwaltung, Stuttgart 1997.

Muntzos, Anna: Der Angriff sitzt mir in den Knochen, in: Westfälische Nachrichten, 13.3.2015, https://www.wn.de/Specials/70-Jahre-Kriegsende-im-Muensterland/2015/03/1912873-Vor-70-Jahren-fielen-Bomben-auf-Lengerich-Der-Angriff-sitzt-mir-in-den-Knochen (letzter Aufruf 26.4.2019).

Niederland, William G.: Folgen der Verfolgung. Das Überlebendensyndrom. Seelenmord, Frankfurt 1980.

Ortgies, N./Wilm-Chemnitz, U.: Tage im Tunnel. Das KZ-Außenlager A 1 Lengerich 1944-1945, Books on Demand 2001.

Ozretic, Srecko: Oral history interview, United States Holocaus Memorial Museum (USHMM), RG-Number RG-50.587.0028, https://collections.ushmm.org/search/catalog/irn44843 (letzter Aufruf 26.4.2019).

Ozretic, Srecko: Split-Berlin-Split, in: Kuzmiċ, Marin (Hrsg.): Antifašistički split – Ratna kronika 1941-1945 [Antifaschistisches Split – Kriegschronik 1941-1945], Split 2011, http://www.ratnakronikasplita.com/prilozi/split-berlin-split (letzter Aufruf 26.4.2019).

Pax Christi Basisgruppe Osnabrück und Antifaschistischer Arbeitskreis Osnabrück (Hrsg.): Spurensuche Osnabrück 1933-1945. Ein Stadtrundgang zu den Orten von Verfolgung und Widerstand in Osnabrück 1933-1945, Osnabrück 1995.

Pean, Pierre: Eine französische Jugend. Francois Mitterand 1934-1947(DTV), München 1995.

Pedersen, Mogens: Juleaften i Kreaturvognen [Heiligabend im Viehwaggon], in: Modstandskampen 12/2014, S. 6.

Pichavant, Pierre: Interview 19./20.10.1984 (Ausschnitt), Archiv Neuengamme, in:

Pötter, Frank: Rollende Särge, in: Mitteilungen des Oberhessischen Geschichtsvereins Gießen, 91/2006, S. 173–223, http://geb.uni-giessen.de/geb/volltexte/2019/14331/pdf/MOHG_91_2006.pdf (letzter Aufruf 26.4.2019).

Pouzet, Richard: Buchenwald et Dora (Auszug), in: Roger Genebrier: Emile Bollaert (L'hommage Emile Bollaert, numero spécial de la revue »Administration«, Impr. Municipale), Paris 1980, S. 70f.

Pringnitz,Guido: Deckname Zeisig. Dokumentation zum Treis-Bruttiger Tunnel, Treis-Karden 2016.

Reichstagsbrandverordnung, Reichsgesetzblatt Teil 1, Nr. 17, 1933, in: https://de.wikisource.org/wiki/Reichstagsbrandverordnung (letzter Aufruf 26. 4. 2019).

Rudny, Paul: The Polish Research Institute in Lund. A presentation of the archives, www3.ub.lu.se/ravensbruck/piz-eng-presentation.pdf (letzter Aufruf 26. 4. 2019).

Schippers, Hans: De Westerweelgroep en de Palestinapioniers. Non-conformistisch verzet in de Tweede Wereldoorlog [Die Westerweelgruppe und die Palästinapioniere. Nonkonformistischer Widerstand im Zweiten Weltkrieg], Hilversum 2015.

Schulte, Jan Erik: Zwangsarbeit und Vernichtung. Das Wirtschaftsimperium der SS. Oswald Pohl und das SS-Wirtschaftsverwaltungshauptamt 1933-1945, Paderborn 2001.

Schüttler, Kurt: Hasbergen im Landkreis Osnabrück. Die Geschichte Hasbergens und der früher selbständigen Gemeinden Gaste und Ohrbeck, Oldenburg 1985.

Seidler, Franz W.: Die Organisation Todt. Bauen für Staat und Wehrmacht 1938-1945, Bonn 1998.

SHAEF-Gesetz Nr. 52, http://www.verfassungen.de/de45-49/verf45-i.htm (letzter Aufruf 18. 4. 2019).

Short, Philip: Mitterand. A study in, London 2013.

Spratte, Wido: Im Anflug auf Osnabrück. Die Bombenangriffe 1944-1945, Osnabrück 1985.

Stadt Bramsche/Stadt Hilversum (Hrsg.): Aufstehen! Kaffee holen! Hilversumer Zwangsarbeiter in Bramsche 1944/45, bearb. von: Karin Abrahamse…,Bramsche 1998.

Strunge, Margret/Kassenbrock, Karl: Masematte. Das Leben und die Sprache der Menschen in Münsters vergessenen Vierteln, Münster 1980.

The Marmaros Book. In Memory of 160 Jewish Communities, Tel Aviv 1983, Beitrag Săcel, S. 171-176, www.jewishgen.org/yizkor/maramures/mar171.html (letzter Aufruf 19. 4. 2018).

Thoegersen, Andreas Fugl: Modstandskampens Børn. Forældrenes krig – børnenes arv (Kinder des Widerstandskampfes. Der Krieg der Eltern – Erbe der Kinder), Kopenhagen 2013.

Vesterdal, Morten: Mit ophold i tysk koncentrationslejr [Mein Aufenthalt in deutschen Konzentrationslagern], Typoskript, o.O. o.J.

Wachsmann, Nikolaus: KL. Die Geschichte der nationalsozialistischen Konzentrationslager, München 2015.

Wagner, Jens-Christian (Hrsg.): Konzentrationslager Mittelbau-Dora 1943-1945. Begleitband zur ständigen Ausstellung in der KZ-Gedenkstätte Mittelbau-Dora, Göttingen 2007.

– Von Auschwitz in den Harz. Sinti und Roma im KZ Mittelbau-Dora, Begleitheft zur Wanderausstellung, Nordhausen/Weimar 2012.

Work journal of the 5. SS-Railway-Brigade, Journal, https://www.alvin-portal.org/alvin/view.jsf?dswid=-6484&searchType=EXTENDED&query=Work+Journal&aq=%5B%5B%7B%22A_FQ%22%3A%22Work+Journal%22%7D%5D%5D&aqe=%5B%5D&af=%5B%5D&pid=alvin-record%3A156427&c=3#alvin-record%3A156427 (letzter Aufruf 26. 4. 2019).

Zimmermann, Michael: Rassenutopie und Genozid: Die nationalsozialistische ›Lösung der Zigeunerfrage‹, S. 9–28, in: Landeszentrale für politische Bildung (Hrsg.): Die nationalsozialistische Verfolgung Hamburger Roma und Sinti. Fünf Beiträge, Hamburg 2006, S. 9-28.

Zlomke, Horst, Alt Dollstädt.,Auszug aus »Das Kirchspiel Königsblumenau«, Lunestedt (Selbstverlag) 2008, www.koenigsblumenau.ch/images/files/allow/v_book_hz/alt_doll staedt_web.pdf (letzter Aufruf 26. 4. 2019).

7.6.3 WeiterführendeLiteratur

Antifaschistischer Arbeitskreis Osnabrück (Hrsg.): Zwangsarbeit in Osnabrück, SS-Baubrigade, Kriegsgefangenen- und Arbeitserziehungslager, Antifaschistische Beiträge aus Osnabrück, Heft 6, Osnabrück 1982.

Arbeitsgemeinschaft Spurensuche in der Südharzregion (Hrsg.): Der Bau der Helmetalbahn. Ein Bericht von der Eisenbahngeschichte, den KZ-Außenlagern der SS Baubrigaden, der Zwangsarbeit im Südharz in den Jahren 1944-45 und den Evakuierungsmärschen im April 1945, Duderstadt 2000.

Asscher, Berrie (Jissachar): Van Mokum naar Jeruzalem (1924-1944), Beersheva 1996.

Bender, Roger J./Taylor, Hugh P.: Uniforms, Organization and History of the Waffen-SS, Vol.4, SS-Totenkopfverbände 1933-1945, London, 1991.

Beckwith, John: Episoder fra Osnabrück [Begebenheiten in Osnabrück], in: Pigtråd-Gestapofangen 4/1980, S. 88-89.

Benz, Wolfgang/Distel, Barbara (Hrsg.): Verfolgung als Gruppenschicksal, Dachau 1998 (Dachauer Hefte 14).

– Zwangsarbeit, Dachau 2000 (Dachauer Hefte 16).

Bjerg, Hans Christian: F. B. Larsen i Dansk Biografisk Leksikon [Eintrag F. B.Larsen im Dänischen Biografischen Lexikon], http://denstoredanske.dk/index.php?sideId=293289 (letzter Aufruf 21. 4. 2019).

Bügeln, Marc: Das System der KZ-Außenlager. Krieg, Sklavenarbeit und Massengewalt, Bonn 2012 (Friedrich-Ebert-Stiftung, Reihe Gesprächskreis Geschichte, Heft 95).

Chaigneau, Jean- François: Le Dernier Wagon, Paris 1981.

Deutsche Bundesbahn, Osnabrück (Hrsg.): 130 Jahre Eisenbahn in Osnabrück 1855-1985, Osnabrück 1985.

Florian, Reinhard: Ich wollte nach Hause, nach Ostpreußen! Die Überlebensgeschichte eines deutschen Sinto, Berlin 2012.

Franceschetti, Philippe: Antoine Mauduit. Une vie en résistance. 1902-1945, Grenoble 2017.

Gade, Sven Ove: Elefanten. En biografi om Flemming Juncker, Kopenhagen 2007.

Gerson, Hermann: Werkleute. Ein Weg jüdischer Jugend, Berlin 1935.

Godenschweger, Walter B./Vilmar,Fritz: Die rettende Kraft der Utopie. Deutsche Juden gründen den Kibbuz Hasorea, Frankfurt 1990.

Graf, Gertrud/Michelberger, Eugen (Hrsg.): Das KZ auf Rädern in Biberach an der Riss. Die ungewöhnliche Geschichte der 7. SS-Eisenbahnbaubrigade. Ein unbekanntes Kapitel aus den letzten Kriegstagen, Wolpertswende (Eigenverlag), www.eckerwald.de/dok/2018/biberach.pdf (letzter Aufruf 22. 4. 2019).

Hölsken, Heinz Dieter: Die V-Waffen. Entstehung, Propaganda, Kriegseinsatz (Studien zur Zeitgeschichte, Bd. 27, hrsg. vom Institut für Zeitgeschichte), Stuttgart 1984.

Klönne, Irmgard: Vom Hohen Meißner zum Kibbuz. Ein deutsch-jüdischer Weg (Dokumentationsschrift der Jugendbewegung, 28/ 2012).

Klopp, Eberhard: Geschichte der Trierer Arbeiterbewegung. Ein deutsches Beispiel: Kurzbiografien 1836-1933, Trier 1979 (Reprint).

Kocic, Dragoljub: Jugosloveniu Koncentracionom Logorie Buhenvald 1941-1945, Belgrad 1989, in: https://dokumen.tips/documents/dragoljub-m-kocic-jugosloveni-u-koncen tracionom-logoru-buhenvald-1941-1945.html (letzter Aufruf 26. 4. 2019).

Kooger, Hans: Joods Leven in Doesburg, Zutphen 1981.

Kristensen, Henrik Skov: Eine Station auf dem Weg in die Hölle. Harrislee-Bahnhof und die Deportation dänischer Gefangener aus Frøslev in deutsche Konzentrationslager, Flensburg 2010.

Langwithz Smith, Peter: Neuengamme Koncentrationslejren 1938-1945, Kopenhagen 2012.

Laqueur, Walter: Best of Times, Worst of Times. Memoirs of a Political Education, Lebanon/USA 2009.

Letsche, Curt: Der Geisterzug, Berlin 1983.

– Schnittpunkte 1945. Roman aus dem Nachlass des Autors mit einem dokumentarischen Anhang herausgegeben von Lothar Letsche, Bonn 2013.

Marcuse, Harold: Legacies of Dachau.The Uses and Abuses of a Concentration Camp, 1933-2001, Cambridge/Mass. 2001.

Moses, Heinz Jaakov: Im Schatten der Feuersäule. Vom Kampf des holländischen Hechaluz. Typoskript, Erich-Maria-Remarque-Archiv Osnabrück, AZ C 8 19XX.

Neue Osnabrücker Zeitung vom 1.6.2010: Thomas Gesk ist unter den Opfern der Göttinger Bombenexplosion, https://www.noz.de/archiv/vermischtes/artikel/232770/thomas-gesk-ist-unter-den-opfern-der-gottinger-bombenexplosion (letzter Aufruf 26.4.2019).

Neue Osnabrücker Zeitung vom 2.10.2012: Willkommen in Limbergen Osnabrück. Am Ende der Limberger Straße liegt ein Dorf in der Stadt, https://www.noz.de/lokales/osnabrueck/artikel/7646/osnabruck-am-ende-der-limberger-strasse-liegt-ein-dorf-in-der-stadt (letzter Aufruf 26.4.2019).

Nieden, zur, Susanne: Unwürdige Opfer. Die Aberkennung von NS-Verfolgten in Berlin 1945 bis 1949, Berlin 2003.

Pachaly, Erhard /Pelny, Kurt: KZ Mittelbau-Dora. Zum antifaschistischen Widerstandskampf im KZ Dora 1943 bis 1945, Berlin 1990.

Pinkhof, Mirjam (Hrsg.): De jeugdalijah van het Paviljoen Loosdrechtse Rade 1939-1945, Hilversum 1998 (2.Aufl.).

Remarque, Erich Maria: Der Funke Leben, 5. Auflage, Köln 2009.

Rassinier, Paul: Die Lüge des Odysseus, 3. Aufl., München 1964.

Reilinger, Kurt: Der Weg der chaluzischen Bewegung in Holland III, in: Hapoel. Blätter des Hechaluz in Schweden 10/1945, S. 28-32.

Rosenberg, Otto: Das Brennglas. Autobiografie, Berlin 1998.

Schwieren, Hermann: Das Rhein-See-Motorschiff Homberg, in: Jahrbuch der linksrheinischen Ortsteile der Stadt Duisburg 25/2008-2009, S. 19-21.

Seidler,Franz W.: Die Organisation Todt. Bauen für Staat und Wehrmacht 1938-1945, Bonn 1998.

Sellier, André: Zwangsarbeit im Raketentunnel, Springe 2001.

Wippermann, Wolfgang: Das Leben in Frankfurt zur NS-Zeit II. Die nationalsozialistische Zigeunerverfolgung. Darstellung, Dokumente und didaktische Hinweise, Frankfurt a.M. 1986.

Wittler, Kathrin: Muselmann. Anmerkungen zur Geschichte einer Bezeichnung, in: Zeitschrift für Geschichtswissenschaft 61/2013, Heft 12, S. 1045–1056.

Zelzer, Maria: Weg und Schicksal der Stuttgarter Juden, Stuttgart 1964.

Zeugenprotokoll Nr. 339, Polski Instytut źródłowy (PIZ) in Lund/Schweden vom 3.6.1946, https://www.alvin-portal.org/alvin/view.jsf?dswid=-8658&searchType=EXTENDED&query=Wikler&aq=%5B%5B%7B%22A_FQ%22%3A%22Wikler%22%7D%5D%5D&aqe=%5B%5D&af=%5B%5D&pid=alvin-record%3A103216&c=1#alvin-record%3A103216 (letzter Aufruf 26.4.2019).

Danksagung

Die Veröffentlichung der bisherigen Forschungsergebnisse zur 5. SS-Eisenbahnbaubrigade ist ein Anlass, denen zu danken, die daran in unterschiedlichster Form beteiligt waren. Ich bin sehr dankbar, dass es mir gelungen ist, das Interesse zahlreicher Menschen aus vielen Ländern Europas zu wecken und sie für die notwendige Unterstützung bei der Recherche zu gewinnen. Mein Dank gilt zunächst allen, deren Namen an dieser Stelle nicht ausdrücklich genannt werden können. Ich danke den Angehörigen ehemaliger Häftlinge der 5. SS-EbBB, vor allem Frau Anne Vesterdal, Frau Annette Holtze und Herrn Alain Bollaert, die mir ihr Vertrauen schenkten und mir die zum Teil sehr privaten und bisher unveröffentlichten Aufzeichnungen ihrer Väter zugänglich gemacht haben. Frau Marianne Rüsz und Herr Finn Verner Nielsen von der dänischen Vereinigung Erhvervshæmmede fra Frihedskampen 1940-45 halfen mir in vielerlei Hinsicht. Herr Werner Nietiedt, Frau Hilde Brockmeyer und vor allem Frau Gerda Fricke gaben mir mit ihren Erzählungen über ihre Kindheit am Betriebsbahnhof Osnabrück-Hörne in Limbergen wichtige Hinweise. Bedanken möchte ich mich bei den zahlreichen Mitarbeiterinnen und Mitarbeitern öffentlicher und privater Archive im In- und Ausland, die bereitwillig und umfassend Auskunft und Hilfestellung gaben. Mein besonderer Dank gilt Herrn Braisz vom Internationalen Suchdienst in Arolsen. Viele Quellentexte mussten aus Fremdsprachen ins Deutsche übersetzt werden. Für die Hilfe beim Übersetzen nichtdeutschsprachiger Texte oder für die Durchsicht von Übersetzungen danke ich ganz herzlich Frau Kirsten Grundler (Dänisch), Herrn Dr. Roger Niemeijer (Niederländisch), Herrn Leszek Pienkos und Herrn Marek Aniol (Polnisch). Ein besonderer Dank gilt meinen Freunden Dieter Nottbusch und Matthias Zumbrägel, ohne deren Ermutigung und Hartnäckigkeit die Ergebnisse meiner Nachforschungen wohl nie mein Arbeitszimmer verlassen hätten. Meiner Frau, Anne Grote, möchte ich für die Geduld und Rücksichtnahme danken, die sie mir während der langjährigen Arbeit an diesem Thema schenkte. Schließlich möchte ich Herrn Dr. Rolf Keller und Frau Kerstin Gade und ihren Kolleginnen und Kollegen von der Stiftung Niedersächsische Gedenkstätten sowie Frau Ina Lorenz vom Wallstein Verlag herzlich danken, die mir die Veröffentlichung dieses Buches ermöglichten und mich bei der Endfassung des Manuskriptes mit Rat und Tat unterstützten.